사회과학 명저
재발견
3

사회과학 명저 재발견 3

초판 1쇄 발행 2012년 5월 30일
초판 2쇄 발행 2018년 10월 20일

기 획 서울대학교 사회과학연구원
엮은이 오명석
지은이 전재성 외 9인
펴낸이 성낙인
펴낸곳 서울대학교출판문화원

출판등록 제15-3호

주소 (08826) 서울시 관악구 관악로 1
대표전화 02-880-5252 | 팩스 02-888-4148
홍보마케팅팀(주문 상담) 02-889-4424, 02-880-7995
이메일 snubook@snu.ac.kr
홈페이지 www.snupress.com

ISBN 978-89-521-1320-7 04300

사회과학 명저 재발견

서울대학교 사회과학연구원 기획 | 오명석 엮음 | 전재성 외 9인 지음

3

서울대학교출판문화원

머리말

서울대학교 사회과학연구원은 2008년 봄부터 집담회 '현대 사회과학 명저의 재발견'을 개최하고 있다. 개최할 때마다 학과와 전공을 달리하는 교수 1명이 자신이 추천한 현대 사회과학 명저 1권의 내용과 의의 등에 대해 발표하고, 발표 내용에 대해 청중과 토론하는 시간을 가지고 있다. 이 책은 2010년 동 집담회에서 발표된 10편의 글을 필자들이 직접 수정·보완하여 엮은 것이다.

이 책에서 주로 다루어지는 내용은 자본주의의 발전과 불황, 국가와 시장 또는 국가와 시민사회의 관계, 계급분화와 사회통합, 사회적 불평등과 분배의 문제와 관련된 것이다. 이들 주제는 20세기 사회과학이 가장 심각한 현실문제로 간주하고 그것의 원인 해명과 해결에 많은 지적 노력을 경주하였으며, 현재에도 논쟁이 지속되고 있는 문제영역이다. 자유주의로부터 마르크스주의에 이르기까지 매우 큰 이론적 스펙트럼 속에서 서로 경합하고 절충하는 다양하고 새로운 해석이 제시되어 왔다. 이 책을 통해 이러한 이론적 논쟁에서 큰 흐름을 형성하였던 대표적인 학자들의 논의를 보다 구체적으로 접할 수 있을 것으로 기대한다. 독자의 이해를 돕기 위해 이 책에 소개된 명저의 핵심적인 내용과 의의를 간략하게 제시하도록 하겠다.

니버의 『도덕적 인간과 비도덕적 사회』는 인간집단의 부도덕성이라는 본질적 측면에 주목하여 국내정치와 국제정치의 현실을 신학적 입장에서 비판한 책으로, 국가 내부에서의 갈등이 계급적 이익에 기인하며, 국제관계에서의 갈등이 국가 이익을 우선시하는 민족주의로부터 불가피하게 발생하고 있다고 진단한다. 이런 점에서 니버는 고전적 현실주의자라고 평가되기도 한다. 그는 자유주의적 개혁과 프롤레타리아 혁명 모두에 회의적인 평가를 내리며, 인간 본성과 인간집단의 본질에 대한 철학적이고 신학적인 성찰에 기초한 근본적인 방안이 모색될 필요가 있음을 주장한다. 현실주의자와 규범주의자로서 양면성을 갖는 니버의 논의는 그 동안의 실증주의적 분석에서 한계를 느낀 현대 정치학계에서 새롭게 조명되고 있다.

케인즈의 『고용, 이자 및 화폐에 관한 일반 이론』과 프리드먼·슈워츠의 『대공황, 1929-1933』은 1930년대의 대공황에 대해 서로 상반되는 진단과 해결책을 제시한 대표적인 책이다. 케인즈는 고전경제학이 특정한 경제현상에 대한 부분적 이론만을 제시함으로써 당시의 대공황을 설명하는 데 실패할 수밖에 없다고 평가하고, 고용, 임금, 이자율, 국민소득, 소비, 저축, 투자, 물가, 통화유동성이 상호 의존하고 있는 양상을 밝히는 '일반 이론'을 구축하고자 하였다. 케인즈의 일반 이론은 이후 거시경제학을 탄생시키는 데 결정적인 영향을 미친다. 그는 불황의 악순환을 끊기 위해 통화량 증대와 같은 방식은 효과가 없으며, 정부 재정에 의한 공공지출의 확대를 통해 유효수요를 창출하는 것이 필요하다는 것을 제안하였다. 이에 반해 통화주의자인 프리드먼과 슈워츠는 대공황의 주된 원인을 당시 미국의 통화정책당국인 연방준비제도가 긴축적 통화정책을 채택함으로써 불황을 결정적으로 심화시켰다는 점에서 찾고 있다. 이들은 통화량을 늘려 시중의 유동성 문제를 해소하는 방식이 불황의 시기에 요구되는 재정정책임을 주장하였다.

시버트·피터슨·슈람이 공저한 『언론의 4이론』은 언론정책을 둘러싼 국가와 언론계의 관계를 규정하는 주요한 규범 이론들을 분석한 책으로 현대 커뮤니케이션학의 고전이다. 대다수 커뮤니케이션 연구가 미디어 중심적 접근방식을 취하고 있던 것에 반해, 이 책은 언론을 사회 체계의 일부로 파악하고 사회적 통제 시스템과 그 안에 내재된 철학적·정치적 논리가 현실의 언론을 규정하는 측면에 주목하고 있다. 저자들은 언론에 관한 4개의 규범 이론으로 '권위주의 이론', '자유주의 이론', '사회책임 이론', '소비에트 공산주의 이론'을 제시하고, 이러한 규범 이론에 따른 언론 체계의 유형적 모델을 제시한다. 여기에 제시된 4개의 규범 이론은 전후 세계의 언론을 규정하는 지표가 되는데, 이후 이 모델의 적합성을 둘러싼 논쟁이 언론학계 내부에서 활발하게 전개되고, 대안적 모델들이 개발되는 계기가 되었다.

할로의 『사랑의 학습』은 심리학 연구에서 소외되어 왔던 사랑의 문제에 심리학자들이 본격적으로 관심을 기울이게 만든 책이다. 그의 연구는 프로이트의 정신분석학에서 강조하는 본능의 충족과 좌절이라는 문제틀과는 다른 관점에서 신체 접촉을 통한 애착이 정서 발달과 대인관계에 결정적인 중요성을 갖고 있음을 밝혔으며, 엄마와의 접촉을 제한하는 당시 미국의 엄격한 육아 방식에 경종을 올리는 계기가 되었다. 할로는 원숭이에 대한 실험을 통해 모성애, 유아사랑, 동년배 사랑, 이성애, 부성애라는 5종류의 애정 체계를 단계적으로 학습하는 발전 과정을 제시하고, 이러한 사랑에 대한 학습이 두려움, 불안, 화, 공격성이라는 정서발달과 타인과의 사회적 관계 형성에 밀접한 연관이 있음을 밝혔다. 할로의 연구는 이후 심리학에서 애착 이론을 발전시키는 데 중요한 역할을 하였다.

오쿤은 『평등과 효율: 그 상충적 관계』에서 사회정책의 선택에서 평등과 효율이라는 두 가지 목적이 상충될 수밖에 없음을 지적하고, 평등 제고로 인한 편익이 효율 감소로 인한 비용과 일치하는 지점까지 평등 제고를 하여 효용을 극대화하는 방식이 이러한 상충관계를 타협하는 해결책임을 제시한다. 평등과 효율에 대한 오쿤의 논의는 기본적으로 정책적 제안에 방점을 둔 것이지만, 근본적으로는 국가와 시장의 관계, 더 나아가서는 민주주의와 자본주의의 관계에 대한 함의를 띠는 것으로 이후 복지정책의 성격과 방향에 대한 논쟁에서 주요한 시발점이 되었다.

부르디외의 『구별짓기』는 현대 프랑스 사회에 대한 방대한 설문조사를 기초로 사회계급에 따른 문화적 취향의 차이와 그것에 내재된 사회적 역동성을 밝히고 있다. 부르주아지, 쁘띠부르주아지, 노동계급의 라이프스타일—음식, 의복, 스포츠, 음악, 미술, 영화, 실내장식, 신체관리 등—에 나타나는 '구별의 감각'을 '체화된 성향'으로서의 아비투스 개념과 실천의 개념을 통해 분석함으로써, 현대 자본주의 사회에서의 계급과 문화의 관계에 대한 연구에 새로운 전환점을 제공하였다.

벤야민의 『아케이드 프로젝트』는 미완성 유작이지만 그의 대표적인 책으로 인정받으면서 최근 많은 관심을 불러일으키고 있는 작품이다. 19세기 중엽의 파리에 대한 일종의 몽타주적 묘사 기법을 통해 모더니티의 표현을 포착하고자 하는 실험적 글쓰기가 시도된다. 여기에는 공간(아케이드, 실내건축, 박물관, 거리), 기술(사진, 복제기술, 석판화, 철골건축, 조명, 철도), 일상생활(패션, 매춘, 도박, 증권거래소), 사상가 또는 예술가(융, 마르크스, 푸리에, 생시몽, 보들레르, 빅토르 위고) 등 다양한 소재가 포함된다. 벤야민은 이를 통해 19세기 부르주아 계급의 환상적 꿈과 유토피아적 소망이 기록된 표현을 1930년대를 사는 저자의 눈으로 다시 보여주고자 한다. 이 책은 19세기의 진보주의적 환상으로부터 깨어나되, 그것의 유토피아적 소망을 보전하는 변증법적 과정의 실천을 추구한다.

하비의 『자본의 한계』는 마르크스주의에 공간적 시각을 결합함으로써 공간유물론 또는 역사지리적 유물론을 제시한 책이다. 정통 마르크스주의가 시간 중심의 제한적 사고 체계에 머물러 있음을 지적하고, 공간을 통합함으로써 진정한 변증법적 유물론의 사유 체계를 구축할 수 있음을 주장한다. 자본주의 도시화 과정에 대한 분석을 통해 자본의 축적 과정에 고정자본과 소비기금에 의한 물리적 자본축적 환경을 포함시킴으로써 자본의 순환 체계에 대한 기존의 마르크스주의적 해석을 넘어서는 새로운 분석의 모델을 제시한다. 또 자본주의의 위기와 그 해결의 방식을 지구적 차원에서의 지리적 불균등 발전과 제국주의와 연결시킴으로써 마르크스주의 공황론에 공간 이론을 접목시켰다.

제솝의 『국가 이론: 자본주의 국가 제자리 놓기』는 자본주의 국가를 자본이익에 봉사하는 것으로 간주하는 환원주의적 마르크스주의 국가 이론을 비판하면서, 국가의 상대적 자율성을 인정하는 새로운 마르크스주의 국가 이론을 제시한 책이다. 국가는 국가의 내적 통일성을 확보하고자 하는 국가 프로젝트를 수행하며, 사회세력들의 헤게모니 프로젝트에 개입하여 사회적 통합을 확보하고자 함으로써, 국가가 단순히 자본운동에 대해 기능적으로 봉사하는 것이 아님을 주장한다. 여기에서 자본주의 국가는 특정한 국면에서 사회적 세력 간에 균형의 변화를 반영하고 유도하는 전략적 행위자로 간주되고, '구조와 전략의 변증법'에 의해서만 구체적인 현실에서의 국가의 운동을 이해할 수 있음을 제시한다.

이 책은 위에 제시한 10권의 명저를 소개하는 총 10장으로 구성되어 있다. 각 장은 저자 소개, 명저의 구성과 주요 내용, 명저의 현대적 의의와 평가 및 참고문헌을 담고 있다. 명저의 단순한 내용 요약을 넘어서 이론적, 실천적 함의를 분석하고 있으며, 그것을 오늘날의 시점에서 어떻게 평가하고 발전시켜야 하는가의 문제를 다룬다. 원서를 직접 읽어야만 그 내용을 진정 자기의 것으로 만들 수 있는 것이지만, 이 책은 이를 위한 소중한 길잡이가 되어줄 수 있을 것으로 기대한다.

끝으로, 바쁜 와중에도 집담회에서 발표해주시고, 좋은 글을 작성해주신 모든 필자께 감사드린다. 『사회과학 명저 재발견』 1권과 2권에 이어 3권의 발간에도 기꺼이 응해주신 서울대학교출판문화원 관계자와 집담회 개최 실무를 맡은 사회과학연구원 송혜련 조교에게도 감사의 인사를 전한다.

2012년 봄
서울대학교 사회과학연구원
전 원장 오명석

차례

라인홀드 니버, 『도덕적 인간과 비도덕적 사회』

Reinhold Niebuhr,
Moral Man and Immoral Society (1932)

기독교적 현실주의로 세상을 바라보다

전재성
서울대학교 정치외교학부 외교학전공 교수

21세기 지구정치는 나날이 새로운 현상으로 채워지며 보는 이를 놀라게 하고 있다. 냉전이 종식될 즈음 이제는 미국이 세계 유일의 지도국이 되어 자유민주주의가 세계의 보편이념으로 자리 잡을 것이라는 낙관주의가 팽배했으나, 달콤한 꿈의 기간은 클린턴 행정부 기간의 대략 10년으로 막을 내렸다. 2001년의 9·11테러를 시발점으로 중동 사태, 테러와의 전쟁이 일어나는가 싶더니 2008년 패권국 미국을 모태로 하는 금융위기가 전 세계로 퍼지고, 네오콘 이념을 앞세운 부시 행정부는 미국 최초의 흑인대통령에게 권좌를 내주었다.

그 사이 소위 브릭스BRICs 국가라 불리는 중국, 인도, 러시아, 브라질 등 신흥 강대국이 부상하여 각축을 벌이고, 금융위기 이후에는 미국에 큰소리를 치는 중국을 보며 소위 G2의 시대가 왔다는 견해가 대두하기도 했다. 동시에 강대국 중심의 지구정치가 점차 약해지고 지구시민사회를 비롯한 비정부행위자의 영향력이 중요해지는 소위 거버넌스의 시대가 다가온다는 또 다른 관측이 힘을 얻고 있다. 최근 일본의 지진과 쓰나미 사태에서도 보이듯 인간 안보의 문제는 국경을 넘어 전 세계로 확산되기에 국가 단위를 넘는 새로운 안보의 문제가 등장했다.

기존의 분석틀로 세상의 흐름이 잡히지 않을 때 학문은 기본으로 돌아갈 수밖에 없다. 과연 인간 존재의 근원은 무엇인지, 인간 사회는 어떻게 변화하고 있는지, 앞으로의 역사는 어떠한 방향으로 흘러갈지 등 가장 근본적인 질문을 다시 던질 수밖에 없는 것이다. 21세기의 정치사회 현상, 그리고 국제정치를 설명하기 위해 냉전 종식 시기로 돌아가 보기도 하고, 냉전이 시작된 20세기 중반으로 돌아가 보기도 하고, 더 나아가 근대가 시작된 16세기경으로 돌아가는 학자도 있다. 문제는 이러한 회귀현상을 어떠한 기준으로 평가해야 할 것인가 하는 점이다.

미국의 신학자이자 국제정치학자인 라인홀드 니버(Reinhold Niebuhr, 1892-1971)는 자신의 시대에 이러한 근본적 질문을 던진 인물이다. 국제정치 차원에서 19세기식 전쟁의 마지막을 1차 세계대전이 장식하고, 1919년의 베르사유조약으로부터 20세기가 사실상 시작되었다고 한다면, 니버가 제기한 문제는 20세기의 정치와 사회를 어떠한 기준으로 새롭게 설계할 것인가 하는 점이었다. 인간이 신의 피조물로서 합리성을 가진 존재이며, 역사는 신의 뜻이 실현되는 터전이라는 낙관적인 희망이 서서히 약화되던 시절, 니버는 자신의 신학적 견해로부터 시작하여 사회, 정치, 국제정치 등 점차 넓어지는 스펙트럼 속에서 20세기를 설명하는 독특한 견해를 표방한다.

특히 인간의 이성으로 삶의 궁극적 의미를 찾고, 인간사회의 흐름을 설명할 수 있다는 근대적, 이성중심적 낙관론을 비판하고, 기독교의 관점에서 분석과 처방을 종합하는 기독교 현실주의를 제시하였다. 21세기 초 기존의 사회과학으로 역사의 흐름을 설명하는 데 많은 한계를 느낀 현대 학자들이 다시 니버로 돌아가 통찰력의 힌트를 얻으려 하는 소위 니버 르네상스는 이러한 점에서 니버의 주요 저작을 새롭게 연구하는 배경을 설명해준다.[1]

1. 참여하는 지식인

니버는 20세기 미국을 대표하는 신학자이자 정치사상가, 국제정치사상가이다. 니버는 평생 개신교 목사로 살았으며, 동시에 신학대학교 교수로 재직하면서 미국의 종교, 문화, 정치, 외교정책, 그리고 국제정치에 대한 수많은 글을 저술했고 총 21권의 저서, 2,600여 편의 논문, 126편의 편집서 논문 등을 남겼다.

니버는 학자이면서 동시에 매우 활발한 사회참여활동을 벌인 인물이다. 젊은 시절부터 지역사회의 기독교 협의회를 통해 빈민문제, 인종문제 등 사회문제에 참여하며 사회주의 정당에 가

1 Harries and Platten (2010), Rice (2009), Crouter (2010), Lieven and Hulsman (2006) 등 참조.

입하여 정당지지활동을 했고, 스스로 지역구에 출마한 적도 있었다. 이후 미국연방정부의 국무부에서 외교정책에 관한 조언자로 활동하며 미국 외교정책에 대한 영향력을 발휘하기도 하였다. 무엇보다 니버는 많은 잡지를 통해 자신의 견해를 발표하여 많은 독자를 확보하고 있었고, 이는 니버가 사회문제에 직접 영향력을 행사할 수 있는 통로가 된다.

니버는 독일에서 미국으로 이주한 아버지 구스타브 니버의 영향을 받아 목사가 되었는데, 그의 아버지는 미국에 온 직후 교회의 한 설교에 영향을 받아 신학교에 입학하여 목사가 된 인물이다. 일리노이 주 링컨 세인트존에서 자란 니버는 어린 시절부터 독일계 이민자로 이루어진 공동체에서 루터파 개신교의 영향을 받는다. 아버지의 사랑과 지도 아래 니버는 자신이 목사가 되리라는 것을 의심치 않았으며, 어렸을 때부터 목사가 되기 위한 신학교육을 착실하게 받았다. 21세 되던 해 뉴욕의 명문 예일 신학교에 진학하여 본격적인 신학수업을 받는다. 여기서 니버는 자유주의 신학이라는 새로운 분위기에 흠뻑 젖어 젊은 시절 신학의 학구열을 불태운다.[2]

1915년 예일 신학교 졸업과 함께 니버는 교구의 명에 따라 디트로이트 시의 베델복음교회 목사로 부임한다. 1928년 자신이 졸업한 예일 신학교의 기독교 윤리학 교수로 부임할 때까지 니버는 목사의 직을 성실히 수행한다. 당시 디트로이트는 자동차 산업의 핵심 도시로서 수많은 노동자가 거주하며 많은 사회문제가 발

2 니버의 일생에 관한 자세한 전기는 Fox (1985) 참조.

생하던 노동의 도시였다. 동시에 흑인노동자가 다수 거주하여 인종문제도 점차 심각해지고 있었다.

니버가 산업사회의 계급모순을 젊은 눈으로 목격하고 체험하기 시작한 것이 디트로이트였고, 인종 간 차별의 문제를 해결하고자 마음먹은 것도 디트로이트였다. 니버는 애초에 자동차왕 포드의 박애주의와 사회복지 활동을 긍정적인 시각으로 보았지만 점차 노동자계급의 실상을 알게 되면서 미국 사회 전체의 계급문제를 진지하게 고민한다. 이 시절 니버는 마르크스주의와 사회주의 사상을 익히고, 미국사회를 계급적 관점에서 보게 된다. 그는 자본과 노동의 근본적 모순이 있음을 알고 이를 해결하기 위해서는 부득이 정치권력이 개입될 수밖에 없음을 절실히 느낀다.

예일 신학교에 부임한 이후 니버는 완전히 은퇴할 때까지 평생 재직하는데, 이때부터 니버는 미국사회의 문제뿐 아니라 국제정치의 문제를 본격적으로 다루게 된다. 니버는 뉴욕으로 옮기면서 보다 전격적으로 신학의 문제를 고민하는데, 한편으로는 신정통주의 신학, 다른 한편으로는 근대적 자유주의 신학과 대립각을 세우면서 자신의 입장을 세워간다. 니버는 성경에 대한 축자적 해석과 엄숙주의에 기반한 신정통주의, 특히 칼 바르트Karl Barth를 비판하면서 기독교 윤리는 구체적인 역사와 사회에서 실현되어야 함을 주장한다.

반면, 인간이 이성과 과학을 통해 성경을 새롭게 해석하고 기독교 윤리가 합리적인 인간의 윤리와 부합될 수 있다고 주장하는 낙관주의적인 자유주의 신학과도 거리를 둔다. 니버는 인간이 근본적으로 원죄를 가진 존재이기 때문에 스스로의 자만심과 자기애를 철저히 반성하고 예수의 사랑윤리를 실현하려는 지속적인 노력을 기울여야 함을 강조한다. 그러면서 인간이 스스로의 노력으로 구원받을 수 있을 것이라는 희망은 실현될 수 없는 희망이므로 자신의 한계에 대한 자각과 신의 은총이 절대적으로 필요함을 주장한다. 역사와 사회에서 최선의 노력을 다하되 원죄를 가진 한계 때문에 낙관할 수 없는 역설 속에 삶의 의미가 있다는 사상이다.

니버는 국제정치에 대한 관심을 심화하면서 점차 사회주의 사상으로부터 멀어지고 민주주의 정치사상을 강조하는 쪽으로 옮겨간다. 니버가 뉴욕으로 자리를 옮긴 1930년대는 1929년의 경제대공황과 파시즘 및 나치즘이라는 새로운 현상이 나타난 시기였다. 낙관주의로 물들어 있던 1920년대가 지나가고 전대미문의 경제위기와 민주주의의 쇠락으로 특징지어지는 새로운 시대를 맞이하여 니버는 정치사회의 희망을 찾고자 하였다.

니버는 권력을 향한 욕망이 인간의 본성에 깊게 자리 잡고 있다고 보고 이를 이성적 노력으로 해결하는 데 절대적 한계가 있음을 강조한다. 민주주의를 통하여 권력욕을 견제하고 종교적 노력으로 인간 사회의 죄성을 극복하려는 끊임없는 노력이 필요함을 역설한 것이다. 니버는 나치즘과 대결하기 위해 전쟁이 불가피함을 역설하고, 특히 미국이 중립법의 제약하에 유럽 정치에 개입하지 못하는 현실을 개탄하였다. 니버는 미국이 2차 세계대전에 참전해야 함을 강력히 주장하고 강제력 없이 평화를 이룩하려는 것은 망상에 불과함을 보이고자 했다.

2차 세계대전이 종식되고 냉전기의 초석을 놓는 수년 동안 니버는 가장 왕성한 활동을 했다. 니버는 소련의 공산주의가 결국 정치적 독재로 귀결됨을 목도하고 소련에 대한 철저한 봉쇄정책을 추진할 필요가 있음을 강조했다. 공산주의는 계급모순을 해결함으로써 인류의 문제를 해결할 수 있다고 낙관한 점, 그리고 그러한 낙관주의가 결국에는 계몽주의 이래의 합리주의에 기반하고 있다는 점에서 유토피아주의에 다름 아니라고 분석했다. 인간의 정치적 본성과 죄성을 정확히 직시하지 못하고 공산주의처럼 낙관주의에 빠질 경우, 결국 인간의 억압되었던 정치적 본성은 독재와 같은 비정상적 체제로 나타남을 보고, 니버는 공산주의에 대한 봉쇄를 추구하여 냉전에서 승리하는 것이 중요하다고 본 것이다.

이후 니버는 본격적인 활동으로부터 은퇴할 때까지 공산주의에 대한 정치적 봉쇄정책을 강조하고, 미국의 외교정책에 대한 조언을 아끼지 않았다. 무엇보다 미국이 자신의 우월함, 절대적 옳음을 확신하고 외교정책을 추구할 경우, 소련보다 더 나을 것이 없음을 주지시키고자 하였다. 국제정치에서도 도덕적 정당화가 중요하다는 점을 인식하여 미국 스스로 다른 국가의 의견을 적극적으로 반영하고 신중함과 온건함을 유지해야 한다는 것이 미국 정책결정자에게 니버가 주는 조언의 핵심이었다.

2. 현실주의 국제정치학의 장을 열다

『도덕적 인간과 비도덕적 사회Moral Man and Immoral Society』는 1932년 출

간된 책으로 니버가 40세 되던 때 세상에 나왔다. 니버는 이 책 이전에도 책을 출판한 적은 있으나 대부분 목사 생활을 하면서 썼던 단편을 모은 것이어서 이 책이 본격적인 책 출간의 출발이라고 할 수 있다.『도덕적 인간과 비도덕적 사회』는 출간 이후 미국 사회에 많은 반향을 불러일으켜 니버는 일약 유명한 신학자이자 사회비평가로 자리매김한다. 이 책은 신학적 인간본성론에서 시작하여 당시 자유주의 사상에 의해 추구되던 사회개혁 및 정치변혁을 비판하고, 더 나아가 국제정치를 논평한다. 그러나 가장 중요한 핵심은 인간의 이성, 정치집단의 비도덕성, 그리고 미국 사회의 계급적 불평등에 대한 비판이었다.

니버는 디트로이트 시의 목사 생활을 통해 저임금과 기만적인 사회보장, 자본가 계급의 영리한 이윤 착취에 대한 실상을 직접 체험하고, 이를 해결하는 방법은 계급 간의 모순을 해결하는 길밖에 없다고 생각하고 있었다. 또 이러한 계급의 비도덕성은 인간의 본성에 기반을 둔 것으로, 신학적으로 파헤쳐야만 그 끝이 보이는 죄라고 생각했다. 마르크스주의도 계급 간 모순을 과학적으로 드러내는 데는 어느 정도 성공했지만 여전히 인간을 합리적 존재라고 생각함으로써 그 해결책에 있어서는 한계를 보인다고 니버는 생각했다.

니버가 본 인간 집단의 비도덕성 문제는 한 사회 안에서의 계급에 그치지 않는다. 그가 보기에 애국심과 국가이익을 앞세워 국민을 몰아가는 국가의 이기심이야말로 비도덕한 집단의 전형적인 모습이었다. 국가 간의 경쟁과 갈등, 전쟁의 문제를 합리적 해결책, 예를 들어 국제연맹과 같이 협의와 타협에 기반을 둔 방식으로 해결하려는 자유주의자에 대해 니버는 격렬히 반대했다. 국가 이기심의 뿌리는 인간의 본성에 있기 때문에 이를 근본적으로 해결할 종교적 처방, 그리고 이를 뒷받침하는 정치적 개혁이 없으면 해결이 어려울 것이라 보았기 때문이다.

니버는 1920년대부터 힘을 얻기 시작한 이상주의 국제정치이론가들과 합리주의 사회개혁가들을 비판하면서 보다 현실적인 사회개혁, 국제정치개혁을 주장한다. 바로 이러한 점에서 『도덕적 인간과 비도덕적 사회』는 1930년대 국내정치와 국제정치의 개혁의 길을 모색하는 많은 지식인에게 반향을 얻는다.

그는 국제정치학 계보에서 매우 중요한 위치를 차지한다. 미국 냉전의 입안자이자 현실주의 외교정책의 대가인 조지 케난 George Kennan은 니버를 가리켜 "모든 현실주의자들의 아버지"라고 불렀고, 저명한 국제정치학자인 한스 모겐소 Hans Morgenthau는 니버를 "20세기 최고의 정치사상가"로 칭했다. 『20년간의 위기: 1919-1939 The Twenty Years' Crisis: 1919-1939』를 저술하여 20세기 국제정치학의 초석을 놓은 카 E. H. Carr는 이 책에 영감을 준 2권의 책 중 하나로 『도덕적 인간과 비도덕적 사회』를 꼽는다. 현실주의 국제정치학 이론이 20세기 가장 중요한 패러다임으로 자리 잡는 과정에서 니버의 『도덕적 인간과 비도덕적 사회』는 효시적 역할을 한다. 이후 미국의 국제정치학은 모겐소와 카, 그리고 신현실주의자들을 거쳐 오늘의 무습을 갖추게 된다.

니버와 모겐소, 카 등을 지칭하여 흔히 고전적 현실주의자 classical realists라 한다. 2차 세계대전 이후 활동한 케네스 월츠 Kenneth Waltz 등 소위 신현실주의와 구별하기 위해서이다. 신현실주의가 실증주의 인식론에 기반을 두고 가치중립적인 사회과학적 국제정치학을 추구하는 한편, 인간의 본성과 같은 철학적 논의보다 국가 간 관계에 초점을 맞추는 보다 집중된 주제에 힘을 기울였다면, 고전적 현실주의는 인간의 본성, 인간 집단의 본질과 같은 철학적 주제를 탐구하고 이를 역사적으로 조망한 전통적 방법에 치중하였다. 무엇보다 고전적 현실주의자들은 분석과 실천이 괴리될 수 없다는 시각에서 국제정치 규범 이론에 많은 관심을 기울였다. 니버와 같은 종교적 현실주의자들은 인간의 신학적 반성을 일깨우려 하였고, 모겐소는 프루던스prudence와 같은 정치사상적 덕목을 고양하기 원했다.

니버는 이 책의 출간 이후 신학저술로 노력의 방향을 바꾸게 된다. 『도덕적 인간과 비도덕적 사회』가 지나치게 사회비평에 치우쳐 있을 뿐 아니라, 처방을 제시하는 신학적 논리가 부족하다는 반성 때문이었다. 여기에는 니버의 동생이자 20세기 미국 신학의 대표적 학자인 리처드 니버의 비평이 큰 역할을 했다고 알려져 있다. 『기독교 윤리의 해석』(1935)과 『인간의 본성과 운명 I, II』(1939, 1941)는 모두 니버 신학을 심화하는 과정에서 저술된 책으로 『도덕적 인간과 비도덕적 사회』 이후 니버의 실천적 전망을 보다 정교하게 했다. 특히 『인간의 본성과 운명 I, II』는 미국인으로서 다섯 번째로 저명한 영국 기포드 강의에 초청된 그의 강의록을 저서로 만든 것으로 니버 신학의 정수를 보여준다.

이후 니버는 정치사상과 국제정치비판에 관한 많은 책을 저술하는데 그 내용의 뿌리는 여전히 『도덕적 인간과 비도덕적 사회』에 둔 경우가 많다. 니버가 30대 후반에 고민했던 인간의 본성,

인간 집단의 본질, 그리고 집단 간의 관계에 대한 생각이 다양한 사례를 접하면서 발전되고 변형된 것이다.

3. 선한 인간, 선한 집단을 구성하는가?

『도덕적 인간과 비도덕적 사회』는 총 10장으로 다음과 같은 주요 논지를 전개하고 있다. 서론과 1장 「인간과 사회」, 2장 「사회생활을 위한 합리적 원천들」, 3장 「사회생활을 위한 개인의 종교적 원천들」, 그리고 4장 「여러 민족의 도덕성」은 개인의 도덕성과 사회의 도덕성 문제를 대비하여 다루며, 합리주의적 인간관, 그리고 이상주의적 종교가 이를 해결하는 데 어떠한 문제가 있는지 설명한다. 5장 「특권계급의 윤리적 태도」, 6장 「프롤레타리아 계급의 윤리적 태도」, 7장 「혁명을 통한 정의」는 현대 사회를 계급사회로 보고, 계급 모순의 본질이 어떠한지, 특권계급의 행태가 어떠한지, 그리고 프롤레타리아 계급이 과연 혁명을 통해 사회개혁을 이룩할 수 있는지 등에 관한 문제를 다룬다.

8장 「정치적 힘에 의한 정의」, 9장 「정치에서 도덕적 가치의 보존」, 10장 「개인 도덕과 사회도덕 간 갈등」은, 인간 사회가 과연 강제력 없이 존속할 수 있는지, 정치사회 일반에서 과연 인간이 어떠한 형태의 강제력을 사용해야 하는지, 비폭력적 강제력을 위한 인간의 노력은 어떻게 전개되어야 하는지 등 정치사상의 일반적 주제를 다룬다.

니버가 이 책에서 보이고자 한 주요 논지는 대략 네 가지이다. 첫째, 인간이 과연 도덕적인 존재인가, 그리고 인간으로 이루어진 사회와 집단은 과연 도덕적일 수 있는가 질문한 뒤 개인은 도덕적일 수 있을지언정, 인간 사회와 집단은 결코 도덕적일 수 없다는 논지를 전개한다. 그리고 그 이유를 신학적, 정치학적으로 분석한다.

둘째, 인간 이성의 한계에 대한 논지를 전개한다. 인간이 이성을 가지고 많은 문제를 해결한 것은 사실이나, 이성에 기대어 인간 본성의 문제, 인간집단의 비도덕성 문제를 해결하기에는 많은 한계가 있다는 것이다.

셋째, 계급적 관점에서 현대 미국 사회가 당면하고 있는 문제를 분석한 뒤, 계급의 문제를 해결하지 않으면 불평등과 부정의의 문제를 해결할 수 없다는 점을 지적한다. 그러나 동시에 프롤레타리아계급에만 기대 문제를 해결하는 마르크스주의적 방법 역시 궁극적 해결이 아니라는 점을 강조하고 있다.

넷째, 모든 문제는 결국 인간의 비도덕성으로 귀결되며, 이는 정치세계의 문제와 직결된다. 니버는 계급적 문제 해결이 중요하지만 이와 더불어 인간 집단 간의 정치적 갈등을 해결해야 하며, 이 과정에서 폭력을 포함한 강제력 사용이 불가피하다는 점을 역설한다. 강제력을 사용할 수밖에 없는 것이 인간 사회의 처절한 현실이며, 이 과정에서 정의를 위해 지속적으로 노력하는 것이 인간의 희망이자 한계라는 것이다.

이러한 논지를 하나씩 살펴보자. 니버는 인간의 본성과 인간 집단이 만들어가는 사회의 본질에 대해 집중적으로 탐구했다. 개개의 인간은 자신의 이해관계뿐 아니라 타인의 이해관계도 고려하며, 때때로 자신의 이익보다 타인의 이익을 더 고려하기도 한다고 본다. 그만큼 개인은 도덕적일 수 있다는 것이다. 인간은 상상력에 의해 타인이 고통 받는 모습을 자신의 것처럼 느끼는 공감력을 가질 수 있고, 이성적 능력을 통해 정의에 대한 관념을 습득할 수도 있다. 이러한 점에서 자신의 이해관계가 포함되었더라도 사회를 객관적으로 파악하고 이기주의를 극복하는 능력을 가질 수 있다는 것이다.

그러나 니버는 이러한 인간의 개인적 가능성과 별도로 인간으로 구성된 집단의 도덕성은 근본적으로 한계가 있다는 점을 지적한다. 그는 집단과 집단 사이에서 이익의 충돌이 발생할 경우, 집단의 요구와 필요성을 검토해서 협상으로 해결하기보다는 집단이 가지고 있는 힘에 따라 문제를 해결하는 것이 상례라고 생각한다.

이는 인간의 정신과 상상력이 많은 한계를 가지기 때문이라고 볼 수 있다. 인간은 개인적 관계에서는 이해관계를 초월하여 동료의 이익을 충분히 상상할 수 있지만, 집단 간의 경우 정신과 상상력은 한계를 가질 뿐 아니라, 집단 고유의 응집력 때문에 충성심은 오직 자신의 집단으로만 향하게 된다. 니버는 가족의 범위를 넘어서는 큰 사회집단, 즉 공동체, 계급, 인종, 민족 등은 강력한 충성심을 요구하며, 개인의 이타심과 희생은 자신의 집단으로만 향할 뿐 이를 넘어서기는 어렵다고 본다. 또 집단이 크면 클수록 그 집단은 전체 인류에서 스스로를 더욱 이기적으로 만드는데, 그 속에서 개인은 집단의 의지를 반성하거나 바로잡기가 매우 어려워질 수밖에 없다.

니버는 현대 사회에서 가장 중요하면서도 집단의 비도덕성을 보여주는 사례가 민족국가라고 본다. 민족이란 영토를 바탕으로 한 집단이기 때문에 민족감정과 국가권위에 원천을 둔다. 니버는 민족의 이기성을 여러 사례를 들어 강조한다. 미국의 조지 워싱턴, 영국의 에드워드 디시 교수 등 가장 개명된 국가의 인사를 인용하여 모든 국가는 전쟁을 치르고서라도 자신의 이익을 관철해야 한다고 주장하는 바를 예시한다. 니버는 민족과 국가의 이기심이 일반대중의 맹목적인 애국심과 정서, 국가를 지배하는 경제적 지배 계급의 이기심과 합쳐져 더욱 강화된다고 본다. 즉 지배계급은 정부를 장악하고 자신의 이해를 최대한 관철하기 위해 국민의 행동과 정신을 통일시키고, 합리적 지성보다는 감정을 자극하여 집단의 이기심을 키워간다는 것이다.

이는 개인의 비이기성이 국가의 이기성으로 전환되는 과정이다. 이는 니버가 지적하는 윤리적 역설로서 애국심을 통해 개인의 희생적인 이타심이 국가의 이기심으로 전환되기 때문이다. 결국 개인의 이타심, 혹은 사회적 동정심이 점차 확대되면 인류 전체의 문제가 해결될 수 있으리라 가정하는 것은 현실적이지 않다. 오히려 자신이 속한 집단의 이기심을 키워 전체적으로는 평화와 정의가 뿌리내리지 못하게 된다. 민족의 발전을 위한 개인의 희망이 전 인류의 평화와 복지를 위한 노력으로 전환되지 못하는 이러한 역설은 니버가 지적하는 인간의 편향성이자 모순이다.

국가는 국제사회의 발전을 위해 많은 노력을 한다고 선전하지만 니버는 그 핵심이 여전히 국가이익이라고 본다. 니버는 국제관계에서 나타나는 국가의 위선적 행동에 대한 많은 사례를 드는데 그중 하나가 19세기 말 미국-스페인 전쟁이다. 니버는 미국의 반제국주의가 사실 위선적인 국가이익 추구였다고 비판하면서 이는 국제관계의 고유한 법칙이라고 논한다. 그리고 그 과정에서 비판적 지식인들이 국가의 권력에의 의지를 막는 것은 역부족이라고 지적한다.

니버가 두 번째로 주장하는 바는 이러한 인간 집단 간의 문제를 해결하는 데 이성의 힘이 얼마나 무력한가 하는 점이다. 니버는 세속적 합리주의 혹은 종교적 자유주의를 모두 비판하는데, 이들은 이성의 힘을 믿는 윤리적 이상주의자로서 문제의 소재를 파악하고 적절한 처방을 내림으로써 사회갈등이 해결될 수 있다고 믿는 공통점이 있다.

니버는 이러한 점에서 동시대의 저명한 철학자이자 교육학자인 존 듀이가 이끄는 학파를 강하게 비판한다. 이들은 사회생활에서도 과학적 시각과 실험적 방법이 유용하다고 보는데, 사회적 갈등에 대한 정확한 이해와 인간에 대한 교육이 갈등을 해결할 수 있다고 본다. 이들은 사회의 문제를 자연과학과 마찬가지의 방법으로 분석하는 것을 목표로 삼고, 사회에 대한 탐구가 사회과학으로, 더 나아가 사회공학social engineering으로 변화되어야 한다고 본다. 이들 합리주의자, 사회과학자, 그리고 교육가는 모든 시대의 합리주의자들처럼 이성의 힘을 지나치게 신뢰하는데, 역사의 문제가 이성으로 해결될 수 있다고 주장한다. 인간 사회를 갈등과 부정으로 빠트리는 문제의 본질적 이유가 이기심이 아니라 무지라고 보는 것이다.

지식인의 힘에 대해서도 반신반의한다. 사회가 어떻게 작동하는가, 모순이 무엇인가를 가장 잘 파악할 수 있는 것은 물론 지식인이지만, 이들의 의견이 실제 사회과정에 반영되리라는 기대는 순진한 생각이라는 것이다. 특히 정치사회는 이익 간의 균형을 중심으로 움직이기 때문에 지식인들의 합리적 담론이 실제 사회를 움직이는 데 어떠한 힘을 발휘할 수 있을지는 전혀 다른 문제이다.

니버가 이성의 힘을 전적으로 부정하는 것은 물론 아니다. 그는 이성이 인간에게 소중한 정신 능력이라는 점을 강조하며, 이성이 사회정의에 기여할 수 있다는 점을 인정한다. 특히 이성은 두 가지 면에서 기여하는데, 첫째, 이성이 사회적 조화를 위해 개인의 욕망에 내적 제한을 가한다는 점, 둘째, 이성이 전체 공동체의 지성적 전망에서 개인의 요구와 주장을 심판하는 점이다. 또한 이성은 불의로 인해 고통 받는 사람들의 권리를 명확히 하고 이들을 설득해 권리를 더욱 강력히 주장할 수 있게 한다.

그러나 이러한 이성의 기능에도 불구하고 니버는 인간이 결코 완전히 이성적일 수 없다고 본다. 이성과 충동을 비교해볼 때, 충동은 이성에 근본적인 우위를 점하고 있고, 집단 간 공동의 지성과 목적은 항상 불완전하고 일시적일 수밖에 없다. 앞서 살펴본 바와 같이 집단은 공동의 충동에 훨씬 강하게 의존하기 때문이다.

니버는 충동의 가장 큰 힘이 경제적 계급기반에서 온다고 본다. 이러한 시각은 그가 디트로이트의 생활에서 얻은 경험과, 대공황 이후 심화되는 미국 산업사회의 계급적 갈등을 강하게 반영한 것이다. 니버는 계급분열의 물질적 기초인 경제적 이해관계를 무시하면서 제3의 힘, 즉 이성과 양심의 힘을 믿는 것은 매우 이상주의적인 사고라고 비판한다.

도덕적 이상주의는 얼핏 보기에 그럴 듯하지만, 그 핵심은 결국 계급적 이익에 봉사하며, 특히 특권적 지배계급의 도덕주의는 전반적인 자기기만과 위선에 의해 특징지어진다고 본다. 니버는 다른 많은 논문을 통해 자동차 산업의 대부 격인 포드의 사회복지정책의 위선성을 줄기차게 비판한다. 자본가 계급이 노동자의 복지를 위해 많은 돈을 쓰는 것 같지만, 그 핵심은 보다 효과적이고 무리 없는 노동력 착취의 극대화 추구라는 것이다.

그의 합리주의 및 이상주의 비판은 종교에까지 확대된다. 흔히 이성적 윤리가 정의를 목표로 하는 데 반해 종교적 윤리는 사랑을 이상으로 한다. 이성이 평등성과 상호성에 기반을 둔 목표를 추구한다면 종교는 희생에 의한 사랑을 강조한다. 종교는 이와 같이 사랑을 절대화하고 이를 도덕생활의 규범과 이상으로 삼고자 한다. 이웃에 대한 초월적이고 절대적인 사랑으로 공감력과 동정심을 강화하고 이에 따라 사회를 발전시킨다는 것이다.

물론 니버는 이러한 종교에 대한 희망과 열정이 정의로운 사회로의 진화에 중요한 요소임을 강조한다. 정의로운 사회에 대한 전망은 이에 대한 깊은 신뢰를 가진 사람에 의해서만 가능하기 때문이다. 그러나 그는 종교적 신앙의 전망이 직접적인 공동체를 넘어서 실현되기는 매우 힘들다고 경고한다. 종교적 공동체에서 개인적인 이상은 성취 가능하지만 사회를 넘어 실현되기는 매우 어렵기 때문이다. 니버는 이성의 힘과 마찬가지로 종교의 힘도 인간의 본성을 넘어 집단 간 관계에 적용되기는 쉽지 않다고 본다.

인간의 본성에서 비롯된 정치적 관계에 한정되기 때문이다. 니버는 합리주의와 사회과학에 고무되어 타협과 조정을 사회정의의 중요한 자원이라 간주하는 자유주의 신학에 대해 경고한다. 이들은 인간집단 행동의 이기적 성격을 제대로 이해하지 못하고 이상주의적 사고에 빠지기 때문이다.

니버가 비판하는 이상주의는 다양한 모습을 띠고 나타난다. 그리고 이러한 비판은 니버가 현실주의자로 자리 잡는 데 많은 역할을 한 중요한 사상이다. 『도덕적 인간과 비도덕적 사회』의 특징은 이러한 현실주의의 바탕에 계급적 시각이 강하게 깔려있다는 것이다. 이는 이 책의 세 번째 논지로서 사회문제는 계급문제를 정확히 분석함으로써 해결될 수 있다는 믿음이다.

니버는 현대 산업시대가 과거와는 달리 경제력이 점차 집중되면서 사회 전체가 경제력을 통제하지 못하게 된 점에 주목한다. 경제력의 발전은 정치력이나 군사력에 비해 현대사회의 가장 강력한 통제력이 되었다고 보는 것이다. 경제력은 때때로 국가의 권위를 완전히 무시하거나 국가의 제도를 자신의 목적에 복종시킨다. 정치권력은 사회에 대해 책임을 지게 되었으나 경제력은 오히려 이전에 비해 무책임해졌다. 정치력은 경제력보다 많은 책임을 지게 되는데, 이는 경제적 지배계급의 주요 이익이 정치과정에 계속 반영되기 때문이다.

니버는 경제적 지배계급이 국가의 경찰과 군대와 같은 정치권력까지 자유롭게 사용하는 모습을 보인다고 주장한다. 그리고 이러한 이익은 국내 정책을 넘어 외교정책에까지 확대된다. 그는 원료와 시장에 대한 산업자본가들의 필요성, 그리고 지구의 후

진지역과 미개발 지역의 통치권을 둘러싼 경쟁이 현대 전쟁의 주요 원인이라고 간주한다.

결국 한 사회의 특권계급이 다른 나라를 희생시키면서까지 자신의 이익을 추구함으로써 국가 간 분쟁이 야기된다. 지배계급은 자신의 국민들을 희생의 대가로 특권을 공고화한다. 결과는 계급갈등과 국제분쟁의 동시적 발생이다. 니버는 계급적 특권이 근본적 문제이며 현대 사회전체가 국제적 무질서와 국내적 혼란으로 완전히 빠져들기 전에 이러한 문제가 근본적으로 해결되기는 어렵다고 본다.

특권계급은 현실적으로 이익을 추구하기도 하지만 이를 합리화할 수 있는 사상적, 정치적 기제를 만드는 데에도 만전을 기한다. 니버는 사회의 불평등 상태가 합리적 변호에 의해서는 정당화될 수 없을 만큼 심화되어 있기 때문에, 특권계급은 온갖 지혜를 짜내어 자신의 특권계급의 이익을 보편적 가치로 보이게끔 교묘한 증거와 논증을 찾아낸다는 점에 주목한다. 일례로 특권계급은 경제력과 정치적 특권을 통해 다양하고 풍부한 교육기회를 얻고 갖가지 능력을 개발하는데, 이러한 결과가 특권계급의 후천적 노력이 아니라 선천적으로 타고났기 때문이라는 이념을 만들어낸다. 동시에 피억압계급이 교육받을 수 있는 기회를 최대한 차단하고 이들 계급의 결함과 무능력이 치유 불가능한 것인 양 주장한다는 것이다.

도덕철학의 왜곡도 마찬가지다. 특권계급은 자신의 도덕성을 과장하여 선전함으로써 사회지배의 정당성을 확보하고자 한다. 지배계급은 19세기 정치경제에서 개인주의, 청교도적인 프로테스탄트의 근면성 등을 광고하면서 노동계급의 빈곤은 이들의 게으름과 저축심 결여에서 비롯되었다고 여긴다.

니버는 이러한 위선을 파괴하기가 매우 힘들다고 본다. 지배계급은 항상 사회의 안정과 평화를 중시하고 이를 호소하는데, 대부분의 인간은 폭력과 무질서를 혐오하기 때문에 이러한 현상유지적 철학에 쉽게 속게 된다는 것이다. 지배계급은 가장 순수한 평화주의자로 자신을 포장하지만, 이러한 특권계급의 집단적 이기주의는 당파적 경험과 세계관의 산물임을 니버는 지적하고 있다.

니버가 계급갈등을 중요한 분석의 차원으로 논하면서 특히 관심을 기울이는 것은 프롤레타리아계급의 잠재성에 대한 것이다. 이는 마르크스주의의 기본 논지와 통하는 것으로, 마르크스는 프롤레타리아계급이 모든 역사의 모순을 담지한 보편적 계급으로서 자신의 해방이 곧 역사의 해방인 계급이라고 주장한 바 있다. 니버는 프롤레타리아 계급이 지배계급의 위선과 자기정당화, 모순을 가장 예리하게 인식하는 계급이며, 잠재적으로 사회구원을 실천할 수 있는 가장 강력한 세력이라고 본다.

이들은 다양한 이데올로기를 가지는데, 도덕적 냉소주의, 평등적 이상주의, 반항적 영웅주의, 반민족주의, 국제주의 등 혼란을 겪고 있다. 니버는 이러한 다양한 이데올로기 중에서 진정으로 희망적인 사회를 건설하기 위해 필요한 이데올로기를 만들어가는데 우선적 문제가 도덕적 냉소주의라고 본다. 프롤레타리아계급은 부르주아적 문화와 정치를 가리는 도덕적 가식을 벗겨내는 과정에서 도덕적 냉소주의를 갖게 되는데 이는 진정한 발전을 위한 노력을 방해한다는 것이다.

프롤레타리아계급은 계급이기주의를 극복할 필요가 있다. 이들 역시 계급 이기주의와 복수심에 가득 차 있으며, 좌절된 자아에 대한 보상심리를 가질 수 있다. 계급 이기주의는 자신의 계급만을 신비화하여 무산계급의 전략적 중요성을 무조건적으로 정당화할 수도 있다.

프롤레타리아계급이 냉소주의를 비판하고 계급이기주의를 넘어 진정한 이상을 추구할 때만 자본주의 사회의 계급모순을 해결할 수 있다. 자본주의 국가가 지배계급에 봉사하는 정치적으로 편중된 기제라는 사실을 인식하고 국가 없는 평등사회를 실현할 수도 있다. 이 과정에서 애국심 역시 프롤레타리아 계급에게는 적용될 수 없는 이데올로기이다.

그러나 마르크스주의와 달리 니버가 프롤레타리아계급의 운동 속에서도 문제점을 본 것은 인간의 본성에 대한 그의 통찰 때문이다. 니버는 프롤레타리아 계급이 개혁, 혹은 보다 급진적인 혁명을 통해 사회의 주도권을 장악하게 되면 기존의 지배계급처럼 자신의 이익을 사회전체의 이익과 동일시하고 이를 합리화하는 함정에 필연적으로 빠질 것이라고 본다. 마르크스주의는 계급모순이 해결되면 권력을 향한 정치적 갈등의 문제도 해결될 수 있을 것이라고 보았지만, 그는 계급모순 해결 이후에도 인간의 집단적 이기성 문제는 해결될 수 없다고 보았다. 공산사회가 도래하더라도 사회 각 계급 간의 정치적 갈등은 온존할 것이며, 이를 해결하기 위해서는 정치 자체에 대한 근본적인 반성과 대책이 필요하다는 것이다.

니버가 당시 산업자본주의 사회의 도덕적 핵심세력이라고

보았던 프롤레타리아 계급이 정의로운 사회를 달성하기 위해 고려한 가장 빠르고 급진적인 대안은 혁명이었다. 볼세비키 혁명은 이미 성공했으며 경제공황으로 서구사회에서도 사회주의 대안에 대한 많은 논의가 진전되었다. 특히 경제적 어려움을 겪고 있던 독일에서 혁명세력이 급부상하는 한편, 민주주의를 위협하는 나치즘 세력도 성장일로에 있었다. 정의를 달성하기 위해 폭력혁명은 정당화될 수 있는가? 니버는 다음과 같은 견해를 보인다.

> 폭력이 정의로운 사회 체계를 이루고 이를 보전할 수 있다면 폭력과 혁명을 배제해야 할 윤리적 근거는 없다. …… 정치가 윤리의 우위에 설 수밖에 없는 운명적 상황을 고려하여 강제력을 사회단합의 불가피한 수단으로 받아들인다면 비폭력적 강제와 폭력적 강제 간의 구분, 정부의 강제와 혁명세력의 강제를 절대적 기준에 따라 구분하는 것은 불가능하다. 구분을 한다면 그 기준은 결과에 근거해야 한다. 따라서 핵심질문은 폭력을 통해 정의를 세울 수 있는 정치적 가능성은 어느 정도인가이다.(Niebuhr, 1932, pp. 179-180)

이러한 기준에 따라 니버는 프롤레타리아 혁명이 폭력적 수단을 사용한다면 가능한가, 성공한다면 정의로운 사회를 유지할 수 있는가의 문제를 다룬다. 그는 혁명의 성공가능성은 매우 낮으며, 성공하더라도 정의사회를 유지하기란 불가능하다는 결론을 내린다. 니버는 프롤레타리아 혁명이 성공하기 어려운 이유를 다음과 같이 열거한다. 첫째 프롤레타리아 계급 내에서도 분열이 있을 수 있는데, 특히 숙련, 비숙련 노동계층의 분열이 두드러진다. 둘째, 프롤레타리아 계급의 도덕적 인식을 유지하기 어렵다. 셋째, 자본가 계층이 맹렬하게 반발하며 혁명을 무산시킬 수 있는 다양한 전략을 구사할 것이다. 넷째, 사회의 복잡성이 날로 증가하는 데 비해 공산주의가 제시하는 프롤레타리아 혁명의 비전은 이미 너무 단순하다. 다섯째, 프롤레타리아 계급은 국제주의를 주창하고 있지만 1차 세계대전에서 이미 목도한 바와 같이 상당수 프롤레타리아는 애국심의 호소에 넘어갔고, 여전히 민족주의에 취약하다. 즉, 애국주의 등 정치적 이데올로기의 강고성이 여전히 지속되고 있다.

니버는 소련과 같은 농업사회나 제3세계에서 프롤레타리아 혁명이 성공할 가능성은 높아지지만 서구사회에서의 가능성은 매우 낮다고 본다. 니버는 향후의 일을 예측하면서 앞으로 적어도 수십 년 동안은 서구 문명이 프롤레타리아 혁명이 일어날 여건을 조장하지 않을 것이라고 보며, 혁명의 위기가 도래하지 않을 것이라고 예측한다. 다만 유일한 가능성이라면 1차 세계대전과 같이 자본가 계층 간의 갈등이 심해지고 자본주의 국가 간 전쟁이 발발하여 무질서가 증가한 가운데 프롤레타리아 혁명의 환경이 조성되는 정도이다. 그러나 이 역시 그다지 높은 가능성을 지니고 있다고 보지는 않았다.

혁명이 성공하더라도 사회정의와 평등을 유지할 가능성에 대해 니버는 더욱 비관적이다. 공산주의 사회도 모든 인간 사회가 가지는 정치적 본성을 가질 수밖에 없고 그 속에서 인간 집단은 자신의 사익을 추구할 것이 당연하다. 공산주의 사회가 이러한 문제를 인식하고 해결할 수 있는 내부 기제를 가지고 있는가에 대해 니버는 신랄하게 비판한다. 혁명의 발발 가능성에 대해 매우 현실주의적으로 분석했던 레닌조차 혁명 이후 공산주의 사회의 운용방식에 대해서는 낭만적이었다는 것이 니버의 생각이다. 그는 소련의 현실에서 국가가 사라지기는커녕, 관료집단의 정치권력이 강화되는 것은 잠정적 이행상태의 특질이 아니라 인간 본성에 기반을 둔 모든 정치사회의 특질이며 이를 공산주의 이론이 해결하지 못할 것이라고 비판한다.

이렇게 지속된 문제의식이 『도덕적 인간과 비도덕적 사회』의 네 번째 주제인 정치와 강제력 문제로 이어진다. 니버는 정치사회는 필연적으로 강제력을 통해 지속되며, 강제력을 적절히 사용하는 것이 정치의 본질이라고 본다. 그리고 강제력은 폭력과 비폭력을 모두 포함하며, 무조건적으로 폭력을 회피하는 것이 정의를 구현하는 것이 아니라는 점을 지적한다.

니버는 정치과정에서 강제력과 폭력에 대한 무조건적 회피경향, 그리고 강제력을 회피하면 선한 정치적 입장이라는 시각을 강하게 비판한다. 흔히 폭력은 본래적으로 악한 것이며, 악한 의지의 표현이고, 비폭력은 선의의 표현이라 간주하는 것은 오류라는 것이다. 인간 집단 내부는 물론, 특히 인간 집단 간 관계에서 조화와 정의를 정착시키려면 일정 수준의 강제력은 불가피하다.

그는 강제력이 폭력적 강제력인가 혹은 비폭력적 강제력인가, 어떤 것이 더 도덕적인가를 판단하는 것도 각 사안을 경험적으로 판단할 문제이지 선험적으로 판단할 문제는 아니라고 본다. 니버는 영국 면화 불매운동을 벌인 간디의 저항운동으로 인해 영국 맨체스터의 어린이들이 영양실조에 걸리고, 1차 대전 중 연합국의 봉쇄로 독일 어린이들이 죽어갈 수밖에 없었다는 사실을 지적한다. 그는 "인명과 재산을 해치지 않고, 무죄인 사람과 유죄인 사람을 함께 묶어 위험에 빠트리지 않으면서 강제력을 행사한다는 것은 불가능하다"고 주장한다. 비폭력적 강제가 간접적이고 비가시적인 것은 사실이다. 그러나 그 결과는 매우 직접적이고 가시적이며 무엇보다 폭력적으로 나타날 수 있기 때문에 처음에 어떻게 보이는가가 전부는 아니라는 것이다.

니버는 선한 동기는 선한 수단을 사용하며 악한 동기는 악한 수단을 사용한다는 것 또한 그릇된 가정이라고 주장한다. 개인 간 관계에서는 이러한 상호관계가 지탱될 수 있어도 인간 집단 간 정치적 관계에서는 어려운 것이 사실이다. 결국 집단 간 관계에서 정치적 선택은 선과 악 사이의 선택이라기보다는 다수의 옳은 가치 간의 선택일 경우가 종종 있다. 이 과정에서 선험적인 선악을 결정하다는 것은 어려운 일이며 상대적 가치 속에서의 선택이 불가피하다고 본다.

결국 니버는 평화가 항상 힘에 의해 획득되기 때문에 항상 불안정하고 정의롭지 못하다고 본다. 국내정치건 국제정치건 본질상 마찬가지이다. 힘을 가진 계급이 한 나라를 조직하는 것과 마찬가지로 국제사회를 조직하는 것이 불가피하다는 것이다. 어느 경우건 평화는 정의롭지 못하기 때문에 항상 일시적이고 잠정적이라는 것이다. 대부분 평화는 강대국 중심으로 이들의 이익을 보존하기 위하여 형성된다. 사회는 영구적 전쟁상태이고, 역사란 사회통합과 정의라는 목적을 위해 존재하다기보다는 부질없는 노력의 기록이라는 것이다. 그리고 이러한 실패의 원인은 대체로 강제성의 요인을 완전히 제거하려고 하거나 혹은 강제성의 요인에 지나치게 의존하기 때문이라고 본다. 사회의 문제는 강제력을 축소시키는 문제와 사회적으로 책임질 수 없는 강제력을 파괴하는 문제, 그리고 사회적 통제하에 완전히 둘 수 없는 유형의 강제력을 도덕적으로 자제할 수 있는 힘을 키우는 문제 등이다.

니버는 앞으로의 과제는 강제 없이 완전히 평화롭고 정의로운 사회를 건설하는 것이 아니라, 충분한 정의를 실현하기 위해 강제력이 가능한 비폭력적인 모습으로 귀결되는 것이라 본다.

4. 니버, 그리고 21세기 국제정치학

니버가 21세기 국제정치학에 주는 함의는 대단히 크다. 니버는 신학에서 정치학, 국제정치학에 이르는 다양한 분야를 모두 섭렵하여 일관된 체계를 만드는 데 하나의 모범을 보여준다. 현대의 국제정치학은 국가 간 관계를 실증주의적으로 연구하는 데 집중하여 인간과 정치의 본질적 문제를 등한시하는 결과를 낳았다. 일례로 인간의 본성이 과학적으로 증명될 수 없고 너무 일반적 변수여서 설명력이 떨어진다는 이유로 인간 자체에 대한 탐구를 오히려 경시하는 풍조를 보인다. 국가를 합리적 이기주의자로 가정하고 이에 기초하여 국가 간 관계를 실증주의적으로 이론화하는 데 주된 관심을 쏟는 것이다.

반면 니버는 인간의 본성, 즉 권력과 이익을 추구하는 본성에 집중하여 이러한 본성이 정치를 어떻게 형성하고, 인간의 정치집단의 본성을 어떻게 형성하는가에 관심을 기울인다. 그는 인간이 합리적이기도 하지만 근본적으로 자신의 이익과 권력을 추구하는 존재, 충동에 귀 기울이며, 이성조차 충동에 봉사할 수밖에 없는 그러한 존재라고 보았다. 또 정치집단 간 관계의 본질을 탐구하며, 특히 정치집단의 가장 응집된 형태라고 할 수 있는 국민국가 간의 관계가 인간 본성으로부터 어떻게 유추되는지 일관된 체계를 유지하고자 한다.

이러한 니버의 다차원적 접근방법은 국제정치학의 분석 이론과 규범 이론을 연결하는 다리 역할을 한다. 니버는 학문의 합리주의 일변도 경향을 비판했다. 인간의 이성이 인간의 역사를 온전하게 파악하지 못할 뿐 아니라, 인간의 역사를 나아가게 하는 데 인간의 합리성에 호소하거나, 이에 기반을 둔 개혁을 해서는 성과를 거둘 수 없다고 보았기 때문이다.

따라서 그는 인간의 본성에 대한 성찰에 힘입어 인간을 근본적으로 변화시키는 종교적 노력이 필요하다고 보았다. 물론 니버의 경우 기독교 신학에 기초한 인간본성론과 실천론의 모습을 보인다. 원죄론에 입각하여 인간은 자기애와 자기중심성을 가지므로, 개인적, 사회적 차원에서 권력과 이익을 추구할 수밖에 없는 존재라고 보았다. 그러나 동시에 니버는 인간이 자기를 초월하고자 하는 욕구를 가지고 있으며, 완전한 자기초월은 예수의 보편적이고 희생적 사랑에 의해 이루어질 수 있다는 깨달음에 도달할 수 있기 때문에 인간의 변화가능성에 대한 희망도 주장했다. 이러한 모든 생각은 인간본성으로부터 국제정치에 이르는 위계적이며, 다층적인 사고가 있었기에 가능한 것이었다.

동시에 니버는 근대적 합리주의에 기반한 자유주의 기독교 신학도 비판했다. 인간 사회가 단순히 사랑에 대한 희망으로 조정과 타협을 통해 나아질 것이 아니기 때문에, 정치와 역사 속에서의 종교적 희망이라는 어려운 과제를 실현해야 한다는 것이다.

그는 국제정치의 분석이 궁극적으로 국제정치의 미래와 비전에 대한 규범 이론으로 연결되어야 하고, 이러한 실천은 분석과 밀접하게 관계되어야 한다고 생각했다. 현대 국제정치학은 실증주의 인식론에 기반을 두어 과학적 분석은 규범적 입장과 별도로 존재해야 한다는 소위 가치중립성을 중요한 분석의 전제로 삼고 있다. 그러나 니버는 가치중립성에 기초한 분석이라는 이념 자체가 가치를 담고 있다는 점을 강력하게 논한다. 이는 비단 니버뿐 아니라 모겐소나 카와 같은 고전적 현실주의자가 공유하는 전제이다. 얼핏 보기에는 가치중립적으로 보이는 합리주의 인식론이 사실은 나름대로의 가치를 기저에 깔고 있다는 것이다.

규범 이론에 대한 강조는 21세기 국제정치학이 당면한 문제와 긴밀히 연결된다. 현대 국제정치학자들은 분석과 설명에 치중하여 현실에서 일어나고 있는 많은 국제정치 문제를 해결할 수 있는 방안을 제시하는 데 한계를 보인다. 특히 미국의 외교정책을 분석하는 많은 국제정치학자는 냉전이 종식되자 미국이 주도하는 평화로운 세계질서가 도래할 것이라고 보았지만, 결과는 9·11테러와 같은 미국에 대한 엄청난 증오였다. 미국의 국제정치학자들은 무엇이 잘못되었는지 다시 반성하면서 단순한 국제정치 분석이 아닌 규범적 입장을 재정립할 필요가 있다는 인식을 갖게 된다.

21세기 국제정치가 단순히 국가 간 관계를 넘어 다층적인 글로벌 거버넌스로 변화되는 점에서 새로운 규범이 필요하다는 인식도 규범 이론에 대한 요구를 강화하고 있다. 지금의 국제정치는 과거 관심을 끌지 못했던 인간 안보 이슈, 즉 인권과 인도적 개입, 환경보호, 재난방지 및 대처, 마약 퇴치 등 다양한 문제를 안고 있다. 이러한 문제는 국가의 힘만으로 해결하기 어려우며, 개인과 시민사회, 국제기구 등 다양한 행위자가 함께 해결해야 한다. 이러한 상황에서 과거 국가 간의 군사적, 경제적 갈등을 주로 다루던 현실주의 같은 국제정치 이론이 새로운 세계의 미래에 대한 비전을 줄 수 없는 것은 당연하다. 국제정치가 세계정치로 변화되어 가는 지금, 이를 뒷받침할 규범 이론이 필요한 것이다.

이러한 경향은 국제정치 규범 이론에 대한 근본적인 반성을 요구하는 것이며, 같은 맥락에서 최근 니버 연구에 대한 재해석, 소위 니버 르네상스라는 현상이 나타나는 것이다. 많은 국제정치학자가 국제정치에 대한 냉철하고 현실주의적인 분석과 도덕적인 실천의 비전을 어떻게 결합시킬지 고민하며, 이 과정에서 니버의 연구가 남긴 족적은 많은 시사점을 준다.

니버의 연구는 주로 미국의 국내정치와 외교정책에 치중했기 때문에 제3세계 국가에 대한 관심은 상대적으로 덜했다. 그는 미국 외교정책이 대상이 되는 지역, 특히 유럽과 아시아에 대한 분석을 남기기는 했지만 주로 미국 외교에 대한 조언의 영역에서였다. 현재 동아시아에서 많은 국제정치적 문제가 대두하고 있는데, 이를 니버의 연구에서 직접 유추할 수 없는 것은 이 때문이다.

그럼에도 불구하고 동아시아와 한국의 국제정치학자들은 다음과 같은 함의를 이끌어낼 수 있을 것이다.

첫째, 국제정치를 분석함에 있어서 20세기 후반의 신이론들과 달리 인간의 본성, 정치집단의 본질에 대한 철학적이고 역사적인 관심을 부활시켜야 한다. 국가의 속성을 단순히 이론의 전제로 놓고 여기서 실증적인 분석 이론을 축적하는 것은 한계가 있다는 것이다.

둘째, 미국의 외교정책, 더 나아가 강대국의 외교정책을 비판적으로 볼 수 있다. 니버는 강대국일수록 다른 국가의 도덕적 지지가 절대적으로 필요하며, 이를 위해서는 자국이 절대적으로 옳다는 자기중심주의를 버리는 것이 필요하다고 논한다. 동아시아는 현재 미국과 중국 등 강대국들이 차기 지역정치를 주도하는 패권국으로 발돋움하려고 경쟁하는 지역이다. 이들 국가가 다른 국가의 의견을 무시한 채 지역의 지도국이 되고자 한다면, 특히 소프트 파워의 시대를 맞이하고 있는 지금 진정한 강대국으로 발돋움하는 데 많은 어려움을 겪을 것이다. 동아시아의 많은 국가는 진정한 강대국의 자격을 설정하고 이를 실현하도록 노력해야 할 것이다.

셋째, 규범 이론의 논거를 확립하는 데 니버의 논의를 참고할 수 있다. 동아시아는 여전히 다자적 협력기제가 결여된 채, 세력균형과 세력전이의 논리에 의해 지역정치를 해나가는 지역이다. 그러나 니버의 논리에 따르면 세력균형은 안정을 위한 최소한의 장치이되, 균형 잡힌 세력의 상태는 결국 무정부상태로 퇴락하고 이를 규범적으로 발전시키려는 노력이 절대적으로 필요하다. 그리고 이러한 노력은 무엇보다 인간의 본성에 대한 냉정한 반성과 이를 근본부터 고치려는 철학적, 종교적 노력으로 귀결되어야 한다. 현재 동아시아는 민족주의가 의심할 수 없는 이념으로 굳어져 자신의 민족주의, 자신의 국가이익이 과연 도덕적으로 정당한가 하는 질문을 거의 하지 않고 있다. 이러한 상황을 타개하기 위해서는 자신의 민족주의, 국가중심주의를 넘어설 수 있는 종교적 반성이 필요하며, 모든 동아시아인은 니버의 경고에 귀를 기울여, 보다 나은 지역을 만들어갈 수 있도록 노력해야 할 것이다.

참고문헌

Crouter, Richard, 2010, *Reinhold Niebuhr: On Politics, Religion, and Christian Faith*, Oxford: Oxford University Press.

David, Harry R. and Robert C. Good (eds.), 1960, *Reinhold Niebuhr on Politics: His Political Philosophy and Its Application to Our Age as Expressed in His Writings*, New York: Charles Scribner's Sons.

Fox, Richard Wightman, 1985, *Reinhold Niebuhr: A Biography*, New York: Pantheon Book.

Harries, Richard and Stephen Platten (eds.), 2010, *Reinhold Niebuhr and Contemporary Politics*, Oxford: Oxford University Press.

Lieven, Anatol and John Hulsman, 2006, *Ethical Realism: A Vision for America's Role in the World*, New York: Pantheon Books.

McKeogh, Colm, 1997, *The Political Realism of Reinhold Niebuhr: A Pragmatic Approach to Just War*, London: Macmillan Press Ltd.

Niebuhr, Reinhold, 1932, *Moral Man and Immoral Society: A Study in Ethics*, 『도덕적 인간과 비도덕적 사회』, 1992, 이한우 역, 문예출판사.

________________, 1935, *An Interpretation of Christian Ethics*, New York: Harper and Brothers.

________________, 1941, *The Nature and Destiny of Man, Volume I; Human Nature*, New York: Charles Scribner's Sons.

________________, 1943, *The Nature and Destiny of Man, Volume II; Human Destiny*, New York: Charles Scribner's Sons.

________________, 1944 *The Children of Light and the Children of Darkness: A Vindication of Democracy and a Critique of Its Traditional Defense*, New York: Charles Scribner's Sons.

________________, 1952, *The Irony of American History*, New York: Charles Scribner's Sons.

________________, 1959, *The Structure of Nations and Empire: A Study of the Recurring Patterns and Problems of the Political Order in Relation to the Unique Problems of the Nuclear Age*, New York: Charles Scribner's Sons.

Patterson, Eric, 2003, *The Christian Realists: Reassessing the Contributions of Niebuhr and His Contemporaries*, Washington D.C.: University Press of America.

Rasmunssen, Larry, 1991, *Reinhold Niebuhr: Theologian of Public Life,* Minneapolis: Fortress Press.

Rice, Daniel F. (ed.), 2009, *Reinhold Niebuhr Revisited: Engagements with an American Original*, Grand Rapids, Michigan: William B. Eerdmans Publishing Company.

고범서, 2007,『라인홀드 니버의 생애와 사상』, 대화문화아카데미.

남태욱, 2006,『라인홀드 니버와 사회정의』, 국제교육문화원.

이상원, 2006,『라인홀드 니버: 정의를 추구한 현실주의 윤리학자』, 살림.

이장형, 2002,『라인홀드 니버의 사회윤리 구상과 인간이해』, 선학사.

존 메이나드 케인즈, 『고용, 이자 및 화폐에 관한 일반 이론』

John Maynard Keynes,

General Theory of Employment, Interest, and Money (1936)

경제학의 새로운 지평

이지순
서울대학교 경제학부 교수

비우량 주택담보채권의 대규모 부실에서 촉발된 미국발 전 지구적 금융위기가 발생 3년 만에 진정되고 있다. 아직 위기 재현의 불씨가 남아 있기는 하지만 주요국 경제가 1929년의 세계 대공황 때 그랬던 것처럼 동반 붕괴하리라던 당초의 우려는 각국 중앙은행의 대규모 통화 증발과 각국 정부의 대규모 재정 팽창에 힘입어 기우로 끝나가는 듯하다.

그렇지만 위기가 완전하게 끝난 것은 아니다. 무엇보다도 그동안 엄청나게 늘어난 통화량과 급격하게 팽창된 재정 규모를 적정 수준으로 되돌려 놓는 작업은 아직 손도 못 댄 채 남아 있다. 위기의 사후 수습 과정, 즉 출구 전략 수행이 잘못 되었을 경우에 발생할 피해를 생각하면 이번 금융위기의 총체적 피해가 얼마나 클지는 누구도 짐작하기 어렵다.

미국발 금융위기는 20세기를 풍미하다가 이제는 우리들의 뇌리에서 점차 사라져 가던, 노老경제사상가를 되살려 놓았다. 죽은 줄만 알았던 케인즈가 되살아난 것이다. 자본주의 시장 경제 체제는 그 내재적 취약성으로 인해 극심한 위기를 겪는 숙명을 피하기 어렵고, 일단 위기가 발생하면 스스로의 힘으로는 위기를 극복하기 어려우므로, 강한 힘을 지닌 정부가 나서서 돈을 풀고 공공구매를 늘림으로써 경제를 되살려야 한다는 케인즈의 주장이 금융위기를 맞아 다시금 절대적인 지지를 받게 되었다.

케인즈에 대한 이러한 열풍은 과연 타당한 것일까? 케인즈는 어떠한 인물이며 어떠한 삶을 살았는가? 케인즈는 어떠한 경제 사상을 설파했는가? 그의 대표작으로 일컬어지는 『고용, 이자 및 화폐에 관한 일반 이론General Theory on Employment, Interest, and Money』(1936)은 무슨 내용을 담고 있는 어떠한 책인가? 케인즈의 경제 사상이 20세기를 풍미한 것은 어떤 까닭에서인가? 케인즈 사상은 21세기를 살아가는 지금 우리에게도 유효한가?

이 글의 목적은 위에 언급한 일련의 물음에 대한 답을 찾아보려는 데 있다.

1. 천재 경제학자 케인즈

존 메이나드 케인즈(John Maynard Keynes, 1983-1946)는, 케임브리지 대학 교수이며 학교 행정가였던 존 내빌 케인즈John Neville Keynes와 케임브리지 시 시장을 역임할 만큼 유능한 행정가였던 플로렌스 아다 케인즈Florence Ada Keynes의 아들로 태어났다. 그는 명망 있는 집안의 우수한 자제들만 수학할 수 있는 중등 교육기관인 이튼 스쿨을 거쳐 케임브리지 대학 킹스 칼리지에 진학했고, 수학을 전공하여 학사 학위를 취득하였다(1905).

킹스 칼리지는 케임브리지 대학을 이루는 여러 칼리지 중에서도 가장 명망이 높은 대학으로서 재학 중인 학생이나 재직 중인 교수들 공히 하늘을 찌르는 자부심을 지니고 있었다. 그러니 천재성을 지닌 학생인 케인즈가 킹스 칼리지에 대해 남보다 훨씬 큰 자긍심을 가졌음은 조금도 이상한 일이 아니다. 게다가 케인즈는 킹스 칼리지 학생 가운데서도 극소수의 엘리트만이 가입할 수 있는 '사도회Apostle's Club'의 핵심 멤버였다(Rothbard, 1992). 사도회는 킹스 칼리지, 그리고 그와 쌍벽을 이루던 올 소울스 칼리지All Soul's College 학생 중에서 추리고 추려 뽑은 소수의 학생만 가입할 수 있는 일종의 비밀결사체였다. 클럽의 구성원들은 스스로를 사도라고 불렀는데 케인즈는 수십 년 전통을 지닌 이 클럽의 234번째 사도였다. 사도들은 학창 시절의 거의 모든 시간을 함께 보냈다. 그들은 사도 출신 교수의 지도 아래 함께 독서하고 토론하며, 여행하고 운동하며 숙식을 같이 하는 소공동체의 삶을 살았다.

사도들은 모두 명문가의 자제로 그들만이 세상을 이끌 수 있고, 또 이끌어야 한다는 선민의식에 가득 차 있었다. 어리석고 연약하며 눈앞의 이익에만 급급한 대중을 바른 방향으로 이끌어 나가야 할 '사회 지도자'로서의 책임을 통감하고 있었던 것이다. 그들은 작은 일에 일희일비하며 빅토리아 시대의 금욕주의적인 가르침을 소중히 여기는 '소시민'들의 생활방식을 소인배적 전통에 사로잡혀 있는 우둔한 짓거리라고 비판하였다. 모든 굴레를 벗어나 자유롭게 인간 중심으로, 즉 자유분방하게 살아야 한다는 것이 그들의 사상이었다(Skidelsky, 1983; Deacon, 1986 참조).

케인즈는 당초 학문의 길보다는 철도산업이나 증권시장과 같은 현실 세계에 더 큰 관심을 가지고 있었다. 그러나 아버지의 권유로 공부를 계속하기로 결심하고 케임브리지 대학원에 진학하여 경제학도의 길을 걷기 시작했다. 당시 전 세계의 경제학계를 대표하던 알프레드 마셜Alfred Marshall과 그의 수제자였던 아서 피구Arthur Pigou에게서 경제학, 그중에서도 화폐 이론을 사사하기 시작하였다. 그러나 케인즈가 경제학 과목을 수강한 것은 한 학기, 그것도 한 과목뿐이었다. 천재적인 자질을 지니고 현실 문제에 관심을 가졌던 케인즈에게 마셜이나 피구의 고전적 강의는 별 흥미를 주지 못했던 것 같다.

대학원 생활에 큰 애착을 갖지 못한 채 방황하던 케인즈는 공무원 시험에 합격하여 관리로 변신한다. 관리가 된 케인즈가 한 일은 재무성 인도국에서 인도의 외환 문제를 다루는 것이었다. 그는 매우 유능한 관리였으며 사태에 대한 정확한 이해와 예리한 분석으로 많은 이의 신망을 얻었다. 그러나 관료 사회에 대해서도 그리 큰 매력을 느끼지 못한 케인즈는 관리로 재직 중 틈틈이 짬을 내어 학위 논문을 집필하기 시작하였다. 그러다가 관리가 된 지 2년 만인 1908년에 (전임강사 또는 조교수에 해당하는) 킹스 칼리지 펠로우가 되어 케임브리지 대학으로 돌아왔다.

1913년에 『인도 통화와 재정Indian Currency and Finance』(1913)을 출간한 데서 보듯 당시 케인즈의 학문적 주 관심사는 화폐경제학 분야였다. 이 분야에서 이룩한 그의 학문적 성과는 그로부터 10년 뒤인 1923년에 출간된 『화폐 개혁론A Tract on Monetary Reform』(1923) 그리고 1930년에 출간된 『화폐론A Treatise on Money』(1930)으로 집대성되었다.

다양한 방면에 걸쳐 뛰어난 재능을 지녔던 케인즈가 상아탑에 안주하는 백면서생이 되기를 거부한 것은 자연스러운 일이었다. 행정가로서의 면모를 지녔음은 물론 당대 제일의 문화비평지 편집장을 역임했으며 음악과 미술 및 무용에도 조예가 깊어 수많은 문인, 화가, 음악가, 연극인 및 무용가들과 교분을 가졌다. 당시 문예계를 이끌던 소수 엘리트의 모임인 불룸스베리 그룹Blooms-bury Group의 고정 멤버로서 유명한 여류 소설가인 버지니아 울프Virginia Woolf와 품격 있는 문화 담론을 나누기도 하였다. 케인즈가 러시아 태생 발레리나인 로포코바Lidia Lopokova를 만나 1926년 결혼에 이르게 된 것도 바로 불룸스베리 그룹에서였다. 케인즈는 또한 보험회사의 이사회장과 영란은행의 이사직을 역임하기도 하였다.

케인즈는 이재, 특히 증권 투자에 상당한 조예를 지니고 있었다. 경제학자 가운데서 증권투자로 돈을 번 사람은 케인즈가 유일하다 할 정도로 투자에 능했으며 투기와 투자를 통해 거금을 벌었다. 그는 그렇게 번 돈을 불룸스베리 그룹의 운영자금으로 내놓는가 하면 당대 제일의 예능인들을 재정적으로 지원하는 일에 쓰기도 하였다. 케인즈는 한때 케임브리지 대학의 재무처장을 역임하기도 하였는데 이 시기에 증권 투자를 통해 학교의 재정 상태를 획기적으로 개선하는 공을 세우기도 하였다.

케임브리지 대학에서 교편을 잡은 지 몇 년 지나지 않은 1914년, 세계 제1차 대전이 발발하자 케인즈는 학교를 떠나 국제

금융 업무를 담당하는 재무성 관리로 복직하였다. 케인즈는 재무성에서도 그의 뛰어난 재질을 십분 활용하여 남들보다 훨씬 빠른 속도로 승진가도를 달리기 시작하였다. 그가 진가를 발휘할 기회를 맞이한 것은 1차 대전의 종료가 임박했던 1918년부터 1919년까지 진행된 베르사이유 평화조약 체결 회담에 영국 대표의 일원으로 참가한 때였다. 동 회담의 주 의제는 패전국 독일에게 부과할 재정적인 징벌의 크기를 결정하는 일이었다. 회담에 참여한 승전국 대표들의 공통된 견해는 전쟁을 일으킨 장본인인 독일에 엄청난 규모의 배상금을 물려야 한다는 것이었다. 그렇게 해야만, 즉 확실하게 대가를 치르게 만들어야만 독일이 또다시 전쟁을 일으키는 어리석음을 범하지 않을 것이라는 것이 그들의 생각이었다. 케인즈는 그와는 정반대의 생각을 가지고 있었다. 패전으로 피폐해진 독일에게 엄청난 규모의 배상금을 물리면 그렇지 않아도 궁핍한 독일인의 생활 형편이 더 열악해질 것이 분명하며, 그렇게 되면 궁지에 몰린 독일 지도부가 대중을 선동해 또다시 전쟁을 일으킬 가능성이 높다는 것이 케인즈의 생각이었다.

그의 '뛰어난 주장'이 받아들여질 기미가 보이지 않자 케인즈는 중도에 회담장을 박차고 나와 재무성 관리직을 버리고 학교로 복직한다. 복직 후 케인즈는 곧바로 베르사이유 회담에서 경험했던 쓰라린 좌절감을 바탕으로 집필 활동에 들어가 1919년에 『평화의 경제적 결말The Economic Consequence of the Peace』(1919)을 출간하게 되었다. 이 책은 출간과 동시에 영국 지성계의 호평을 바탕으로 대중으로부터 선풍적인 인기를 얻었으며, 그것이 계기가 되어 케인즈는 영국을 대표하는 행동하는 지성인으로서의 명성을 얻게 된다.

이 책의 주 논점은 패전국에게 엄청난 규모의 배상금을 물리면 잘못을 뉘우치기는커녕 복수심에 불타올라 절치부심하다가 기회가 오면 또다시 전쟁을 일으킨다는 것이다. 그러한 일이 발생하면 승전국들이 또다시 전쟁에 나서지 않을 수 없을 것이고, 그렇게 되면 그들이 배상금으로 받았던 것 이상의 엄청난 피해를 입을 것이 분명하므로 애당초 배상금을 과다하게 책정해서는 안 된다는 것이 케인즈의 주장이었다.

이렇게 해서 학자로서의 지위를 확고하게 정립한 케인즈는 그 이후 경제학 연구에 몰두하여 위에서 소개한 대로 『화폐 개혁론』과 『화폐론』 등의 역작을 출간하였다. 이 2책은 제목이 시사하는 바와 같이 케인즈의 화폐 이론을 구체화한 것으로 마셜Marshall로 대표되는 영국 고전학파의 전통을 충실하게 계승하고 발전시켰다.

상기 두 책의 주 논점은 정부가 통화 관리만 잘하면 대부분 경제가 원만하게 잘 돌아간다는 것이었다. 그러나 그러한 논점을 전개하면서도 케인즈는 그의 스승들이 가르쳤고 그가 계승하였던 고전학파 경제 이론에 무엇인가 큰 허점이 있음을 절감하였다. 무엇보다도 1920년대 들어와 심각해진 영국의 실업 문제를 볼 때 경제가 원만하게 잘 돌아갈 것이라는 고전학파의 주장이 현실을 제대로 설명하지 못하는 공허한 이론이라는 확신을 갖게 되었다. 그러한 생각은 1929년의 세계대공황 발발과 더불어 더욱 더 확고해졌다. 이는 케인즈로 하여금 그의 스승들이 견지해온 고전학파의 이론 체계를 전면적으로 부정하고, 그것을 대체할 새로운 이론 체계를 정립해야 할 필요성을 절감하게 만들었다.

다수의 근로자가 몇 해가 지나도 일자리를 찾지 못하고(한때 영국의 실업률은 20%에 이르렀다), 일감이 없어 공장 문을 닫은 많은 기업이 손실을 견디다 못해 결국 파산에 이르는 일이 항다반사인 현실을, 그러한 현상은 고작해야 일시적인 것일 뿐 시장의 원활한 조정 메커니즘을 통해 이내 완전고용이 보장되는 원만한 상태로 되돌아갈 것이라는 고전학파의 이론으로 어떻게 설명할 수 있다는 말인가? 이러한 문제의식을 갖고 창작활동에 전념한 케인즈는 드디어 1936년에 『고용, 이자 및 화폐에 관한 일반 이론』을 출간한다. 이것이 바로 케인즈를 케인즈이게 만든 그 유명한 '일반 이론'이다.

『고용, 이자 및 화폐에 관한 일반 이론』(이후 『일반 이론』으로 표기한다) 출간 이후 케인즈는 그것을 좀 더 완벽하게 만드는 작업과 후학을 가르치는 일에 전념한다. 그러다가 세계 제2차 대전 발발을 계기로 그의 학문적 관심은 다시금 국제 금융의 문제로 회귀한다. 이 시기에 그가 관심을 지녔던 문제는 연합국이 전비를 조달하는 방안으로 어떤 것이 좋은지, 그리고 전쟁이 끝난 후의 국제 통화 제도는 어떠해야 할 것인가와 같은 국제 금융의 핵심 주제였다. 이때에도 케인즈는 상아탑에만 머물지 않고 전후의 국제 통화 제도를 논의하는 핵심 멤버로 참여해 준세계중앙은행격인 국제통화기금International Monetary Fund, IMF과 저개발국 원조공여를 주 임무로 하는 개발 금융 기구인 세계은행World Bank을 창설하고 환율 제도로서는 금환본위 제도Gold Exchange System를 채택할 것을 정한 브레톤우즈협정Breton Woods Accords의 산파가 되었다.

전후에는 다시 학교로 돌아가서 세계 제1차 대전 이후 줄곧 관심을 갖고 있던 주제인 '어떻게 하면 영국이 미국 경제에 예속되는 것을 막을 수 있는가?'에 관한 연구를 계속하였다. 그러나 현실은 그의 바람과는 달리 전개되어 영국 경제는 점차 더 악화되기 시작한다. 급기야 1946년에는 영국이 미국에게서 수십 억 달러를 빌리지 않을 수 없는 상황이 전개되었으며, 케인즈는 바로 그 차관 도입 협상의 영국 측 대표로 참가하였다. 협상의 과로가 겹친 탓일까 아니면 조국 영국의 국력이 쇠퇴하는 것을 두 눈으로 보기가 안타까워서였을까, 케인즈는 협상을 마무리하던 중 1946년에 향년 64세를 일기로 돌연 타계하였다. 부친인 존 내빌 케인즈도 아직 살아 있는데 아들인 그가 먼저 세상을 뜬 것은 참으로 안타까운 일이었다.

2. 『일반 이론』, 어떻게 이해할 것인가?

저술 동기

개성이 강한 데다 천재로서의 자긍심이 컸던 케인즈는 다수가 추종하는 기존 이론이나 관념에 사로잡혀 있을 인물이 아니었다. 물론 케인즈도 초기에는 그의 스승이었던 알프레드 마셜의 영향을 받아 고전파경제학classical economics을 배우고 가르치는 단계를 거쳤다. 그가 저술한 『화폐 개혁론』이나 『화폐론』이 통화주의자Monetarist 전통을 따르고 있음에서 그런 면모를 짐작할 수 있다.

그러나 제1차 세계대전 종료 후부터 불황에 늪에 빠지기 시작한 영국 경제의 현실을 보면서 케인즈는 마셜과 피구 등 그의 스승들이 가르치던 고전학파 경제 이론에 강한 회의를 갖기 시작한다. 고전학파의 주장에 따르면 경제가 지속적으로 침체상태에 놓이는 일은 있을 수 없다. 침체 상태란, 생산한 제품이 잘 팔리지 않으므로 기업이 생산 규모를 줄이고 그러려면 근로자를 해고할 수밖에 없어 실업자와 문 닫는 공장이 넘쳐나는 상황을 말하는데, 그러한 일이 일시적으로는 생겨날 수 있지만 몇 년이고 지속되는 일은 없다는 것이 고전학파의 주장이다.

고전학파가 그러한 주장의 근거로 드는 것은 가격 하락이 가져오는 수요 증가 효과이다. 예를 들어 물건이 잘 안 팔리면 자연히 가격이 내려가게 되고 가격이 내려가면 사는 양이 늘어나기 마련이므로 생산된 물건이 안 팔려 재고로 남는 일은 오직 예외적인 현상일 뿐이라고 한다. 마찬가지로 낮은 임금을 받고서라도 일을 하려는 실업자가 많을 터이므로 임금이 하락하면서 실업 사태가 해소될 것이라고 한다. 이처럼 제품 가격이나 임금, 나아가 이자율 등의 가격이 신축적으로 등락함으로써 수요와 공급을 원만하게 조정해주기 때문에 일시적인 경기 불황은 있을 수 있어도 경제가 장기에 걸쳐 지속적으로 침체에 빠지는 일은 없다는 것이 고전학파 경제 이론의 핵심이다.

케인즈가 볼 때 고전학파의 그러한 주장은 100% 틀린 것이다. 이론적으로도 모순일 뿐 아니라 장기 침체가 지속되고 있는 영국 경제의 현실을 보아도 전혀 들어맞지 않는 이론이라는 것이다. 고전학파 경제 이론에 대한 케인즈의 불신은 1929년의 대공황으로 세계 경제가 동반해서 붕괴될 위기에 직면하자 확신으로 변화된다. 그가 보기에 고전학파 경제학자들, 특히 케임브리지 대학의 선배 교수인 피구 같은 이들은 틀린 이론의 도그마에 빠져 경제 현실을 제대로 볼 줄 모르는 눈 뜬 장님이었다. 더욱이 고전학파 경제학자들이 그들의 잘못된 이론에 근거해 경제는 스스로 문제를 해결하는 능력을 지녔으므로 정부가 이래라저래라 간섭해서는 안 된다고 주장하는 것은 그야말로 어불성설인 망언이라고 보았다.

케인즈는 고전학파 경제학자들이 오직 특수한 경우에나 적용되는 이론의 틀을 마치 그것이 모든 상황에 대해 보편적으로 적용할 수 있는 '일반 이론'인 것으로 착각하고 있다고 보았다. 아무리 스승이라 하더라도, 아니 스승이기에 더 케인즈는 고전학파의 그러한 오류를 그대로 두고 볼 수 없었다. 그것이 케인즈가 고전학파 경제 이론과는 전혀 다른 참된 '일반 이론'을 정립하고 그것에 근거해서 경제를 침체에서 벗어나게 만들어야겠다는 사명감을 갖게 만든 계기였다. 고전학파의 경제 이론은 가치 이론으로서 재화와 용역의 상대 가치가 어떻게 정해지는지를 밝히는 데는 탁월하지만, 경제 전체가 어떤 원리를 좇아 움직이는지를 설명하는 데는 크게 부족하다는 게 케인즈의 생각이었다. 고용, 이자율, 소득, 물가와 같은 경제 전체의 현상, 즉 거시 경제 현상을 설명하고 이해하려면 미시적 현상을 다루는 고전학파의 가치 이론 체계를 넘어서는 새로운 이론 체계, 즉 수많은 시장 간의 상호의존성을 중시하는 거시 경제 이론 체계를 정립하는 것이 필요하다는 것이다. 이러한 관점에서 케인즈는 경제 전체의 현상을 일목요연하게 다루는 이론 체계를 정립하기에 이르렀으며, 그것이 그가 자신이 세운 이론 체계를 '일반 이론'이라고 부른 이유이다.

주요 내용

『일반 이론』은 원제 『고용, 이자 및 화폐에 관한 일반 이론』에서 보듯, 일하고 싶으나 일자리가 없는 사람들, 즉 실업자가 생기는 까닭이 무엇인지 밝히는 데 주력한다. 책 명칭에 이자율과 화폐를 넣은 것은 실업이 존재하는 상태, 즉 경기가 침체에 빠졌을 경우에 통화량을 늘려 이자율을 낮추면 소비와 투자 지출이 늘어나 경기가 회복된다는 고전학파의 견해를 반박하고, 통화량을 늘려도 이자율을 낮출 수 없거나 이자율이 낮아지더라도 소비와 투자가 활성화되지 않는 것이 일반적인 경제 현상임을 강조하기 위함이다.

『일반 이론』의 핵심은, 자본주의 시장경제는 외부에서의 간섭과 지원이 없으면 일하고 싶은 사람이 모두 다 일하는 상태, 즉 완전고용 상태보다는 훨씬 적은 수의 근로자만이 일자리를 가질 수 있는 불완전고용 상태에 놓여 있는 속성을 지니고 있다는 주장이다. 이는 완전고용 상태는 예외적인 현상이고 불완전고용 상태가 일반적인 현상이라는 주장에 해당된다.

케인즈의 생각으로는 영국과 같이 성숙한 자본주의 경제가 불완전고용 상태에 놓인 것은 매우 일반적general인 현상이다. 그렇게 되는 까닭은 다음과 같다.

첫째, 소비 수요가 충분히 크지 않다. 이는 주로 자산가 또는 고소득층인 부자들과 기업가들이 버는 대로 다 쓰지 않고, 번 돈의 상당 부분을 저축하기 때문이다. 케인즈가 보기에, 우리가 노동이나 자산 운용을 통해 소득을 획득했으면 그것을 재화와 용역을 구매하는 데 써야, 즉 소비를 해야 제품을 생산하는 기업들이 만든 물건이 팔려나갈 터인데, 소득 가운데 일부를 쓰지 않고 저축하게 되면 그만큼 물건이 팔리지 않게 된다고 보았다. 그러므로 저축을 많이 하면 할수록 생산된 재화 가운데 더 많은 몫이 팔려나가지 않는 일이 벌어진다는 것이다(또는 그러한 상황을 예상한 기업가들이 생산규모를 줄인다고 한다).

사람들은 여유가 생기면 저축을 하게 마련이고 그들이 그렇게 하는 것을 막을 수는 없는 노릇이므로, 결국에는 벌어들인 돈을 다 쓰지 않는 일이 벌어져 수요가 부족해지는 일을 막기 어렵다. 케인즈는 이것이 자본주의 사회가 갖는 모순이라고 생각했다.

둘째, 투자 수요가 충분하지 않다. 위에서 설명한 바대로 케인즈는 기업가가 투자의 예상 실질수익률과 실질이자율을 고려해서 투자 여부를 결정한다고 보았다. 그런데 케인즈에 의하면 투자의 예상 실질수익률이 아주 낮아서 투자가 활발하게 이루어지지 않는 것이 자본주의 경제의 '정상적인' 상황이다. 투자의 예상 실질수익률이 낮은 데는 두 가지 까닭이 있다.

하나는, 영국 경제와 같이 성숙한 경제에서는 좋은 투자 기회가 이미 다 소진되어 실질수익률이 낮은 투자 기회들만 남아 있기 때문이다. 다른 하나는, 비용은 지금 또는 가까운 시기에 비교적 확실하게 지불해야 하지만 그 과실은 먼 장래에 그것도 일이 잘돼야 거둘 수 있는 경제 행위가 투자이므로, 투자는 본질적으로 위험한 행동이다. 따라서 투자를 수행하는 기업가들은 상당한 정도의 리스크 프리미엄(risk premium, 위험 부담 할증료)를 고려해 투자 여부를 결정하게 된다. 이렇게 투자 여부를 결정할 때 상당한 정도의 위험 부담 할증료를 고려한다는 것은, 그만큼 기업가가 받아들일 수 있는 투자의 예상 실질수익률이 높아야 함을 시사한다. 예를 들어 리스크 프리미엄이 연 5%이고 실질이자율이 연 4%라면, 투자의 예상 실질수익률이 연 9%에 미달하는 투자 프로젝트는 고려의 대상이 되지도 않는다. 케인즈는 자본주의 경제 체제는 늘 상당한 정도의 불확실성에 직면해 있는 데다 여러 위험 요인을 안고 있어 리스크 프리미엄이 상당히 높게 정해지는 것이 일반적인 현상이라고 보았다.

결국 그런 실정이므로 기업가들이 최대한도로 투자를 행해도 그것만으로는 완전고용을 보장할 만큼의 투자가 되지 않는다는 것이 케인즈의 주장이다.

셋째, 케인즈가 투자 수요가 부족할 수밖에 없는 실정을 설명하면서 리스크 프리미엄을 감안한 투자의 예상 실질수익률이 지나치게 낮기 때문임을 강조한 것에 대해 동시대의 경제학자들이 그러면 실질이자율을 낮추면 되지 않느냐고 반문한다. 이에 케인즈는 실질이자율은 그 나라 국민의 시간선호할인율과 자본의 한계생산성을 반영해서 정해지는데, 저축률이 높은 데서 알 수 있듯 시간선호할인율은 이미 아주 낮은 수준이고 자본의 한계생산력도 위에서 언급한 이유 때문에 아주 낮은 수준에 놓여 있으므로, 실질이자율을 더 이상 낮추는 것은 아주 힘든 일이라는 반론을 제기하였다.

일부 평자가 중앙은행이 통화 공급량을 늘리면 이자율이 하락할 것이고 이자율이 하락하면 투자가 늘어날 것이라는 반론을 제기한 데 대해서 케인즈는 그것은 하나는 알고 둘은 모르는 우둔한 생각이라고 비판한다. 케인즈의 생각으로는 중앙은행이 통화 공급량을 늘림으로써 영향을 줄 수 있는 것은 명목이자율이지 실질이자율이 아니라는 것이다. 그러므로 중앙은행이 통화 공급량을 늘린다고 해서 실질이자율이 하락한다는 보장이 없다. 명목이자율에 관해서도 중앙은행이 통화 공급량을 늘리면 유동성이 풍부해져 이자율이 하락하는 것이 맞지만 케인즈가 보기에 경제 현실은 반드시 그렇게 돌아가지는 않는다고 보았다. 케인즈는 경제가 침체 상태인 경우에는 가계나 기업 모두 그들의 장래에 관해 아주 불안해하기 때문에, 모든 경제 주체가 돈을 움켜쥐고 내놓지 않으려 들 것이라고 주장한다. 이런 상황을 후대의 학자들은 '경제 주체들이 유동성 함정liquidity trap에 빠져 있기 때문에 돈을 풀어 보아야 소용이 없다'고 표현하였다.

넷째, 케인즈는 현재의 임금 수준에서 일을 하려는 사람이 L_f명인데 그중에서 실제로 고용되는 사람은 그보다 적은 L'명에 불과하다고 보았다. 이렇게 과소고용이 이루어지는 것은, 케인즈에 의하면 가계의 소비와 기업의 투자가 완전고용을 보장할 만큼 충분히 크지 않기 때문이다. 이러한 케인즈의 주장에 대해 다수의 평론가는 일하려는 사람이 L_f인데 그보다 적은 L'만 고용되고 나머지는 실업자로 남게 되면 실업 상태인 근로자가 지금보다 낮은 임금을 받고서라도 일을 하려 할 것이므로, 시간은 걸리겠지만 자연히 임금이 하락하게 되고 그렇게 되면 기업들이 더 많은 근로자를 고용할 것이라고 보았다. 그들은 이러한 논리를 근거로 근로자들이 불완전하게 고용되는 일은 오로지 일시적인 상황일 뿐 조만간 완전고용이 회복될 것이므로, 케인즈의 주장이 옳지 않다는 반론을 제기하였다.

이와 같은 반론에 대해 케인즈는 그것은 노동 시장의 실정을 모르는 바보 같은 추론이라고 반박하였다. 케인즈에 의하면, 노동자는 현재 시장에서 통용되고 있는 임금 수준에 대해 특별한 의미를 부여한다. 노동자의 생각에는 그것이 자기의 노동에 대한 정당한 대가를 나타내는 것이므로 만일 누가 임금을 깎자고 하면 자신의 인격에 대한 중대한 모독으로 여겨 그에 대해 맹렬한 반대 의사를 밝힌다. 말하자면 지금 통용되는 것보다 낮은 돈을 받고 일하느니 차라리 노는 게 낫다는 것으로, 임금을 올려주는 것은 쌍수를 들어 환영할 일이지만 임금을 깎는다는 것은 생각하기조차 싫다는 것이다. 케인즈는 그런 연유로 임금이 여간해서는 내려가지 않는 속성을 지닌다고 한다. 이러한 케인즈의 생각을 후대 경제학자들은 '임금은 하방경직downward rigidity적인 특징을 지닌다'고 규정한다.

케인즈는 여기에서 한 걸음 더 나아가서, 실업자가 존재하면 해소 방안으로 임금인하를 고려할 수 있지만, 그렇게 하지 않는 것이 옳다고 주장하였다. 임금 노동자들은 대개 형편이 좋지 않은 사람이므로 그들의 임금을 깎는 것은 도덕적으로도 옳지 않을 뿐 아니라, 임금을 깎으면 그만큼 근로자들의 소득이 줄어들고 자산가의 소득이 증가하게 될 터인데, 이는 그러지 않아도 부진한 소비지출을 더욱 더 위축시키는 결과를 가져와 침체 상태에 놓인 경제를 더 어렵게 만든다는 것이다. 부자가 가난한 사람보다 더 큰 비율로 저축할 것이기 때문에 그렇다. 이러한 논지에는 케인즈의 '진보적'인 면모가 숨어 있다.

케인즈는 근로자의 임금을 깎지 않아야 할 이유로 임금을 너무 많이 깎으면 이에 불만을 품은 노동자 계층이 큰 반발을 보여 사회가 불안해진다는 점을 이유로 들기도 하였다. 이는 아마도 마르크스식의 무산계급 공산혁명을 염두에 두고 한 말인 듯싶다.

마지막으로 케인즈는 임금을 깎지 말아야 할 이유로 기업가의 이윤 추구 행태를 들었다. 기업가 입장에서는 근로자에게 지불해야 할 임금이 높을 때보다는 낮을 때 투자하는 것이 유리하므로, 임금이 하락할 것으로 예상되면 실제로 그렇게 될 때까지 투자를 미룰 것이다. 이는 그렇지 않아도 부족한 투자를 더욱 부진하게 만든다. 그 결과 경기는 침체 상태에서 빠져 나오지 못하게 되고 실업 사태는 해결되지 않는다. 이처럼 임금을 깎아 실업을 해소하려는 방안은 십중팔구 실패하기 마련이라고 한다.

공공 지출 증가를 통한 완전고용의 회복

케인즈가 설명한 바처럼 경제가 침체 상태에 빠져 있으면, 일을 하고 싶어도 일자리가 없어 실업 상태인 근로자가 존재하므로 소비 수요가 부족하고, 동시에 기업이 생산 설비의 일부분을 놀리는 형편이므로 투자 수요 역시 부족한 상황이 전개된다. 반면 소비 수요와 투자 수요가 부족한 까닭에 물건을 만들어 봐야 다 팔리지 않으므로 생산 규모를 축소하게 되고, 그러다 보니 실업자가 생겨나 생산 설비를 놀리게 된다. 결국 수요가 부족해 생산 요소의 완전고용이 이루어지지 않는 불완전고용 상태가 도래하고, 생산 요소가 불완전하게 고용되니 소비와 투자 수요가 부족한 상황이 서로 맞물려 전개되는 것이다. 그 결과 경제는 불황 상태에 빠져 헤어나지 못한다.

이러한 불황 상태의 악순환vicious circle of recessionary state은 그 고리를 끊을 수 없는 것일까? 케인즈의 대답은 '그렇지 않다'이다. 그 주된 근거는 민간 부문의 부족한 수요를 정부가 보충해주면 완전고용의 달성이 가능하다는 데 있다.

정부는 민간 경제 주체와는 달리 공공 지출의 크기를 마음대로 정해 집행할 수 있다. 민간 부문의 소비나 수요는 소득, 예상수익률, 이자율 등을 고려해서 정해지므로 가계나 기업이 원한다고 해서 제멋대로 정할 수는 없다. 이와는 달리 정부는 세금을 더 거둘 수 있는 한 얼마든지 공공 지출의 크기를 변화시킬 수 있다. 뿐만 아니라 필요한 경우에는 세금을 더 거두지 않고도 적자 재정을 통해 공공 지출을 늘릴 수도 있다. 다시 말하면 정부는 가처분소득이 얼마나 되는지, 이자율이 얼마나 높은지, 투자의 예상수익률이 얼마나 되는지 아랑곳하지 않고 공공 지출을 정할 수 있는 것이다.

완전고용을 회복할 수 있는 여러 방안과 그에 대한 케인즈의 견해

공공 지출을 늘리는 것 외에 침체에 빠진 경제를 되살려 완전고용이 이루어지게 만들 방안이 없는가? 이 물음에 대해 케인즈는 다음과 같이 몇 가지 추가적인 방안을 고려할 수 있다고 한다.

첫째, 저축 성향이 높은 부유층으로부터 소비 성향이 높은 저소득층에게로 소득을 이전하는 것이 한 방안이다. 부유층에게서 저소득층으로 소득을 재분배하면 경제 전체의 평균적인 소비 성향이 상승하게 되어 소비가 증가하므로 소비 부족으로 인한 경기 침체를 어느 정도 방지할 수 있다. 소득을 이전하는 방안으로는 부유층에게서 세금을 거두어 저소득층에게 나누어 주는 방법이 있다. 복지 지출이 그 좋은 예이다. 다시 말해, 이는 소득 이전을 통해 복지 지출을 늘리는 것이 경기를 침체에서 건져내는 방안이라는 주장이다.

둘째, 민간 투자가 부진한 이유가 투자의 예상 실질수익률이 낮은 데다 투자에 따르는 위험도가 크기 때문이므로, 투자가 활발하게 이루어질 수 있는 환경을 조성해주는 것은 경제를 완전고용 상태로 이끌어가는 좋은 방안이다. 정부가 투자에 우호적인 환경을 조성함으로써 예상 실질수익률을 높일 수도 있고, 투자 환경의 불확실성과 위험성을 줄이는 조치를 취함으로써 리스크 프리미엄을 줄일 수도 있다. 이런 방안이 성공해서 투자의 예상 실질수익률이 높아짐과 동시에 투자에 따르는 리스크 프리미엄이 줄어들면 투자는 틀림없이 활성화된다.

셋째, 위에서 이미 본 바대로 정부가 주도적으로 투자에 나서는 방안이 있다. 케인즈에 따르면 정부는 민간 기업보다 장기적인 관점에서 투자할 수 있고 민간 기업만큼 큰 리스크 프리미엄을 요구하지 않으므로, 민간 기업보다 훨씬 더 적극적으로 공공 투자에 임할 수 있다. 민간 기업처럼 여러모로 재고 이리저리 궁리하느라 투자를 망설일 필요가 없다는 것이 정부의 장점이라는 것이다. 뿐만 아니라, 정부가 공공 투자에 나서면 민간 기업이 그것을 보고 경제의 장래에 관해 긍정적인 전망을 갖게 된다. 경제의 장래를 밝게 본다는 것은 기업가들이 감지하는 투자의 예상 실질수익률이 높아짐을 뜻한다. 따라서 투자가 전보다 활발하게 이루어지기 시작한다. 결국 공공 투자와 민간 투자가 모두 증가하게 되고 그 결과 경제가 침체 상태를 벗어나 완전고용 상태로 이동하기 시작한다.

넷째, 중앙은행이 통화 공급량을 증가시켜 경제 내에서 순환 중인 유동성의 양을 늘림으로써 이자율 하락을 유도하는 방안이 있다. 이때 사람들이 유동성 함정에 빠지지 않도록 하는 일이 중요하다. 사람들이 유동성 함정에 빠지는 까닭은 경제의 장래에 대해 불안해하기 때문이므로, 통화 공급량을 늘림과 병행하여 경제의 장래를 불안하게 만드는 제반 요인을 제거하는 조치를 취한다면, (유효) 유동성은 틀림없이 증가할 것이다. 유동성이 증가하면 시중에 돈이 풍부해지므로 (명목)이자율이 하락하게 된다. 이때 물가가 안정되어 있다면 실질이자율도 하락한다. 실질이자율이 하락하면 투자의 기회비용이 낮아지므로 투자가 활성화된다. 이처럼 통화 공급량 확대를 통해 민간 투자를 활성화시킬 수 있다. 그러나 케인즈는 이 방안이 별로 탐탁지 않았다. 경제가 침체 상태에 놓여 있을 때는 사람들이 유동성 함정에 빠지기가 매우 쉬워서 통화량을 늘리더라도 유효 유동성은 그다지 늘어나지 않을 것으로 판단했기 때문이다.

3.『일반 이론』비평

케인즈의『일반 이론』에 대해 어떠한 평가를 내릴 수 있을까? 자타가 공인하는 대작이라 평가하기 어렵기도 하지만, 지난 세기 수십 년에 걸쳐 전개된 일반 이론에 대한 치열한 찬반논쟁에서 결코 초연할 수 없기에 불편부당한 평가를 내리기가 어려운 면도 있다. 위험을 무릅쓰고 조심스럽게 평가해보자.

거시경제학을 열다

케인즈 이전의 경제학자들은 경제 현상을 가계와 기업 등 개별 경제 주체의 입장에서 파악하고 이해했을 뿐, 그것을 나라 경제 전체의 관점에서 파악하고 이해하려는 노력을 크게 기울이지는 않았다. 화폐나 신용, 대외교역의 문제를 다룸에 있어서 국가를 분석의 단위로 삼기도 했으나 이 경우에도 문제를 인식하는 관점은 소비자나 근로자 또는 기업가의 그것을 벗어나지 않았다. 그것은 당시에는 중앙은행의 역할이 미미했을 뿐 아니라 정부의 예산규모도 그리 크지 않았기 때문인 듯하다.

케인즈 이전의 경제학자들, 즉 고전학파 경제학자들은 고전적 자유주의에 영향을 받아 정부는 마땅히 해야 할 최소한의 일에만 전념해야 한다는 생각을 갖고 있었다. 그들은 또한 소비자, 생산자, 근로자, 투자가 등 민간 경제 주체의 주도 아래 자유로운 시장 경쟁을 통해 자율적으로 경제를 운영해 나갈 때 최선의 결과를 가져온다고 믿었다. 그들이 중시했던 것은 어느 누구의 간섭도 받지 않고 이루어지는 자유로운 거래와 모든 이가 동일한 조건에서 펼치는 치열한 경쟁이었다. 그들이 보기에는 나라 경제 전체에서 벌어지는 일도 따지고 보면 수천만 명의 개별 경제 주체가 저마다의 이익을 추구하기 위해 불철주야 노력한 결과가 한데 모여 나타난 것이다. 따라서 나라 경제 전체에 걸쳐서 일어나는 일을 이해하고자 경제전체를 관통하는 새로운 이론 체계를 세울 필요는 없다고 생각하였다.

실업과 공황과 같은 경제현상을 제대로 이해하고 설명하려면 '부분 이론partial theory'에 불과한 고전학파의 이론적 틀을 그것과는 전혀 다른 새로운 분석의 틀인 '일반 이론general theory'으로 대체해야 한다는 케인즈의 주장은, 그의 『일반 이론』 출간 이후 아주 빠른 속도로 경제학의 주류로 자리 잡기 시작했다. 영국은 물론 미국의 유수 대학에서 수많은 신진 경제학자가 케인즈 이론을 계승·발전시켰으며 그들에게서 케인즈의 이론과 사상을 수학한 수많은 학생이 세계 각국의 경제정책 담당자가 되어 케인즈의 이론을 실무에 적용하기 시작했다. 케인즈 이론은 특히 미국에서 커다란 학문적 발전을 이룬다. 그의 가르침을 핵심 주제로 하는 새로운 학문 분야인 '거시경제학macroeconomics'이 신설된 지 10년도 되지 않은 1960년대 초에 벌써 모든 대학에서 경제학 중심 과목으로 자리 잡은 데서 그러한 사실을 알 수 있다. 그때까지 경제학의 핵심을 이루고 있던 '가격 이론price theory'이 '미시경제학microeconomics'이라는 새 이름을 달고 크게 발전하게 된 것도 거시경제학이라는 새로운 분야가 거대한 학문적 물결을 이루며 도전해왔기 때문이다.

케인즈가 거시경제학의 시조가 되었다는 말은, 단순히 그가 경제학의 새로운 분야를 개척했다는 것이 아니라 그때까지 경제의 한두 부문만 골라서 집중적으로 조명하던 소위 고전학파 경제학자들의 접근법을 뛰어넘어 경제 전 부문을 망라하는 분석의 틀을 제시했다는 의미이다. 사람들은 케인즈를 아담 스미스Adam Smith, 토마스 맬서스Thomas Malthus, 데이비드 리카아도David Ricardo, 그리고 칼 마르크스Karl Marx 등의 대 경제사상가들과 견주기도 한다. 그만큼 위대한 경제학자라는 평을 받고 있다. 수많은 경제 현상 가운데서도 스미스는 시장 경제 현상에 관해서, 맬서스는 인구 현상에 관해서, 리카아도는 토지와 지대에 관해서, 그리고 마르크스는 노동과 임금에 관해서 특별히 더 깊은 관심을 갖고 분석에 임했다. 이와는 달리 케인즈는 국민 소득, 고용, 임금, 이자율, 소비, 저축, 투자, 물가, 유동성 등 경제의 전 부문을 망라하는 이론 체계를 제시하였다. 케인즈가 자신의 이론 체계를 고전학파의 부분 이론과는 확연히 구별되는 일반 이론이라고 명명한 것은 그러한 연유였다.

마르크스의 위협으로부터 자본주의를 구하다

케인즈를 좌파 경제학의 시초라고 보는 견해가 있다. 그가 정부의 경제적 역할을 강조한 것을 두고 좌파적이라 한다면 일리가 있지만, 계급투쟁을 옹호하거나 사유재산을 부인한다는 의미에서의 좌파라면 케인즈는 결코 좌파가 아니다. 사실 케인즈는 당시 젊은 지식인 사이에서 요원의 불길처럼 퍼져나가던 마르크스사상에 대해 극히 비판적이었다. 그가 『일반 이론』을 집필한 것도 자본주의는 필연코 붕괴되고 말 것이라는 마르크스의 예언이 틀렸음을 보여주려는 의도가 컸기 때문이다.

마르크스나 케인즈는, 시장 경제 체제가 결코 완벽하지 않은데다가 경제 주체들이 항상 합리적으로 행동하는 것도 아니므로, 자본주의 경제 체제가 모든 경제 문제를 원만하게 해결할 것이라는 고전학파의 견해는 전적으로 잘못된 것이라고 주장한다. 그 결과 완전고용보다는 과소고용 그리고 호황보다는 불황과 침체가 더 자주 발생하게 된다고 보았다. 또 개별 소비자나 기업의 입장에서는 최선을 다한다고 해도 경제 전체로 보면 최선의 결과에 도달하지 못하는 '조정 실패'의 문제가 심각하다고 여겼다.

이러한 분석을 바탕으로 그것이 자본주의 경제 체제가 지닌 내재적 모순이기 때문에 치유가 불가능하고, 그래서 자본주의 경제 체제는 붕괴될 수밖에 없다는 것이 마르크스의 주장이다. 그는 여기서 더 나아가 자본주의 체제하에서는 유산 계급이 무산 계급을 착취하는 일이 항다반사로 일어나므로 동 체제는 도덕적으로도 비윤리적이라고 본다. 그런 비윤리적인 체제가 그대로 존속하게 두는 것은 지성인의 책무를 소홀히 하는 것이므로 모름지기 뜻이 제대로 된 지성인이라면 유산 계급인 자산가들이 무산 계급인 노동자들을 노예처럼 부리는 것을 결코 좌시해서는 안 된다고 주장하였다. 노동자 혁명에 동참해서 무산 계급이 세상을 지배하는 시대를 열어야 한다는 것이다.

제 발로 넘어지건 노동자 혁명을 통해 넘어지건 간에 자본주의는 필연코 붕괴하게 마련이라는 마르크스의 주장에 대해서, 케인즈는 자본주의 시장 경제 체제가 완벽한 것은 아니지만 그것이 지닌 구조적인 문제점을 치유할 방도가 있으므로, 자본주의 경제 체제가 붕괴하도록 방치해 둔다면 몰라도 자신이 제시하는 치유책을 적절히 활용하면 완전고용이 이루어지는 상태, 즉 자본주의가 원만하게 잘 작동하는 상태가 이루어질 수 있다고 주장하였다. 즉 자본주의 시장 경제 체제가 완전하지 않다는 점에 있어서는 양자가 동의하지만, 그렇기 때문에 필연코 그것이 붕괴되고 그 자리를 사회주의 경제 체제가 대신하게 될 것이라는 마르크스의 주장에 반해, 정부가 공공 구매를 늘리고 민간 부문의 소비와 투자 의욕을 북돋우는 정책을 펴면 경제가 완전고용을 이루는 상태가 정상적인 상황으로 자리 잡게 될 것이라는 것, 따라서 자본주의가 붕괴되는 일은 일어나지 않을 것이라는 것이 케인즈의 주장이다.

공급 측면을 경시하였다

수요와 공급이라는 2개의 커다란 힘을 중심으로 이해하면, 케인즈의 일반 이론은 수요에 관한 이론으로서 공급에 관해서는 이론적으로 공헌한 바가 적다. 아니 적을 뿐 아니라 사실은 공급을 무시 내지는 경시했다는 것이 더 정확한 표현이다. 케인즈가 관심을 갖고 분석의 대상으로 삼았던 것이, 10%를 넘는 실업률이 지속되고 수많은 기업이 도산하며 영업중인 기업도 생산 설비의 상당한 부분을 놀려두는, 극심한 불황 상태에 빠진 경제였으므로 공급 측면에 크게 관심을 두지 않았던 것이다. 케인즈의 관심은 생산 요소가 완전하게 고용되지 않고 실업 상태에 놓여 있는 것은 제품을 생산해도 다 팔리지 않기 때문이므로, 도대체 무슨 까닭에서 수요가 부족한 것인지를 규명하는 데 있었다.

팔리기만 하면, 즉 수요만 있으면 놀고 있는 생산 요소를 고용해서 재화를 생산하는 일은 아주 쉬운 일이므로, 수요가 어떤 요인에 의해 그리고 어떤 원리를 좇아서 정해지는지 알아내는 것이 일차적인 관심의 대상이 된 것이다. 이러한 점은 케인즈의 이론이 경제가 극심한 불황에 빠져 있어 수요가 증가하더라도 물가가 상승할 가능성이 매우 낮은 특별한 상황에 적용되는 이론으로서 수요와 공급을 모두 고려해야 하는 일반적인 상황에는 적용하기 어려운 특수한 이론임을 보여준다.

저축에 대한 이해가 부족했다

케인즈의 이론 체계에서 가계의 저축은 큰 관을 타고 도도히 흐르는 물줄기가 파손된 틈새로 새나가는 것과 같이 돌고 돌아야 할 경제 활동의 순환 과정에서 외부로 누출되어 다시는 관 안으로 되돌아오지 않는 것으로 이해된다. 그래서 저축을 많이 하면 할수록 순환과정에서 누출되는 양이 많아지기 때문에 시간이 흐를수록 순환의 총량이 줄어들게 된다는 것이다. 이처럼 케인즈 모형에서 저축은 기업의 저조한 투자와 함께 수요 부족을 낳는 가장 큰 요인이다.

저축은 낭비인가? 쓰지 않고 저축한 소득을 모두 바다에 버린다면 당연히 저축은 낭비라고 할 수 있다. 그렇지만 내가 저축한 자원을 남이 가져다가 소비하거나 투자하는 데 쓴다면 그것은 낭비가 아니다. 현실 세계에서 저축한 자원을 바다에 버리는 사람이나 나라는 없다. 따라서 저축한 자원이 모두 다 낭비되어 소멸되는 나라도 없다. 물론 저축된 자원이 얼마나 유용하게 쓰이는가는 나라마다 다르겠지만 저축된 자원 전부, 혹은 그 대부분이 다른 사람의 소비와 투자로 쓰이게 됨은 거의 확실하다. 따라서 저축이 수요 부족의 원인이라는 케인즈의 주장은 크게 수정할 필요가 있다.

저축을 낭비로 보기보다는 저축된 자원이 소비나 투자로 제대로 쓰이지 않을 경우, 그렇게 되도록 만드는 원인이 무엇인지 규명하는 일이 더 유용할 것이다. 개별 경제 주체의 관점에서 보면 어떤 사람은 지출이 소득보다 작아서 저축을 할 것이고 다른 사람은 소득보다 더 많은 지출을 할 필요나 욕구가 있어서 부족한 부분을 타인에게서 빌리고자 할 것이다. 이처럼 경제에는 번 돈을 다 쓰지 않고 빌려주려는 사람과 쓸 돈이 모자라서 빌리려는 사람이 공존하게 마련이다. 이때 저축과 차입을 연결시켜 주는 것이 금융의 역할이다. 금융이 그 본연의 역할을 제대로 수행한다면 국민의 일부가 저축한 자원이 다른 국민의 소비나 투자로 쓰일 것이므로 저축한 자원이 순환 과정에서 빠져나가는 일은 발생하지 않는다. 그렇지만 금융이 그 역할을 제대로 수행하지 못하면 저축된 자원의 일부가 타인의 소비나 투자로 쓰이지 못하고 소멸해버릴 수 있다.

경제의 동태적 성장 과정을 고려하면 케인즈가 저축에 대해 가졌던 관점이 매우 제한적인 상황에서나 적용될 수 있음을 더욱 분명하게 인식할 수 있다. 성장의 원동력은 투자에 있는데, 만일 경제 주체가 번 돈을 소비하는 데 다 써 버린다면 투자에 필요한 재원은 하나도 남지 않게 된다. 투자가 이루어질 수 없는 것이다. 투자가 이루어지지 않으면 경제는 성장이 아니라 퇴보할 수밖에 없다. 물적 자본, 인적 자본, 사회 자본 그리고 기술에 대한 투자가 이루어지지 못하면 경제 성장은 기대할 수 없다. 그러므로 경제가 성장·발전하려면 국민이 번 돈을 소비하는 데 다 쓰지 않고 투자하는 데 쓰기 위해 남겨둘 필요, 즉 저축할 필요가 있다.

케인즈가 저축에 관해 부정적인 견해를 지녔던 것은 그가 제시한 모형이 매우 정태적static인 것이어서 저축과 투자의 연결고리를 통한 성장의 문제를 다룰 수 없었기 때문이다.

경직성을 너무 강조하였다

케인즈 이론과 그가 비판했던 고전학파 이론의 가장 근본적인 차이는 '가격'의 움직임에 관한 양자의 관점 차에서 비롯된다. 고전학파 경제학자들은 모든 시장에서 가격이 신축적으로 움직이기 때문에 누가 시키지 않아도 수요와 공급이 자동적으로 조정된다는 점을 중요시한다. 재화 가격, 임금, 이자율, 지대 등의 가격이 시장 상황을 반영해서 아주 신축적으로 등락하기 때문에 초과 수요나 초과 공급 상태가 지속적으로 이어지지 않는다는 주장이다. 예를 들어 실업자가 있다는 것은 현재의 임금 수준에서 노동력에 대한 수요보다 공급이 많다는 것을 의미하는데, 이처럼 노동력에 대한 초과 공급이 존재하면 임금이 하락하게 되고 그렇게 되면 기업이 사람을 더 많이 쓰게 되어 실업자가 줄어든다는 것이 고전학파의 견해였다.

이에 반해 케인즈가 보기에는 가격이란 그렇게 상황에 따라서 쉽게 등락하는 것이 아니다. 현재의 임금 수준에서 실업자가 존재한다는 것이 모든 사람을 다 채용하기에는 현재의 임금이 너무 높음을 나타내기는 하지만, 그렇더라도 노동자들이 임금 하락에 대해 격렬하게 저항할 것이므로 임금이 하락하지 않는다는 것이 케인즈의 견해였다. 이를 임금경직성이라고 함은 이미 설명한 바 있다. 케인즈는 임금뿐 아니라 이자율, 지대, 상품 가격 등 거의 모든 가격이 시장 상황에 대응해서 수시로 변화하는 일은 극히 예외적인 상황에서나 일어나지 평상적인 상황에서는 여러 이유로 인해 가격은 매우 천천히 변화하는 속성을 지닌다고 보았다. 가격이 수요와 공급을 원만하게 조정해주지 못하므로 초과 수요나 초과 공급 상태가 지속된다는 것이다. 임금이 하락하지 않으므로 실업이 생겨나고(노동자의 초과 공급) 재화 가격이 떨어지지 않으므로 재고가 쌓인다는(재화의 초과 공급) 것이다.

가격은 정말 경직적으로 움직이는가? 그렇다면 케인즈의 견해가 옳고, 그렇지 않다면 고전학파의 견해가 옳다. 이에 관해 경제학자들의 견해는 두 갈래로 나뉜다.

케인즈Keynes, 케인즈 경제학자Keynesian, 후기 케인즈 경제학자Post Keynesian, 신 케인즈 경제학자New Keynesian 등 케인즈를 계승한 학자들은 가격이란 매우 천천히 변화되는 속성을 지닌다고 믿는다. 또 가격이 신속하게 변화하는 경우에도 그것이 경제 상황을 정확하게 나타내 주지 못하는 경우가 많아 문제를 해결해주기보다는 오히려 그것을 더 심각하게 만드는 경향이 있다고 본다.

반면에 고전학파classical, 통화론자monetarist, 합리적 기대론자rational expectations school, 신 고전경제학자new classical 등은 가격이란 일시적으로는 경직적으로 움직일지 몰라도 결국은 시장 상황을 반영해서 등락할 것이라고 본다. 그러므로 초과 수요나 초과 공급은 일시적인 현상일 뿐 가격 변화를 통해 그러한 상태는 곧 해소된다고 한다. 뿐만 아니라 가격은 대개 시장 상황을 아주 잘 대변하므로 자원 배분을 위한 매우 효율적인 신호라고 본다. 그들에 따르면, 문제가 되는 것은 가격이 경직적으로 움직인다는 사실이 아니라 정부가 종종 그것이 그렇게 되도록 방치하거나 조장하는 정책을 집행한다는 사실이고, 그 대표적인 예가 가격 통제, 임금 가이드라인 설정, 이자율 규제, 환율 규제 등의 가격정책이다.

4. 변혁을 불러온 경제학자

케인즈는 적어도 세 가지 부문에서 혁명적인 변화를 가져왔다는 평가를 받는다. 경제학의 혁명, 경제 사상의 혁명, 경제정책의 혁명을 가져왔다는 평가가 그것이다.

경제학의 혁명

경제학에서는 전 항에서 언급한 바 있듯 경제의 하나 또는 소수의 몇 부문만 특정해서 분석하던 종래의 관행을 경제의 전 부문을 망라하여 분석함으로써 경제 전체를 조망할 수 있는 이론 체계인 거시경제학을 창시하였다. 국민 소득, 고용, 물가, 이자율, 임금, 소비, 저축, 투자 등 국민 생활과 밀접하게 연관된 제반 경제 현상을 일목요연하게 분석할 수 있는 단서를 제공한 것이 케인즈의 『일반 이론』이다.

케인즈 이론은 그의 사후에 더욱 열광적인 추종자들을 만나게 되었다. 20세기 후반부에 경제학계를 주름잡았던 케인즈 경제학Keynesian economics, 후기 케인즈 경제학Post Keynesian economics, 신케인즈 경제학New Keynesian economics 등은 모두 다 케인즈의 추종자가 세운 이론이다. 케인즈의 영향은 실로 광범위한 것이어서 그에 관해 가장 강력한 반론을 폈던 밀턴 프리드먼조차 "우리는 모두 케인즈 경제학자이다We are all Keynesian"라고 말했을 정도였다(Friedman,

1997). 케인즈는 그의 이론 체계를 널리 전파하기 위해 그의 스승이며 케임브리지 대학의 경제학 대가였던 피구 교수의 이론을 아주 신랄하게 비판하였다(Keynes, 1936;1937 참조). 그러한 케인즈의 비판에 대해 피구 교수가 편 반론은 매우 체계적이고도 흥미로운 것이어서 독자로 하여금 케인즈가 말하고자 하는 바가 무엇인지, 그리고 그것이 왜 틀린 것인지를 잘 알 수 있게 해준다(Pigou, 1936 참조). 그러한 피구조차 죽기 직전에 자기가 케인즈를 비판했던 것을 뉘우친다는 말을 남긴 것을 보면 케인즈의 영향이 얼마나 큰 것이었는지 짐작할 수 있다(Pigou, 1950 참조).

경제 사상의 혁명

케인즈는 당시까지만 해도 별다른 역할이 주어지지 않았던 정부에 대해 새롭고 매력적인 역할을 부여함으로써 그동안 미미한 존재에 불과하던 정부가 자본주의 경제를 이루는 근간인 가계와 기업보다도 힘이 센 경제 주체로 부상하는 계기를 마련한다.

고전적 자유주의의 전통을 이어 받은 고전학파 경제학자들은 자원 배분의 문제를 해결함에 있어서 시장 경쟁을 통한 자율적인 조정의 과정이 정부의 계획과 명령 그리고 통제와 간섭을 통한 자원 배분보다 거의 모든 경우에 있어서 우월하다는 견해를 지녔다. 그러기에 그들은 정부의 경제적 역할을 최소한의 것으로 한정하기를 좋아했다. 그들의 견해를 따르면 정부가 해야 할 일이란 첫째, 국내외의 적으로부터 국민의 생명과 재산을 보호하며, 둘째, 경제활동을 규율할 기본규범을 제정 · 집행하고, 셋째, 공공재로서의 특징을 지니거나 외부성이 현저해서 민간 부문의 자율적인 노력만으로는 원만하게 해결할 수 없는 경제 문제를 도맡아 처리하거나, 넷째, 시장경제가 더 잘 작동하도록 그에 필요한 기반을 조성하고 지원하는 것이다. 정부는 그가 아니면 할 수 없는 최소한의 일을 맡아서 처리하면 되는 것이지, 수천만 명의 경제 주체가 무수히 많은 시장에서 자유롭고 자발적인 선의의 경쟁을 펼치는 가운데 자발적으로 문제를 풀어나가는 일에 대해 간섭하고 통제할 필요는 없다는 것이다.

고전학파 경제학자들이 최소한의 정부를 선호한 것은 그들이 사상적으로 개개인의 자유와 자율과 자조를 중요시하는 고전적 자유주의자였기 때문이며, 아울러 세상이 돌아가는 실제 모습에서 정부가 간섭하고 통제하면 그냥 두었을 때보다 나쁜 결과가 나오는 것을 무수히 많이 보았기 때문이다. 비록 완전한 제도는 아니지만 정부가 저지를 수 있는 잘못에 비하면 폐해가 아주 적은, 자유롭고 자율적인 시장 경쟁을 통한 문제 해결 방식이 정부를 통한 문제 해결 방식보다 낫다는 생각을 하게 된 것이다.

고전학파 경제학자들은 위와 같이 개개인의 자유와 책임을 중요시하는 자유주의자들이었기에, 경제가 설령 불황과 침체에 빠지더라도 그것은 자본주의 시장 경제 체제가 스스로 이겨나갈 수 있는 통상적인 시련에 불과하므로, 정부가 나서서 그런 상황을 개선하기 위해 인위적으로 간섭하고 통제하려 들지 말라고 권고하였다. 그들의 견해로는 정부가 그러한 일을 하기 시작하면 시장기구 자체가 지닌 자율조정능력이 손상되어 더 큰 문제를 야기할 수 있다.

그러나 두 자리 수를 넘는 실업률과 물건이 팔리지 않아 문을 닫는 기업이 속출하는 불황과 침체가 지속되는 상황을 눈앞에 두고서도 정부가 함부로 나서지 말고 그냥 시장에 맡겨두는 것이 최선의 방책이라는 고전학파의 주장은 고통을 당하는 당사자들에게는 물론이고 지성인 대다수에게 그야말로 무책임하기 짝이 없는 공리공론으로 여겨졌다. 경제가 무너져가는데도 수수방관하라고 말하는 경제학자들은 피도 눈물도 없는 냉혈한에 불과하다는 인식이 팽배해지기에 이른 것이다.

그러한 상황이었으므로 정부가 공공 구매를 통해 경제를 불황과 침체에서 건져낼 수 있음을 보여준 케인즈의 주장이 절망에 빠져 있던 대부분 사람에게 새로운 구원의 메시지로 다가온 것은 지극히 당연한 일이었다. 더구나 그것이 이미 현존하는 경제학자 중 가장 뛰어나다는 명성을 얻고 있던 케인즈에게서 나온 이론이므로 그의 저술이 출간과 동시에 대작의 반열에 오른 것은 놀랄 만한 일이 아니다. 일반 군중은 물론 동료 학자들과 정부 관료들의 다수가 케인즈의 등장을 두 손 들어 환호하였다.

무기력한 상황에 처해 있던 다수의 군중에게 정부가 자본주의 시장 경제의 문제를 원만하게 해결할 수 있다는 케인즈의 가르침은 커다란 희망의 소리였다. 현실에 대해 무지하고 문제가 생겨도 치유책을 내놓을 능력을 갖지 못한 쓸모없는 지식인이라는 혹평을 받던 동시대 경제학자들에게 자본주의의 중병을 치유할 비책을 제시해준 케인즈는 경제학의 구원자가 되었다. 수많은 젊은이에게 경제학은 제법 쓸모가 많은 학문이라는 인식을 심어주기에 충분하였다. 너희들이 할 일이라곤 그리 많지 않으니 함부로 나서지 말라는 고전학파의 가르침에 주눅 들어 있던, 그렇지만 남다른 선민의식을 지니고 있던 관료들에게, "그렇지 않다, 정부는 자본주의 경제의 문제점을 시정해야 할 책무가 있으며, 정부는 조세 지출, 통화 관리 등을 통해 그렇게 할 수 있는 능력과 수단을 갖고 있다. 올바른 정책을 수행함으로써 국민의 복지를 향상시킬 수 있는데 잘못된 이론에 오도되어 아무 일도 하지 않고 수수방관한다면 그것은 국민과 역사 앞에 매우 큰 죄를 짓는 것이다"라는 케인즈의 이론이 커다란 감동으로 다가왔음은 불문가지이다.

그렇게 할 수 있다는 관료들의 자신감, 그렇게 해도 좋다는 경제학자들의 이론적 뒷받침 그리고 그렇게 해주기를 바라는 일반 국민의 욕구, 이렇게 삼자가 만났으니 케인즈의『일반 이론』 출간을 계기로 정부의 경제적 역할이 아주 빠른 속도로 확대되기 시작한 것은 조금도 놀랄 일이 아니다. 예를 들어『일반 이론』이 출간되기 이전에는 국민 소득에서 정부 지출이 차지한 비중이 10% 수준에 머물렀지만 그 이후 지속적으로 증대되어 지금은 대부분의 선진 국가에서 40%대로 크게 확대된 것에서 그런 현상을 확인할 수 있다.

케인즈 이론의 영향을 받은 대부분의 국가에서 정부의 역할이 놀랄 만큼 강화되었다. 정부 지출의 상대적 비중이 점증했을 뿐 아니라, 거두어들인 세금의 범위 내에서 지출해야 한다는 고전학파의 건전 재정 원칙이 정부는 조세를 징수할 힘이 있으므로 지속적인 적자 재정을 운용하더라도 별다른 문제가 없다는 확장 재정 원칙으로 대체되었다. 자조와 자립을 바탕으로 가능하면 모든 일을 스스로 해결하도록 유도하는 것이 좋다는 고전학파의 강인한 개인주의가, 실업과 빈곤은 사회의 책임이므로 정부가 복지정책을 통해 어려운 사람을 도와야 한다는 시혜적 복지주의로 전환되었다. 시장의 자율과 자유를 중요시하던 고전적 자유주의가, 간섭과 통제 그리고 규제를 당연시하는 간섭주의로 대체되었다. 케인즈의 영향을 받아 정부가 대부분의 경제 문제를 시장보다 더 잘 해결할 수 있다는 정부 만능주의가 전 세계를 풍미하게 되었다. 작지만 유능한 정부를 선호하던 데서 크고 강한 정부를 선호하게 된 것이다.

경제정책의 혁명

개인적 자유주의에 바탕을 둔 고전학파 경제학자들이 보기에 정부가 할 일이란 개별 경제 주체에게 가능하면 더 많은 자유를 주되 그러한 자유가 타인의 자유를 침해하지 않도록 치열하고도 건전한 경쟁이 이루어질 수 있는 토대와 풍토를 조성해주는 것이다. 사유재산, 자유, 자율, 책임, 경쟁, 기회 균등, 자유 무역, 작고 유능한 정부 등이 고전학파 경제학자들이 선호하는 말이다.

그러한 자유주의 경제정책으로는 자본주의가 지닌 모순을 제대로 해결할 수 없다는 인식에서 케인즈는 재정정책, 통화금융정책, 외환정책, 등의 수단을 적극적으로 활용해서 정부가 자본주의 경제 체제가 더 잘 작동하도록 유도하고 지원하며 전자가 실패할 때 이를 보완해야 한다는 대안을 제시하였다.

적극적인 경제정책 수행을 합리화한 케인즈에 힘입어 소극적이고 부분적인 수준에 머물던 미시 경제정책 프레임워크가 재정정책, 통화금융정책, 소득정책, 고용정책, 물가정책, 환율정책 등의 이름 아래 경제 전체를 대상으로 하는 거시 경제정책 프레임워크로 확대되었다. 여기에서 중요한 것은 단순히 한두 개의 새로운 정책 수단을 제공했다는 사실보다도 경제를 관리할 수 있고 관리해야 한다는 '국민 경제 관리national economic management'가 새로운 주류 사상으로 대두했다는 사실이다.

정부가 빚을 지는 것이 나쁜 일이 아니며 상황에 따라서는 빚을 져서라도 지출을 늘리는 것이 바른 정책이라는 케인즈의 적극적인 재정 사상은 정부의 빚을 나타내는 증서인 국채를 일상적인 금융 상품의 하나로 등장시키기도 하였다. 소수의 국가에서 아주 적은 양으로만 발행되던 국채가 지금은 거의 모든 나라에서 아주 대량으로 발행되기에 이른 것이다. 엄청난 규모에 달하는 미국과 일본의 재정 적자 혹은 도를 넘는 재정 적자의 여파로 붕괴 위기를 맞은 최근의 그리스나 포르투갈 사태가 그러한 실정을 여실하게 보여준다.

강인한 개인주의 쇠퇴

빈곤, 실업, 질병, 빈곤 등 누구나 겪을 수 있는, 그리고 누구인가는 실제로 겪는 '불행'을 두고 그것을 극복할 일차적인 책임은 본인과 가족에게 있으므로 어떻게 해서든지 본인 스스로 어려움을 극복하라는 것이 고전적 자유주의의 가르침이다. 사실 우리 선조들은 내가 불행에 빠졌다면 그것은 내가 열심히 노력하지 않았거나 미리미리 철저히 대비하지 못한 탓이므로 그것을 남의 탓으로 돌리는 일은 매우 부끄러운 짓이라고 생각했다. 동정심을 유발해서 남의 도움을 받기보다는 차라리 굶어 죽는 것이 낫다는 생각이 지배적이었다. 강인한 개인주의 정신이 도도히 흐르고 있었던 것이다. 물론 이 점은 청교도적 자조정신을 중요시하던 서구 사회에서도 마찬가지였다.

실업을 예로 들어보자. 전에는 실업자가 되면 '사람이 얼마나 못났으면 취직도 못하냐?' 하면서 당사자에게 책임을 묻는 것이 일반적이었다. 그러나 언제부터인가 우리는 내가 실업자가 된 것은 내가 잘못해서가 아니라 경제가 구조적으로 잘못되었기 때문이라는 생각을 갖기 시작하였다. 지금 거리에 나가서 실업의 일차적인 책임이 어디 있는지 설문조사를 하면 다수의 응답자가 '정부가 경제를 잘못 운영해서 그렇다'라고 대답할 것이다. 물론 그런 대답은 아주 자연스럽게 '그러니 정부가 어떻게 해서든지 실업자를 먹여 살려야 하며, 나아가 일자리를 찾아주어야 한다'는 정부책임론으로 이어진다.

우리가 자신이 당하는 불행을 사회의 탓으로 돌리기 시작하면 세상의 문제치고 사회의 탓이 아닌 것은 하나도 없게 될 것이다. 일자리를 갖지 못해도 사회 탓, 집이 없어도 사회 탓, 아이를 낳기 어려워도 사회 탓, 원하는 학교에 진학하지 못하는 것도 사회 탓, 배우자를 구하지 못해도 사회 탓, 기후가 나쁜 것도 사회 탓, 물가가 올라도 사회 탓 등등 사회 탓 아닌 것이 어디 있으랴. 이렇게 모든 것이 사회 탓이라니 도대체 그 강인하던 개인주의 정신은 어디로 간 것일까?

강인하던 개인주의 정신이 쇠퇴한 이유를 전부 다 케인즈에게 덮어씌울 수는 없는 일이지만 빈곤, 실업, 물가 상승과 같은 사회적 병폐가 거의 모든 경우 자본주의 시장 경제 체제가 가진 내재적이며 구조적인 모순에서 기인한다는 케인즈의 주장이 사람들로 하여금 '그렇구나. 내가 불행을 겪고 있는 것이 전적으로 내 탓인 줄 알았는데, 이제 보니 사회가 잘못 되어 그렇게 된 탓도 크구나' 하는 생각을 갖게 만든 계기가 되었음은 틀림없는 사실이다.

우리가 겪는 불행이 나 자신의 잘못보다는 사회의 잘못 때문이라는 명제는 당연하게도 '그러니 사회가 나서서 그것을 시정해야 한다'는 명제로 이어진다. 물론 사회는 추상적인 존재이므로 논자들이 사회를 보다 구체적인 실체인 정부로 대체한 것은 매우 자연스러운 일이었다. 정부가 문제를 해결해야 한다는 생각이 일반화된 것이다.

5. 케인즈, 과연 옳았던 것인가?

많은 사람이 생각하는 것처럼 스미스가 틀렸고 케인즈가 맞는가? 물론 많은 사람이 그렇게 생각한다고 해서 틀린 것이 맞는 것으로 바뀌지는 않는다. 추종자가 제아무리 많아도 틀린 것은 틀린 것이다. 이제 좀 더 냉정한 입장에서 케인즈가 옳았는지 생각해 보기로 하자.

자유 시장 경제 체제가 완전하지 않다는 주장에 관하여

자유 시장 경제 체제가 완전하다고 생각하는 경제학자는 하나도 없다. 사실 스미스조차도 시장이 완전하다고 생각하지는 않았다. 고전학파 경제학자들이 자유 시장을 특히 중시한 것은 그것이 지닌 장점을 강조하기 위함이지 시장이 만능이라고 생각해서 그런 것은 아니다. 그러므로 이 문제에 관한 한 양자 사이의 이견은 존재하지 않는다. 그러나 그 대안으로 제시된, 정부가 적극적으로 경제를 관리해야 한다는 주장에 대해서는 학자들 사이에서 찬반이 엇갈린다. 여기서 문제가 되는 것은 시장 실패에 못지않게 정부 실패도 자주 일어나며 그 폐해도 시장 실패에 못지않게 크다는 사실이다. 사실 주기적으로 반복되는 경제 위기도 그 원인이 시장 실패에 있는지 정부 실패에 있는지 분명하지가 않다.

새로운 이론 체계를 만들어야 한다는 주장에 관하여

거시경제학이 미시경제학과는 근본적인 면에서 달라야 한다는 주장이다. 이러한 주장이 한때 커다란 힘을 얻기도 하였으나, 미시경제학에 바탕을 두지 않은 거시 이론이 즉흥적이고 자의적인 것으로 변질되어 그 가치를 상실함에 따라 미시, 거시 구분할 것 없이 모든 경제 현상을 관통하는 기본 원리에 근거해 이론을 정립할 필요가 있다는 주장이 힘을 얻게 된다. 이를 '거시경제학에 미시경제학적 기초 마련해주기'로 부를 수 있는데, 언제 어디서건 통용되는 경제의 기본 원리를 이론 정립의 토대로 삼아야 한다는 주장이다.

고전학파 경제학자들이 경제 전체를 보지 못하고 자기가 특히 관심을 갖고 있는 하나 또는 몇 개의 부문을 중심으로 경제를 이해하려 한다는 케인즈의 비판은, 에지워스Edgeworth와 왈라스Walras의 선도 아래 괄목할만한 발전을 이루고 있던 '일반 균형 이론'을 과소평가했던 데서 비롯된 측면도 있다. 일반 균형 이론은 수많은 수요자와 공급자가 역시 수많은 시장에서 치열하게 경쟁을 벌이는 가운데 각각의 시장이 그와 연계된 다른 모든 시장과 정합적인 관계를 이루며 성립하는 균형, 즉 제반 시장이 일반적인 균형을 이루는 상태에서 우리가 관심을 갖는 모든 경제 활동이 정해진다는 이론으로서, 고전학파 경제학자들이 경제 전체를 조망하는 이론을 정립하지 못했다는 케인즈의 주장이 잘못된 것임을 보여준다.

다만 왈라스, 그리고 그 후 애로우K. Arrow와 드브뢰G. Debreu 등이 계승·발전시킨 일반 균형 이론은 화폐 문제, 즉 화폐 경제의 제반 현상을 그들의 이론 체계 내에서 제대로 설명하지 못한다는 측면에서는 케인즈의 비판이 타당하다. 일반 균형 이론은 물체가 아무런 저항도 받지 않고 움직일 수 있는 진공 상태를 상정한 물리학 이론처럼, 거래 비용이 전혀 필요하지 않은 이상적인 상태를 상정한 경제 이론 체계이다. 따라서 일반 균형 이론 체계 내에는 거래 비용을 줄여주는 역할을 하는 화폐가 존재해야 할 이유가 없다.

일반 균형 이론이 모두 실물 경제real economy에 관한 이론으로 발전되어 온 것은 바로 그런 연유에서이다. 거래 비용이 필요하지 않은 이상적인 상황을 상정하는 고전학파의 관행은 '화폐는 너울에 불과하다Money is just a veil' 또는 '화폐와 실물은 서로 독립적이다dichotomy between money and real activities'라는 명제를 낳은 배경이 되기도 하였다.

케인즈의 이론은 본질적으로 화폐 경제monetary economy에 관한 이론이다. 케인즈가 보기에 화폐와 실물을 칼로 두부 자르듯 양분하는 것은 원래 뗄래야 뗄 수 없는 양자의 관계를 억지로 분리하는 행위로서, 그러한 잘못된 전제에서 출발한 고전학파 이론이 현실을 제대로 설명하지 못하는 것은 너무나 당연한 일이다.

유효 수요 부족이 문제라는 관점에 대하여

케인즈가 보기에 소비자들은 너도 나도 물건을 사려고 몰려드는데 기업가들은 원자재나 생산 능력이 딸려서 넘치는 수요를 미처 다 충당하지 못하는 공급 부족보다는, 물건을 만들어봐야 다 팔리지 않아 재고가 쌓이고 그래서 부득이 노동자들을 해고하고 기계를 놀려야 하는 수요 부족이 더 큰 문제이다. 케인즈가 수요 부족을 문제시한 것은 이미 설명한 바와 같이 그가 『일반 이론』을 집필하던 시기에 영국을 비롯한 주요 국가가 장기간 침체에 빠져 어려움을 겪는 것을 목격했기 때문이다.

그러나 경제 활동이란 수요와 공급이 적절하게 균형을 이루는 가운데 변화하게 마련이므로 수요 부족 못지않게 공급 부족 역시 그 상태가 장기간 지속된다면 문제가 된다. 초과 수요, 즉 공급 부족이 지속되면 물건을 사고 싶어도 사지 못하므로 자연히 가격이 상승하기 시작한다. 가격이 상승하면 물건의 공급량이 늘어나게 되어 가격이 다시 안정세를 찾아가는 것이 일반적이다. 그러나 공급 부족 상태가 지속되는 경우에는 가격도 지속적으로 상승하게 된다. 이는 흔히 가격이 더 상승할 것이라는 기대를 낳고 그러한 기대는 종종 투기로 이어져 경제 활동에 거품이 생기기 시작한다. 일단 거품이 생기기 시작하면 더 많은 투기 세력이 몰려들고, 거품은 아주 빠른 속도로 팽창한다. 문제는 거대하게 팽창한 거품이 그 속성상 오래 가지 못하고 이내 급격한 속도로 붕괴된다는 데 있다. 거품 붕괴가 문제되는 것은 그것이 거의 모든 경우에 경제를 파탄으로 몰아넣기 때문이다. 거품 붕괴와 더불어 수많은 기업과 은행이 도산하고 실업자가 급증하는 위기상황이 도래하게 되는 것이다. 이와 같이 지속적인 공급 부족 역시 경제에 커다란 문제를 야기한다.

경제란 대부분의 경우 수요와 공급이 원만하게 균형을 이루는 가운데 그 규모가 확대되고 내용이 충실해지면서 성장 · 발전하게 마련이다. 여기서 중요한 것은 수요와 공급이 원만하게 균형을 이룬다는 사실이다. 일시적으로는 수요와 공급이 불균형을 이룰 수도 있으나 기간을 두고 보면 양자는 어떤 방식으로건 균형을 찾아가는 경향을 지닌다. 그러한 의미에서 수요와 공급 모두 중요하다. 다만 경제가 침체에 빠졌을 때는 수요를 진작시키는 일이 더 중요하고, 경제가 공급 애로를 겪을 때는 그것을 타개하는 것이 더 중요하다.

저축은 사장되므로 바람직하지 않다는 견해에 관하여

가계가 벌어들인 소득을 다 쓰지 않고 저축하게 되면 그만큼 생산된 물건이 팔려나가지 않게 되어 많은 문제를 야기한다는 케인즈의 주장은 경제 활동의 순환 네트워크에서 유출leakage된 자원인 저축이 영원히 네트워크 밖에 머물러 있다면 옳은 말이다. 그러나 네트워크 밖으로 유출된 자원이 그 안으로 되돌아오지 않는 일은 여간해서는 일어나지 않는다. 흑자 부문이 저축한 자원을 적자 부문이 빌려다 쓰는 과정을 거쳐 유출되었던 자원이 환류하는 것이다. 다만 앞에서 설명한 바와 같이 경제가 극심한 침체에 빠져 있는 경우에는 소비와 투자를 줄이려는 사람이 상대적으로 더 많을 것이므로 저축으로 유출된 자원이 모두 다 환류되지는 않을 것이다.

유출된 자원이 모두 다 환류되지 않으면 그에 비례해서 순환의 양은 더 줄어들 것이고, 그렇게 되면 침체 상태에 빠진 경제는 되살아나기가 더 힘들어질 것이다. 그러니 일견 지나치게 많은 저축이 문제의 원인인 것처럼 보일 법도 하다. 그러나 문제의 핵심은 저축이 너무 많다는 것이 아니다. 그보다는 저축을 많이 하는 까닭이 무엇인가가 더 중요하다. 사람들이 저축을 많이 하는 것은 소비와 투자를 적게 한 결과이며, 소비와 투자를 적게 하는 것은 장래가 불안하고 불확실해서이다. 이렇게 보면 불확실한 장래가 경제를 침체 상태에 놓이게 하는 더 근본적인 원인임을 알 수 있다. 그러므로 저축을 많이 해서, 즉 돈을 쓰지 않아서 경제가 침체에 빠진다는 것은 결과를 원인으로 오해하는 것이다.

임금은 하방경직적으로 유지되어야 한다는 주장에 관하여

케인즈는 근로자들의 임금을 올려주는 것은 크게 환영할 일이지만 그것을 내리는 것은 극히 삼가야 할 일이라고 보았다. 크게 두 가지 이유에서인데, 하나는 임금이 깎이는 것을 보고 좋아 할 사람은 아무도 없으며, 그럼에도 임금을 깎게 되면 근로의욕이 저하되어 고용주에게도 도움이 되지 않아서이고, 다른 하나는 상대적으로 약자인 근로자를 보호해야 하는 사회적 책무를 다하기 위해서이다.

케인즈의 생각에는 노동 시장이 수급 불균형을 이룰 때 임금 하락을 통해 균형을 회복하려 드는 것보다는 임금은 그대로 유지한 채 물가 상승을 통해 균형 회복을 도모하는 것이 낫다. 마찬가지로 임금이 상승하는 상황에서 노동 시장이 수급 불균형을 이룬다면 임금 상승을 억제하려 들 것이 아니라 임금 상승 속도보다 약간 더 빠른 속도로 물가가 상승하도록 허용하는 것이 좋다고 보았다. 물론 이는 모두 화폐 임금money wage이 아니라 실질 임금real wage의 하락을 통해 수급 균형을 회복하는 것이 좋다는 말이다.

케인즈의 그러한 주장은 근로자들이 합리적rational이라면 성립하기 어려운 명제이다. 화폐로 나타낸 임금이 그대로 있거나 일정한 속도로 상승하는 경우일지라도 실제는 물가가 상승하거나 그 상승 속도가 높아서 실질 임금이 하락하고 있다면 그것을 보고 좋아할 근로자는 없을 것이다. 그럼에도 불구하고 케인즈가 그러한 주장을 편 까닭은 무엇인가? 케인즈는 길게 보면 근로자가 합리적으로 행동하는 것이 맞지만 그들이 언제 어디에서나 완벽하게 행동하는 것은 아니라고 한다. 그래서 임금이 하락하지 않도록 하는 것, 즉 임금의 하방경직성을 유지하는 것이 좋다고 생각하였다.

화폐 임금은 가능하면 그대로 둔 채 실질 임금의 하락을 통해 실업 문제를 해결하는 것이 바람직하다는 케인즈의 주장은 근로자들이 비교적 근시안적으로 행동하는 단기에서는 효과적인 방안이 될 수 있지만, 변화된 여건을 충분히 고려해서 합리적으로 행동을 수정하는 장기에서는 효과를 거두기 어렵다. 근로자들도 실질 임금의 추이를 보고 행동을 결정할 것이기 때문이다. 정상적인 상황이라면 임금은 노동생산성 향상 속도와 물가상승률을 합한 크기만큼 상승하는 것이 옳다. 예를 들어 노동생산성이 연 5%의 속도로 상승하고 있는데, 한 해 동안의 물가상승률이 5%라면 임금은 10% 상승하는 것이 옳다.

그렇지만 노동 시장이 완벽하게 작동하지 않거나 근로자들이 100% 합리적으로 행동하지 않는다는 전제가 성립한다면 임금은 10%가 아니라, 예를 들어 8% 정도만 상승하는 것이 바람직할 수도 있다. 이는 기업가들로 하여금 더 많은 근로자를 고용하도록 유도할 것이고, 고용이 증가하고 생산이 증가하면 소득이 증가할 것이고, 소득이 증가하면 소비가 증가하게 되어 경제가 불황에서 벗어날 것이고, 그렇게 되면 근로자에게 더 많은 임금을 줄 수 있게 된다는 케인즈의 주장을 따르면 그렇다.

케인즈의 주장을 면밀히 검토해보면, 중요한 것은 임금을 깎지 않는 것이 아니라 임금을 현 수준에 고정시키는 것임을 알 수 있다. 실업이 문제가 되는 경우, 임금을 깎기보다는 물가 상승을 용인함으로써 고용을 늘리는 것이 좋다는 케인즈의 주장에는 물가가 상승함에도 불구하고 임금을 올리지 않는다는 데 방점이 있다. 물가가 상승하는데도 임금을 올리지 않으면(또는 물가 상승 속도보다 임금 상승 속도를 낮게 유지하면) 고용이 늘어나 경기가 호전될 것이므로 임금을 제때에 올려주려다 침체에서 벗어나지 못하는 것보다 낫다는 것이 케인즈 주장의 핵심이다. 이를 보면 케인즈가 주장한 것은 임금의 하방경직성이 아니라 상방경직성임을 짐작할 수 있다.

임금을 상방경직적으로 유지함으로써 실업 문제를 풀자는 케인즈의 주장은 근로자가 실질 임금의 하락을 용인하면 경기가 호전될 것이라는 주장으로서, 경기를 회복시킬 일차적인 책임을 근로자에게 지우는 것이다. 친노동을 표방한 케인즈가 근로자의 희생을 용인하는 실업 대책을 내놓은 것은 아이러니한 일이다.

참고문헌

Deacon, Richard, 1986, *The Cambridge Apostles*, New York: Farrar, Straus and Giroux.

Friedman, Milton, 1983, "The Keynes Centenary: A Monetarist Reflection", *The Economist.*

Keynes, John Maynard, 1913, *Indian Currency and Finance*, London: Macmillan.

________________, 1919, *The Economic Consequence of Peace*, London: Macmillan.

________________, 1923, *A Tract on Monetary Reform*, London: Macmillan.

________________, 1925, *The Economic Consequences of Mr. Churchil*, London: L. and V. Woolf.

________________, 1930, *A Treatise on Money Volume 1 & 2*, London: Macmillan.

________________, 1936, *The General Theory of Employment, Interest and Money*, London: Macmillan.

________________, 1937, "The General Theory of Employment: Summary", *Quarterly Journal of Economics*, Vol. 51, No. 2.

________________, 1971-1989, *The Collected Writings of John Maynard Keynes*, London: Macmillan for the Royal Economic Society.

Pigou, Arthur C., 1936, "Mr. J. M. Keynes's General Theory of Employment, Interest and Money", *Economica*, Vol. 3, No. 10.

________________, 1950, *Keynes's General Theory: A Retrospective View*, London: Macmillan.

Rothbard, Murray N., 1992, "Keynes, the Man", *Dissent on Keynes: A Critical Appraisal of Keynesian Economics*, Mark Skousen (ed), New York: Praeger.

Skidelsky, Robert, 1983, *John Maynard Keynes: Hopes Betrayed, 1883-1920*, New York: Viking Press.

Skousen, Mark (ed.), 1992, *Dissent on Keynes: A Critical Appraisal of Keynesian Economics*, New York: Praeger.

* 케인즈의 모든 저작물은 1971년부터 1989년에 이르기까지 연차적으로 출간된, *The Collected Writings of John Maynard Keynes: 30 Volumes*, London: Macmillan for the Royal Economic Society에 실려 있다.

시버트·피터슨·슈람, 『언론의 4이론』

Siebert·Peterson·Schramm,
Four Theories of the Press (1956)

언론은 무엇이어야 하며 무엇을 해야 하는가?

양승목
서울대학교 언론정보학과 교수

미국과 소련을 중심으로 동서 간에 냉전이 한창이던 1956년, 일리노이 대학교 출판부는 언론학 역사에 길이 남을 작은 책 한 권을 출판하게 된다. 『언론의 4이론Four Theories of the Press』이란 제목의 그 책은 출판과 함께 곧 언론학도의 필독서로 자리 잡았고, 반세기가 흐른 지금도 언론학의 고전으로 폭넓은 사랑을 받고 있다. 일리노이 대학교 교수였던 프레드 시버트Fred S. Siebert, 테어도어 피터슨Theodore Peterson, 윌버 슈람Wilbur Schramm 3인이 공저한 『4이론』은[1] 일리노이대 출판부 역사상 논픽션 분야 최고의 베스트셀러로 꼽히며, 지금까지 수많은 언론학 수업에서 교재로 사용되어 왔다.

『4이론』은 그 부제副題가 말해주듯이 "언론은 무엇이어야 하며 무엇을 해야 하는가what the press should be and do"를 역사적 관점에서 분석한 규범적 언론 이론을 제시한 책이다. 서구에서 인쇄

1 이하 『언론의 4이론』을 『4이론』으로 약칭한다.

술이 발명된 16세기부터 20세기 중반에 이르기까지 언론 제도의 형태와 변화를 '권위주의', '자유주의', '사회책임주의', '소비에트 공산주의'라는 4개의 규범 이론으로 제시한 『4이론』은 언론 제도 연구의 출발점이라 할 만큼 언론제도론 분야에서 독보적인 위치를 차지했다. 『4이론』은 그 내용에 대한 찬반 여부를 떠나 언론의 자유에 대한 언론학도들의 생각에 커다란 영향을 끼쳤다. 이 책의 출판을 계기로 현대의 언론 제도를 분석한 다양한 연구가 나왔는데, 어떤 것은 『4이론』을 부분적으로 보완한 정도고 어떤 것은 『4이론』을 비판하고 대안을 제시한 것이었다. 말하자면, 언론이 정부나 다른 사회 제도와 어떤 관계에 있으며 언론의 존재 이유가 무엇인지에 관심을 가진 사람이라면 『4이론』을 거치지 않고 의미 있는 결론에 도달하기 어려울 정도로 『4이론』의 영향은 컸다.

『4이론』은 국내에도 잘 알려진 책이다. 1960년대에 여러 대학에서 신문(방송)학과가 창설되고 언론학 교육이 본격화되면서 『4이론』은 대학 교재로 널리 사용되었다. 특히 1968년에 첫 번역본이 출간되면서 『4이론』은 국내에서도 언론학 전공 학생들이 쉽게 접할 수 있게 되었다.[2] 지금도 언론제도론이나 언론학 관련 과목에서는 『4이론』을 필독서로 지정하는 경우가 많은데, 그런 의미에서 『4이론』은 여전히 '살아 있는' 고전이라 할 만하다.

---

2 최초의 번역본은 1968년 이규종과 한병구에 의해 『매스콤의 4이론』이라는 이름으로 보문각에서 출판되었다. 그러나 이 책이 절판되면서 1991년 강대인에 의해 『언론의 4이론』이란 이름으로 두 번째 번역본이 출판되어 오늘에 이르고 있다.

1. 일리노이 대학의 삼총사

『4이론』의 제1저자 프레드 시버트(1902-1982)는 미국 미네소타 주 출생으로 1923년에 위스콘신 대학을 졸업하고 1929년에는 법학 박사 학위를 취득했다. 1931년에는 일리노이 대학 언론학 교수가 되었으며 언론대학 학장을 역임했다. 1944년에 그는 언론인 교육의 공적을 인정받아 미국 언론대학 및 학과협회American Association of Schools and Departments of Journalism의 회장에 선출되었다. 『4이론』 출판 다음 해인 1957년에 미시건 주립대학MSU으로 학교를 옮겼으며 1960년에 미국언론학회AEJ 회장을 역임했다. 이런 경력이 말해주듯 시버트는 미국 언론학계를 대표하는 학자로서 언론법제론 분야의 권위자였다. 그의 대표작은 1952년에 출판된 『영국의 언론 자유, 1476-1776Freedom of the Press in England, 1476-1776』이며, 공저로는 1979년에 출판된 『자유로운 언론과 공정한 재판Free Press and Fair Trial』이 있다. 『영국의 언론 자유』는 시버트가 거의 20년 동안 공을 들인 역작인데, 언론 자유의 보루라고 불리는 미국 수정헌법 1조의 뿌리를 영국에서 찾으려 노력한 결과였다. 『4이론』에서 그가 집필한 권위주의(1장) 이론과 자유주의(2장) 이론은 알고 보면 그의 대표작 『영국의 언론 자유』의 연장선상에 있는 셈이다.

제2저자인 테오도어 피터슨(1918-1999)은 미네소타 주 출생으로 미네소타 대학에서 학부를 졸업하고 캔자스 주립대학에서 석사, 일리노이 대학에서 박사 학위를 취득했다. 캔자스 주립대학 강사였던 그는 1948년에 일리노이 대학 교수진에 합류했으며,

시버트가 떠난 1957년에는 커뮤니케이션 대학 학장에 취임했다. 피터슨은 시버트의 주선으로 일리노이 대학으로 왔을 뿐만 아니라 시버트가 그의 박사 논문 지도교수여서 두 사람은 매우 각별한 관계였다. 피터슨의 전공은 잡지론으로, 그의 대표작은 1956년에 출판된 『20세기의 잡지Magazines in the Twentieth Century』이며, 이 밖에 공저로 1971년에 출판한 『매스미디어와 현대 사회The Mass Media and Modern Society』가 있다.

마지막으로 제3저자인 윌버 슈람(1907-1987)은 종종 "커뮤니케이션 학문의 아버지"로 불릴 정도로, 커뮤니케이션 학문의 제도화에 지대한 업적을 남긴 인물이다. 그는 오하이오 주 출생으로 1928년에 매리에타Marietta 대학을 졸업하고, 1930년에 하버드 대학에서 미국문명 전공으로 석사 학위를, 그리고 1934년에 아이오와 대학에서 영문학 박사 학위를 받았다. 박사 학위 취득과 함께 아이오와 대학 영문학과 교수로 임명된 그는 총장의 요청으로 1943년에 언론대학 학장이 된다. 마침 제2차 세계대전의 발발로 미국 정부의 전시 프로그램에 차출되어 당대의 내로라하는 사회과학자들과 함께 커뮤니케이션 연구에 관계하게 된다. 전쟁이 끝난 뒤 커뮤니케이션 학문에 대한 새로운 비전을 갖고 아이오와 대학으로 복귀한 그는 커뮤니케이션연구소를 만들어 젊은 커뮤니케이션 연구자들을 육성했다. 1947년에 일리노이 대학 총장의 요청으로 일리노이 대학에 커뮤니케이션연구소를 창설하고 많은 커뮤니케이션 연구자를 양성했으며, 1955년에는 스탠퍼드 대학으로 옮겨 커뮤니케이션연구소 소장을 맡아 기라성 같은 제자들을 배출했다. 그는 미국의 주요 대학에서 커뮤니케이션연구소를 만들고 최초의 커뮤니케이션 박사들을 배출했을 뿐만 아니라, 사상 최초로 커뮤니케이션학 교수Professor of Communication라는 타이틀을 가진 인물이었다(Rogers, 1994). 그는 수십 권의 책을 저술 · 편집하여 출판했는데, 그의 책들은 학부 및 대학원 교재로서 중요한 역할을 했다. 그의 많은 책 가운데 중요한 몇 권만 소개하면 다음과 같다.

- 『현대사회의 커뮤니케이션Communications in Modern Society』(1948)
- 『매스커뮤니케이션Mass Communications』(1949/1960)
- 『매스커뮤니케이션의 과정과 효과The Process and Effects of Mass Communication』(1954/1971)
- 『매스커뮤니케이션의 책임Responsibility of Mass Communication』(1957)
- 『어린이들의 삶과 텔레비전Television in the Lives of Our Children』(1961)
- 『인간커뮤니케이션 과학The Science of Human Communication』(1963)
- 『매스미디어와 국가 발전Mass Media and National Development』(1964)
- 『인간, 메시지, 미디어Men, Messages, and the Media』(1978)

2. 『4이론』, 어떻게 탄생했는가?

일반적으로 학술적 저작은 그것이 태어난 시대의 산물이다. 『4이론』도 예외가 아니어서 동서 냉전이 한창이던 1950년대의 시대정신과 그 당시의 미국 사회, 언론계, 학계의 현실이 반영된 결과인데, 『4이론』은 1950년대 당시 미국 언론계의 현실에 대한 자유주의적liberal 대응의 일환으로 탄생했다는 평가를 받고 있다(Nerone, 1995). 당시 전국교회협의회NCC는 록펠러재단의 기금으로 현대의 윤리와 책임에 대한 연구들을 후원하고 있었는데, 특별히 슈람에게 매스커뮤니케이션의 책임에 대한 연구를 위촉했다. 전국교회협의회는 미국의 주류 개신교 조직인데, 세속주의와 방임적 기업자본주의에 비판적이었으며 보수적인 복음주의파 및 보수적 기업단체들과는 적대적 관계에 있었다고 한다. 슈람은 전국교회협의회가 위촉한 그 프로젝트의 일환으로 시버트와 피터슨에게 도움을 요청했고, 세 사람은 각자의 기존 연구를 수정 · 보완해서 『4이론』을 만들게 되었다. 그러나 『4이론』은 단순히 저자들의 개인적 합작품만은 아니었다. 그것은 또한 당대 언론학 교육자들과 언론 기업가들 사이 제휴의 결과물이기도 하다.

미국의 언론대학은 학생들의 취업을 위해서라도 언론계와 좋은 관계를 유지하려는 경향이 있었고, 발행인들은 학생들이 자신들의 신념과 가치를 교육받기를 원했다. 이처럼 언론학 교육자들과 언론계가 밀접한 관계에 있는 상황에서 제1저자 프레드 시버트의 경력은 특히 교육과 언론 산업계의 긴밀한 관계를 반증한다. 시버트는 신문사에서 일한 적도 있고 변호사로서 일리노이주 언론협회의 법률고문과 전국편집인협회의 법률고문을 지낸 경력도 있다. 그는 언론대학 학장으로서 언론인 교육에 공이 많았고 미국언론학회의 주도적 인물로서 언론계와 밀접한 관계를 맺고 있었다. 『4이론』에 나오는 4개의 규범 이론도 그가 1953년에 미국의 언론협회 '카파 타우 알파Kappa Tau Alpha'의 연구상을 수상하면서 행한 연설에서 그 얼개를 제시했던 것이다.

제3저자인 윌버 슈람도 1943년부터 1947년까지 아이오와 대학의 언론대학 학부장이었으며, 미국 언론대학 및 학과협의회AASDJ 부회장을 지냈다. 그는 이 협회에서 시버트와 함께 일한 바 있고, 일리노이 대학으로 옮긴 후에는 커뮤니케이션 박사 과정을 창설하고 커뮤니케이션연구소 소장에 취임했다. 커뮤니케이션 학문의 제도화와 관련된 이런 경력과는 별도로, 슈람은 2차 대전 당시에 미국의 전쟁정보처, 해군성, 전쟁성 등에서 일한 경력이 있고, 전후에는 국무성과 국방성 등의 고문으로서 냉전시대에 미국 정부를 위한 여러 프로젝트에 참여했다. 이런 경력이 말해주듯이 슈람은 공산주의에 반대했고 당연히 소비에트 언론에 대해서도 비판적이었다.

2차 대전이 끝나고 미국은 세계의 패권을 차지하는 과정에서 대외적으로 언론의 자유와 정보의 자유로운 유통을 핵심 가치로 내세웠다. 그것이 미국 기업과 산업계의 이익을 보호하고 궁극적으로는 미국의 이익에 부합하는 것이기 때문이다.『4이론』은 발간과 함께 언론인 교육의 기본 교재가 되며 널리 읽혀지게 되었다.『4이론』은 각국의 언론 제도가 현재의 모습으로 나타나게 된 이유를 능숙하게 설명했으며 언론과 국가의 역사적 관계를 잘 정리했다. 그러나 그것은 아무런 역사적 배경 없이 연구실이라는 진공 속에서 학문적으로 탐구한 결과로만 볼 것은 아니다.『4이론』의 저자들은 언론 교육과 언론 산업계의 관계, 학계와 경제계의 관계, 냉전에 사로잡힌 양대 초강국 사이의 관계 등 여러 관계에 의해 영향 받은 특정 관점을 논리정연하게 대변한 인물들이었다(Nerone, 1995, pp. 15-16).

3. 언론 제도에 관한 4개의 규범 이론

『4이론』은 짧은 서문과 4개의 장으로 구성되어 있다. 제1장의 제목은 "권위주의 이론", 2장의 제목은 "자유주의 이론",[3] 3장의 제목은 "사회책임 이론", 4장의 제목은 "소비에트 공산주의 이론"이다. 1장과 2장은 시버트가 집필했으며, 3장은 피터슨, 4장은 슈람이 집필했다. 책의 구성에서 보듯 1장과 2장을 집필한 시버트의 비중이 다른 두 사람보다 컸다. 시버트는 그의 대표작이 말해주듯 영국의 언론 역사에 정통한 사람이었다. 이론적으로 보더라도 사회책임 이론과 소비에트 공산주의 이론은 각각 자유주의 이론과 권위주의 이론의 수정 또는 발전이라고 할 수 있다.

저자들이 서론에서 밝히듯, 『4이론』에서 말하는 언론the press은 매스커뮤니케이션의 모든 미디어를 의미한다. 그렇다면 이 책이 다루려는 핵심 문제는 무엇일까? 그것은 다음의 인용문에서 압축적으로 드러난다.

---

3 여기서 자유주의 이론(libertarian theory)은 개인의 자유를 가장 중시하기 때문에 종종 '자유방임주의 이론'으로도 번역된다.

> 왜 언론은 현재의 모습으로 존재하는가? 왜 언론은 국가에 따라 전혀 다른 목적을 위해 봉사하고 또 매우 다양한 형태로 나타나는 것인가? 예컨대, 왜 소련의 언론은 미국의 언론과 다르며, 아르헨티나의 언론은 영국의 언론과 그렇게 다른가?(p. 1)

이 인용문에서 보듯이『4이론』은 1950년대 당시에 다양한 형태로 존재했던 세계 각국의 언론이 왜 그러한 형태를 지니게 되었는지 그 근본 원인을 탐구하고자 했다. 나중에 구체적으로 기술하겠지만,『4이론』이 주목한 것은 언론이 사회 체계의 일부이며 언론을 제대로 이해하려면 그 사회를 뒷받침하는 철학에 대한 이해가 선행되어야 한다는 점이다. 따라서 이론적으로 보면 이 책의 접근 방식은 사회중심적 관점에 속한다. 흔히 미디어와 사회의 관계를 보는 이론적 관점은 사회중심적 접근과 미디어중심적 접근으로 나뉜다. 전통적인 효과연구에서 보듯이 대다수의 커뮤니케이션 연구는 미디어중심적 접근 방식을 취한다. 즉 미디어를 독립변수로 보고 개인의 행동이나 사회적 변화를 종속변수로 보는 것이다. 반면에 사회중심적 접근에서는 사회나 사회적 변동이 독립변수가 되고 미디어는 종속변수가 된다. 마르크스주의 정치경제학 연구가 좋은 예인데, 미디어의 특성은 미디어 소유권을 비롯한 사회의 경제적 조건에 의해 결정된다고 보는 것이다.『4이론』이 사회중심적 접근 방식을 취하고 있는 점은 다음의 인용문에도 잘 드러나 있다.

> 이 책의 주제는 언론은 항상 그것이 활동하고 있는 사회적·정

> 치적 구조의 형태와 색채를 띠게 된다는 것이다. 특히 언론은 개인과 제도의 여러 관계를 규정하는 사회적 통제 시스템을 반영한다. 우리는 사회의 이런 측면을 이해하는 것이 언론을 체계적으로 이해하는 데 반드시 필요하다고 믿는다. (…) 따라서 언론 제도 간의 차이점을 완전히 이해하기 위해서는 언론이 기능하는 그 사회 체계에 주목해야 한다. 사회 체계와 언론의 참된 관계를 이해하기 위해서는 그 사회가 갖고 있는 기본적 신념과 가정들, 즉 인간의 본질, 사회 및 국가의 본질, 인간과 국가의 관계, 지식과 진리의 본질 등에 주목해야 한다. 이렇게 보면 언론 제도 간의 차이는 결국 철학의 차이가 되는데, 이 책은 오늘날의 세계에 존재하는 다양한 언론들의 배경이 되는 철학적·정치적 논리 또는 이론에 관한 책이다.(pp. 1-2)

이런 문제의식하에 『4이론』은 언론에 관한 4개의 규범 이론을 제시한다. 그중에서 기본 이론은 '권위주의 이론'과 '자유주의 이론'이다. 저자들은 '사회책임 이론'과 '소비에트 공산주의 이론'은 권위주의 이론과 자유주의 이론의 "단순한 수정 및 발전"에 불과하다고 말한다. 즉 소비에트 공산주의 이론은 권위주의 이론의 발전이며, 사회책임 이론은 자유주의 이론의 수정이라는 것이다. 이 4개의 규범 이론을 구체적으로 살펴보면 다음과 같다.

권위주의 이론

권위주의 이론은 정부(왕)의 허가 또는 면허를 받은 사람만이 언론을 운영할 수 있다고 본다. 언론은 정부의 엄격한 통제하에 운영되며 정부나 권력자에 대한 비판은 금지된다. 이 이론은 역사적으로 가장 오래된 이론이며 16세기에 인쇄술이 발명된 후 등장한 후기 르네상스의 권위주의적 풍토 속에서 출현했다. 대표적으로 영국의 튜더Tudor 왕조와 스튜어트Stuart 왕조 시대의 언론을 꼽을 수 있는데, 17세기 말까지 세계적으로 광범위하게 수용되었던 이론이다. 18세기 이후 권위주의 이론은 유럽과 미국에서 점차 정당성을 잃게 되지만, 20세기 현재까지도 파시스트 국가들을 비롯해 세계의 많은 지역에서 받아들여지고 있는 이론이다.

권위주의 이론은 원래 군주제 또는 왕정의 절대 권력 철학에서 비롯되었는데 그 이론적 근원은 플라톤, 마키아벨리, 홉스, 헤겔 등의 권위주의 정치 철학에서 찾아볼 수 있다. 권위주의 이론에서 보면 진리는 국민 대중에게서 나오는 것이 아니라 대중을 지도하고 명령하는 지위에 있는 소수의 현인으로부터 나온다. 따라서 진리는 권력 중심에 집중되어 있는 것이며, 언론은 '위에서 아래로' 작용하는 것이다. 즉 지배자들은 국민이 알아야 한다고 생각하는 것과 국민이 지지해야 한다고 생각하는 정책을 국민에게 전달하기 위해 언론을 이용할 뿐이고 언론은 정부의 도구에 지나지 않는다. 영국의 튜더 왕조와 스튜어트 왕조에서 보듯이, 언론은 왕실의 것이기 때문에 국왕의 정책을 지지할 의무가 있으며 그러한 의무에 충실하지 않을 때는 언제라도 면허를 취소할 수 있다. 이러한 언론 개념에서는 오늘날 언론의 가장 보편적 기능 가운데 하나라고 여기는 '정부를 견제하는 기능'을 찾아볼 수 없다.

자유주의 이론

자유주의 이론은 미디어를 운영할 경제적 능력이 있는 사람이면 누구나 미디어를 운영할 수 있다고 본다. 권위주의 이론과는 반대로 자유주의 이론에서 언론은 '사상의 자유롭고 공개적인 시장'에서 진리의 자동 조정 작용에 의해 통제된다고 믿는다. 자유주의 이론의 이론적 근원은 존 밀턴John Milton, 존 로크John Locke, 존 스튜어트 밀John Stuart Mill 등의 자유주의 철학과 자연권 사상이다. 자유주의 이론은 17세기 말에, 구체적으로 1688년 명예혁명을 기점으로 영국과 미국 등에서 생겨나 18세기에 현실화되고 19세기에 꽃을 피운 이론이다. 말하자면 정치적 민주주의와 종교적 자유의 성장, 자유무역과 여행의 확대, 방임주의 경제의 수용과 계몽주의 사상의 발달 등이 권위주의를 점차 무너뜨리고 새로운 언론 개념을 요구하게 되었다.

자유주의 이론에서 인간은 지도받고 명령받는 예속적 존재가 아니라 진실과 허위, 좋은 것과 나쁜 것을 분간할 수 있는 이성적 존재이다. 또 진리는 권력의 소유물이 아니며, 오히려 진리를 탐구할 권리는 인간의 천부적 자연권의 하나라고 본다. 그렇다면 언론의 역할은 무엇인가? 자유주의 이론에서 언론은 진리

탐구의 협력자다. 언론은 정부의 도구가 아니며, 국민이 정부를 견제하고 정책에 대한 결정을 내릴 때 근거로 삼아야 할 증거와 주장을 제공하는 기구이다. 따라서 언론은 정부의 통제나 그 영향으로부터 자유로워야 한다. 진리가 드러나기 위해서는 모든 생각이 공평하게 청취될 수 있어야 한다. 말하자면 사상과 정보의 자유롭고 공개적인 시장이 존재해야 한다. 왜냐하면 진리와 거짓이 다투도록 자유롭게 내버려두면 궁극적으로 진리가 승리할 것이기 때문이다. 밀턴이 1644년『아레오파지티카』에서 "진리의 자동 조정 작용self-righting process of truth"이라고 말한 이러한 생각은 미국의 권리장전(Bill of Rights, 1789)에 의해 채택되었을 뿐 아니라, 미국 수정헌법 1조를 떠받치는 핵심 개념이기도 하다.

언론이 정부의 간섭과 영향으로부터 자유로워야 하고 또 정치 과정에서 제4부Fourth Estate의 역할을 하도록 장려해야 한다고 보는 이러한 언론 개념은 영국과 미국에서 거의 200년 동안 유지되었다. 그러나 20세기 들어오면서 기술 발달로 영화, 라디오, 텔레비전과 같은 새로운 미디어가 출현하고 미디어의 대규모화와 소유권 집중이 심화되면서 언론의 영향력과 횡포에 대한 비판은 점증했다. 뿐만 아니라 변증법적 유물론에 입각한 마르크스주의는 자본주의의 대안으로 소비에트 공산주의라는 새로운 사회 체제를 현실화시켰다. 소비에트 공산주의는 자유주의 이론과는 전혀 다른 새로운 이론으로 새로운 언론 제도를 만들어냈다.

소비에트 공산주의와는 별도로 서구에서는 20세기의 새로운 지적 풍토가 자유주의 이론을 지탱하던 계몽주의적 세계관을 뒤엎었다. 다윈의 진화론, 아인슈타인의 상대성 이론, 프로이트의 정신분석학 등으로 대표되는 20세기의 새로운 지적 풍토로 인해 정적이고 영구적인 자연 법칙을 주장한 뉴턴의 우주론, 인간이 이성적 존재임을 강조한 자연권 철학, 자기 자신을 위해 일하는 것이 공공을 위해 일하는 것이라고 믿고 있던 고전주의 경제학, 밀턴의 자동 조정 작용 원리 등 자유주의의 이론적 기반들이 허물어졌다. 이러한 시대적 상황 속에 서구 특히 미국에서는 자유주의 이론이 사회책임 이론으로 수정된다.

사회책임 이론

사회책임 이론은 할 말이 있는 사람이면 누구나 미디어를 이용할 권리가 있고, 언론은 소유권이 집중화되고 영향력이 커짐에 따라 사회적 책임을 져야 한다고 본다. 즉 언론이 무제한의 자유를 누리는 것은 아니며 언론은 공동체의 여론과 수용자들에 의해 통제되고, 무엇보다도 언론인의 직업윤리에 의해 통제되어야 한다고 보는 것이다.

사회책임 이론은 미디어 산업과 사회적 현실의 변화로 20세기의 미국에서 발전했다. 20세기 들어 기술혁신으로 '커뮤니케이션 혁명'을 겪은 미디어 산업은 점차 대규모화하고 독점이 심화되어 갔다. 새로운 매체를 만들거나 운영하는 일이 어려워지면서 언론은 과거 권위주의 시대처럼 권력을 가진 소수에게 장악되어 간 것이다. 언론은 이제 자유주의 이론에서 정의되었던 것처럼 사상의 자유 시장으로 기능하기 어렵게 되었다. 언론의 자유가 언론 소유자나 경영자의 자유가 되어버린 이런 왜곡된 상황이 사회책임 이론을 발전시킨 기초가 되었다. 즉 미디어가 갖고 있는 권력과 독점적 위상 때문에 언론은 사회적으로 책임지라는 의무를 부여받게 된 것이다. 여기서 사회적 책임이란 사안의 모든 측면을 공평하게 제시하고 공중의 의사 결정에 문제가 없도록 충분한 정보를 제공하라는 것이다. 미디어가 그런 책임을 수행하지 않을 경우 그것을 감시하고 강제할 별도의 공공기관이 필요할지도 모른다. 그러나 무엇보다 중요한 것은 언론이 직업윤리를 통해 자율적으로 사회적 책임을 수행하는 것이다.

사회책임 이론의 이론적 근원은 허친스위원회Hutchins Commission 보고서다. 허친스위원회는 1944년 '타임Time' 사 등의 재정적 지원으로 언론 자유의 현재와 미래를 조사·연구하기 위해 설립된 위원회로 공식 명칭은 '언론의 자유에 관한 위원회Commission on Freedom of the Press'다. 위원회는 시카고 대학 총장이던 로버트 허친스Robert M. Hutchins 위원장을 포함해 13인으로 구성되었으며, 위원장의 이름을 따서 허친스위원회로 불리게 되었다.[4] 허친스위원회는 3년간 신문, 라디오, 영화, 잡지, 도서 등 매스커뮤니케이션 전 분야를 조사하고 1947년에 "자유롭고 책임 있는 언론A Free and

---

4 로버트 허친스(1899-1977)는 미국의 교육자이자 법학자로 1921년 예일 대학을 졸업하고 1927년에 예일대 법학부장이 되었으며 1929년에는 30세의 나이로 시카고 대학 총장이 되었다. 1943년에 『브리태니커 백과사전』 편집위원장, 1951년에 포드재단 부이사장 등을 지냈다. 미국의 기계적 기술문명과 지나치게 전문화한 직업 교육을 비판하면서 대학 일반교양 과정의 교재로 고전을 존중하는 새로운 교육 이론과 방법을 제창했다. 제2차 세계대전 직후 세계헌법 제정 운동을 일으켰으며 세계연방주의자로도 알려져 있다. 저서로 『미국의 고등교육』(1936), 『자유를 위한 교육』(1943), 『위대한 대화』(1952) 등이 있다.

Responsible Press"이란 제목으로 보고서를 발간했는데, 이 보고서가 사회책임 이론의 이론적 토대가 되었다. 보고서와 함께 위원회는 시카고 대학 출판부를 통해 다수의 연구 결과를 책으로 발간했는데, 대표적으로 윌리엄 호킹의 『언론의 자유』가 있다(Hocking, 1947).

허친스위원회의 활동 전에도 이미 대규모 미디어의 횡포와 역기능에 대한 비판과 반성은 널리 퍼져 있었다. 그런 이유로 20세기 전반부에 미디어 윤리강령이 제정되기 시작했는데, 1923년 미국신문편집인협회는 자유주의 이론에 일반 복지에 대한 책임을 추가한 '신문강령Cannons of Journalism'을 제정했다. 이어 1930년에는 영화 산업의 윤리강령이, 1937년에는 라디오 산업의 윤리강령이, 그리고 나중에 1952년에는 텔레비전 산업의 윤리강령이 만들어졌다. 매체의 속성상 영화, 라디오, 텔레비전의 윤리강령은 신문강령보다 사회적 책임을 훨씬 더 강조했다.

소비에트 공산주의 이론

소비에트 공산주의 이론에서 미디어는 국가의 소유이며 정부와 당에 의해 엄격히 통제된다. 한마디로 미디어는 국가의 정치적 · 이념적 도구로서 존재하며 전술적 목적이 아니라면 정부와 당에 대한 비판은 금지된다. 소비에트 공산주의 이론은 1914년 볼쉐비키 혁명 후의 소련에서 현실화되고 그 후 공산주의 국가들의 언론 이론이 되었다. 이 이론의 이론적 근원은 마르크스, 레닌, 스탈린의 변증법적 유물론과 공산주의 이론이다. 『4이론』에 따르면 소비에트 공산주의 이론은 권위주의 이론이 20세기에 새롭고도 극적인 형태로 발전한 것이다.

소비에트 공산주의 이론에서 언론은 공산당의 우월성을 유지하기 위한 정치적 필요에 따라 철저히 지배 권력의 도구로 운용된다. 언론은 사유가 아니라 국유이며 경제적(이윤적) 동기는 배제된다. 그러나 국가에 의한 철저한 통제에도 불구하고 '진리'를 말하는 자유가 보장되어 있다고 주장한다. 오히려 미국과 같은 자본주의 국가에서는 언론이 자본가의 지배를 받고 있기 때문에 마르크스주의적 '진리'를 말할 수 있는 자유가 없다고 본다. 자유주의 언론에서는 수용자들을 이성적 존재로 보는 데 비해 소비에트 언론에서는 감독자의 주의 깊은 지도를 필요로 하는 존재로 본다. 따라서 자유주의 이론에서는 사상과 정보의 자유로운 경쟁이 보장되는 데 반해 소비에트 공산주의 이론에서는 경쟁적인 정보를 배제하기 위해 노력한다.

『4이론』은 소비에트 공산주의 이론을 권위주의 이론이 20세기에 수정된 형태라고 보는데, 그렇다면 권위주의 이론과는 어떤 점이 다를까? 첫째, 소비에트 공산주의 언론은 국유이며 경제적 이윤을 추구하지 않는다. 둘째, 옛날의 권위주의 이론에서는 언론의 기능을 소극적으로 규정했지만 소비에트 이론에서는 적극적으로 규정하고 있다. 즉, 소비에트 언론은 어떤 목적을 위한 도구라는 점에서 그 기능이 적극적으로 규정된다. 셋째, 소비에트 언론은 변혁의 한 부분이며 동시에 변혁 달성을 위해 만들어졌다. 넷째, 소비에트가 언론에 대해 권위주의적 정책을 취하는 이유는 과거 권위주의 국가의 그것과 다르다. 소비에트적 권위주의는 왕권신수설이 아닌 경제적 결정론에 기초를 두고 있으며 계급적 전략의 개념 위에 세워져 있다. 다섯째, 소비에트 언론은 권위주의 제도에서 볼 수 없는 형태로 통합되어 있다. 즉 옛날의 권위주의 제도가 통제적 제도라면, 소비에트 제도는 계획적 제도이다.

4. 성과와 한계

『4이론』이 출간되고 거의 40년이 된 1995년에 일리노이 대학교 출판부는 『최후의 권리Last Rights』라는 책을 출간했다(Nerone, 1995). "『언론의 4이론』 재방문Revisiting Four Theories of the Press"이라는 부제가 말해주듯이, 『최후의 권리』의 목적은 탈냉전 시대를 맞아 『4이론』의 현실 적합성을 평가하는 것이었다. 존 네론John C. Nerone 등 일리노이대 교수 8명이 역할을 분담하여 집필하고 네론이 편집을 맡았는데, 이 책은 말하자면 후배 교수들이 선배 교수들의 저작을 냉정하게 재평가한 보기 드문 사례이다. 진보에서 보수까지 다양한 이념적 스펙트럼을 가진 후배들은 『4이론』의 이론적·학문적 성과에 대해 각자 의견이 달랐지만, 『4이론』이 교과서로 대성공했고 언론의 자유에 대한 사람들의 생각에 커다란 영향을 주었다는 점에는 공통적으로 동의했다. 그들은 『4이론』이 적어도 두 가지 장점을 가진다고 보았다. 하나는 교육과정(커리큘럼) 측면에서 언론과 사회에 대한 대안적 사고방식을 제공했다는 것이고, 다른 하나는 언론학자들과 현업 종사자들이 아직 제대로 인식하지 못했던 고전적 자유주의의 모순들을 파악하고 그것을 붙들고 씨름하기 시작했다는 점에서 지성사적 가치를 지닌다는 것이다.

한편, 『최후의 권리』는 『4이론』의 이론적 약점을 신랄하게 비판했는데, 두 가지로 나눌 수 있다. 첫째, 『4이론』의 패러다임 내부에서 바라본 비판으로 『4이론』이 이론적으로 내재적 모순을 가지고 있다는 것인데, 분석 범주들과 용어들의 내적 부적절성에 관한 비판이다. 둘째, 『4이론』의 패러다임 외부에서 바라본 비판으로 『4이론』이 1950년대 냉전 시대의 이념과 관점을 대변한다는 것인데, 규범 이론으로서 『4이론』이 갖는 한계를 잘 보여준다. 아래에서는 『최후의 권리』가 제기하는 『4이론』의 장점과 이론적 약점을 좀 더 구체적으로 살펴보기로 한다(Nerone, 1995, pp. 1-30 참조).

교육과 지성사적 가치

미국에서 규범적 언론 이론에 대한 연구는 주로 법학자들에 의해 수행되었다. 그러나 법학자들은 뉴스 조직의 제도적 총체인 언론을 수정헌법 1조나 표현의 자유라는 포괄적 범주에다 넣고 개인적 권리 수준에서 다루는 경향이 있다. 이렇게 되면 언론이 사회적 제도로서 기능하는 역동적 메커니즘을 파악하기 어렵게 되고, 법 이론과 판례에 대한 박식함만이 요구될 뿐이다. 한편, 언론의 자유에 대한 연구에는 역사적 접근도 있지만 언론의 자유를 역사적 우연으로 간주하는 경향이 컸다. 언론의 자유에 대한 법적 접근과 역사적 접근이 모두 나름대로 한계가 있는데, 『4이론』은 법과 역사를 아우르는 새로운 영역을 개척하여 강사와 학생들이 언론의 자유 문제를 진지하게 생각하는 계기를 마련했다는 측면에서 교육적으로 큰 공헌을 했다는 평가다.

이러한 교육적 측면의 장점이 언론학자들에게는 매우 중요하지만, 일반적으로 다른 지식인들에게는 지성사적 가치라는 장점이 더 관심사였다. 『최후의 권리』에 의하면 20세기 중반에 자유주의liberalism는 철학적 궁지에 빠지게 되었다. 정치 이론은 자유주의의 이러한 곤경을 극복한 반면, 미국 내 주류의 규범적 언론 이론은 그렇지 못했다. 지성사적 측면에서 보자면 『4이론』은 자연권 사상이 몰락하고 난 뒤에 나왔다. 인간의 권리는 자연의 교훈을 이해함으로써 확인될 수 있고 정의롭고 안정된 사회는 이러한 토대 위에서 운용될 수 있다는 자연권 사상의 신념은 19세기의 어느 때엔가 생명력을 잃어버렸다. 자연권은 다른 종류의 권리, 즉 신이나 자연에 의해서가 아니라 효용성에 의해 정당화되는 권리로 바뀌었다. 그러나 사람들은 여전히 권리에 대해 이야기하고 이 권리를 이전의 자연권과 마찬가지로 개인이 가지는 것처럼 생각했다. 원자적 사회관에 기초해 개인이 사회, 문화, 계급을 구성하는 원자라고 생각했던 것이다. 그러나 원자적 사회관은 무의미해졌다. 현대 정치는 개인의 정치가 아니라 제도의 정치고, 정치의 주역은 뛰어난 개인이 아니라 노동조합, 국가, 학교, 언론과 같은 제도였다.

언론의 자유는 자연권으로 잘 이해되는 듯했다. 양심의 자유나 스피치의 자유처럼 언론의 자유도 개인의 자유로 쉽게 이해되었던 것이다. 그러나 오늘날 언론은 뉴스 조직의 총체로서 '제도'이다. 증권거래소가 사람이 아닌 것처럼, 언론도 사람이 아니다. 그렇다면 왜 언론의 자유를 논하는가? 자유주의 정치에서 법인체는 가공의 인물로서 자유를 갖거나 아니면 실제 인물의 개인적 자유의 수탁고로서 자유를 갖는다. 언론이 가공의 인물이 아닌 바에야 언론은 독자(수용자)의 개인적 자유의 수탁고이며, 그렇다면 책임이 있다. 공기업이 주주들에게 책임을 져야 하는 것처럼 언론도 독자들에게 책임을 져야 한다.

지성사적 측면에서, 『4이론』이 만들어질 무렵엔 언론의 자유에 대한 고전적 자유주의 개념은 의미를 상실하게 되었다. 역설적이게도 이 무의미해진 개념이 이때처럼 긴급히 받아들여졌던 적도 없었다. 언론의 자유에 대한 이 새로운 열정의 일차적 원인은 2차 세계대전과 그 영향 때문이었다. 서구 사상가들은 2차 대전을 통해 자유주의의 막다른 골목은 파시즘으로 귀결되는 경향이 있다고 보았다. 이러한 경향에 맞서 싸워야 하는데 어떻게 해야 하는가? 한 가지 방법은 마르크스주의에 기대는 것인데, 스탈린의 소련을 보니 히틀러의 나치즘과 다를 것이 없었다. 남은 대안이 신자유주의적neoliberal[5] 타협인데, 그것은 루즈벨트의 뉴딜 정책에서 보듯 국가가 자유주의의 작은 정부 원칙을 포기하고 일정 수준의 사회복지를 감당하는 것이었다.

5 여기서 말하는 신자유주의는 1980년대 미국 레이건 대통령과 영국의 대처 총리 이후 오늘날 널리 통용되고 있는 '신자유주의'와는 관련이 없는 것으로, 고전적 자유주의로부터 특수하게 변형된 것을 지칭할 뿐이다.

신자유주의 관점에서 언론의 위치는 애매하다. 언론은 한편으로는 자유의 보루로서 또 부패에 대한 견제로서 중요하며, 이런 점에서 언론의 자율성은 보장되어야 한다. 다른 한편으로, 언론은 다른 제도와 마찬가지로 공적이든 사적이든 공중을 위해 일하도록 만들어져야 한다. 고전적 자유주의에서는 개인이 자신의 재산으로 자기가 하고 싶은 것을 할 수 있는 권리가 있다고 보았다. 그러나 신자유주의 사회에서 이런 식의 언론 자유는 더 이상 허용할 수 없는 사치일 뿐이다. 언론의 자유는 언론의 권리라기보다 공중의 권리, 즉 알 권리, 자유로운 표현에 대한 권리로 인식되는 것이다. 결론적으로 언론에겐 책임이 있고 공중이 권리를 갖는다. 『4이론』의 성공 비결은 여기에 있다. 『4이론』은 전후 세계에서 자유주의가 처한 궁지를 묘사한다. 그리고 그 시점의 긴박성과 파시즘의 패배에서 비롯된 낙관적 분위기를 재부상하는 전제정치의 공포와 함께 포착한 것이다.

『4이론』은 권위주의에 대한 자유주의의 승리를 이야기하는 동시에 이제 자유주의가 언론에 대해 의미하는 바가 더 이상 명확하지 않다는 사실을 고백한다. 그것은 자유주의의 세계관을 의심할 역사적·이론적 이유를 제공하지만 그렇다고 대안을 제시하지는 않는다. 이런 점에서 『4이론』은 어떤 길의 끝자락에 서 있다. 비유하자면, 사람들은 그들의 차를 여기에 세우고 덤불숲을 헤매지만 어느 누구도 지도를 들고 돌아온 사람은 없는 것이다 (Nerone, 1995, p. 7).

이론적 결함

내적 불일치와 부적절성

『4이론』은 높은 명성에도 불구하고 이론적 약점으로 인해 많은 비판을 받았다. 우선 『4이론』의 '이론'은 과학적 의미에서 말하는 이론이 아니다. 그것은 법학 쪽에서 나온 것으로 '설명' 또는 '논리'와 같은 의미다. 『4이론』에 대한 대표적인 비판은 『4이론』이 4개가 아니라 1개의 이론을 제시할 뿐이라는 것이다. 그 이론이란 "커뮤니케이션 체계는 그 구조, 정책, 행동에서 그것이 활동하고 있는 사회를 반영하고, 사회는 일정한 철학에 의해 범주적으로 규정될 수 있다"는 것이다(Nerone, 1995, p.18). 『4이론』 저자들은 이 이론을 검증test하는 것이 아니라 그것을 뒷받침할 증거를 제시할 뿐이다. 이 포괄적인 이론 아래 저자들은 사회와 커뮤니케이션 체계를 정의할 수 있는 몇 가지 철학으로 하나의 도식을 구성했다. 즉 이 이론의 네 가지 전형을 제시하는데, 그것이 바로 권위주의 이론, 자유주의 이론, 사회책임 이론, 소비에트 공산주의 이론이다. 『최후의 권리』는 이 포괄적인 이론뿐 아니라 4개의 구체적인 도식도 문제가 있다고 본다.

첫째, 『4이론』은 동일한 수준의 역사적 구체성을 갖고 있지 않다. 먼저 권위주의는 넓은 범위의 언론 이론에 적용되는 애매한 용이이고, 자유주의는 좀 더 구체적으로 근대 서구의 감수성을 지칭하는 용어이다. 또 사회책임 이론은 특정한 역사적 시점에서 특정 사상가들이 전문직 이념을 형성하기 위해 시도한 것이며, 소비에트 공산주의 이론은 마르크스주의라는 광대한 사상을 축약하다 보니 역사적으로 매우 구체적인 것이 되고 말았다. 따라서 역사적으로 말해 이 네 가지 이론은 실제로는 서로가 매우 다른 것일 뿐이다. 4이론은 서로 다른 수준에서 작동했고, 어떤 경우에는 함께 공존하기도 했다.

둘째, 4이론은 모두가 같은 의미에서의 이론이 아니다. 권위주의 이론은 이론이 아니라 여러 관행의 집합일 뿐이다. 『4이론』은 조금씩 다른 수많은 권위주의 사회와 제도를 언급하고, 그것을 권위주의 이론이란 이름으로 묶어 버렸다. 반면에 자유주의 이론은 이론의 실체를 갖고는 있지만 권위주의의 관행들과 결합되어 있다. 사회책임 이론과 소비에트 공산주의 이론은 둘 다 20세기라는 역사적 현실에 기반을 두고 있고 언론 활동에 관한 구체적인 이론이라고 볼 수 있다. 사회책임 이론은 언론이라는 전문직을 위한 활동 원칙이고, 소비에트 공산주의 이론은 미디어가 국가(또는 당) 기구로 복무하기 위해 만들어졌다.

셋째, 『4이론』은 서로 다르면서 같은 수준인 4개의 언론 이론을 제시함으로써 어떤 언론 체계도 하나의 일관된 언론 이론에 의해 규정될 수 있다는 잘못된 인상을 주었다. 이것이 추상적인 논의에는 유용한 가정이 될지 모르지만 구체적인 역사적 상황을 논의하는 데에는 별로 도움이 되지 않는다.

넷째, 각 이론, 특히 권위주의 이론과 자유주의 이론은 과도하게 단순화되었다. 각 이론은 인간관, 국가관, 지식관, 진리관을 중심으로 구별되는데, 지나치게 단순화되어 서로 상충하는 모순이 있다. 예컨대 홉스는 권위주의 철학자지만 그의 인간관, 지식관, 진리관은 자유주의자인 로크와 유사하다. 이것은 이론과

정책의 관계에 대한 문제를 야기한다. 즉 홉스의 예에서 보듯이, 자유주의 이론의 핵심 사상을 공유하지만 정책은 권위주의적 정책에 기댈 수가 있는 것이다.

다섯째, 『4이론』은 사적 영역에서의 권력 집중에 주목하지 못했다. 개인과 국가에 대한 고전적 자유주의 개념에 기댐으로써 '사적'인 것은 자유의 영역으로 개인과 동일시하고, '공적'인 것은 통제의 영역으로 국가와 동일시하는 잘못을 범했다. 결과적으로 '사회'란 용어가 '국가'와 같은 의미로 사용됨으로써 국가 외에는 집단적 인간 존재가 없다는 잘못된 인상을 주었다. 그러나 대부분의 정치 이론에서 국가는 하나의 통제 요소일 뿐이고 국가 외에도 사적 영역 또는 시민 사회에는 학교, 교회, 직장 등 다양한 통제 요소가 있다.

마지막으로, 위 다섯 번째 문제는 『4이론』의 근본적인 개념 문제와 연결된다. 즉 『4이론』은 고전적 자유주의classical liberalism라는 하나의 이론으로 4이론을 규정한다. 실제로 4이론의 나머지 이론들을 논의하는 데 사용된 용어들(예컨대, 개인 대 사회 또는 개인 대 국가 등)은 고전적 자유주의 즉 자유방임주의libertarianism[6] 에서 나온 것이다. 반면에 근대 이전에 공동체나 정체polity의 개념에서는 개인 대 사회라는 이분법이 선명하지 않다. 또 마르크스주의자와 탈근대론자들의 주관성 개념은 자유주의자들의 개인성 개념과 다르다.

6 『최후의 권리』 저자들은 자유주의(liberalism)와 자유방임주의(libertarianism)를 구분하여 사용한다. 이 구분을 따르면 『4이론』에서 '자유주의 이론'은 '자유방임주의 이론'으로 번역해야 할 것이다.

이런 개념들이 자유주의적 어휘로 이론을 정의하는 도식에 의해 수용될 수는 없는 것이다.

침묵하거나 다루지 않은 것들

『4이론』은 고전적 자유주의와 마찬가지로 언론의 자유는(또는 보다 일반적으로 언론의 규범적 역할이) 정치적인 것이라고 가정한다. 말하자면 『4이론』과 고전적 자유주의는 국가의 간섭 없이 출판물을 통해 정치적 사안을 토론할 자유가 있다면 우리는 언론의 자유를 누리고 있다고 생각한다. 『4이론』은 언론을 정치적인 것으로 이해하기 때문에 언론의 자유 또한 정치적인 것으로 규정한다. 그러나 자본주의 사회에서 언론은 정치적인 동시에 경제적인 것이다. 따라서 진정으로 자유로운 언론이라면 국가의 간섭뿐 아니라 시장의 힘, 사주(소유권) 및 여타 물질적 구속으로부터도 자유로워야 한다. 이런 관점에서 『4이론』에는 자유주의적 언론 체계에 대한 비판이 부족하다는 평가를 면하기 어렵다. 고전적 자유주의 패러다임을 수용하면서 『4이론』은 미디어가 어떻게 소유되고 조직되며 활동되는가 하는 점을 밝히는 데 약점을 보이고 있다. 즉 미디어 체계의 차이점은 근본적으로 '철학의 차이'라고 봄으로써 언론의 물질적, 경제적 측면에 대한 논의를 무시하고 미디어가 경제적 역할을 가진 경제적 도구라는 사실을 배제했다.

『4이론』은 이와 함께 스스로를 객관적인 학문적 성과로 제시함으로써 자본주의 사회에서 언론의 역할을 신비화하는 우를 범했다는 비판을 받고 있다. 『4이론』에 대한 신랄한 비판 가운데 하나는 『4이론』이 흑백의 이분법적 이해를 조장할 뿐 아니라 제시된 증거의 결합과 해석을 색칠하는 용어들을 사용한다는 것이다. 『4이론』의 핵심은 자유주의와 권위주의라는 이분법이다. 즉, 국가 통제로부터 자유로운 언론과 국가에 의해 통제되는 언론이 있을 뿐이다. 고전적 자유주의에 기반을 둔 『4이론』은 국가 통제가 부재한 상태를 언론이 자유로운 것으로 본다. 따라서 탈규제(또는 무규제)는 자유와 같은 뜻이며, 자유로운 언론 활동의 장애는 오직 국가일 뿐이다. 그러나 『4이론』은 자유를 국가의 간섭이 부재한 상태로 정의함으로써 치명적인 이론적 약점을 갖고 있다. 국가 외에도 많은 통제의 근원이 있다는 사실, 특히 '자유로운 시장' 자체가 통제의 근원이 된다는 사실을 외면하고 있는 것이다.

『4이론』을 틀 짓는 규정은 '국가 대 언론'(또는 국가 대 사적 이익)이라는 이분법이다. 『4이론』에서 모든 갈등은 고전적 자유주의의 국가 대 개인이라는 연속선상에서 이해된다. 국가 대 개인이라는 이런 가정하에서는 미디어의 사적 소유야말로 유일하게 수용할 수 있는 소유 형태이며, 외적 통제로부터의 독립은 건전한 재정적 토대에 근거하고 있다는 믿음이 깔려 있다. 하지만 『4이론』은 미디어의 경제적 문제를 제대로 다루지 않은 채 사적 기업의 자본주의 체계가 잘해나갈 것이라는 믿음만 제시할 뿐이다.

여기에 딜레마가 있다. 미디어는 자본주의 경제 체계의 한 부분이고 다른 기업과 마찬가지로 상업적 이익을 추구한다. 그런데 어떻게 그 경제 체계의 지배와 간섭으로부터 완전히 자유로울 수 있을까? 국가의 통제를 받는 언론이 국가를 견제하지 못한다면, 자본의 통제를 받는 미디어가 자본을 견제하지 못하는 것은 당연한 것 아닌가? 또 다른 문제는 『4이론』에서 국가에 의해서도 통제받지 않고 사적 자본에 의해서도 통제받지 않는 미디어의 자리를 찾을 수 없다는 점이다. 굳이 『4이론』의 논지를 추론하자면 공동체 집단, 대학, 비영리 기업, 종교 단체 등이 소유한 언론들은 사적 소유의 영리 추구 미디어보다 덜 자유롭다고 볼 수밖에 없다.

한마디로 『4이론』은 고전적 자유주의에 입각해 언론의 자유를 국가의 통제에만 초점을 맞춤으로써 자본주의 사회의 미디어가 처해 있는 경제적 조건들을 도외시한 오류를 보인다.[7] 즉, 자유주의와 사회책임 이론에 기초한 언론 체계의 물질적 구조에 침묵한 것이다. 그리하여 자유주의 및 사회책임주의 언론에 대한 비판이 매우 약하다. 말하자면 언론 체계가 구조적으로는 문제가 없고 일부 실천상의 문제가 있을 뿐인데, 그것은 직업윤리 등을 강화해서 해결할 수 있다고 본 것이다.

이와 반대로 『4이론』은 권위주의와 소비에트 공산주의 체제에서 언론은 국가의 통제를 받는 도구일 뿐이라고 보았다. 이런 주장에는 맹점이 있다. 자유주의 또는 사회책임 이론하의 언론도 도구화되어 있는 것은 마찬가지다. 이 경우엔 국가에 의해서가 아니라 사적 자본에 의해 도구화되어 있을 뿐이다. 『최후의 권리』는 이처럼 『4이론』의 저자들이 미디어 소유자들이 퍼뜨린

7 이런 시각에서 아카반-마지드와 월프는 『4이론』이 미디어 체계에서 경제적 영향의 역할을 무시했다고 주장하면서, 자유주의(libertarianism) 이론은 신화일 뿐이며 미국 언론을 설명하는 이론으로 '엘리트파워 집단(elite power group)' 모델을 제시했다(Akhavan-Majid & Wolf, 1991). 이 모델에 따르면 미국 언론은 소유권의 집중화, 기업 및 정부 엘리트와의 결합, 정부와 언론 간의 쌍방향적 영향을 특징으로 하며, 이로 인해 의견의 다양성과 감시견으로서의 언론 역할이 감소한다고 주장한다.

이데올로기적 신화를 무비판적으로 수용했다고 비판한다. 사회에 봉사하는 자유로운 언론이라는 신화는 미디어 소유자들이 그들의 이익을 위해 만든 것인데,『4이론』은 이러한 신화를 탐구한 것처럼 보이지만 실제로는 그 신화에 학문적 인증을 주고 말았다는 것이다.

5.『4이론』이후—새로운 모델들

『4이론』은 출간 후 언론학 교육에서 큰 인기를 모았다. 많은 언론학 과목에서 교과서로 채택되었고,『4이론』이 제시하는 4개의 규범 이론은 전후 세계의 언론을 규정하는 지표가 되었다. 그러나 시간이 흐르면서 점차『4이론』의 약점 내지는 문제점을 지적하며 새로운 대안을 제시하는 연구들이 속출했다. 이들 후속 연구는 크게 2개의 범주로 나뉜다. 하나는『4이론』을 수정하여 현실 적합성이 더 높은 모델을 제시하고자 했던 규범 연구들이고, 다른 하나는 규범 이론의 한계를 비판하고 경험적 자료에 근거해 새로운 언론 모델을 구성하려는 실증적 연구들이다. 이들 가운데 대표적인 연구를 소개한다.

대안적 규범 이론

『4이론』의 현실적합성에 의문을 제기하고 대안적 모델을 제시한 최초의 인물 가운데 한 사람이 랄프 로웬스타인Ralph L. Lowenstein이다. 로웬스타인은 "한 국가의 언론 체계를 『4이론』이 제시하는 모델의 하나에 끼워 넣는 것은 네모난 말뚝을 둥근 구멍에 억지로 박는 것과 같다"고 하면서 『4이론』은 오늘날의 모든 언론 체계를 기술하고 분석하는 데 필요한 융통성이 부족하기 때문에 수정되어야 한다고 주장했다.[8] 그러면서 그는 현실의 언론 체계를 잘 설명하려면, 미디어 체계를 소유권과 철학이라는 2개의 차원에 따라 분류해야 한다고 주장했다. 즉 미디어 소유권에 따라 사적 소유, 정당multi-party 소유, 정부 소유로 나누고, 미디어 철학에 따라 권위주의, 자유주의, 사회적 자유주의social-libertarian, 사회적 권위주의social-authoritarian 모델로 구분했다.[9] 이렇게 되면 모든 언론 체계는 12개 모델 가운데 하나로 규정될 수 있는데, 로웬스타인은 한 국가의 언론 체계가 매체 종류에 따라 세분될 수 있다고 보았다. 예를 들면 영국의 인쇄매체는 사적 소유에다 사회적 자유주의 모델에 속하지만 라디오는 정부 소유에 사회적 권위주의로 분류된다는 것

8 로웬스타인은 1970년 어느 강연에서 처음 이 주장을 제기했다고 한다(Merrill & Lowenstein, 1971).

9 미디어 철학에 의한 분류는 기본적으로 『4이론』을 따른 것인데, 권위주의와 자유주의를 중심 개념으로 삼았기 때문에 사회적 책임주의를 사회적 자유주의로, 소비에트 공산주의를 사회적 권위주의로 바꾸어 불렀다. 사회적 권위주의는 원래 사회적 집중주의(social-centralist)로 표현했다가 1979년 개정판을 낼 때 사회적 권위주의로 바꾸었다.

이다. 로웬스타인의 '2차원 모델'은『4이론』이 제시하는 4모델에 다 소유권에 의한 분류를 추가했지만 실질적으로 설득력이 크게 높아지지는 않았다는 평가다. 왜냐하면 권위주의 언론은 사적 소유인 데 비해 소비에트 공산주의 언론은 국유를 특징으로 한다고 분명히 밝혔듯이『4이론』도 소유권을 분류 기준으로 참작하고 있기 때문이다.

로웬스타인과는 조금 다른 시각에서 1981년에 핵텐(Hachten, 1981)은 정치적 요소와 경제적 요소를 기준으로 세계의 언론을 권위주의 모델, 서구 모델, 공산주의 모델, 혁명적 모델, 발전 모델 등 5개의 모델로 제시했다. 그의 권위주의 모델은『4이론』의 권위주의 이론과 유사한 것이지만, 서구 모델은 자유주의와 사회책임주의를 합한 형태로서 자의적인 정부 통제로부터 자유로운 언론을 지칭하는 것이다. 공산주의 모델은『4이론』의 소비에트 공산주의 모델과 유사한데, 권위주의 모델과의 차이점은 소유권이 국유라는 점에 있다. 한편 혁명적 모델은 불법적이고 전복적인 미디어를 말하는데, 나치 점령하의 프랑스 지하 언론이 그 예다. 마지막으로 발전 모델은 약간의 공산주의 이념과 반미 사상 그리고 사회적 책임 이론이 혼합된 것으로서 국가 발전이 지상 목표인 대부분의 제3세계 국가에서 발견되는 언론 모델이다. 핵텐의 언론 모델이『4이론』이 다루지 못한 유형의 언론을 포함한다는 점에서 진일보한 것은 사실이지만 분류 기준이 이중적이라는 약점이 있다. 즉 권위주의 모델, 서구 모델, 공산주의 모델은 국가 체계에 따른 분류인데 반해, 혁명적 모델과 발전 모델은

미디어의 기능에 따른 분류이기 때문이다.[10]

한편 허버트 알철J. Herbert Altschull은 1984년 출간된 『권력의 대리인』이라는 책에서 『4이론』이 냉전 시대의 산물로 현실적합성이 부족하다고 주장하고 3모델을 제시했다(Altschull, 1984). 즉 제1세계 자본주의 국가의 언론을 시장 모델, 제2세계 사회주의 국가의 언론을 마르크스주의 모델, 제3세계 개발도상국의 언론을 발전 모델로 명명한 것이다. 그에 의하면, 어떤 체제에서도 언론의 자유와 책임은 강조되지만 자유와 책임에 대한 해석은 제각각 다르다. 그러나 체제를 막론하고 언론은 권력, 특히 재정적 지원을 담당하는 권력을 위해 봉사하는 대리인이다. 자본주의 국가에서 언론은 자본가들을 위해 봉사하고, 사회주의 국가에서 언론은 국가와 당을 위해 봉사하며, 제3세계 언론은 정치와 경제가 유착된 권력을 위해 봉사한다. 그러나 알철의 이 모델은 1980년대 말 동유럽 사회주의가 붕괴되면서 현실적합성이 크게 떨어졌다. 그리하여 알철은 1995년에 대폭 수정한 『권력의 대리인』 개정판을 발간하면서(Altschull, 1995), 마르크스주의 모델을 공동체주의communitarian로 수정했다. 그에 의하면, 시장 모델은 언론이 외부 간섭으로부터 자유로워야 하고, 공중의 알 권리에 봉사해야 하며, 공정하고 객관적으로 보도해야 한다고 믿는다. 반면에 공동체주의 모델에서

10 『4이론』을 포함해서 규범적 언론 이론 가운데 상당수가 국가와 언론의 관계에 주목하고 있는데, 피카드(Picard, 1985)가 제시한 사회민주주의(democratic socialist) 언론 이론도 예외가 아니다. 이 이론에 따르면 언론의 목적은 공중에게 의견 표현의 통로를 제공하고 민주주의의 지속적 발전에 필요한 정치적·사회적 토론을 공급하는 것이다. 여기서 국가의 역할은 시민이 언론을 이용할 권리를 보장하고 언론의 다양성을 제고하는 것이라고 본다.

는 언론이 인민에게 계급의식과 문화의식을 배양해야 하고, 인민의 객관적 요구사항을 제공해야 하며, 경험적 현실을 객관적으로 보도해야 한다고 믿는다. 마지막으로 발전 모델은 언론이 분열적이 아니라 통합적인 힘이 되어야 하고, 사회적 변화에 유익한 도구여야 하며, 언론인과 수용자 간 쌍방향적 교환을 위해 사용되어야 한다고 믿는다.

마지막으로, 영국의 언론학자 데니스 맥퀘일Denis McQuail은 교과서로 유명한 그의 책 『매스커뮤니케이션 이론』에서 언론에 관한 규범 이론으로 『4이론』의 4이론에다 발전 미디어development media 이론과 민주적 참여 미디어democratic-participant media 이론을 추가해 6개의 모델을 제시했다(McQuail, 1983/1987). 발전 미디어 이론은 제3세계 개발도상국의 언론을 설명하는 모델로, 언론은 국가 발전이라는 우선적인 목표를 받아들여야 하며 필요에 따라서 언론의 자유는 제약될 수 있다고 본다. 민주적 참여 미디어 이론은 참여민주주의의 발달에 따른 분권적 언론 모델로 제시된 것인데, 개별 시민과 소수집단들은 미디어에 대한 접근권과 커뮤니케이션 권리를 갖고 있으며 언론은 집중화된 권력이나 관료적 통제에서 벗어나 수용자를 위해 봉사하는 존재라고 본다.

맥퀘일은 나중에 『매스커뮤니케이션 이론』을 개정하면서 이 6개 모델을 자유-다원주의liberal-pluralist 모델, 사회책임social responsibility 모델, 전문직professional 모델, 대안 미디어alternative media 모델 등 4개의 모델로 수정하여 제시했다(McQuail, 2005). 자유-다원주의 모델은 시장 모델이라고도 부르는데, 전통적인 자유주의 언론 이론에 기초한 것으로 『4이론』의 자유주의 이론에 해당한다. 사회책임 모델은 공익public interest 모델이라고도 하는데, 언론의 사회적 책임은 기본적으로 자율 규제를 통해 이루어지지만 정부의 개입이 전적으로 배제되지 않으며, 공공서비스 방송은 이 모델에 포함된다. 전문직 모델은 사회를 위한 역할의 선택이나 미디어 활동의 표준 설정은 언론이 전문직으로서 스스로 행하는 것이라고 본다. 이 모델에서는 권력에 대한 적절한 감시를 위해서는 언론이 제도적으로 또는 전문직으로 자율성을 유지하는 것이 중요한 조건이 된다고 본다. 대안 미디어 모델은 다양한 목적과 배경을 가진 수많은 비주류 미디어를 다룬다. 이 모델은 보편적 합리성이나 전문직의 관료적 효율성을 거부하며, 하위문화의 가치를 강조하고 상호주관적 이해를 촉진시키며 공동체의 실제적 의미를 실현하는 것이 중요하다고 본다.

경험적 언론 모델

『4이론』을 포함해서 규범적 언론 이론은 규범 이론이 갖는 근본적인 한계를 피할 수 없다. 규범 이론은 "~이어야 한다"는 당위성에 근거하므로 왜, 어떻게 그러한지에 대한 설명력이 부족하다. 규범 이론은 또 그것이 만들어진 당대의 이데올로기와 역사적 상황을 반영하므로 끊임없이 변하는 세계를 설명하는 데 한계가 있을 수밖에 없다. 특히 커다란 정치적·경제적 변혁 후의 새로운 세계에 대해서는 기존의 규범 이론으로 설명해봤자 현실 적합성이 떨어질 수밖에 없는 것이다. 『4이론』의 저자들이 1960-70년대에 왕성하게 등장한 제3세계 개발도상국들의 '발전 언론' 모델을 예측하기는 어려웠을 것이다. 또 1980년대 말부터 진행된 동서 냉전 시대의 해체는 『4이론』뿐 아니라 많은 규범 이론이 제시했던 공산주의 혹은 마르크스주의 언론 모델을 무의미하게 만들고 말았다. 규범 이론이 갖는 이런 태생적 한계 때문에, 2000년대에 와서는 경험적 현실을 바탕으로 다양한 언론 체계를 설명할 수 있는 실증적 연구가 필요하다는 주장들이 제기되었다. 이런 문제의식하에 이루어진 경험적 언론 모델 연구를 소개한다.

오스티니와 펑(Ostini & Fung, 2002)은 이런 맥락에서 국가라는 구조적 요인과 언론의 관행이라는 전문직업적 요인을 엮어 4개의 언론 유형을 산출했다. 즉 국가 체계를 권위주의와 민주적 국가로 나누고, 언론인의 가치관을 보수적 가치와 진보적liberal 가치로 나누어 각국의 언론을 민주적-보수적, 민주적-진보적, 권위주의적-보수적, 권위주의적-진보적 등 4개의 언론 체계로 구분한 것이다. 그들은 1996년 센가쿠 열도(다오위타오)를 둘러싼 일본과 중국의 영유권 분쟁과 관련해 홍콩, 일본, 중국, 미국 등 4개국의 언론 보도를 내용분석하고 그 결과를 바탕으로 일본 언론을 민주적-보수적 모델로, 미국 언론을 민주적-진보적 모델로, 홍콩 언론을 권위주의적-진보적 모델로, 중국 언론을 권위주의적-보수적 모델로 분류했다. 실증적 데이터를 바탕으로 언론 체계를 분류했다는 장점이 있지만 과연 이 분류가 일반화될 수 있는지는 의문이다. 특히 이슈에 따라 언론의 보도 태도는 얼마든지 달라질 수 있기 때문에, 어떤 이슈를 대상으로 내용을 분석하느냐에 따라 언론 모델이 달라질 가능성이 있다. 예를 들어 9 · 11 테러에 대한

4개국의 언론 보도를 분석했다면 위의 연구 결과와는 다른 결과가 나올 가능성을 배제할 수 없는 것이다.

한편, 오스티니와 펑의 연구보다 훨씬 체계적이고 방대한 연구가 2004년에 발표된 할린과 맨시니의 연구(Hallin & Mancini, 2004)이다. 할린과 맨시니는 『4이론』이 경험적 현실을 무시하고 언론의 철학(또는 이데올로기)에 연구의 초점을 맞춰 현실 적합성이 떨어진다고 주장하는데, 그들의 다소 과격한 비판을 옮기면 다음과 같다.

> 『언론의 4이론』은 공포영화의 좀비처럼 자연적 수명을 넘어 수십 년 동안 미디어 연구의 영역을 배회해왔다. 이제 우리는 그것에 알맞은 장례를 치러주고 진정한 비교분석에 기초한 보다 정교한 모델을 개발시켜 나갈 때라고 본다.(Hallin & Mancini, 2004, p. 10)

할린과 맨시니는 『4이론』이 언론 체계의 실제 작용이나 그것이 운영되는 사회 체계의 기능을 고찰하지 않고 단지 그러한 체계들이 스스로를 정당화하는 '원리 또는 이론들'만 살펴보았다고 비판하면서, 언론 체계와 사회 체계 간의 관계에 대한 경험적 분석을 바탕으로 다양한 국가를 비교 연구할 필요가 있다고 주장했다. 그리하여 그들은 북미(미국과 캐나다)와 유럽의 18개 선진국을 대상으로 미디어 시스템과 정치 시스템을 비교분석하고, 그 결과로 다음의 세 가지 언론 체계 모델을 제시했다.

첫 번째 모델은 자유주의liberal 모델인데 영국, 아일랜드,

그리고 미국과 캐나다의 북미에 널리 퍼져 있기 때문에 북대서양 모델이라고도 한다. 이 모델은 시장 메커니즘과 상업 미디어가 상대적으로 지배적이라는 특성을 띤다. 두 번째 모델은 민주적 조합주의democratic corporatist 모델인데, 중북부 유럽에서 우세하기 때문에 중북부 유럽 모델로도 부른다. 이 모델은 조직화된 사회적 · 정치적 집단과 연결된 언론과 상업 미디어가 공존하는 특성을 지닌다. 또한 국가는 비교적 적극적이지만 법적으로는 제한된 역할을 수행한다. 마지막으로 세 번째 모델은 분극적 다원주의polarized pluralist 모델인데, 남부 유럽의 지중해 국가들 사이에서 지배적인 모델이기 때문에 지중해 모델이라고도 한다. 이 모델은 언론이 정당정치에 통합되어 있고 상업 미디어의 발전이 취약할 뿐 아니라 국가의 역할이 막강하다는 특징이 있다. 할린과 맨시니는 유럽의 모든 국가가 이 3모델 중 하나에 정확하게 일치되는 것은 아니지만, 언론과 사회 체계 간의 독특한 패턴을 밝혀주는 이 모델을 통해 각국 언론 체계의 차이점을 좀 더 정확하게 이해할 수 있을 것이라고 주장한다.

6. 새로운 시대의 언론과 『4이론』

『4이론』의 출간은 언론학 연구에서, 특히 언론제도론(언론체계론) 연구에서 기념비적인 사건이었다. 언론에 관한 이론적 논의가 거의 전무하던 시절에 『4이론』은 언론과 사회의 관계를 체계적으로 조명하여 '이론'이란 이름으로 제시함으로써 세상의 주목을 받았다. 당시로서는 제목 자체가 이목을 끌만한 주장을 담고 있었고, 그때까지 언론(또는 미디어)에 관한 문헌에서 다루지 않았던 내용을 다루었기 때문이라는 평가이다. 『4이론』은 많은 대학에서 언론 교육에 교재로 사용되었고 수많은 언어로 번역되면서 일리노이 대학교 출판부가 자랑하는 베스트셀러가 되었다. 『4이론』의 성공에 대해서는 간결한 논리와 구성으로 교과서로서 큰 장점을 지녔기 때문이라는 해석도 있고, 냉전 시대 미국과 미국 언론의 의제에 아주 잘 맞았기 때문이라는 해석도 있다. 성공의 원인이 무엇이든 간에 『4이론』이 규범적 언론 이론의 출발점이었으며 언론과 사회의 관계에 대한 최초의 지도를 제공했다는 점에서 언론학의 영원한 고전이라는 것은 부인할 수 없는 사실이다.

이론적 측면에서 『4이론』의 가장 중요한 부분은 "언론은 그것이 활동하고 있는 사회적·정치적 구조의 형태와 색채를 띠며, 개인과 제도의 여러 관계를 규정하는 사회적 통제 시스템을 반영한다"는 명제이다. 사회 체계가 언론을 결정한다는 이런 사회중심적 관점은 토대가 상부구조를 결정한다고 본 마르크스주의와 이론적으로 일맥상통한다. 그러나 역설적이게도 『4이론』은 마르크스주의에 입각한 소비에트 공산주의 언론 모델에 비판적이었으며, 자유주의 언론 이념을 철저히 옹호했다. 당시는 냉전 시기로 언론의 자유를 보장하는 것이 가장 중요한 이슈였고, 미국은 자유주의의 이념과 시장 경제를 세계에 확산시키기 위해 전력을 다하던 때였다. 이런 맥락에서 자유주의 언론을 강조한 『4이론』은 미국의 프로그램에 적절히 부응했다고 볼 수 있다.

앞에서 이론적 약점으로 이미 다루었지만, 『4이론』은 언론의 경제적, 물질적 측면을 무시함으로써 언론의 자유를 소유권의 자유 정도로 좁혀서 보았다는 약점이 있다. 뿐만 아니라 언론의 자유를 정부(국가)와의 관계에서만 봄으로써 언론의 자유를 정부로부터의 자유로 간주하여 부정적 · 소극적 개념으로만 틀 지운 측면이 있다. 하지만 공공선을 위해서는 사회적 개입이 요구될 수도 있다는 점에서 언론의 자유를 좀 더 긍정적 · 적극적 개념으로 볼 필요도 있다는 반론이 가능하다. 글래서(Glasser, 1986)가 주장한 것처럼, 언론의 자유를 부정적 · 소극적으로만 보면 언론이 스스로의 자유나 다른 사람의 자유를 보장하기 위해 아무런 의무도 지지 않지만, 긍정적 · 적극적 측면에서 보면 자유와 의무는 병행하는 것이기 때문이다.

규범적 언론 이론의 효시인 『4이론』은 규범 이론이 갖는 태생적 한계를 피할 수 없었다. 규범 이론은 그것이 만들어진 시대의 지배적 이념과 가치를 반영하기 마련이고 시대가 변하면 당연히 현실 적합성은 감소할 수밖에 없다. 동유럽 사회주의의 붕괴로 1950년대의 냉전 구도가 사라지면서 『4이론』의 설명력이 떨어진 것은 당연한 일이다. 더욱이 미디어 환경의 급변으로 새로운 유형의 언론이 속출하는 지금, 『4이론』의 이론적 의미는 제한적일 수밖에 없다. 20세기가 아날로그 시대였다면 21세기는 디지털 시대다. 인터넷과 모바일이 지배하는 지금 이 시대를 『4이론』의 출간 당시와 비교할 수는 없는 일이다. 당시에 지배적 매체였던 신문은 이제 생존을 걱정할 정도로 쇠락하고 있다. 탈냉전의 디지털 시대를 맞아 당연히 언론(미디어) 제도에 관한 새로운 지도가 필요한 시점이다. 아니면 『최후의 권리』의 저자들이 시사하듯 이미 지도의 시대는 지났고, 어쩌면 우리가 필요로 하는 것은 사전이거나 전화번호부 같은 것일지도 모르겠다.

참고문헌

Akhavan-Majid, R. and G. Wolf, 1991, "American Mass Media and the Myth of Libertarianism: Toward an 'Elite Power Group' Theory", *Critical Studies in Mass Communication,* 8, pp. 139-151.

Altschull, J. H., 1984/1995, *Agents of Power: The Media and Public Policy*, New York: Longman.

Commission on Freedom of the Press, 1947, *A Free and Responsible Press*, Chicago: University of Chicago Press.

Glasser, T., 1986, "Press Responsibility and First Amendment Values", D. Elliott (ed.), *Responsible Journalism*, Beverly Hills, CA: Sage.

Hachten, W., 1981, *The World News Prism*. Ames: Iowa State University.

Hallin, D. C. and P. Mancini, 2004, *Comparing Media Systems: Three Models of Media and Politics*, Cambridge: Cambridge University Press.

Hocking, W. E.,1947, *Freedom of the Press: A Framework of the Principle*, Chicago: University of Chicago Press.

McQuail, D., 1983/1987/2005, *Mass Communication Theory: An Introduction*, London: Sage.

Merrill, J. C. and R. L. Lowenstein, 1971/1979, *Media, Message and Men: New Perspectives in Communication*, New York: David McKay Company.

Nerone, J. (ed.), 1995, *Last Rights: Revisiting Four Theories of the Press*, Urbana IL: University of Illinois Press.

Ostini, J. and A. Fung, 2002, "Beyond the Four Theories of the Press: A New Model of National Media System", *Mass Communication & Society,* 5(1), pp. 41-56.

Picard, R., 1985, *The Press and the Decline of Democracy: The Democratic Socialist Response in Public Policy*, Westport, CT: Greenwood.

Rogers, E. M., 1994, *A History of Communication Study*, New York: Free Press.

Siebert, F. S., T. Peterson, and W. Schramm, 1956, *Four Theories of the Press*, Urbana: University of Illinois Press (『언론의 4이론』, 1991, 강대인 역, 나남).

프리드먼·슈워츠, 『대공황, 1929–1933』

Milton Friedman and Anna J. Schwartz,
The Great Contraction 1929-1933 (1963)

글로벌 금융위기와 통화정책, 대공황에서 배우다

김영식
서울대학교 경제학부 교수

대공황(Great Depression 또는 Great Contraction)은 1929-1933년 무렵에 북아메리카와 유럽을 중심으로 전 세계 산업국가에서 광범위하게 지속된 경기침체를 가리킨다. 미국 경제는 1920년대 호황을 이루었으나 1929년 10월 주식시장이 붕괴되면서 호경기는 막을 내린다. 이때부터 경기는 계속 후퇴를 거듭하여, 1932년까지 미국 노동자의 1/4이 실직하고, 당시 경기 저점이었던 1933년 미국의 실질 GDP는 장기추세선에서 무려 30% 이상 감소한다. 불황의 영향은 즉시 유럽 경제에 파급되어 독일과 영국을 비롯한 여러 산업국가에서 수백만의 노동자가 일자리를 잃었다. 또 나라마다 금본위제를 포기하고 외국 상품 수입에 반대하는 정책을 시행함에 따라 1932년 무렵 세계무역의 총 가치는 절반으로 줄어들었다.

특히 1930년 가을에 시작된 일련의 은행위기로 가계 소비와 기업 투자를 위한 자금 조달마저 어려워진다. 총지출이 감소하면서 많은 기업의 매출이 감소하고 노동자를 해고하기 시작한다.

생산과 소득의 감소는 소비의 추가적인 감소를 가져왔고, 이는 다시 생산과 고용, 소득의 감소로 이어지면서 세계 경제는 말 그대로 '대공황'의 수렁에 빠지게 된다.

자본주의 역사상 가장 큰 사건이었던 1930년대 대공황의 원인을 진단하고 정책적 시사점을 도출한 대표적 저술 중 하나가 프리드먼과 슈워츠가 1963년에 출간한 『대공황, 1929-1933The Great Contraction 1929-1933』이다. 이 책에서 프리드먼과 슈워츠는 자신들의 통화주의monetarism 이론을 바탕으로 미국의 통화정책당국인 연방준비제도의 잘못된 긴축적 통화정책이 대공황을 심화시켰다고 주장한다.

통화주의 이론에 의하면 국가경제에서 통화량, 즉 화폐공급이 증가하면 사람들은 늘어난 화폐잔고를 소비재나 투자재에 지출하게 된다. 이때 상거래에 따라 손에서 손으로 옮겨 다니는 화폐의 유통속도가 사람들의 거래습관 등 자주 바뀌지 않는 요인에 의해 비교적 안정적이면, 명목국민소득이 통화량 증가에 비례하여 증가한다는 것이다. 즉, 화폐수요의 안정성을 전제로 할 때 통화량의 증가 또는 감소는 소비와 투자 등 광범위한 지출의 증가를 통해 명목국민소득에 직접적인 영향을 미치게 된다는 것이다. 이는 당시 화폐수요의 불안정성을 근거로 통화정책의 무용성을 주장한 케인즈학파와 좋은 대조를 이룬다.

프리드먼과 슈워츠는 『대공황, 1929-1933』에서 "대공황은 통화요인의 중요성이 밝혀진 비극적 사실"이라는 통화주의 가설을 검증한다. 저자들은 1929년부터 1933년까지 미국의 통화량, 총생산(국민소득) 및 물가의 변동 과정에서 주로 통화량 변화에 기인한 총생산과 물가의 변동 사례들을 시계열time series 및 횡단면cross section 적으로 보임으로써 통화가설의 입증을 시도하였다.

저자들에 따르면 특히 1930년 10-12월의 은행위기는 다음과 같이 전개되었다. 합중국은행the Bank of United States이 도산하면서 사람들이 은행예금 대신 현금을 선호하게 된다. 동시에 은행들의 자산운용방식도 안전자산 중심으로 변한다. 이에 따라 은행의 신용창조기능이 크게 감소하고, 그 결과 경제 전체 통화량이 급격히 감소했다. 이에 최종대부자lender of last resort인 연방준비제도가 적극적인 통화팽창을 통해 통화량 급감을 막아야 했으나, 실제로는 그렇지 못했다.

당시 연방준비제도이사회는 경제에 신용이 과도하게 늘어나지 않게 해야 한다는 기존의 생각에서 벗어나지 못했으며, 불황의 심각성에 대한 인식하에 전문적인 리더십을 발휘할 사람도 없었다. 오히려 당시 통화정책은 1932년 4-8월을 제외하고 1933년 봄 전국 은행 휴무National Banking Holiday 사태까지 긴축기조였다. 이는 대공황 초기에는 주식시장 과열에 대한 우려 때문이었고, 1931년 9월 영국이 금본위제를 이탈하고 파운드화를 평가절하한 후에는 미국이 금본위제 고수에 더욱 집착했기 때문이었다. 이러한 미국의 통화긴축은 미국 내 소비·투자 지출의 위축과 함께 경기침체를 심화시켰을 뿐 아니라 대공황이 유럽 등 세계 경기침체로 확산되는 데 기여했다.

이와 같이 화폐적 요인의 중요성을 강조한 프리드먼과 슈워츠의 1930년대 대공황 분석은 이 책이 출간된 1960년대 초반의 기존 해석과 좋은 대조를 이루었다. 당시 대공황에 대한 이해는 유효수요 부족, 유동성 함정 및 재정정책의 효과 등 거시경제학계의 주류를 형성했던 케인즈학파의 견해가 그대로 반영된 것이었다. 이 책의 출간을 계기로 대공황뿐 아니라 국가경제의 경기변동 원인 진단 및 정책대응에 통화 및 금융 부문의 영향이 주목받게 되었다는 점에서 이 책의 연구사적 · 정책적 의의 또한 크다고 볼 수 있다.

실제로 2008년 글로벌 금융위기 당시 2008년 하반기와 2009년 상반기를 전후하여 선진국의 중앙은행들은 신속하게 정책금리를 낮추고 신용공급을 확대하는 방식으로 대응하였다. 특히 미국 연방준비제도는 기준금리 인하에 이어 국채뿐 아니라 단기 금융시장에서 기업어음을 직접 매입하는 방식으로 시중에 자금을 지원하는 양적완화quantitative easing 정책을 2차례 시행했다. 이 정책을 진두 지휘한 버냉키Ben S. Bernanke 미국 연방준비제도 의장이 이 책의 영향을 받았다는 것은 잘 알려진 사실이다. 이쯤이면 뉴케인즈학파의 대표적 거시경제학자인 MIT 대학의 블랑샤Olivier Blanchard 교수가 케인즈J. M. Keynes의 『고용, 이자 및 화폐의 일반 이론The General Theory of Employment, Interest and Money』(1936)과 함께 이 책을 거시경제학의 "두 고전two classics"으로 꼽은 이유도 쉽게 짐작할 수 있다.

1. 밀턴 프리드먼과 안나 슈워츠: 20세기 경제를 읽다

20세기 중반 이후 가장 영향력 있는 경제학자로 인정받는 밀턴 프리드먼(Milton Friedman, 1912-2006)은 1976년 소비분석, 통화의 역사 및 이론에서의 업적과 더불어 경기안정화 정책의 복잡성을 명쾌하게 제시한 공로로 노벨 경제학상을 수상한다. 자유주의와 시장경제 이론의 열렬한 옹호자인 프리드먼은 당시 지배적이던 케인즈의 학설에 반기를 들고 새로운 통화주의 이론을 내세움으로써 학계의 주목을 받았다. 화폐이론과 소비자의 행동에 큰 관심을 두었던 그는 자유방임과 통화주의를 근간으로 하는 시카고학파The Chicago School를 이끌었다.

학자로서 프리드먼의 업적은 다방면에 걸쳐 있지만 그중에서도 두드러지는 것은 소비 이론과 화폐 이론이다. 1957년 발표된 『소비함수의 이론A Theory of the Consumption Function』에서 프리드먼은 항상소득가설을 통해 소비와 소득의 관계에 대한 케인즈 소비함수의 오류를 설득력 있게 논증하였다. 그는 사람들이 항상소득을 기준으로 자신들의 소비수준을 정하는 것이지 일시적인 소득수준의 변화에는 크게 구애받지 않는다고 보았고, 실증분석을 통해 그것을 증명하였다.

그리고 화폐 이론에서 프리드먼은 케인즈가 무너뜨린 화폐수량설을 화폐수요의 안정성이라는 개념으로 재정의하고 1963년 『미국 화폐사A Monetary History of the United States: 1867-1960』를 통해 자신의 통화주의 이론을 실증하는 업적을 남긴다. 이 연구의 초점은 통화량 변화가 명목소득, 물가 및 실물생산에 어떤 효과를 주느냐에 있었는데, 프리드먼은 화폐공급량의 변화가 장기적으로 오직 물가에만 영향을 준다고 보았다. 이러한 연구결과는 1960년대와 1970년대에 걸쳐 학계의 광범위한 인정을 받았다.

프리드먼의 또 다른 주요 업적은 실업과 인플레이션의 관계에 대한 새로운 견해이다. 그는 1968년 미국 경제학회 연설에서 전통적인 실업과 인플레이션 사이의 역관계를 부정하였다. 소위 필립스 곡선으로 알려진 견해에 대해, 프리드먼은 고용과 물가의 조정이 완전히 끝나지 않은 단기에서는 이러한 역관계가 성립할 수 있으나, 조정이 완료된 장기에 있어서는 결코 이러한 역관계가 성립하지 않는다고 보았다. 자연실업률natural rate of unemployment 또한 프리드먼이 고안해 낸 개념이다.

프리드먼은 거시경제학 분야뿐 아니라 공공지출, 가격통제, 지대통제, 조세 등 미시경제학 분야에서도 두루 활약했으며 그의 빈틈 없는 논리와 뛰어난 토론 능력은 타의 추종을 불허할 정도였다. 그는 또한 자유주의 사상가로서 자유기업제도의 옹호자이자 통화정책의 옹호자로서 학술지뿐 아니라 일반 대중잡지와 매스컴에서도 많은 활약을 했는데, 특히 경제적 자유에 대한 그의 주장은 오늘날 서구 국가들에서 널리 받아들여지고 있다. 학문적 깊이와 넓이로 볼 때 프리드먼을 케인즈와 함께 20세기를 대표하는 경제학자로 손꼽는 이유가 바로 여기에 있다.

공저자인 안나 J. 슈워츠(Anna J. Schwartz, 1915-)는 1964년 컬럼비아 대학교에서 경제학 박사 학위를 받았고, 1941년 이후 전미경제연구소National Bureau of Economic Research, NBER에 몸담으면서 경기변동, 통화정책, 은행의 금융중개 기능, 금융규제 등의 경제학 분야에서 주요한 공헌을 하였다. 폴 크루그먼Paul Krugman에 따르면 안나 J. 슈워츠는 "가장 위대한 통화주의 경제학자 중 한 사람"이다.

2. 왜 대공황Great Contraction인가?

[그림 1]의 a는 1870년부터 2008년까지 미국의 연별 실질 GDP를 나타낸 것이다. 장기추세선을 실질 GDP에 근접하는 부드러운 선으로 나타낼 때, 경기변동은 실질 GDP에서 장기추세선 제거 후 남게 되는 부분으로 측정할 수 있다. [그림 1]의 b는 1870-2008년 동안 미국의 경기변동 추이를 이러한 실질 GDP의 장기추세선으로부터 벗어난 정도로 나타낸 것이다. 이 그림에서 가장 눈에 띄는 것은 1930년대 대공황 당시 경기 저점이었던 1933년 당시 미국의 실질 GDP가 장기추세선에서 무려 30% 이상 감소했다는 사실이다. 미국의 경기변동에서 1929-1933년 기간을 대공황('Great Contraction' 또는 'Great Depression')으로 부르는 이유이기도 하다.

그림 1 미국의 실질 GDP (1870-2008)

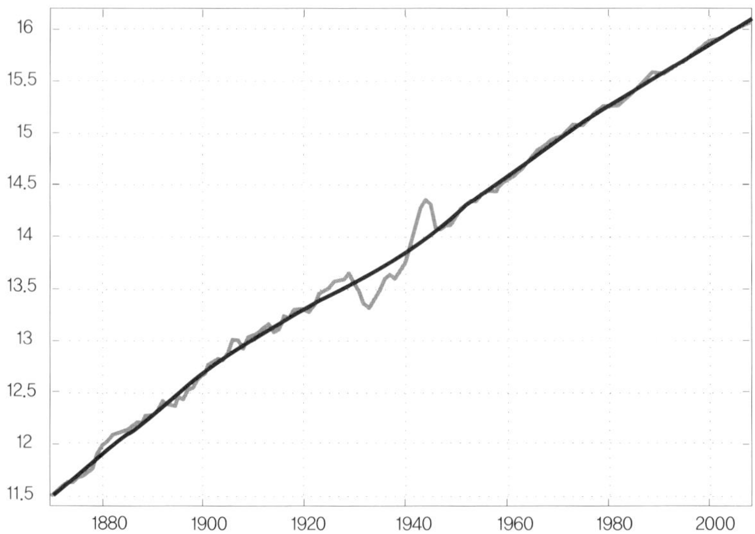

a. 미국의 실질 GDP (1870-2008, log scale)

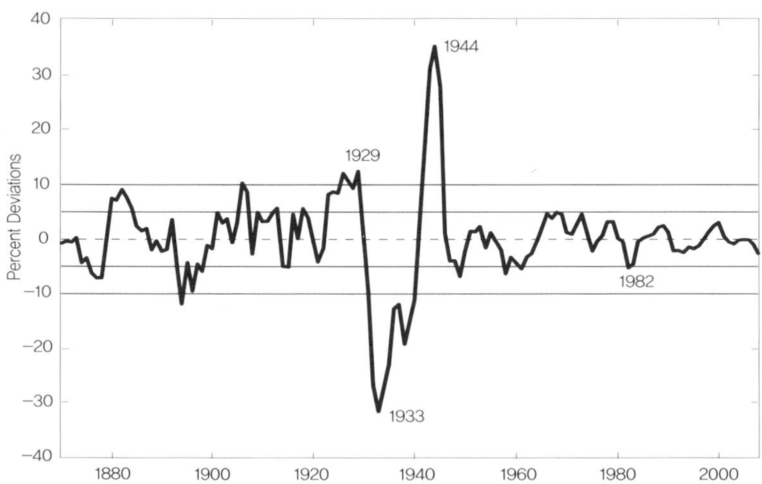

주: 실질 GDP의 장기추세선으로부터 벗어난 정도를 백분율로 측정

b. 미국 실질 GDP의 경기변동 추이 (1870-2008, %)

그림 2 주요 경제지표 (1929-1933)

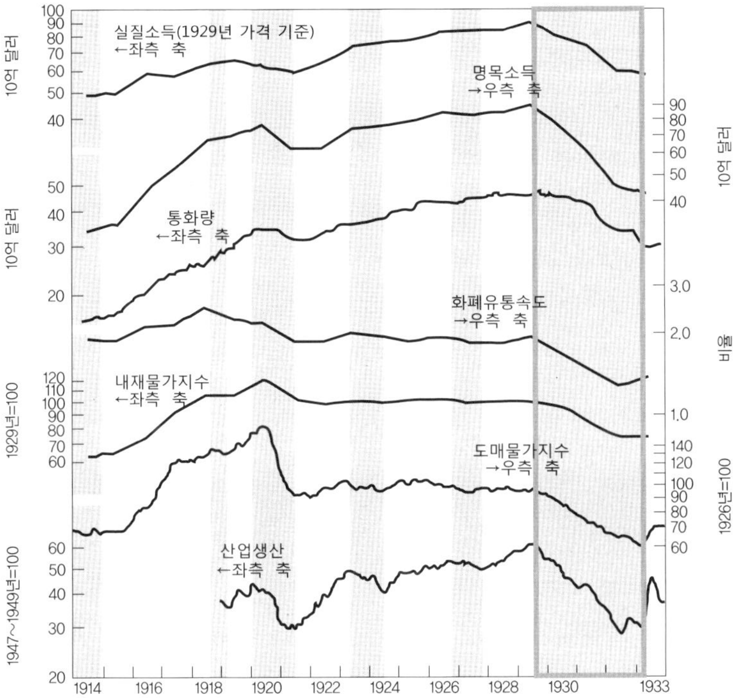

1929-1933년 명목 GDP는 매년 각각 15%, 20%, 27%, 5% (누적 53%) 감소했으며, 실질 GDP는 매년 각각 11%, 9%, 18%, 3% (누적 36%) 감소했다. 약 20년에 걸친 경제적 축적이 4년에 걸친 경기침체로 일시적이나마 모두 사라졌던 것이다. 한편 통화량은 매년 각각 2%, 7%, 17%, 12% (누적 33%) 감소한다. 이러한 명목소득과 통화량 감소로 인해 화폐유통속도는 거의 1/3 정도 하락했다. 프리드먼과 슈워츠는 통화량 감소를 막을 수 있었다면 유통속도 감소 폭이 더 작았을 것이며, 이에 따라 소득 감소를 완화하는 데 화폐의 역할이 더 컸을 것이라고 주장한다.

3. 통화가설

1929-1933년 대공황의 경기침체 과정에서 미국 은행시스템은 붕괴했고 통화정책은 경기 하강을 막는 데 실패한다. 당시 학계나 정책입안자 사이에서는 화폐적 현상이 기본적으로 다른 경제적 요인의 영향을 반영하는 것일 뿐, 독자적인 역할을 수행하는 것으로 보기 어렵다는 견해가 팽배했다. 경기안정화를 위해 정부의 재정정책과 직접 개입 방식이 강조되었다. 이와 같은 배경에서 프리드먼과 슈워츠는 『미국화폐사, 1867-1960』의 약 1/6 정도 분량을 제7장 「대공황, 1929-1933」에 할애하여 대공황 당시의 정책 사례와 경험에 비추어 볼 때, 사람들의 생각이 잘못되었음을 보였다. 이는 케인즈가 무너뜨린 고전학파의 화폐수량설을 화폐수요의 안정성이라는 개념으로 일반화시킨 통화주의monetarism 이론을 실증적으로 뒷받침하는 것이었다.

화폐수량설과 통화주의

역사상 최초의 거시 경제 이론이라고 할 수 있는 화폐수량설에 의하면 한 국가경제의 통화량 또는 화폐공급(M), 화폐유통속도(V), 물가수준(P), 그리고 실질 GDP 또는 실질국민소득(Y)은 다음 관계를 갖는다.

$$M \times V = P \times Y$$

여기서 우변의 P×Y는 어떤 기간에 거래된 재화와 서비스의 시장 가치, 즉 명목 GDP 또는 명목국민소득을 나타낸다. 모든 거래에는 화폐의 흐름이 수반되기 때문에 주어진 화폐량이 그 기간 동안에 순환하며 사용된 총화폐지출액, 즉 좌변의 M×V는 언제나 우변과 같다는 것이다. 이때 화폐유통속도 V는 실제로 관측할 수 없는 숫자인데, 위 식에서 양변을 M으로 나누어서 사후적으로 구할 수 있다.

화폐수량설을 위의 식으로 정립한 피셔I. Fisher는 화폐유통속도가 사람들의 거래습관 등 자주 바뀌지 않는 요인들에 의해 결정되기 때문에 일정하다고 보았다. 그런데 화폐공급과 화폐에 대한 수요가 균형을 이루고 있다면 위 식은 화폐에 대한 수요가 명목 GDP에 비례함을 의미한다.

케인즈주의자와 통화주의자 간 논쟁에서 중요한 문제는 화폐에 대한 수요와 이자율 간의 관계, 즉 이자율의 함수인 화폐유통속도 V의 안정성 여부에 관한 것이다. 케인즈는 M=(1/V)PY에서 화폐유통 속도 V가 이자율의 영향을 크게 받는다고 보았다. 이러한 경우에는 화폐공급이 증가해도 이자율의 하락으로 V가 감소하므로 PY, 즉 명목국민소득은 별다른 영향을 받지 않을 것이다. 이것이 바로 케인즈가 통화정책의 무용성을 주장한 이론적 근거이다. 반면에 프리드먼은 명목화폐수요가 물가수준과 명목소득의 함수이므로 이자율의 영향을 별로 받지 않는다고 주장한다. 즉, V는 이자율의 함수이지만 이자율의 변화에 대해 민감하게 반응하지는 않는다고 보았다.

케인즈주의자는 화폐수요가 거래를 위해서 뿐 아니라 자산보유 욕구에 의해서도 발생한다는 점을 강조했다. 그런데 거래목적으로 사용되는 화폐의 유통 속도와 자산의 목적으로 사용되는 화폐의 유통 속도는 그 크기가 서로 다르다는 것이다. 예를 들면 거래목적인 경우 화폐는 상거래에 따라 손에서 손으로 옮겨 다니기 때문에 회전이 비교적 규칙적이지만, 투자 목적에 따라 자산으로 수요되는 화폐는 대체자산의 미래수익률에 대한 전망에 크게 영향을 받으므로 화폐의 회전은 매우 불안정한 모습을 보이게 된다. 그러므로 통화량 전체의 유통속도는 통화량이 거래목적의 잔고와 투자목적의 잔고에 어떻게 분배되느냐에 의해 결정된다. 만약 투자목적의 잔고가 큰 비중을 차지하면 전체 유통속도는 불안정해질 것이다. 따라서 케인즈주의자는 통화량이 증가하면 상당 부분이 투자목적으로 보유된다는 사실을 근거로 통화량 증가가 명목국민소득에 거의 영향을 미치지 못한다고 주장한다.

반면에 프리드먼을 중심으로 한 통화주의자들은 화폐가 일차적으로 교환수단이기 때문에 가치저장의 기능은 중요하지 않다고 생각했다. 즉, 화폐에 대한 수요는 거래적 수요가 대부분을 차지하고 투자적 수요는 아주 적기 때문에 일반민간이 보유하고자 하는 통화량, 즉 화폐수요는 명목국민소득에 의하여 결정된다는 것이다.

예를 들어 통화당국이 통화량을 1조 원만큼 증가시켰다면, 사람들은 초과 보유한 화폐잔고를 소비재나 투자재에 지출하게 된다. 이때 화폐의 유통속도가 안정적이면 명목국민소득도 1조 원만큼 증가하게 된다. 이제 명목국민소득의 증가는 화폐수요에 영향을 주어 민간의 화폐수요를 1조 원만큼 증가시키게 되고 화폐의 수요와 공급은 균형을 유지하게 된다.

결론적으로 통화주의자들은 여러 대체적인 자산의 수익률이 화폐수요에 영향을 미칠 수 있다는 것을 이론적으로는 인정하나, 경험적 사실로 볼 때 이들 수익률의 영향은 극히 작고, 따라서 화폐수요는 명목소득의 안정적인 함수라고 주장한다. 이러한 화폐수요함수의 안정성을 전제로 할 때 통화량 증가의 효과는 케인즈주의자의 주장처럼 이자율 변화를 통한 투자의 증가라는 간접적이고 협소한 전달경로에만 의존하는 것이다. 직·간접적으로 광범위한 대상에 대한 지출의 증가를 통해 명목국민소득을 증가시킴으로써 화폐수요와 공급의 균형을 가져오게 된다는 것이다.

대공황과 통화가설

프리드먼과 슈워츠는 대공황 기간에 발생한 통화량의 급격한 감소와 사상 유례없는 규모의 은행위기는 다른 어떤 경제 요인의 변화에 따른 불가피한 귀결이 아니었을 뿐 아니라, 연방준비제도가 상황 통제 능력이 없어서 발생한 것도 아니었다고 주장한다. 연방준비제도는 대공황 기간의 디플레이션과 은행도산의 고통스런 과정을 단축시킬 능력을 충분히 갖고 있었다는 것이다. 프리드먼과 슈워츠의 분석에 의하면, 만약 연방준비제도가 이 능력을 1930년 후반이나 1931년 초, 혹은 1931년 중반에 효과적으로 사용했더라면 이 시기의 연이은 유동성 위기는 거의 확실히 방지하고 통화량 감소도 방치되지 않았을 것이며, 그 결과 경기침체를 완화하고 공황으로부터 빨리 벗어날 수 있었을 것이다.

실제로 통화량 감소를 막고 은행위기를 완화하기 위한 적극적 공개시장매입에는 어떤 급진적이고 혁신적인 요소가 있는 것도 아니었으며, 이미 예전에도 그런 종류의 정책을 취한 적이 있었다. 아마도 연방준비제도의 관료제적 구조나 권력 분포, 권력자의 개성과 전문성, 리더십 등이 조금만 달랐더라면 적극적 공개시장매입이 제안되어 채택될 수 있었을 것이다. 프리드먼과 슈워츠에게 대공황은 심각한 통화정책 오류의 결과였다.

프리드먼과 슈워츠는 자연실험natural experiments을 통해 "대공황은 통화요인의 중요성이 밝혀진 비극적 사실"이라는 가설을 입증한다. 대공황 시기의 통계자료에 의하면 미국에서 통화량, 생산, 물가가 1929년부터 1933년까지 동반 하락했고 이어지는 몇 해 동안 동반 상승하였다. 그렇다면 무엇이 원인이고 무엇이 결과였을까? 프리드먼과 슈워츠는 주로 통화량의 변화가 원인이 되고 산출과 물가의 변화가 결과인 사례들을 시계열time series 및 횡단면cross section적으로 확립함으로써 통화가설의 입증을 시도하였다.

4. 통화가설의 주요 사례

시계열상의 자연실험: 4차례의 통화정책 에피소드

프리드먼과 슈워츠는 1929-1933년 동안 생산이나 물가의 변화와는 크게 관계 없이 나타난 다음 4차례의 (외생적) 통화정책 변동에 주목했다.

- 1928-1929년 10월 주식시장 붕괴: 투기억제를 위한 통화긴축
- 1931년 9월 영국의 금본위제 이탈 직후: 통화긴축
- 1932년 4월 대규모 공개시장 매입: 통화완화
- 1933년 1-3월 전국 은행 휴무National Banking Holiday: 통화긴축

1928-1929년 10월 주식 투기 억제를 위한 통화 긴축

1927년 말 경기 저점에서 상품가격이 하락하고 인플레이션 조짐은 없었음에도 1928년 초에 연방준비제도는 주식가격 상승과 이에 수반된 증권 브로커의 투기에 대한 은행 대출 증가를 우려하여 통화긴축을 선택했다. "1928년 7월까지 할인율은 뉴욕에서 1921년 이래 최고치인 5%로 상승했고 금 유출이 있었지만 연방준비제도의 정부증권 보유액은 1927년 말의 6억 달러를 넘는 수준에서 1928년 8월까지 2억 1천만 달리로 줄었다." 이런 점에서 당시 통화긴축은 생산이나 물가 상황과는 직접 연관되지 않은 통화정책의 변화였다. 그러나 이러한 통화긴축 정책은 물가 하락과 경기 하강으로 이어졌다. "1929년 8월의 순환 정점에서 주식시장 붕괴에 이르는 2달

동안 생산, 도매물가, 개인소득이 연율로 각각 20%, 7.5%, 5% 하락했다."

1929년 10월 S&P지수는 1929년 9월 7일 정점(254) 이후 4주간 완만하게 하락하다가 10월 23일 이후 급락세를 보였다. 증권 관련 대출로 인한 요구불예금 규모 변동으로 순간적인 통화지표의 변동이 발생하긴 했으나, 증시 붕괴 자체는 대중의 현금통화 보유에 실질적인 변화를 가져오지 않았다. 뉴욕 연방준비은행의 효과적인 유동성 공급 조치도 상황 진정에 일조한다. 주가 급락이 금융부문에 미친 직접적인 영향은 주식시장에 국한되었으며, 예금주들의 은행에 대한 불신에 미친 영향은 거의 없었다.

한편 주식시장 붕괴는 경기침체 심화와 거의 동시에 발생하였다. 1929년 8월 경기 정점 이후 14개월간 생산은 26%, 도매물가는 14%, 개인소득은 16% 하락하였으며 통화량과 이자율은 하락 추세로 전환하였다. 주식시장 붕괴는 공황 심화에 일조하였는데, 주어진 이자율, 물가, 소득 수준에서 불확실성이 확산되며 소비자와 기업의 지출이 감소되었다. 또 화폐잔고를 늘리는 형태의 저축 성향이 강화되었으며, 주식을 채권으로 대체하거나 모든 종류의 증권 보유를 현금의 형태로 대체하였다.

주식시장 붕괴가 경제주체들의 기대와 지출에 미치는 영향은 화폐유통속도의 감소에 집약적으로 반영되었다. 1929-1930년 동안 다른 시기에 비해 유통속도가 13%나 급격히 감소한 것은 단순히 명목소득의 급감을 반영하는 것이라기보다는 주식시장 붕괴라는 특별한 사건의 발생에 기인한 것이었다. 이러한 소득 감소 압력은 연방준비은행의 신용 감소에 따른 통화량 감소(1929년 8월- 1930년

10월 중 2.6% 감소)로 인해 더 강화된다.

1931년 9월 영국의 금본위제 이탈 직후 통화 긴축

영국의 금본위제 이탈 직후 미국이 금본위제를 이탈하는 다음 나라가 될 것이라는 예상하에 중앙은행들과 민간 투자자들이 1931년 9-10월에 대규모 달러표시 자산을 금으로 태환하는 대외적 유출external drain이 발생한다. 또 국내 예금주들도 추가적인 은행도산을 우려해 예금을 인출하면서 은행시스템의 지급준비금이 감소하는 대내적 유출internal drain이 나타나고, 그 결과 지급준비금 감소의 몇 배에 달하는 예금 감소를 가져왔다.

그러나 연방준비제도는 오직 대외적 유출에 대해서만 대응하였다. "대외적 유출에 대한 연방준비제도의 대응은 …… 즉각적이고 강력했다. 뉴욕 연방준비은행은 재할인율을 1931년 10월 9일에 2.5%로 인상하고, 10월 16일에 3.5%로 다시 인상했다. 이 정도로 단기간 내 급격한 재할인율 인상 사례는 연방준비제도의 역사 전체를 통틀어 전무후무했다(Friedman & Schwartz, 1963, p. 317)." 이러한 조치가 금 유출은 중단시켰지만, 1931년 8월-1932년 1월까지 1,860개 은행이 영업 중단하는 등 은행도산과 뱅크런(bank run, 대규모 예금인출사태)은 급증하였다.

통화긴축과 은행시스템의 계속되는 붕괴로 1931년 8월-1932년 1월 동안 통화량은 12% 감소하였으며, 그 결과 생산 감소와 물가 하락이 더 심화되었다. 영국의 금본위제 이탈에 맞서 달러를 방어하기 위한 통화긴축이 국내 생산 감소와 물가하락을 가져왔던 것이다. 만약 금 유출과 뒤이은 할인율 인상 효과를 상쇄하기 위한 연방준비제도의 공개시장 매입이 충분한 규모로 이루어졌다면, 금융위기의 심화를 방지할 수도 있었을 것이다.

은행의 지급준비능력이 대외적으로는 금 유출, 대내적으로는 현금 수요 확대로 소진되는 상황에서 개별 은행의 자금 확보 수단은 연방준비제도로부터의 차입과 보유자산의 매각이었다. 그러나 어음할인 규모가 매우 컸던 데다 어려운 시기에 차입은 취약함의 징후로 해석될 가능성이 컸기 때문에 은행들의 차입 기피 성향이 증대되어 실제 차입은 미미하였다. 한편 은행 보유자산 매각의 여파로 정부 장기채권 및 상업어음의 수익률이 급격히 상승하였는데, 이는 불황에 따른 기업의 수익성 악화가 아닌 유동성 위험을 반영한 것이었다. 개별 은행의 유동성 포지션 강화를 위한 노력이 오히려 은행산업 전체의 유동성 포지션을 심각하게 악화시키는 결과를 초래했다.

은행부담을 완화하기 위한 몇 가지 대책이 시행되었으나 임시방편에 그치고 말았다. 뉴욕 연방준비은행의 지원하에 은행자산 평가기준의 유연성 확대, 철도채권 가격에 가해지는 압박 요인의 감소, 도산 은행 예금의 신속한 청산 등이 그것이었다. 이 밖에 전국신용공사 및 재건금융공사가 설립되고 글래스-스티걸 법Glass-Stegall Act 및 연방주택대부은행법이 시행되었다.

1932년 4월 대규모 공개시장 매입

미 의회는 연방준비제도에 대규모의 공개시장매입을 통한 통화정책 완화를 요구하며 압력을 행사하기 시작한다. 연방준비제도이사회는 이를 상당히 꺼리는 입장이었지만, 1932년 4월과 6월 사이에 상당한 규모의 공개시장매입을 인가한다. 공개시장매입 초기에는 매입 효과가 주로 당시 금 유출의 영향을 상쇄하는 데 기여한다. 소규모로나마 금 유입이 이루어진 6월 이후부터는 통화량 감소 속도가 눈에 띄게 줄고 정부채권, 회사채, 상업어음의 수익률이 크게 하락하였다. "매입 프로그램이 개시된 후 얼마 되지 않아 전반적인 경제지표도 뚜렷한 변화를 보였다. …… 도매물가는 7월에, 생산은 8월에 상승하기 시작했다. 개인소득은 계속 줄었지만 감소 속도는 훨씬 둔화되었다(p.324)."

뉴욕 연방준비은행의 조지 해리슨George Harrison 등 몇몇을 제외한 대부분의 연방준비제도 임원들은 이러한 확장적 통화정책이 부적절하다고 보았다. 그들은 낮은 명목금리가 통화 상황에 여유가 있음을 보여주는 증거라는 잘못된 견해를 가지고 있었다. 이에 따라 1932년 7월 16일 의회가 휴회하자 연방준비제도는 공개시장매입 프로그램을 실질적으로 중단한다.

1933년 1–3월 은행 휴무와 통화긴축

1932년 11월에 새 대통령으로 선출된 루스벨트Franklin D. Roosevelt 정부의 통화정책과 관련된 불확실성이 은행공황bank panic 사태를 확대한다. 예를 들어 새 정부의 평가절하 소문은 투기적 외환 축적 및 대외 금 유출의 심화를 야기하였다. 이는 연방준비제도의 금 준비와 은행시스템에 압박 요인이 되었고, 결국 은행 휴무National Banking Holiday를 가져왔다. 금 유출에 맞선 연방준비제도의 방어적 조치들과 은행도산은 결국 통화량의 더 큰 감소를 가져왔으며, 경제는 1932년 11월-1933년 3월에 가장 깊은 침체에 빠진다.

횡단면상의 자연실험: 금본위제와 세계 대공황

1929년 서양의 대부분 국가가 금환본위제gold exchange standard 형태의 고정환율제도로 복귀함에 따라 국가 간 물가 및 소득수준이 밀접하게 연결되고 개별 국가의 조정 여지가 감소한다. 고정환율로 맞물린 국제적 연결망은 1929년 이후의 불황을 전 세계적으로 확산시켰다. 특히 당시 미국이 금본위제에서 지배적인 위치에 있었기 때문에 금본위제 국가들은 미국의 긴축적 통화정책과 디플레이션에 보조를 맞추어야만 했다. 만약 통화긴축이 실제로 대공황의 원천이었다면, 금본위제에 더 엄격하게 제약되어 미국의 통화정책을 반드시 따를 수밖에 없는 나라일수록 통화긴축이나 물가 및 산출의 감소가 더욱 심각하게 나타났을 것이다.

프리드먼과 슈워츠는 각국의 금본위제 유지 여부에 따라 4개의 범주로 분류했다.

- 금본위제를 전혀 고수하지 않았거나 아주 잠깐 동안만 따랐던 나라들(중국, 스페인, 일본)
- 1920년대에 금본위제를 회복했으나 대공황 초기(1931년 가을)에 포기한 나라들(영국, 스칸디나비아 국가들)
- 금본위제를 유지했지만 충분한 금 준비gold reserve를 가지고 있었거나 금 유입이 일어나고 있던 나라들(프랑스)
- 금본위제에 다시 합류했지만 금 준비 규모가 매우 작고 제1차 세계대전 후 초인플레이션으로 은행시스템이 심각하게 훼손된 나라들(오스트리아, 독일, 헝가리, 루마니아)

세계 물가가 금 기준으로 하락하면 금으로 표시한 은 가격도 하락하는 반면, 은으로 표시한 재화 가격은 대략 같은 수준을 유지하였을 것이다. "중국은 금본위제가 아니라 은본위제였다. 그 결과 이 나라의 환율은 금본위 국가들과의 관계에서는 변동환율에 해당하는 것이었다. 금으로 표시된 은 가격 하락은 중국 위안화 가치 하락과 같은 효과를 가졌다. 그로 인해 중국 내 경제 여건은 전 세계적 공황의 영향권과 격리되어 있었다. …… 실제로 그렇게 되었다. 1929-1931년에 중국 내부적으로는 금본위제 국가들을 휩쓴 대공황의 영향을 거의 받지 않았다. 이는 마치 독일이 초인플레이션과 이에 수반된 변동환율로 인해 1920-1921년 세계 불황의 영향에서 격리된 것과 마찬가지였다(p. 361)." 따라서 중국은 디플레이션을 겪지 않으면서도 대외 균형을 유지할 수 있었다.

금본위제 이탈의 효과는 국내적으로 독자적인 통화정책의 여지를 가짐으로써 통화긴축을 막는 것이었다. 통화긴축 압력이 완화된 결과는 무엇인가? "영국, 그리고 영국과 함께 금본위제에서 이탈한 다른 나라들의 불황 저점은 1932년 3분기였다. 반면 금본위제를 유지한 나라들, 그리고 캐나다처럼 영국과 중간까지만 같은 길을 걸은 나라들에서 대공황은 지루하게 계속되었다(p. 362)."

프랑스는 금 유입 덕분에 통화공급을 유지할 수 있었고 1932년까지 심각한 경기침체를 피할 수 있었다. 그 이후 금 이외의 대외 지불준비자산인 외환을 매각하고 은행 문제가 대두되면서, 지속되던 금 유입의 영향이 상쇄되기 시작하였다. 그 결과 프랑스의 통화량이 감소하면서 심각한 디플레이션과 산출 감소가 시작되어 1935년 4월이 되어서야 경기 저점에 도달하였다. 한편 금본위제에 다시 합류했지만 금 준비 규모가 매우 작고 제1차 세계대전 후 초인플레이션으로 은행시스템이 심각하게 손상된 오스트리아, 독일, 헝가리, 루마니아는 디플레이션뿐 아니라 대규모 은행위기와 금융위기를 겪었으며, 그 결과 매우 빠른 속도로 대공황에 빠져들었다.

은행도산의 역할

1930년 10월 1차 은행위기

1930년 10월 들어 미국의 일부 주에서 잇달아 은행이 도산하기 시작하여 11월에 256개 은행(예금 합계 1.8억 달러), 12월에 352개 은행(예금 합계 3.7억 달러)이 도산한다. 12월 11일 예금 규모가 2억 달러에 이르는 합중국은행the Bank of United States이 파산했는데, 단일 상업은행으로서는 가장 큰 규모의 도산이었으며 공영은행으로 오인되면서 도산의 파급효과가 확대된다.

또 뉴욕 연방준비은행이 제안한 구제금융 방안을 청산소clearinghouse 은행들이 거부하면서 요구불예금 및 저축성예금 인출 움직임이 확산되고 은행예금이 감소하면서 유통현금이 증가하기 시작한다. 개별 은행들은 유동성 포지션을 강화하기 위해 지급준비금을 증가시키는 방향으로 대응했다. 한편 은행위기의 영향은 이자율에 명확히 반영되었다. 신용등급이 낮은 회사채와 국채 사이의 스프레드가 크게 확대되었는데, 이는 은행 및 기타 금융기관이 유동성을 확보하기 위해 낮은 신용등급의 채권을 매각하고 국채를 보유하려 한 데 기인한 것이었다. 이러한 회사채 가격 하락 자체가 연이은 은행위기를 야기했다. 즉, 은행들이 회사채 보유를 꺼리면서 가격 하락 폭이 더욱 커지고 이에 따른 은행의 채권 포트폴리오 시장가치 하락으로 은행도산 위험이 확대되었던 것이다.

1차 유동성 위기 이후에도 산업생산과 개인소득 등 경제지표들의 감소 추세가 지속되었으나 1931년 들어 해당 지표들에 개선 조짐이 나타났다. 일반 대중과 은행들의 자신감 회복은 예금/유통현금 비율과 예금/지급준비금 비율의 상승을 통해 통화팽창으로 이어졌으나, 연방준비은행의 신용 감소로 상당 부분 상쇄되었다. 만약 이 시기에 통화량이 크게 증가해 지표상의 회복세를 강화하는 역할을 했다면, 미약한 회복 조짐은 지속적인 회복으로 이어졌을 가능성이 있었다.

1931년 3월 2차 은행위기

1931년 3월 2차 은행위기가 발생함에 따라 민간은 현금 보유를 늘리고 은행은 매각 가능한 자산의 처분을 통해 지불준비 여력을 확충했다. 2차 은행위기는 이전 위기보다 오래 지속되었으며 위기에 대한 민간과 은행의 반응 또한 훨씬 더 민감하게 나타났다. 해외에서 발생한 사건들도 은행위기의 어려움을 확대했다. 세계적으로 유명한 금융기관이 파산하고 은행 폐쇄가 확대되는 등 전세계적으로 불안이 확산되었다. 그 결과 미국으로의 자본 도피 및 금 유입이 증가하였으며, 미국 은행들은 해외 은행에 대한 대규모의 단기채권을 동결하였다. 그리고 향후 1년간 각국 정부 간의 채무 지불을 중단하고 상업은행 간 단기 해외채무 상환을 유예하는 현상

유지협정standstill agreement이 체결되었다.

한편 금 유입에 따라 미국의 통화량 감소 효과는 제한적이었으나, 이 같은 상황에서도 연방준비은행 신용 공급 잔액에는 큰 변화가 없었다. 그 결과 통화량은 예전보다 빠른 속도로 감소했고(1931년 2-8월 중 5.5% 감소) 경제활동 지표들 역시 전반적으로 완연한 하강세를 보였다. 은행 보유 자산의 매각에 따른 채권가격 급락과 실물부문 위축에 따른 기업의 부도 확률 증대가 저등급 회사채 수익률의 급등을 가져왔을 뿐 아니라, 유동성 확보 수요로 인해 장기 정부채권 수익률은 지속적으로 하락함에 따라 스프레드가 큰 폭으로 확대된다.

1933년의 은행위기

1933년 들어 은행도산이 급속히 확산되어 예금/유통현금 비율이 하락하고 통화량이 급격히 감소한다. 금리 추이도 역전되면서 실물지표가 하락세로 반전되고 경기는 다시 악화되었다. 재건금융공사의 존재가 은행도산의 확산을 막지는 못했다. 또 1932년 7월에 재건금융공사에서 대출받은 은행 이름을 1개월 경과 후 공표하도록 하는 조항을 추가함에 따라 은행들은 차입을 기피했다.

개별 은행에 대한 뱅크런이 주 전체로 확산될 위험에 처하자 주 차원에서 은행 휴무를 선언하기 시작한다. 이 조치로 해당 주에서의 인출은 중단되었으나 다른 지역에서 그 압력이 증폭되었다. 대내적 예금인출의 부담은 주로 뉴욕 시 소재 은행들이 컸는데, 이들은 주로 채권 매각을 통해 자금을 확보하였으며 연방준비은행으로부터의 차입은 기피하였다.

또 차기 행정부의 평가절하 예상에 따른 달러 보유자의 투기적인 외환 축적과 함께 대외 지급을 위해 별도 배정된 금 규모가 증가한다. 이에 대한 연방준비제도의 대응은 1931년 9월의 경우와 별반 다르지 않았다. 즉, 1933년 2월 금 유출에 대응하여 할인율을 인상하였지만 대내적인 예금인출이나 대외 금 유출을 공개시장매입으로 상쇄하려는 시도는 없었다. 따라서 은행들은 다시 고금리 할인과 유가증권 투매에 나설 수밖에 없었으며, 그 결과 거의 모든 증권의 이자율은 가파르게 상승하였다.

마침내 3월 6일 전국적인 은행 휴무가 공표되고 금의 태환 및 해외 반출 역시 금지되었다. 예금의 현금 인출만을 금지하는 예전의 지급 중단과 달리 1933년의 경우에는 은행시스템이 수행하는 모든 형태의 지불, 모든 통상 행위가 중단되었다.

그러면 1933년의 은행위기는 왜 다시 발생했는가? 먼저 상업은행들의 자본상황이 급격히 악화되었기 때문이다. 그러나 이러한 은행위기는 연방준비제도의 공개시장매입을 통한 자산의 시장가치 상승 또는 재건금융공사의 자금 출자(1933년 3월 이후에야 가능)가 이루어졌다면 피할 수 있었을 것이다. 그러나 당시의 선거운동, 1933년 1월 재건금융공사가 1932년 8월 이전에 대부를 받은 은행의 리스트를 공개하는 것, 그리고 은행 개혁 법안 심의 등으로 인해 은행시스템과 관련된 불안감이 고조되었다. 새로운 정부의 경제정책, 특히 통화정책과 관련된 불확실성도 은행공황 사태를 확대하였다.

1929-1933년 은행도산의 역할

1930-1933년 은행도산으로 주주, 예금주, 기타 채권자들에게 총 25억 달러의 손실이 발생하고 미국 기업의 보통주와 우선주 가치 총액은 850억 달러 감소한다. 총 부에 대한 비율로 따지면 은행도산 자체로 인한 손실은 그리 크지 않았던 반면, 통화량은 1/3 이상 감소했다. 1929-1933년 기간 중 상업은행 예금은 42%(180억 달러) 이상 감소하고 부도 은행의 예금 규모는 70억 달러에 달했다. 바로 이러한 점에서 프리드먼과 슈워츠는 대공황 당시 은행도산의 중요성은 통화량의 급감을 초래한 메커니즘에 있다고 주장했다.

대공황 기간(1929-1933)에 은행도산이 발생하지 않았던 캐나다와 비교해 보면, 소득 감소(미국 53% 감소, 캐나다 49% 감소)에 비해 통화량 감소가 상대적으로 캐나다(13% 감소)보다 미국(33% 감소)에서 훨씬 더 크게 나타났다. 은행도산으로 미국에서는 캐나다에 비해 예금자산이 갖는 매력의 정도가 감소했고 그에 따라 통화(예금+유통현금) 수요도 감소했다.

1929-1933년 은행도산의 원인

은행도산의 중요 원인을—특히, 1차 위기에 뒤이은 은행도산의 경우—대부와 투자의 사전적(ex-ante) 질적 저하에 따른 신용도 저하 등 은행의 부실 경영에서 찾기는 어려웠다. 은행시스템 전체적으로 예금주의 현금수요를 감당하기 위해서는 그 몇 배에 달하는 크기로 자산을 줄여야 했고, 은행들의 보유 자산 투매는 남아 있는 보유 자산의 시장가치 급락으로 이어졌다. 은행의 보유 자산, 특히 채권 포트폴리오의 가치 하락이 가장 중요한 자본손실의 원천이었으며, 이는 은행의 지불 정지와 도산으로 이어진다.

또 활성화된 채권시장의 연속적 가격 결정이 더 큰 은행의 자본손실을 가져왔을 가능성이 있다. 예금주의 현금 수요를 충족시킬 수 있는 본원통화를 추가적으로 확보하지 못한 은행시스템의 무능력이 직접적인 피해를 야기했다. 만약 연방준비제도가 본원통화를 추가로 공급하여 예금주의 현금수요를 충족시켰더라면 자산가격의 엄청난 하락도, 은행의 자본계정 손상도 없었을 것이다.

1929-1933년 은행도산에 대한 연방준비제도의 태도

1930년 이후 은행위기 문제가 표면화되는데도 연방준비제도는 전반적으로 방어적인 태도를 취하며 은행도산은 은행 경영의 문제일 뿐, 연방준비제도의 책임이 아님을 강조한다. 이는 은행도산, 뱅크런, 예금 감소, 채권시장 취약성 등의 연계에 대한 이해가 부족한 데 기인하였다. 은행도산을 부실 경영의 결과, 또는 투기광풍 다음의 필연적인 반작용으로 파악했으며 금융적, 경제적 붕괴의 한 결과일 뿐, 원인은 아니라는 시각이었다.

이러한 연방준비제도의 소극적 태도에 더하여 연방준비제도 임원들은 비회원은행—초기 도산은행의 대부분은 비회원—에 대해서 책임감을 갖지 않았다. 왜냐하면 당시 은행 도산은 소규모 은행들에 집중된 데 반해 연방준비제도에서 영향력 있는 인물들은 대도시 은행가였기 때문이다. 1930년 말 도산한 대형 회원은행들에 대해 많은 연방준비제도 임원들은 경영상의 문제에 따른 불행한 결과로 간주하였다.

요약하면, 대공황 당시 대규모 은행공황 및 도산 사태는 미국 은행시스템 전체가 문을 닫은 1933년 3월의 은행휴무를 야기한다. 또 대공황 기간 전체 미국 상업은행의 절반 가까이 도산하거나 다른 은행에 합병되었다. 대공황 당시 은행위기에 따른 통화량 감소는 과거 연방준비제도 설립 전의 제도적 장치하에서라면 일어나지 않았을 것이다. 따라서 통화량 감소는 적어도 부분적으로는 외생적이었으며, 뒤이어 발생한 경기침체와 디플레이션의 잠재적 원인으로 볼 수 있다.

연방준비제도 창설 이전과 이후의 은행위기에 대한 태도에도 차이가 있었다. 연방준비제도 창설 이전에는 은행위기가 발생하면 이를 은행들 스스로 청산소clearinghouse를 통해 처리했다. 1913년 연방준비제도 창설은 은행위기 발생에 대한 관리개선에 적지 않은 목적이 있었지만, 실제로 1930년대 초 연방준비제도는 그런 임무를 수행하지 않았다. 이는 정책원칙에 관한 연방준비제도 내부의 문제로, 연방준비제도 임원들은 재무부 장관 앤드루 멜론Andrew Mellon의 "청산주의"—허약한(소규모, 비회원) 은행을 솎아내는 것은 은행시스템 회복에 필수적인 전제조건—에 가담했다. 연방준비제도 이전이었다면 상황 개선을 위해 소규모 은행 보호에 나섰을 대형 은행들은 연방준비제도가 자신들을 보호해줄 것으로 확신하고 있었기 때문에 소규모 경쟁자들을 솎아내는 것을 긍정적으로 받아들였다.

대공황 당시 제도적 변화와 잘못 지도된 정책원칙에 의해 방치된 은행도산과 예금인출은 은행예금 규모를 크게 줄였고, 이 때문에 통화공급이 감소함에 따라 보통 일어날 수 있는 것보다 훨씬 더 심각하고 광범위한 디플레이션과 산출 감소가 나타났다.

벤자민 스트롱과 리더십 공백

뉴욕 연방준비은행 총재이자 실질적인 연방준비제도 의장으로서 1920년대 내내 개성, 경험, 리더십으로 연방준비제도를 이끌어왔던 벤자민 스트롱Benjamin Strong의 1928년 갑작스런 서거는 연방준비제도 내의 리더십 공백을 가져왔을 뿐 아니라, 연방준비제도 내 권력이 뉴욕 연방준비은행에서 다른 연방준비은행들로 분산되는 계기가 되었다. 연방준비제도이사회의 구성원들은 스트롱이 견지했던 전국적이고 국제적인 관점의 중앙은행 업무에 대한 이해와 경험이 부족했으며 적극적인 리더십을 발휘하지 못했다.

당시 연방준비제도이사회의 정책대응은 매우 소극적이었다. 연방준비제도이사회는 당시 경기 하강과 은행도산이 자신들의 노력에도 불구하고 발생했으며 자신들이 통제할 수 없는 불가항력적 산물이었다고 주장했다. 1930년 가을 첫 번째 유동성 위기를 적극적으로 막지 못하자 다음 번 유동성 위기에 대해서는 훨씬 더 소극적으로 대처했다. 1932년 초에, 실은 훨씬 일찍 이루어졌어야 할 대규모 공개시장매입을 실행하면서 일시적으로 입장을 변경한 것은 의회의 압력이 너무 거셌기 때문이었다. 그러나 이러한 공개시장 매입이 극적인 개선을 즉각 가져오지 않자 연방준비제도는 기존의 수동적 태도로 즉시 돌아갔다. 만약 스트롱이 살아 있었더라면 대공황 시기에 연방준비제도가 보였던 소극성과 수많은 정책 오류, 그리고 이러한 정책 결정의 결과로 나타난 통화량, 물가, 산출 등의 엄청난 붕괴를 피할 수 있었을 것이다.

요약

프리드먼과 슈워츠의 통화가설에 의하면 연방준비제도의 잘못된 긴축통화정책이 대공황을 심화시켰다. 1930년 10-12월의 은행위기 발생 이후 민간은 은행 예금 대신 안전자산인 현금을 선호하게 되고 은행들의 지급관리방식도 위험기피적으로 변화하였으며, 그 결과 은행의 신용창조 기능이 크게 위축되면서 통화승수 급락에 따라 통화량이 급감하였다. 연방준비제도가 적극적인 공개시장정책을 통해 이러한 통화량의 급감을 막아야 했으나 그러한 리더십은 발휘되지 못했다. 미국의 통화긴축은 미국 내 경기침체를 다른 나라들보다 더 심하게 만들었을 뿐 아니라 세계적인 공황 파급 및 심화에 영향을 주었다.

대공황 동안 연방준비제도의 소극적 정책대응은 당시의 지적 풍토를 반영한 것이었다. 대공황을 비효율성과 취약성 제거에 바람직하고 필수적인 경제 현상쯤으로 보았으며 통화 변동을 공황을 심화시킨 원인이 아니라 그에 따른 결과로 해석하였다. 또 은행위기 및 유동성 위기의 해결을 위해 필요한 조치에 대한 이해가 부족하여 적절히 대응하지 못한다.

결국 프리드먼과 슈워츠는 이 책에서 시장에 문제가 생겼을 때 정부나 정책당국이 문제점을 고쳐 시장이 원활하게 돌아가게 해야 한다는 점을 강조한 것으로 볼 수 있다.

5. 1929-1933년 대공황과 2007-2008년 글로벌 금융위기

2007-2008년의 글로벌 금융위기와 세계경기 침체는 1929-1933년 은행위기와 대공황 이후 선진 금융시장에 불어닥친 가장 큰 경제위기라는 점에서 1930년대 대공황과 비교해볼 여지가 있다. 실제로 1929-1933년 당시 은행위기는 2007-2008년의 금융위기와 닮은 점이 있다. 즉, 1930년대 대공황 당시 은행시스템 전체적으로 예금주의 현금수요를 충족하기 위해 은행들이 보유 자산을 투매하면서 자산가격 급락과 함께 은행의 지불 정지와 도산을 가져왔다. 이와 유사하게 2008년 글로벌 금융위기 때는 은행들이 유동성 확보를 위해 은행간시장에서 앞다투어 대출 회수에 나서면서 은행시스템 전체적으로 은행들의 보유 자산 매각이 급증함에 따라 자산가격이 급락하고 이는 결국 은행파산을 가져왔다.

그러나 2007-2008년 금융위기와 1930년대 위기는 그 배경과 구조적 원인에 큰 차이가 있음을 주목해야 한다. 1930년대 대공황은 제1차 세계대전 이후의 구조적 문제를 해결하지 못한 채 금본위제에 복귀한 많은 나라가 통화긴축정책을 쓰고 이에 은행위기와 같은 금융시스템 문제가 수반되면서 발생했다. 반면에 2008년 미국에서 서브프라임 모기지 부실로 베어스턴스Bear Sterns, 리만브라더스Lehman Brothers, 메릴린치Merrill Lynch 등 미국의 대형 투자은행 3개 사가 파산하고 세계 최대 보험회사인 AIG는 파산 직전까지 가면서 촉발된 글로벌 금융위기의 이면에는 오랫동안 국제금융시장 및 세계 경제에 잠복되어 있던 구조적 문제점들이 있었다. 그중에는 저금리 정책기조, 세계 경제 불균형global imbalances, 금융기관 레버리지(총자산/총부채)의 경기순응성과 고위험 고수익 파생상품시장의 급속한 확대, 금융감독의 비효율성 및 대응능력 부족 등이 있었다.

우선 2001년 경기침체 이후 미 연방준비제도는 1990년대 후반 일본이 경험했던 극심한 디플레이션을 우려하여 2002-2003년 동안 연방준비자금 금리federal funds rate를 1% 포인트 인하된 수준에서 1년간 동결하였다. 2004-2006년에는 통화긴축으로 돌아섰으나 이미 주택가격에 거품이 형성되었고, 오히려 주택담보대출의 이자부담이 증가하면서 결국 서브프라임 모기지 부실을 가져왔다. 그리고 2008년 초 금융공황 상태를 완화하기 위해 연준 금리를 다시 2%로 내렸는데, 이는 원유를 포함한 1차 상품가격commodity price의 상승을 부채질했다.

또 2000년대 이후 미국이 막대한 경상수지 적자를 보여온 반면, 중국 등 아시아 국가들은 지속적으로 경상수지 흑자를 유지하는 세계 경제 불균형 현상도 글로벌 금융위기의 주요 원인이 되었다. 중국을 포함한 신흥시장 국가들이 대규모 대미 경상수지 흑자로 벌어들인 달러로 미국 국채를 매입하는 과정에서 엄청난 규모의 달러가 다시 미국으로 흘러 들어가 유동성, 즉 화폐공급을 늘려주었고 장기금리 하락을 가져왔다. 이에 2004년 미 연준이 단기금리를 올리기 시작했지만, 장기금리는 여전히 낮은 수준에 머물렀다. 하지만 당시 그린스펀A. Greenspan 미 연방준비제도 의장은 이러한 현상을 '수수께끼 같은 문제conundrum'라고 부르면서 신속한 금리인상을 통한 적극적인 대응에 나서지 않았다. 그 결과 서브프라임 모기지를 포함한 대출이 크게 늘어나면서 2008년 금융위기를 가져온 주요 원인 중 하나가 되었다.

경기침체의 규모도 큰 차이를 보였다. 미국의 실업률을 보면 2008년 금융위기 이후 연 9%까지 상승했던 반면, 대공황 당시인 1933년에는 25%까지 상승했었다. 그 이후 1937년까지 미국의 실질 GDP가 연평균 9%로 증가하고 실업률 또한 25%에서 14%까지 하락하는 등 경기가 매우 빠른 속도로 회복하는 듯했으나, 1937-1938년에 긴축적인 재정정책과 통화정책이 실시되면서 이러한 회복세가 중단되었다.

프리드먼과 슈워츠가 『미국화폐사, 1867-1960』의 제7장(「대공황, 1929-1933」)에서 1930년대 대공황의 주요 원인으로 지적한 미 연준의 통화긴축 기조와 달리, 2008년 금융위기에 대응하여 세계 각국은 대규모 재정진작fiscal stimulus과 통화팽창을 수행했다. 특히 2008년 하반기와 2009년 상반기를 전후하여 선진국의 중앙은행들은 신속하게 정책금리를 낮추고 신용공급을 확대하는 방식으로 시중에 유동성을 공급했다. 특히 미 연준은 연방준비자금 금리 인하에 이어 국채뿐 아니라 단기금융시장에서 기업어음commercial paper을 직접 매입하는 방식으로 시중에 자금을 지원하는 양적완화quantitative easing 정책을 사용했다. 미 연준은 2010년 11월에도 경기회복을 지원하기 위해 2011년 상반기까지 6천억 달러 규모의 유동성을 시중에 공급하는 두 번째 양적완화 정책을 발표했다.

이러한 미 연준의 적극적인 정책대응은 버냉키Ben S. Bernanke 연준 의장이 2002년 11월 프리드먼의 90회 생일 기념 컨퍼런스 발표문 중 마지막 문단에서 밝혔듯이 프리드먼과 슈워츠의 『미국화폐사, 1867-1960년』에 큰 영향을 받은 것으로 보인다. "연방준비제도의 공식적인 대표인 나의 신분을 조금 남용함으로써 나의 발표를 마치려 합니다. 밀턴과 안나에게 말하고 싶습니다. 대공황에 대하여, 당신들이 옳았습니다. 우리가 잘못했습니다. 우리는 이를 매우 유감으로 생각합니다. 하지만 당신들에게 감사합니다. 우리는 다시는 그런 잘못을 반복하지 않을 것입니다."

참고문헌

Bernanke, Ben S., 2002. 11. 8, "On Milton Friedman's Ninetieth Birthday", Speech at the Conference to Honor Milton Friedman, University of Chicago.

_____________, 2004, *Essays on the Great Depression*, Princeton: Princeton University Press.

Bordo, Michael D., 1989, "The Contribution of *A Monetary History of United States, 1867-1960* to Monetary History", *Money, History, and International Finance: Essays in Honor of Anna J. Schwartz*, University of Chicago Press.

_____________, 2008, "The Impact of Milton Friedman on Modern Monetary Economics", *Journal of Monetary Economics*, 55, pp. 835-856.

Friedman, Milton, and Schwartz, Anna J., 1963, *A Monetary History of the United States, 1867-1960*, Princeton: Princeton University Press.

_____________ 1969, *The Optimum Quantity of Money and Other Essays*, Chicago: Aldine.

_____________ and _____________, 1982, *Monetary Trends in the United States and the United Kingdom: Their Relation to Income, Prices, and Interest Rates, 1867-1975*, Chicago: University of Chicago Press.

_____________, _____________ and Michael D. Bordo, 1989, *Money in Historical Perspective*, NBER Monograph.

_____________, 1992, *Money Mischief: Episodes in Monetary History*, New York: Harcourt Trade Publishers.

_____________ and _____________, 2008, *The Great Contraction 1929-1933*,『대공황 1929-1933년』, 2010, 양동휴 · 나원준 역, 미지북스.

Gordon, Robert J. and James A. Wilcox, 1981, "Monetarist Interpretations of the Great Depression: An Evaluation and Critique", Karl Brunner (ed.), *The Great Depression Revisited*, Hingham MA: Martinus Nijhoff.

Lucas, Robert E. Jr., September 18, 2009, "The Current U.S. Recession", 서울대학교 공개강연 발표문.

Temin, Peter, 1976, *Did Monetary Forces Cause the Great Depression?*, New York: W. W. Norton & Company.

_____________, 2010, "The Great Recession and the Great Depression", NBER Work-

ing Paper, 15645.
양동휴, 2010,「1930년대 세계 대공황과 2008년 위기」,『경제논집』, 49권, 제1호.
정운찬, 1991,『거시경제론』(제3판), 다산출판사.
______ · 김영식, 2010,『거시경제론』(제9판), 율곡출판사.

해리 할로, 『사랑의 학습』

Harry F. Harlow,

Learning to Love (1974)

사랑은 어떻게 만들어지는가?

곽금주
서울대학교 심리학과 교수

해리 할로Harry Harlow는 평생에 걸쳐 수많은 실험들을 통해 사랑의 본질과 위대함을 파헤치려 한 심리학자이다. 그는 남편이자 아버지로서 따뜻한 사랑을 가지지 못한 삶을 살고 있었기 때문에 더더욱 사랑이란 주제로 연구에 몰입한 것일지도 모른다. 그런 그가 남긴 몇 안 되는 저서 중 하나인 『사랑의 학습Learning to Love』(1974)은 여러 측면에서 의의가 있다.

『사랑의 학습』이라는 이 책의 제목처럼 "사랑을 학습한다"는 말은 많은 사람이 들었을 때 의아해하거나 이해하기 어려울 수 있다. 사랑은 동화책, 소설책, 드라마, 영화 등에서 흔히 다뤄지는 소재 및 주제로서 우리에게는 친숙한 단어이고, 이런 문학과 매체를 통해서 보이는 사랑은 대체로 이성과의 사랑에서 첫눈에 반한 사랑이라든지 운명적인 사랑과 같이 독자나 시청자의 흥미를 끄는 내용으로 구성되어 있기 때문이다. 따라서 사람들은 사랑을 자연스럽게 형성되는 마음 상태로 인식하기 때문에 이를 학습할 수 있는 것으로 생각하지 못할 수 있다. 실제로 사랑이 문학에서나 나오는 것으로 여겨지던 시절, 사랑이란 주제는 초기 심리학자들의 관심이 전혀 아니었다. 게다가 당시 미국에서는 아이는 아이 방에서 따로 재워야 하고 시간에 맞춰 우유를 주어야 한다는, 즉 사랑을 느끼고 학습할 수 있는 엄마와의 접촉을 제한한 엄격한 육아 방식이 지배적이었다(Blum, 2005). 이러한 시기에 할로는 이 책을 통해 사랑이란 주제를 과학적으로 접근했다.

이 책은 사랑을 5종류의 애정 체계로 구분하고 이 체계를 과학적인 측면에서 설명한, 발달적 사랑에 대한 과학적인 에세이라 할 수 있다.

이 책은 사랑이란 주제를 과학적으로 접근한 것 외에 이론사적 측면에서도 의의가 있다. 할로는 철사 어미 실험을 통해 엄마에게 애착하는 것이 배고픔을 충족하기 위해서가 아니라 접촉으로부터 위안을 얻기 위한 것, 즉 접촉에 의한 사랑을 애착의 기제라고 주장했는데, 이는 본능과 같은 1차 욕구의 충족을 강조한 정신분석적 관점에서 벗어난 새로운 견해였다(Marrone, 2005). 사랑의 본질에 기반을 둔 할로의 연구는 애착 이론 발전에 중요한 역할을 했고, 이 책에도 그의 연구들이 소개된다. 할로의 연구는 애착 연구 분야에서 저명한 학자로 손꼽히는 보울비J. Bowlby와 애인즈워스M. Ainsworth의 애착 이론을 원숭이 실험자료를 통해 뒷받침해주는 실증적 근거를 제공했고(Blum, 2005), 애착 이론 발달에 크게 기여했다. 그리고 육아는 전적으로 엄마의 몫이라는 생각이 강하던 시절에 부성애를 다뤘다는 것, 그리고 사회적 행동이란 개념이 나올 무렵 엄마 외 또래나 이성 상대 같은 다른 사회 구성원과의 관계를 다뤘다는 것은 시대를 앞서갔다고 할 수 있다(Blum, 2005).

이론적 측면뿐 아니라 개인과 사회적인 측면에서도 이 책은 의의가 있다. 이 책은 우리가 사회의 한 구성원으로 살아가는 데 있어 사랑을 학습하는 것이 얼마나 중요한지 보여준다. 이 책에서 할로는 원숭이 실험에서 사랑이 결여되었을 때 나타나는 극단적인 행동 및 상태를 설명하며, 초기에 학습하지 못한 사랑이 이후에 다른 사람과 맺게 되는 관계에 얼마나 부정적인 영향을 끼치는지 보여준다. 이 책은 엄마나 아빠와의 접촉으로부터 사랑을 제대로 학습한 아이가 성장하면서 타인과도 만족스러운 관계를 맺으며 나중에는 자신의 자녀에게도 진정한 사랑을 줄 것이라는 것을 알려주고, 더 나아가 건강하고 밝은 사회를 만들고 발전시키는 데 중요한 역할을 할 것임을 시사한다. 생후 초기의 사랑이 한 아이가 사회적인 존재로 발달하면서 타인과 유대를 형성하고 사회에 적응하는 데 큰 차이를 만들어내기 때문이다. 따라서 남녀 성별 구분 없이 누구든 이 책을 읽는 사람이라면, 내 아이에게 물려줄 사랑에 대해, 그리고 내가 준 사랑으로 인해 내 자식이 다른 사람과 어떠한 관계를 형성하며 살아갈지에 대해 한 번쯤 진지하게 생각해볼 수 있는 시간을 가질 수 있다는 점에서 의의가 있다.

1. 사랑을 얻지 못한 심리학자

해리 할로(Harry Frederick Harlow, 1905-1981)는 미국 아이오와 주에서 출생했다. 그는 미국 스탠퍼드 대학교 심리학과에서 수학했다. 그 당시 학과장은 스탠퍼드-비네 아이큐검사Stanford-Binet IQ Test를 개발한 루이스 터먼Lewis Terman이었다. 터먼은 영재아를 대상으로 한 장기적인 연구에 착수 중이었는데, 타고난 지능에 관심이 있었던 그는 수줍어하거나 말을 더듬는 장애를 가진 학생을 연구에서 제외시켰다. 그런데 할로는 부끄러움과 수줍음을 많이 타는 내성적인 성격에 'r' 발음을 하는 데 문제가 있는 학생이었고, 당연히 터먼의 영재아 연구에 선발되지 않았다. 그렇지만 할로는 터먼의 가르침 아래 1930년에 박사 학위를 취득했고, 같은 해 그의 도움으로 위스콘신 대학University of Wisconsin-Madison에 교수로 채용되었다.

위스콘신 대학에 재직하면서 할로는 같은 심리학과 대학원생이었던 클라라 어니스틴 미어스Clara Ernestine Mears와 1932년에 결혼식을 올렸다. 클라라는 할로와 달리 터먼의 영재아 연구에 선발되었던 매우 똑똑하고 유능한 학생이었다. 결혼 당시 둘은 행복했고 클라라는 공부를 포기하면서까지 가사에 매달렸지만, 점점 연구에 빠져 주말에도 실험실로 출근하고 항상 집에 늦게 들어오는 할로에게 불만이 쌓이게 된다. 그녀는 할로가 적어도 두 아이와 같이 시간을 보내며 놀아주길 바랐지만 그는 가족과 대화하는 시간을 거의 갖지 않았고, 결국 클라라는 1946년 이혼을 요구했다.

클라라와 두 아들은 할로 곁을 떠났고 혼자가 되어버린 할로는 점점 고립된 생활을 하기 시작했다. 그가 교수 회의에 참석하는 횟수는 점차 줄어들었고 혼자 술을 마시는 빈도는 늘어만 갔다. 고독감에 휩싸인 그는 더 거칠어지고 냉소적으로 변해갔다. 결국에 할로는 자신이 지금 동반자 관계를 그리워하고 있고 누군가를 필요하고 있다는 것을 느끼게 되었다. 그리고 그는 1948년에 동료연구가인 마가렛 켄Margaret Kuenne과 재혼하게 된다. 마가렛 역시 매우 총명하고 뛰어난 과학자였다.

이후 그는 헝겊 대리모 연구와 사랑 및 관계에 대한 「사랑의 본질The Nature of Love」(1958)이라는 논문을 출판하면서 여러 강연 및 매체 활동을 통해 사람이 태어나는 순간부터 시작되는 사랑, 즉 엄마와 아기의 사랑이 얼마나 위대하고 중요한지를 널리 알리기 시작하였다. 그는 1958년에 미국심리학회 회장직을 역임하였고, 1967년에 영장류학자로서는 처음으로 미국 과학 메달National Medal of Science을, 그리고 1973년 미국 심리학 재단에서 금메달을 받았다.

비록 할로의 연구들이 학문적으로 인정을 받았을지라도 그의 사적인 삶은 그다지 행복하지 않았다. 1967년에 자신의 두 번째 부인인 마가렛 할로는 유방암 판정을 받았고, 1970년에 그의 첫 대학원생이었던 아브라함 매슬로우Abraham Maslow의 사망 소식을 듣게 되었다. 그리고 그 다음 해인 1971년에 마가렛은 세상을 떠났다. 연구로부터 받는 스트레스와 동물에게 가하는 잔인한 행동으로 인한 괴로움이 그를 고통스럽게 한 건지 할로는 늘 술에 취해 있었고, 심한 우울증으로 진료소에서 전기충격요법을 받아야 할 정도였다. 마가렛 할로를 떠나보낸 후, 그는 첫 결혼의 실패에 대한 회한을 느꼈고 1972년 첫 번째 부인이었던 클라라와 재결합하게 된다. 그러나 이후에 그는 파킨슨병이라는 진단을 받았고, 1974년 위스콘신 대학교에서 은퇴했다. 할로는 사랑하는 사람들의 죽음, 음주, 부족한 수면시간, 과도한 연구 등 지금까지 겪었던 모든 것이 한꺼번에 축적되었는지 70년대 말 급격히 쇠약해졌다. 1981년 할로의 기억력은 점점 망가지기 시작했고 심지어 환각 증상마저 보였다. 그리고 결국 1981년 12월 6일 76세를 일기로 세상을 떠났다. 평생에 걸친 심리학 실험을 통해 사랑의 본질을 파헤치려 했던 심리학자 할로 박사는 정작 그의 인생에서 자신이 이야기하던 따뜻한 사랑을 가지지 못한 것은 아니었을까 하는 생각이 든다.

2. 사랑의 본질을 찾아서

사랑이란 주제는 사실 초기 심리학자들의 관심이 전혀 아니었다. 이런 용어를 입에 담는 것 자체가 과학자의 태도가 아니라고 생각했던 1930-1950년대 할로는 사랑의 본질이 무엇인지에 의문을 갖고 이에 관한 굉장한 심리학 실험을 시도했다. 그는 인간과 94%의 유전자를 공유하고 있는 붉은 털 원숭이를 대상으로 사랑에 대한 실험을 시작했고, 그 주요 내용은 다음과 같다(Blum, 2005).

그는 갓 태어난 원숭이를 어미로부터 격리시키고 두 가지 다른 우리 안으로 옮겨 키우는데, 이때 한 우리에는 철사로 된 가짜 어미를, 다른 우리에는 부드러운 천으로 된 어미를 넣어주었다. 진짜 어미로부터 격리될 때 심하게 울면서 좌절을 경험한 아기 원숭이는 며칠이 지나자 부드러운 천으로 된 가짜 어미에게 애정을 느끼게 되었다. 이 천 어미에게 매달리고 얼굴을 부비고, 살짝 깨물기도 하며 그 위에서 많은 시간을 보냈다. 물론 배가 고프면 철사 어미에게만 있는 우유병을 빨고는 금새 다시 돌아왔다. 할로는 이 실험을 통해 사랑이 배고픔과 같은 욕구 충족에서가 아니라 따뜻하고 부드러운 스킨십에서부터 시작된다는 것을 발견한다.

이 유명한 실험은 아기에게, 아니 우리 인간에게 중요한 것은 1차적인 욕구의 충족이 아니라 2차적 욕구라 할 수 있는 따뜻함, 편안함, 즉 스킨십이라는 것을 실증적으로 보여준 것이었다. 그리고 할로는 이런 접촉으로부터 얻는 위안, 즉 접촉위안contact comfort이 중요하다고 주장했다. 이러한 할로의 실험 결과는 아이는 아이 방에서 따로 재워야 하고 시간에 맞춰 우유를 주어야 한다는 엄격한 방식이 확산되어 있던 당시의 육아에 대한 새로운 관점을 시사했다. 당시 행동주의 심리학적 관점이 특히 지배적이었다. 운다고 아이를 안아주게 되면 우는 행동이 더 강화를 받아 점차 아이는 더 울게 되므로 나약한 울보 아기를 만들지 않기 위해 안아주지 말아야 한다는 의식이 팽배했던 시절, 할로는 이와는 반대로 육아에 있어서 중요한 엄마의 스킨십을 강조한 것이었다.

또 조건을 다양하게 하여 여러 실험을 했다. 아기 원숭이에게 얼어붙을 만큼 찬물을 끼얹기도 하고 송곳 같은 것으로 찌르는 등 고통을 주는 조건에서도 아기 원숭이들은 천으로 된 어미에게 기어왔다. 심지어 천 어미에게 안겨 찔리면서 죽어가는 원숭이도 있었다. 할로는 이후에도 계속해서 여러 실험을 실시하였다. 어미의 스킨십 없이 자란 원숭이가 그 다음 해가 되자 난폭하게 되어 다른 대상을 향해 심한 공격 행위를 하거나 심지어 자신을 물어뜯어 상처를 내기도 했는데, 이것의 원인을 생각하던 중, 천으로 된 어미는 움직이지 않는다는 점에 착안하여 하루 30분씩 몸을 흔드는 가짜 어미를 놓아두고 같이 놀게 하였다. 그 결과 난폭했던 원숭이들은 다시 정상적으로 돌아왔고, 사랑에는 스킨십, 움직임, 놀이가 중요한 요소임을 발견하였다. 할로의 이 같은 연구는 충격적이었으며 심리학계에 한 획을 그을만한 성과라고 할 수 있다.

1960년대 할로는 무엇이 우울증을 일으키고 치료하는지에 관심을 기울였다. 고독의 영향력에 대해 탐구하기 위해 원숭이를 대상으로 격리 실험을 실시하기도 했다. 할로는 한 가지 연구 주제만이 아니라 학습 능력, 사회적 지지망, 호기심, 엄마의 사랑, 접촉, 육아, 학대, 외로움, 스트레스, 우울증 등과 같은 여러 주제로 수많은 연구 과제를 탐구했다. 그리고 이러한 여러 연구 과제에서 할로의 포괄적인 관점은 궁극적으로 사랑의 본질에 있다고 할 수 있다.

해리 할로의 저서와 논문 경력을 볼 때 놀라운 것은, 비록 그가 획기적인 실험과 함께 연구 활동을 활발히 하였음에도 불구하고 출간한 서적이나 논문이 그다지 많지 않다는 것이다. 그의 주요 저서 및 논문으로는, 『사랑의 본질The Nature of Love』(1958), 「새끼 원숭이의 정서적 반응Affectional Responses in the Infant Monkey」(1959), 『애정 체계The Affectional Systems』(1965), 「원숭이의 완전한 사회적 격리Total Social Isolation in Monkeys」(1965), 「격리 사육한 원숭이의 사회 복귀Social Recovery by Isolation-Reared Monkeys」(1971) 등이 있다. 그의 주요 저서 중에서 1974년에 출판된[1] 『사랑의 학습Learning to Love』은 1966년에 먼저 논문[2]으로 게재되었고, 이후 책으로 출간되었다.

3. 할로의 애착 이론

이 책의 이론사적 의의를 살펴보기 위해서는 애착 이론에 관한 연구가 어떻게 발달되어 왔는지 파악해야 한다. 애착attachment이란 삶에서 특별한 사람에게 느끼는 강력한 정서적 결속을 가리킨다. 주로 갓 태어난 아기는 자신의 양육자와 처음으로 애착을 형성하게 되는데, 영아는 누군가와 애착이 형성되면 그 사람과 있을 때 기쁨을 느끼고 불안한 상황에서는 그의 존재로 인해 위안을 받는다. 초기의 애착은 이론적인 측면에서 논쟁의 대상이었다. 정신

1 1974년도의 책은 개정판이며 초판은 1971년에 발간되었다. 이 명저 소개에서는 개정판의 내용을 다룬다.

2 이 논문은 엄마와의 사랑과 또래와의 사랑을 다루고 있다.

분석학적 관점에서는 수유를 아기와 양육자가 형성하는 친밀한 정서적 유대감에 있어 중요한 요소라고 여겼고, 프로이트Freud는 영아가 자신에게 구강 만족을 제공하는 사람이나 물체에 애착된다고 믿었다. 학습 이론의 경우 정신분석 이론과 마찬가지로 수유의 중요성을 강조했지만, 학습 이론가들은 애착 행동을 학습에 의한 것으로 보았다. 즉, 양육자가 수유를 제공하면서 아기의 배고픔을 만족시켜줄 때, 양육자는 아기를 부드럽게 만져주고 따뜻한 미소를 지어주며 애정 어린 말을 해준다. 그렇게 되면 아기는 수유와 함께 이러한 위안도 함께 수반된다는 것을 학습하게 된다. 따라서 아기는 엄마를 즐거운 기분을 제공하는 존재로 인식하게 되고 엄마의 관심을 끌기 위해 미소를 짓고, 울거나 따라가기 등을 하게 된다고 주장했다(Shaffer, 2005).

비록 수유가 아기와 엄마가 친밀한 관계를 형성하는 데 있어 중요한 요소일지라도, 할로는 애착이 배고픔을 충족시켜주는 것에 의존하지 않는다는 것을 실증적으로 보여주었다. 앞서 저자소개에서 언급되었던 1950년대 할로의 유명한 실험 중 하나인 헝겊 대리모 연구 결과와 더불어 갑자기 무섭게 짖어 대는 장난감을 넣어 공포 상황을 만들었을 때 겁에 질린 아기 원숭이가 천으로 된 엄마에게 달려가 위안을 얻으려고 하였다는 연구 결과가 그것이다. 따라서 엄마에게 애착하는 것은 엄마가 생물학적인 욕구를 충족시켜 주어서가 아니라 접촉하면서 얻게 되는 위안의 중요함을 의미한다고 할로는 주장하였다. 즉 할로에 따르면 접촉에 의한 사랑이 애착의 기제인 것이다. 애착 이론은 이러한 연구 덕분에 본능과 같은 1차 욕구의 충족을 강조한 정신분석적 관점에서 벗어나 다른 방식으로 애착의 기제를 설명할 수 있었다(Marrone, 2005). 그리고 이러한 할로의 철사 어미 실험의 연구 결과를 토대로 스킨십과 관련된 모든 과학이 탄생했다고 할 수 있다(Slater, 2005). 이 책에서는 접촉으로부터 시작된 사랑이 전반적으로 우리의 인생에서 얼마나 중요한지를 보여준다. 사랑의 본질에 기반을 둔 할로의 연구들은 다음과 같이 애착 이론의 발전에 중요한 역할을 하였다.

이 책에 언급되어 있는 할로의 연구들을 비롯해서 전반적인 할로의 실험 결과는 보울비(Bowlby, 1973)의 애착 이론을 뒷받침하는 실증적 증거가 되었다. 보울비는 아기가 부모의 보실핌과 보호를 이끌어낼 수 있는 웃기, 울기, 매달리기와 같은 생존을 위한 유발 자극을 생득적으로 가지고 있고 엄마는 이러한 유발 자극에 반응하도록 생물학적으로 프로그램화되어 있다고 보았다. 따라서 그는 애착 형성 과정에서 아기를 단순히 보살핌을 받는 수동적인 존재가 아니라 스스로 보살핌을 이끌어내는 적극적인 존재라고 보았고, 애착은 엄마와 아기 간의 서로 상호적인 관계 속에서 형성된다고 주장하였다.

할로의 전기(Blum, 2005)에 따르면, 애인즈워스가 할로의 연구에서 보인 원숭이의 행동과 일치하는 결과를 제시하기도 하였다고 한다. 헝겊 대리모에게 애착을 형성한 원숭이가 헝겊 대리모와 함께 낯선 방에 놓이게 되면 주변을 탐색하는 등 행동을 보이는데, 애인즈워스는 이러한 행동이 엄마와 관계를 형성한 아기들에게서도 보이는 행동이라는 것을 알게 되었다. 반대로 철사 대리모 곁에서 자란 원숭이가 낯선 방에 놓이게 되면 주변을 탐색하지 않고 한쪽 벽에 웅크려 있는 등 두려움을 보이는데, 그녀는 엄마로부터 안정감을 얻지 못한 아기에게서도 이러한 행동을 관찰하게 되었다. 이후에 애인즈워스는 아이들을 대상으로 실시한 낯선 상황 절차[3]에서 아기의 행동이 어떻게 달라지는지에 따라 애착 유형을 크게 안정애착과 불안정애착으로 분류하였다(Ainsworth, Blehar, Waters, & Wall, 1978). 안정애착은 영아와 양육자 간 안정된 결속을 가리키며 영아는 양육자와의 접촉을 반기고 환경을 탐색하는 기지로 이용한다. 반면에 불안정애착은 영아와 양육자 간 불안정한 결속을 가리키는데, 불안정애착은 회피애착[4]과 저항애착[5]을 포함한다. 이후에 불안정-혼란된 애착 유형이 추가되었고(Main & Solomon, 1990), 이러한 애착 유형 분류는 오늘날까지도 사용되고 있다. 이렇듯, 원숭이를 대상으로 실시한 할로의 연구 결과는 애착 이론 발달에 기여하는 바가 크다고 할 수 있다. 또 이 책을 통해 설명하는 원숭이 자료가 사람들 간의 유대 관계를 잘 설명할 수 있는 계기를 마련해준 것이 아닐까라는 생각을 해본다.

마지막으로 이 책의 핵심 내용, 즉 사랑의 학습이라는 주제와 더불어 할로의 연구는 시대를 앞서갔다고 할 수 있다. 지금 이 시점에서 이 책을 읽으면 할로의 실험 결과들과 그의 주장이

---

3 엄마와 낯선 사람이 아기가 있는 방에 교대로 들어왔다가 나가는 상황에서 행동을 관찰하는 절차이다.

4 회피애착: 처음부터 엄마의 존재에 무관심하다. 엄마가 떠나도 별 동요를 보이지 않고 엄마가 돌아왔을 때도 엄마를 본척만척하며 무시하는 유형이다.

5 저항애착: 엄마가 있어도 낯선 상황을 탐색하지 않고 불안해하며 떠나면 극심한 불안을 보인다. 엄마가 돌아오면 화를 내지만 엄마에게 다가가기도 했다가 뿌리치기도 하는 저항 행동과 양면적인 감정 반응을 보인다.

당연한 것이 아닌가라는 생각이 들 수도 있다. 그러나 어느 연구자도 사랑에 대해 연구하지 않던 시절 할로가 이 책을 통해서 사랑이란 주제에 과학적으로 접근하였다는 점, 그리고 사회적 행동이라는 개념이 나올 무렵 처음으로 엄마와 아이의 관계, 아이와 사회의 다른 구성원, 예를 들어 아빠, 또래, 이성 상대와의 관계를 진지하게 관심을 가지며 탐구했다는 점이 이 책의 의의라고 할 수 있겠다.

이 책의 서론에서 할로는 심리학자, 정신과 의사, 정신 분석가, 사회복지사들이 유아기 때의 사랑을 제대로 인식하지 못한다고 지적한다. 아기와 거리를 두는 것을 강조했던 1930-1950년대 미국에서의 육아 방식을 비판하는 대목이라 할 수 있겠다. 할로는 사랑에 관한 생각과 의견을 전문적으로 이해하기 위해 1950-1970년대 연구들을 개괄한 결과 사랑에 대한 이론이나 사실에 대한 초록은 거의 없었다고 한다. 있다고 하더라도 논문을 구성하고 있는 것은 사랑에 대한 분석가들의 이론이었는데, 그러한 내용은 진정한 사랑real love이라기보다는 이론적인 사랑theoretical love이었다. 할로는 사랑에 대한 실험과 발달적 사랑에 대한 과학적인 에세이가 전혀 없었기에 이 책을 쓰기 시작했다고 한다.

이 책의 주요 내용은 다음과 같다.

1장. 사랑Love

2장. 사랑Love

3장. 두려움과 화Fear and Anger

4장. 사회적 행동Social Behavior

1장에서는 5종류로 이루어진 애정 체계를 소개하며 모성애와 유아사랑에 관해 설명하고 2장에서는 동년배 또는 또래의 사랑, 이성애, 부성애를 다루고 있다. 3장에서는 애정 체계와 관련하여 두려움, 불안, 화, 공격성 등에 대해 논의하고, 마지막으로 4장에서는 사랑의 학습으로 인해서 영향을 받을 수 있는 보편적인 사회적 행동에 대해 이야기한다. 전반적으로 이 책에서 할로는 수많은 연구를 소개하면서 우리에게 사랑을 학습한다는 의미가 무엇이고 왜 학습되어야 하는지 설명하고 있다. 더 나아가, 그는 우리가 살아가는 데 있어서 많은 유대 관계, 즉 애정 체계가 필요하다는 것을 과학적으로 접근하여 보여준다.

4. 사랑을 '학습'한다?

앞서 언급한대로 이 책은 총 4장에 걸쳐서 구성되어 있다. 각 장은 주로 저자의 논지를 뒷받침하는 다수의 실험내용으로 이루어져 있는데, 할로가 직접 실시한 실험과 더불어 다른 연구자들의 실험이 인용되었다. 여기에서는 각 장의 주요내용과 더불어 책의 핵심적인 이론 및 관점을 이해하는 데 도움이 되는 대표적인 실험을 살펴보도록 하겠다.

사랑

이 장에서 할로는 사랑을 다른 사람에 대한 애정affectional feeling으로 정의하며 대인관계에 관련된 사랑은 적어도 5종류가 있다고 말하고 있다. 다음은 할로가 분류하고 명명한 다섯 가지의 애정(애착) 체계이다.

- 모성애Maternal Love: 자녀에 대한 어머니의 사랑
- 유아사랑Infant Love: 어머니에 대한 유아의 사랑
- 동년배 또는 또래사랑Age-Mate or Peer Love: 아동에 대한 아동의 사랑, 청소년에 대한 청소년의 사랑
- 이성애Heterosexual Love: 성적으로 이끌리는 두 남녀의 사랑
- 부성애Paternal Love: 자신의 가족이나 사회의 다른 구성원에 대한 남성의 사랑

위 5종류의 애정 체계는 단계별로 순차적인 동시에 연결고리 같은 역할을 하는데, 각 애정 체계는 다음 단계의 애정 체계로 넘어갈 수 있도록, 다시 말해 개인이 다음 단계의 사랑을 경험할 수 있도록 준비시킨다. 따라서 모성애와 유아사랑은 아동에게 안정성과 믿음에 대한 기본적인 정서를 제공함으로써, 또래와의 관계 시 여러 복잡한 문제에 직면할 아동을 준비시킨다. 하지만 하나의 애정 체계에서 상대방과의 사랑이 너무 강하게 연결되어 있으면 다음의 애정 체계로 넘어가는 것을 방해할 수 있다. 즉, 엄마와의 유대를 끊지 못하는 것은 또래사랑이 발달하는 것을 방해할

수 있고, 너무 강하게 형성된 동성친구와의 유대는 후에 이성애 수용을 저지할 수 있다.

이 책에서 할로는, 사랑은 지금까지 문학이나 전설에서나 나오는 것으로 여겨져 왔고 인간의 사랑에 대한 객관적인 보고는 거의 없기 때문에 이런 부족한 객관적인 데이터를 원숭이 실험자료로 보충하였다고 말한다. 물론 원숭이는 사람보다 훨씬 단순한 동물이지만, 단순하기 때문에 기본적인 애정 체계에 대한 명확한 그림을 줄 수 있고, 한 체계에서 다른 체계로 넘어갈 때의 위험성 및 문제점에 대해 알려준다고 주장한다.

모성애

할로는 모성애 체계가 3개의 발달 단계로 구성되어 있다고 말하고 있다. 즉 첫째, 보살핌과 위안 단계The Stage of Care and Comfort, 둘째, 과도기적 단계The Stage of Transitional, 셋째, 상대적인 분리 단계The Stage of Relative Separation이다.

보살핌과 위안 단계에서 어미 원숭이의 첫 번째 기능/의무는 자신의 새끼에게 친밀한 신체접촉을 제공하는 것으로, 어미는 아기를 팔에 안거나 아기에게 다가감으로써 사랑을 줄 수 있다. 이러한 신체 접촉을 통한 접촉위안은 모성애를 유도하는 데 있어서 중요한 기제일 수 있다. 신체접촉으로 모성애를 이끄는 것을 살펴본 실험의 예로, 할로가 운영한 위스콘신 영장류 연구소Wisconsin Primate Laboratory에서는 자신의 새끼와 분리된 어미 원숭이에게 새끼 고양이를 주어 행동을 관찰하였다. 어미 원숭이는 새끼 고양이를 보살피려고 노력했으나 새끼 고양이는 어미 원숭이에게 다가가지도, 혹은 안기려고 하지도 않았다. 신체접촉의 부재로 인해 새끼 고양이에 대한 어미 원숭이의 모성애는 줄어들었고 12일 후 새끼 고양이는 완전히 버려졌다. 다른 실험에서는, 자신의 새끼 원숭이와 분리된 어미 원숭이에게 눈이 먼 새끼 원숭이를 주었다. 이 눈이 먼 새끼 원숭이는 어미 원숭이, 즉 위탁어미에게 매달리며 안겼고, 어미 원숭이는 성공적으로 이 새끼 원숭이를 받아들였다. 이와 같은 실험은 비록 자신이 낳은 새끼는 아닐지라도 신체접촉을 통해 어미에게서 모성애를 이끌어낸 것, 그리고 접촉과 더불어 새끼 원숭이 역시 어미에게 반응을 하는 것이 중요하다는 것을 보여주었다. 즉, 엄마와 아기와의 관계는 쌍방향인 것이다. 이전의 여러 연구를 종합해보면 반응이 없는 아기는 결국 젖을 먹을 수 없을 것이라고 추측할 수 있다. 새끼가 어미와의 접촉을 피하면 어미의 모성애는 줄어들 것이고, 결국 어미 역시 새끼를 받아들이지 않게 되므로 새끼에게 젖을 주지 않을 것이기 때문이다.

보살핌과 위안 단계에서 엄마의 두 번째 기능은 생물학적 생체 요구 충족biological homeostatic needs으로, 특히 아기의 배고픔과 목마름을 충족시켜주는 것이다. 갓 태어난 새끼 원숭이는 어미 원숭이에 의해 어미의 가슴부근으로 꼭 껴안아지고, 새끼는 젖 빨기 및 먹이찾기반사rooting reflect를 통해 어미의 젖에 대한 애정을 강화시킨다. 모유수유는 엄마와 아기 간에 친밀한 상호작용을 형성할 수 있는 기회를 제공한다. 그러나 모유수유가 아니어도, 젖병 사용 시 애정 어린 보살핌이 있으면 아기가 엄마에 대한 사랑을 동일하게 느낄 수 있다. 마지막으로 이 단계에서 엄마의 세 번째 기능은 보호protection이다. 엄마는 자신의 아기가 위험에 처하면 아기를 보호하기 위해 공격적이게 되는데, 여성이 성숙해지면 공격성 수준은 남성과 비슷해진다.

과도기 단계에서 엄마는 아기를 자립시키려고 하면서도 보호하려는 이중적인 태도를 보인다. 아기는 적절한 연령이 되면 엄마와의 관계에서 벗어나 한 개인으로서 독립적으로 기능해야 한다. 그래서 아기에 대한 엄마의 긍정적인 반응은 점차 줄어들고 거절 및 밀쳐내는 빈도가 늘어난다. 예를 들어 원숭이의 경우, 거절과 같은 부정적인 모성행동은 새끼가 5개월이 되었을 때 절정에 달하고 9개월 쯤 되었을 때 점차 감소한다. 어미는 가끔 의도적으로 새끼를 품에서 내려놓거나, 새끼가 충동적으로 엄마 품에 안기려고 하면 밀치거나 팔을 뻣뻣하게 하는 등의 행동을 보인다. 이러한 행동은 강한 모성의 끈을 자르고 아기가 자기만의 세계 및 영역을 형성하도록 자유롭게 풀어준다. 그러나 만약 새끼가 자신으로부터 너무 빨리, 혹은 멀리 걸어가면 어미는 새끼를 보호하려고 하는 이중적인 태도를 보인다. 물론 새끼가 위험에 처해있을 때 어미는 망설임 없이 새끼를 보호한다. 인간의 경우에는 젖을 떼기 위해 아기를 유아원에 보내거나 장난감 등을 제공한다. 이 단계에서 엄마의 거절 행동은 여러 형태의 모성애 중 한 가지일 수 있는데, 자신의 아기를 사랑하는 엄마가 아기를 자립적으로 만든다고 할로는 말하고 있다.

마지막으로, 분리 단계에서 아기는 엄마로부터 분리되는 경험을 한다. 이러한 분리는 가정에 새로운 아기가 생겨날 때 일어나는데, 이때 엄마와 아기의 유대는 적어도 신체적으로는 사라지게 된다. 엄마는 새로 태어난 아기를 보살피는 데 몰두하기 때문에 엄마와 첫째로 태어난 아기 간의 분리를 증가시킨다. 원숭이를 대상으로 실시한 핵가족 실험을 통해 분리 단계를 살펴본 결과, 첫째로 태어난 새끼는 동생이 생긴 후, 특히 밤에 엄마의 접촉을 간간히 유지하기 위해 노력하는 모습을 보였다. 첫째 새끼의 경우, 낮에는 친구들과 놀기 때문에 어미와 떨어져 있어도 괜찮은 듯했지만, 친구들과 헤어진 밤에는 어미의 접촉을 얻으려고 지속적으로 다가가거나 열심히 노력하는 모습을 보였다 그리고 어미와의 접촉에 실패하면 결국 아버지에게로 가서 위안을 얻는다는 것이 관찰되었다.

유아사랑

할로는 유아사랑이 모성애와 동시에 작동되며, 이 체계는 다섯 가지로 구성되어 있다고 말하고 있다. 첫째, 유기적 애정단계The Stage of Organic Affection, 둘째, 위안과 애착단계The Stage of Comfort and Attachment, 셋째, 위안(위로) 및 안정단계The Stage of Solace and Security, 넷째, 비애착과 환경탐색 단계Stage of Disattachment and Environmental Exploration, 다섯째, 상대적인 독립성 단계Stage of Relative independence이다.

유기적 애정단계에서 새끼 원숭이의 몸과 다리를 사용한 초기 반사 반응은 어미의 몸에 접촉하도록 해준다. 예를 들어, 수직 등반과 같이 위로 올라가는 반응은 새끼가 어미의 젖으로 가서 젖의 위치를 찾는 데 도움을 주고, 포유반사는 어미의 젖을 먹을 수 있게 해준다. 이 단계는 주로 사회화보다는 신체적 적응 단계라고 할 수 있다.

위안과 애착단계는 아기가 엄마의 몸과 가슴에 접촉할 수 있게 되자마자 시작된다. 이 단계에서는 아기와 엄마 사이에 진정한 정서적인 유대가 형성되고 기본적인 사회적 관계가 이루어진다. 이 단계에서 보이는 유아의 중요한 행동은 기본적인 물체 따라하기로, 실제로 새끼 붉은 털 원숭이의 경우에도 어미의 행동을 따라한다는 것이 관찰되었다. 어미가 물체를 탐색하거나 음식을 먹으면 새끼 원숭이도 그렇게 했고, 어미가 놀라거나 겁을 먹으면 새끼는 안정과 안전을 위해 어미의 몸에 달라붙었다. 이러한 행동은 아기가 엄마의 경험으로부터 배움을 얻도록 해주는데, 예를 들어 이렇게 따라하는 경험을 통해 아기는 탐색행동을 할 때 위험을 줄일 수 있다. 유아는 위안과 애착단계가 진행되는 동시에 모성애 체계에서 진행되는 엄마의 애착 및 보호단계로부터 엄마가 존재함에 따른 강한 안전 및 안정감을 발달시킨다. 그리고 엄마와의 신체 접촉으로 인해 강화된 엄마와의 유대는 확실히 유아의 위안(위로) 및 안정 단계로 진입하도록 해준다.

위안(위로) 및 안정단계는 유아나 새끼 원숭이가 특정 엄마에 대한 애정을 발달시킬 때 진행되고, 이 단계는 엄마가 존재할 때 아기의 용감성과 엄마가 존재하지 않을 때의 용감성으로 설명할 수 있다. 한 예로, 할로는 '괴물' 엄마라고 명명한 장치를 만들어서 어미에 대한 아기의 사랑을 살펴보았다. 이 실험에서는 심하게 흔드는 천 어미, 송곳이나 못 같은 것이 튀어나오는 천 어미, 얼굴 및 몸에 심한 공기를 분출하는 천 어미, 철골 같은 것이 튀어나와 새끼 원숭이를 떨쳐 버리는 천 어미로 구성된 4개의 가짜 몬스터 대리모가 사용되었다. 이 네 마리 몬스터 대리모는 새끼 원숭이가 안기면 때리고 찌르고 고통을 주었는데, 그럼에도 불구하고 새끼 원숭이는 대리모에게 더 꽉 붙어 있었다. 새끼 원숭이가 울고 아파해도 원숭이는 다시 철골이 제자리로 돌아올 때까지, 혹은 못이 다시 들어갈 때까지 기다린 후 대리모의 배 쪽으로 다시 돌아가서 안겼다. 놀라운 것은 새끼 원숭이들은 이 실험에서 불안도, 누적되는 공포심도 보이지 않았다는 점이다. 아픔을 주는 자극이 대단했음에도 불구하고 이러한 메커니즘은 모든 불쾌함, 불안, 고통을 대신했다. 여기서 할로는 이 실험 이외에 어떠한 실험도 아기에게 위안과 안정, 즉 접촉위안을 제공하는 엄마의 힘을 더 잘 보여주지 못할 것이라고 말했다. 또 다른 연구에서는 나쁜 괴물 모형이 나와서 새끼 원숭이가 두려워하면 먹이를 주는 철사/천 어미와 먹이를 안 주는 철사/천 어미 중 어떤 종류의 어미를 선택하는지 반응을 측정하였다. 그 결과, 괴물 모형이 나오면 새끼 원숭이들은 먹이를 주는 어미이든 안 주는 어미이든 천으로 된 어미에게로 가서 안겼다. 더 나아가, 괴물 모형이 천 어미에게로 다가가는 조건에서 새끼 원숭이는 천 어미에게 바싹 달라붙으면서 정서적으로 빠르게 침착해짐을 보였다. 새끼 원숭이들이 충분히 어미로부터 위안(위로)과 안정을 느끼면 그들은 방금 전까지 자신이 무서워했던 실험 공간을 탐색하기 시작했는데, 실제로 몇몇 용감한 새끼 원숭이들은 가짜 괴물 모형에게 다가갔고, 그중 한 마리는 괴물을 훼손하고 찢어버렸다. 이 실험들에서 보여주듯, 엄마로부터 학습된 사랑은 강력했다.

비애착과 환경탐색 단계의 주요 기능은 영아가 외부의 환경과 상호작용하는 기회를 증가시켜 영아의 활동, 호기심, 욕구의 자유를 성숙하게 해주는 것이다. 이 단계는 모성애 체계에서의 과도기 단계와 동시에 진행될 수 있는데, 예를 들어 영아는 장난감을 가지고 놀면서 안정감을 느끼는 엄마의 품을 떠나 있을 수 있다. 이 비애착 단계는 전적으로 영아 위주 과정으로서, 아기가 소란을 피우거나 아기에게 위험이 발생하지 않는 이상 엄마의 역할은 수동적이다. 즉, 엄마는 아기가 스스로 움직이고 혼자서 놀도록 놔둔다. 마지막으로 상대적인 독립성 단계는 모성애 체계에서의 분리단계와 동시에 진행된다고 볼 수 있다. 비애착 단계와는 달리, 이 단계에서 분리는 주로 엄마의 행동에 의해 결정되는데, 앞서 언급했듯 엄마는 새로 태어난 아기를 돌보는 데 상대적으로 더 많은 시간을 쓰기 때문이다. 그렇게 됨으로써 유아는 상대적으로 엄마로부터 점차 독립하게 된다.

모성애와 유아사랑 체계에서는 아기가 동년배를 수용하고 그들과 상호작용을 할 수 있도록 준비시키는 것이 엄마의 가장 중요한 기능이다. 태어나자마자 엄마로부터 얻는 사랑이 다른 애정 체계 발달의 기반이 되므로 처음에 형성되는 애정 체계가 매우 중요하다고 볼 수 있다.

동년배 또는 또래사랑

이 책에서 할로는 한 개인이 사회에 장기적으로 적응하는 측면에서 가장 중요한 체계가 동년배 또는 또래 애정 체계Age-Mate or Peer Affectional System라고 주장한다. 동년배 또는 또래 애정 체계는 엄마와 자녀 간의 친밀한 신체적 유대가 약해지는, 즉 유아가 엄마의 몸이나 손이 닿는 곳을 벗어나서 돌아다니기 시작할 때 시작된다. 또래사랑에서 주요한 것은 놀이이다. 영아기에서 놀이는 자기중심적인 탐색놀이에서 평행놀이로 진행되고, 이후에 아동·청소년·성인기에서는 형식적 놀이 및 자유놀이와 같은 다면적 형태의 사회적 상호작용 놀이로 진행된다.

앞서 언급했다시피, 엄마와의 사랑을 습득하지 못하면 놀이를 통한 동년배 또는 또래 애정 체계에 문제가 생길 수 있다. 예컨대, 갓 태어난 새끼 원숭이를 6개월 간 격리시킨 후 다른 원숭이 또래 집단에 넣었을 때 이 새끼 원숭이는 주위를 탐색하지도 않고 놀 줄도 모르는 것이 관찰되었다. 더 나아가, 이 새끼 원숭이는 다른 원숭이로부터 괴롭힘을 당해도 아무런 저항을 하지 않았다. 사랑을 학습하지 못한 원숭이는 무력감에 빠지게 되었고 결국 상대방과 상호작용을 못했기 때문이었다. 이러한 실험 결과는 초기 애정 관계 형성의 중요성을 보여주는 한 가지 예이다.

자유놀이는 사회화에 있어서 가장 중요한 영향을 주는 것 중 하나로서, 붉은 털 원숭이를 대상으로 실시한 연구에서는 엎치락뒤치락 놀이와 접근-중단 놀이[6]가 대표적인 자유놀이의 종류였다. 접근-중단 놀이는 사회질서를 학습하게 해주고, 이후 짝짓기 시 자세를 발달시켜주며 특정 대상에 대한 애정 관계 형성을 학습하도록 해준다. 예를 들어, 만약 어릴 때 암컷 원숭이가 수컷 원숭이로부터 쫓겨본 경험이 없다면, 즉 자유놀이를 할 줄 모르면 암컷 원숭이는 평생 순결한 채로 남아 있을 수 있다. 인간의 경우도 마찬가지로, 또래와의 놀이는 이성애 발달을 준비하는

6 앞뒤, 위아래 등으로 서로 쫓고 쫓기는 패턴의 놀이이다.

데 중요한 역할을 할 수 있다.

놀이를 통해서 친구 관계를 맺는 것과 같은 사회적 탐색은 아동이 더 넓은 사회를 탐험하는 것을 부추기고 새로운 세계에 대한 공포를 상당히 많이 없애준다. 이 장에서 할로는 공격성 조절의 주된 기반이 전반적으로 또래와의 사랑/애정으로 다져진 강한 유대감을 형성하는 것이라고 말한다. 두려움은 엄마로 인해 저해될 수 있지만 공격성은 오직 동년배age mate에 의해서만 조절되는데, 원숭이나 인간과 같은 모든 영장류는 잠재적인 공격성을 가지고 태어나지만 공격성 자체는 비교적 이후에 발달되는 변인이기 때문이다. 예컨대, 1세의 경우 아기는 엄마와의 분리로 인해 두려움을 느끼지만 이러한 연령에서는 공격성을 알지도, 혹은 나타낼 수도 없다.

또래놀이의 대표적인 기능 중 하나는 사회·문화적 패턴의 발견과 학습이다. 놀이는 아동이 사회적 규칙 및 규제가 있다는 것을 인식하게 하고, 이것을 어겼을 때 발생하는 긍정적·부정적 결과가 무엇인지 알게 해준다. 놀이와 더불어, 동년배나 또래 애정의 주된 사회적 기능 중 하나는 개인적인 유대 형성에 대한 기회제공으로, 우리는 여러 또래 중에서 개인적으로 친하게 지내고 싶은 상대와 유대 관계를 형성할 수 있다. 대부분 흔히 이러한 교우관계는 동성 멤버 간에 있지만 이성 상대 간에도 형성될 수 있는데, 이러한 교우 관계는 전적으로 정신적인platonic 사랑 수준에서 오랜 기간 유지된다.

이성애

이성애Heterosexual Love 체계는 주로 사춘기에 나타나 청소년기 후반에 완전히 나타나고 전반적인 성인기에 걸쳐 작동된다. 할로는 모든 영장류의 이성애 발달이 첫째, 역학적 하위 체계mechanical subsystem, 둘째, 분비 하위 체계secretory subsystem, 셋째, 낭만적 하위 체계romantic subsystem라는 3단계의 하위 체계를 거쳐서 발달된다고 말하고 있다.

역학적 하위 체계에 따르면, 영장류는 해부학적으로 짝짓기를 할 수 있는 자세를 가지고 태어난다. 예컨대, 원숭이의 경우 짝짓기를 할 수 있도록 암컷은 네 다리로 고정된 자세를 취하고 수컷은 배를 암컷의 엉덩이 부근에 붙이는 자세를 취한다. 분비 하위 체계는 성 호르몬이 분비되면서 발달되는데, 여성의 경우 초경을 시작으로 분비 하위 체계가 나타난다고 할 수 있다. 마지막으로 낭만적 하위 체계는 인간의 경우 낭만적 사랑이라 불리고 원숭이의 경우 이성에 대한 일시적인 애착 혹은 선호라고 불린다. 낭만적 하위 체계의 주요 특징은 이성 간의 정서적인 유대감으로, 이 하위 체계는 유아사랑과 또래사랑 체계에 기반을 둔다. 즉, 엄마와의 사랑으로 인한 접촉 수용을 통해서, 그리고 또래와의 놀이 중 습득된 신체적 근접성에 대한 즐거움을 통해서 얻게 된 기본적인 믿음은 동년배 애정에서 이성애로 넘어가는 데 영향을 미친다. 더 나아가 정서적 유대를 삶의 초기에 형성하지 못하면, 이후 짝짓기 측면에서 문제를 일으킬 수 있다.

새끼 원숭이에게 있어서 애정 발달의 결핍은 사회적 소속에 대한 동기를 저하시킨다. 소속감affiliation은 출생 시 엄마의 팔에서부터 시작되고 사회적 그룹 내에서 학습된 유대감을 통해 강화된다. 원숭이 분리 연구에 의하면, 사회적으로 박탈된 암컷은 정상적인 수컷 근처에 가까이 머무는 빈도가 정상적으로 자란 암컷에 비해 낮았다. 비록 수컷이 암컷에게 거의 먼저 다가가더라도 사회적으로 박탈된 암컷은 수컷과 1분 이상 가깝게 있는 것을 피했다. 암컷이 이러한 행동을 보이는 것은 낭만적 하위 체계에서 이성애적 접촉을 받아들이지 못하고 기본적인 불신을 형성했기 때문일 수 있다. 따라서 삶의 초기에 애정을 경험하지 못하면, 즉 사랑을 학습하지 못하면, 나중에 번식적인 측면에서 이성과의 관계에 문제를 일으킬 수 있다고 할로는 말하고 있다. 이성과 관계를 맺고 자식을 낳은 암컷 원숭이는 모성애 체계를 경험하고 수컷은 부성애 체계를 경험하며 자기가 어렸을 때 부모로부터 받았던 사랑을 다시 자신의 새끼에게 전해준다.

부성애

이 절에서는 다섯 가지 애정 체계의 마지막 단계인 부성애Paternal Love에 관해서 간략히 설명하고 있다. 할로는 당시 원숭이든 인간이든 전반적인 부성애 체계에 대한 연구나, 이 체계에 영향을 미치는 변인에 대한 연구가 부족하던 시기였기 때문에 자료가 한정적이라고 말한다. 부성애 체계는 유아에 대한 성인 남성의 사랑, 즉 유아와의 정서적인 관계로 설명될 수 있고, 대리부도 종종 있기 때문에 생물학적인 관계만으로 부성애의 특징을 정의내릴 수는 없다. 아기 보호는 부성애 체계에서의 주된 의무로서, 성인 남성은 다른 집단으로부터 발생되는 위험에서 아기를 방어하고 보호한다. 그리고 아기는 성인 남성과 가깝게 있으면서 보호적인 아빠의 열정을 학습할 수 있다.

부성애 부분에 대해 간략히 코멘트하면, 요즘 아빠와 아동 관련 연구들은 아동이 발달하는 데 있어서 아빠의 역할이 중요하다는 것을 강조한다. 많은 연구가 부족했던 1950-1960년대에 부성애 체계, 즉 아빠의 사랑 및 역할을 언급한 할로는 시대를 앞서 간 학자라고 할 수 있다. 실제로, 할로의 전기(Blum, 2005)에서도 할로가 아버지 역할을 강조한 최초의 학자라고 소개되어 있다.

할로는 1-2장에 걸쳐 다섯 가지 애정 체계를 소개하면서 실험적 상황이란 틀이 일반적으로 영장류의 사랑에 대한 다수의 측면을 더 객관적인 평가로 바라볼 수 있도록 해준다고 말하며 다음 장으로 넘어간다.

두려움과 화

이 장에서는 사랑과 반대되는 측면인 두려움 · 화에 대해 다루면서 왜 사랑을 학습하는 것이 중요한지 보여준다. 일반적으로 두려움은 두려움을 유발하는 사람, 물체, 혹은 상황을 회피하는 것으로 표현되고, 화는 심리적으로나 신체적인 공격을 가하는 것으로 도리어 접근적 행동의 형태를 취한다. 비록 두려움과 화는 비사회적인 정서/감정이지만 사랑으로 인해서 조절되고 영향을 받을 수 있다. 따라서 사랑은 사회통합에 있어서도 중요한 역할을 할 수 있다.

사랑이란 감정은 불안이나 화보다 대단히 우세한 감정으로, 사랑은 두려움이나 화가 성숙되기 전에 미리 성숙되기 때문에 부정적인 정서를 누그러뜨리거나 조절 · 억제를 할 수 있게 해준다. 억제되지 않은 공격성은 잘 발전된 사회적 구조 아래에서도 개체의 생존을 위협한다. 하지만 조절되고 사회화된 공격성은 적에 대응할 수 있는 집단, 즉 응집력이 강한 집단을 형성하는 데 필수적이고, 따라서 사랑에 의해 조절된 공격성은 종의 생존확률을 높여준다. 사람들이 두려움과 화로 인해 부정적인 행동을 할 수 있음에도 불구하고 이러한 사랑의 긍정적 측면은 개인과 사회를 올바르게 형성하고 이끄는 데 효과적으로 영향을 줄 수 있다.

한 예로, 붉은 털 원숭이의 사회정서 발달의 경우 애정은 생후 2개월이 되어서 정상적으로 형성되고 두려움은 생후 약 3개월이 될 때 나타나며 공격성은 생후 6개월이 될 때 나타난다. 이렇게 순차적으로 형성되는 패턴으로 인해 사랑의 성숙은 두려움과 공격성을 완화시킬 수 있다. 따라서 삶의 초기에 사랑을 학습하는 것이 매우 중요하다.

삶의 초기에 경험하는 두려움은 모성애 및 유아사랑 체계 안에서 엄마에 대한 아기의 기초적인 믿음과 안정감 형성에 의해 주로 억제되고 완화된다. 예컨대, 새끼 원숭이는 어미의 부재 시 모든 것에 두려움과 불안함을 느낀다. 이를 보여주는 실험으로, 연구자들은 천 어미에게서 길러진 새끼 원숭이를 장난감이 놓여 있는 새로운 방에 놓고 새끼 원숭이의 행동을 관찰하였다. 이때 방안에 천 어미가 있으면 새끼 원숭이는 방을 탐색하고 장난감을 가지고 놀았다. 그러나 천 어미가 없거나 대신 철사 어미가 방 안에 놓여 있으면 새끼 원숭이는 땅바닥에 엎드려 울거나 벽에 기대어 웅크려 있는 등 무서움에 떨고 불안해했다. 이 실험은 엄마와의 관계로부터 형성된 애정이 불안을 감소시켜준다는 것을 보여준다. 물론, 새끼 원숭이에게 있어서 주된 보호자는 엄마이지만 이후 자라면서 또래와의 관계나 이성 간의 관계에서 형성된 애정으로 두려움이나 불안감이 조절될 수 있다.

두려움이나 불안과는 달리, 화는 공격적인 행동을 통해 분출될 수 있다. 공격성은 자신을 향하거나 다른 사람을 향해서 가해질 수 있다. 예컨대, 태어나자마자 사회적으로 분리된 채 자란 원숭이, 즉 어떠한 애정 체계에서도 사랑을 학습하지 못한 원숭이에게서 자기를 향한 공격성이 관찰되었다. 이러한 행동은 3살 이후 낯선 동물이 자신의 우리에 있을수록 더 자주 보였는데, 이렇게 화난 원숭이는 자신의 손, 팔, 다리, 발 등을 깨물거나 살을 뜯기도 했다. 다른 예로, 타인을 향한 공격적인 행동은 애정이 박탈된 수컷 원숭이 실험에서 관찰되었다. 이 실험에서 연구자들은 유아사랑 및 또래사랑이 발달되는 시기에 있는 새끼 원숭이를 우리에 혼자 넣어두어 애정을 박탈했다. 그러고 나서 정상적으로 자란 암컷 원숭이와 짝짓기를 하도록 같은 공간에 둔 결과, 애정이 박탈된 수컷 원숭이는 정상적으로 자란 수컷 원숭이보다 암컷에게 더 위협적이면서 공격적인 행동을 보였다. 이 수컷 원숭이는 암컷과 어떠한 애정 관계도 형성할 수 없었는데, 이는 초기 애정 체계를 통한 공격성 조절이 발달되지 않았기 때문으로 설명할 수 있겠다.

사회화의 일부분은 공격성을 표출하는 적절한 대상이 누

구인지 학습하는 것을 포함한다. 원숭이는 이를 배우기 위해 공격성이 성숙해지는 시기에 집단 안에서 길러져야만 한다. 예컨대, 어미 원숭이 아래에서만 길러진 8개월의 원숭이는 동료 원숭이들을 마주하면 과다하게 공격적이다. 완전히 사회적으로 격리시켜 놓은 채로 길러진 새끼 원숭이 역시 공격적인 행동을 보이지만, 잘못된 대상을 향해 공격성을 보인다. 이러한 원숭이는 동료 원숭이가 아니라, 서열을 모르기 때문에 무리의 우두머리를 공격하거나 갓 태어난 새끼 원숭이를 공격하고, 결국 사회에 적응하지 못하게 된다. 따라서 동년배 및 또래 애정 체계에서 사랑을 학습하고 사회적 규칙을 습득한 원숭이는 내집단이 무엇인지를 인식하게 되고, 자신의 집단을 보호하기 위해서는 내집단의 구성원이 아닌 외집단이 공격의 대상이 된다는 것을 배우게 된다. 이와 더불어 잘못된 공격은 처벌을 받는다는 것도 배우게 된다. 즉, 사랑을 학습하면서 사회에도 적응을 하는 것이다.

사회적 행동

이 책의 1-3장을 종합해서 살펴보면 각 애정 체계에서 학습된 사랑이 사회화에 중요한 역할을 하는 요소라는 것을 원숭이 실험자료를 통해 알 수 있다. 마지막 장에서는 사랑의 학습으로 인해 영향을 받을 수 있는 복잡한 사회적 행동[7]을 인간에 초점을 맞춰 설

7 대인매력(Social Attraction)[유사성(Similarity), 신체적 근접성(Physical Proximity),

명한다. 사회적 동물로서 인간은 기본적으로 다른 동물보다 생물학적인 측면에서 훨씬 더 복잡하기 때문에 사회적 행동과 관련하여 동물 연구로 설명할 수 없는 부분이 많이 있다. 따라서 할로는, 이 장에서 설명되고 있는 동조현상이나 집단역학과 같은 사회적 행동을 설명하기 위해 인간을 대상으로 실시한 다른 연구자들의 연구와 이론을 설명한다. 여기에서는 여러 사회심리 실험 중에서도 대표적으로 대인 매력에 영향을 주는 유사성Similarity과 신체적 근접성Physical Proximity과 관련된 실험들을 간략히 살펴보겠다. 이 두 요소는 원숭이 실험자료로도 설명이 가능하다.

유사성

1장과 2장에서는 새끼 원숭이의 사회적 행동이 어미와의 관계에서부터 시작해서 또래 및 이성애 체계로 확장되어 발달된다는 것을 설명한다. 그리고 사회화에 방해가 될 수 있는 두려움이나 화가 사랑에 의해 조절될 수 있음을 살펴보았다. 비록 엄마의 사랑이 다른 상대와 관계를 맺고 사랑을 할 수 있게 하는 전제조건임은 틀림없지만, 그러한 사랑이 여러 상대방 중에서 어느 특정한 상대방을 더 선호하는 현상을 완전히 설명해줄 수는 없다. 어떠한 요소에 의해 상대방에게 이끌리는 것인지에 대해 이 책에서는 유사성 및 신체적인 근접성 등을 꼽고 있다. 유사성 실험의 예로서 이 책에서 인용한 프랫과 사켓(Pratt & Sackett, 1967)이 원숭이 연구

보상성(Rewardingness)], 동조(Conformity), 집단역학 및 리더십(Group Processes and Leadership) 등에 대해 설명되어 있다.

에 따르면, 원숭이를 세 가지 조건에서 길렀을 때(사회적으로 분리되어 길러진 조건, 철창으로 된 우리에서 길러진 조건, 여러 원숭이와 한 무리에서 길러진 조건), 각 조건의 원숭이들은 자기가 자란 조건과 비슷한 환경에서 자란 원숭이를 선호하는 것이 관찰되었다. 다른 예로, 수오미(Suomi, 1970)[8] 등의 원숭이 연구에서 연구자들은 정상적인 원숭이와 전두엽 절제술frontal lobectomy을 시술받은 원숭이에게 정상적인 원숭이와 전두엽 절제술을 시술받은 상대방 원숭이 중 한 마리를 고르도록 하였다. 그 결과, 정상적인 원숭이는 정상적으로 자란 이성 상대를, 전두엽 절제술을 시술받은 원숭이는 자신과 똑같은 시술을 받은 이성 상대를 골랐다. 원숭이가 전두엽 절제술을 시술하는 장면을 지켜보지 않았음에도 불구하고 이러한 선택을 한 것은, 관찰된 행동에서 지각한 유사성이 누군가를 선호하는 것에 영향을 미치기 때문인 것으로 추정할 수 있다.

신체적 근접성

동년배 및 또래 애정 체계와 이성애 체계로부터 알 수 있다시피, 신체적인 근접성은 사회적 선호, 즉 누군가를 선호하는 것과 친화욕구에 있어 중요한 역할을 한다. 아기가 엄마와 초기 애정 관계를 형성했을지라도, 주변에 또래나 다른 상대방이 없으면 그들과 상호작용할 기회를 형성하지 못할 것이다. 그렇게 되면 아동은 엄마가 아닌 다른 누군가와 사랑을 학습할 수 없기 때문에 타

8 수오미(Steve Suomi)는 할로가 가장 아끼던 대학원생 중 한 사람이었다(Blum, 2005).

인과의 신체적 근접성은 중요하다.

이 책에는 언급되지 않았지만, 할로의 유명한 연구 중 다른 사람과의 관계 부재 시 변화된 사회적 행동을 극단적으로 보여주는 절망의 구렁텅이Pit of Despair라는 실험을 간략히 설명하겠다(Blum, 2005). 이 실험에서는 무리 속에서 잘 길들여진 원숭이를 좁고 긴 피라미드를 거꾸로 세워 놓은 것처럼 생긴 수직의 방이라는 장치에 넣고 1달에서 6주 정도 감금했다. 그런 다음 감금되었던 원숭이를 다른 무리에 놓았을 때, 이 원숭이는 이미 형성된 사회화가 무너져서 상대방과의 관계 형성에 어려움을 겪는 것이 관찰되었다. 더 나아가, 이렇게 애착이나 유대를 제거했을 때 원숭이는 우울증 증상을 보였다. 할로 및 다른 연구자들은 원숭이를 우울증으로부터 회복시키기 위해 약물을 써보았지만 큰 효과가 없었다. 그래서 연구자들은 사회적인 방법을 시도했는데, 수직의 방에 감금되었던 원숭이들을 헝겊 대리모와 지내게 하면서 친구들과의 놀이 시간을 가지도록 했다. 그 결과, 원숭이들은 점차 사회적 기량을 갖추면서 기민하게 사회에 적응했고, 조금 더 나아진 행동을 보였다. 물론 정상적인 원숭이로 완전히 돌아오기는 힘들었고, 회복에 많은 시간과 노력이 필요했지만 말이다. 이와 같은 결과는 약물보다는 우정으로 치료하는 방법이 더 효과적이라는 것을 보여주며 앗아간 사랑으로 생긴 문제는 사랑으로 해결된다는 것을 의미한다. 이 연구에서도 보여주다시피, 초기에 사랑을 학습했을지라도 꾸준히 다른 누군가와 유대관계를 형성하면서 사랑을 학습하지 못한다면, 초기에 배웠던 사랑으로 형성된 사회화마저 무너지게 됨을 추측할 수 있다.

전반적으로 이 책의 마지막 장에서는 초기의 사랑을 학습했다는 전제조건하에 타인과의 관계가 내 행동과 상대방의 행동에 영향을 끼칠 수 있다는 것, 그리고 다른 사람과 더불어 살아가고 사회에 적응하는 데 사랑이 기본적 요소라는 것을 확인한다. 그리고 이 책을 통해 할로는 자신의 원숭이 실험자료와 함께 그 시대에 발표되었던 여러 연구 결과를 종합하여 진정한 사랑의 중요성을 과학적으로 알리는 동시에 모든 종류의 사랑이 믿기 어려운 정도의 힘을 지닌 메커니즘이자 변인이라는 것을 보여준다.

5. 할로가 남긴 것들

시사점

원숭이를 대상으로 사랑과 유대가 중요하다는 것을 과학적으로 입증한 할로의 연구 결과는, 스킨십이 간과되고 심지어 신체적인 접촉이 아기에게 부정적이라는 입장이 우세하던 시절, 사람들에게 아이에게는 엄마 같은 존재가 필요하고, 아기를 안아주고 달래주고 다독여주는 것이 아이가 성장 · 발달하는 데 있어 매우 중요하다는 것을 알렸다. 이러한 할로의 주장을 시작으로, 현재까지도 자녀에 대한 엄마의 초기 관심 및 사랑의 중요성은 여전히 강조되고 있고, 이후의 많은 연구 역시 이러한 중요성을 지지하고 있다.

예컨대, 이 책에서 할로가 원숭이 자료를 바탕으로 초기에 형성하는 사랑의 중요성을 강조했듯이, 실제로 인간의 경우를 살펴보면 영아기 애착이 이후 타인과의 사회적 관계 형성에 영향을 미친다는 것을 알 수 있다. 다음은 할로의 애정 체계를 도식화한 그림이다(그림 1).

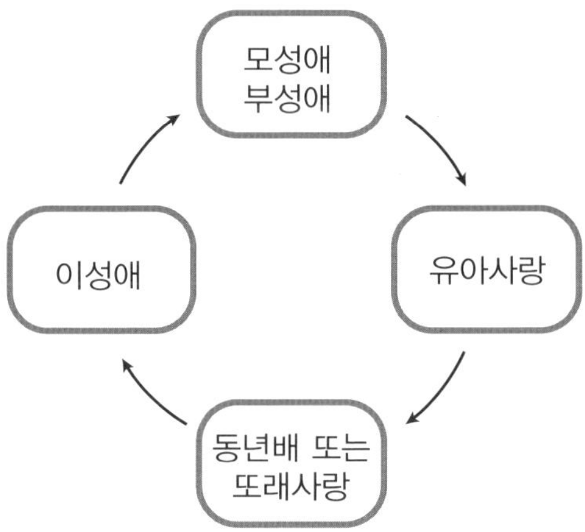

그림 1 할로의 애정 체계(Harlow, 1974)

어릴 때 엄마와 안정애착을 가진 아기는 자신이 가치있는 존재이고, 보살핌을 받을 수 있다는 신념을 발달시켜 성인기에 접어들었을 때 타인과도 안정되고 만족스러운 관계를 맺는다. 또 이들은 이성과 더욱 장기적이고 자율적인 사랑을 하는 경향이 있고, 나중에 자신의 아이를 양육하는 데 많이 투자하는 것으로 나타났다. 반면에 어렸을 때 불안정애착을 형성한 아기는 성인이 되었을 때 다른 사람에 대한 기본적인 신뢰를 형성하지 못하고 스스로의 가치에 대해 부정적으로 생각하는 경향이 있었다. 이들은 이성에게 버림을 받지 않을까 두려움을 가지기도 하고 지나치게 집착하거나 소유하려고 하는 등 불안정한 사랑의 유형을 보였다. 그리고 이들은 나중에 자신의 아이에게 냉정하고 쌀쌀맞게 구는 등 매우 낮은 양육의 질을 제공하는 것으로 나타났다(곽금주, 2010). 이렇게 어릴 때 맺게 되는 애착관계가 세대를 통해서 대물림된다는 사실은 할로의 연결고리와 같은 애정 체계를 반영한다고 할 수 있겠다.

아기에게 있어서 생물학적인 엄마가 반드시 필요한 것은 아니다. 아기가 성장하는 데 있어 엄마의 존재 혹은 부재가 중요한 것이 아니라 엄마-자녀 관계의 질이 더 중요하기 때문이다. 이 책에서도 알 수 있듯이 아기는 신체적 접촉을 통해서 위안과 안정감을 주는 엄마 같은 존재에게 애착이 형성될 수 있다. 바쁘게 돌아가는 현대 사회의 특징으로 인해 이전에 비해 맞벌이 부부가 훨씬 증가된 추세이고, 이것이 아기를 돌보고 보살피는 시간이나 노력 및 관심을 상대적으로 줄어들게 할지 모른다. 최근 사회 매체를 통해 어린 아이들의 학교폭력이라든지 성폭력 등에 대한 기사를 자주 접할 수 있는데, 실제로 요즘 아이들은 더 공격적으로 행동하는 경향을 보인다. 물론 이와 같은 경향에 있어서 다른 변인도 존재하겠지만, 할로의 관점에서는 요즘 아이들이 현대 사회의 특징으로 인해 태어났을 때 부모로부터 따뜻함과 편안함 같은 스킨십을 충분히 받지 못한 것이 아닐까라는 생각을 해볼 수 있다. 따라서 우리는 갓 태어난 아기에게 따뜻한 손길과 품을 제공해야 한다는 것을 잊으면 안 될 것이다. 이러한 초기의 사랑이 한 아이가 사회적인 존재로 발달하면서 타인과 유대를 형성하고 사회에 적응하는 데 큰 차이를 만들어내기 때문이다. 이것은 여성에게만 해당되는 것이 아니라 남성 역시 인지하고 있어야 되는 부분이다.

앞서 부성애 부분에서 언급했듯이, 현대 사회에서는 아버지 역할의 중요성이 강조되고 있다. 새끼 원숭이가 엄마와의 접촉에 실패할 때 아빠 원숭이에게 가서 위안을 받는다는 결과를 통해 아기가 엄마로부터 사랑을 충분히 받지 못했을 경우 아버지와의 관계에서 사랑을 학습하며 보상받을 수 있다는 것을 알 수 있다. 실제로 연구자들은 대부분의 측면에서 아버지가 아동발달에 매우 중요한 기여자라고 말한다. 예컨대, 아버지에 대한 안정애착은 불안정한 엄마-자녀 애착 관계에 존재하는 잠재적인 부정적 영향을 보상할 수도 있다. 더 나아가 양쪽 부모 모두에게 안정적으로 애착된 영아는 아동기와 청소년기에 정서조절 및 자기조절 능력이 더 우수하고, 또래와도 좋은 관계를 유지하며 문제행동이나 비행수준도 더 낮은 것으로 보고되었다(Shaffer, 2005). 그러나 영아가 한쪽 부모에게 안정적으로 애착되었다고 해서 다른 부모에게도 안정애착이 되는 것은 아니므로, 아버지 역시 아기에게 관심을 쏟으며 따뜻하게 감싸 안아줘야 할 것이다. 양육은 이제 더 이상 여자만의 몫이 아니다. 또 보육시설이나 위탁아 보호시설에서도 아기에게 따뜻하고 편안한 품이 얼마나 중요한지 다시 한 번 되새겨야 할 것이고, 아이가 잘 자랄 수 있도록 사랑을 학습할 수 있는 환경을 제공해주어야 할 것이다.

종합적으로, 우리는 누군가의 관심과 사랑이 필요한 존재이다. 개인주의적 성향이 짙은 요즘 사회에서 다수의 젊은 세대는 다른 사람과 어울리기를 꺼리거나 어려워하고, 혼자 지내기를 선호한다. 그러나 개개인은 자신이 다른 사람의 심리적 · 신체적 건강과 행복에 필요한 존재이고 본인 역시 다른 사람이 필요한 존재라는 것을 알아야 할 것이다.

비판

전반적으로 원숭이를 대상으로 실시한 할로의 연구에 가해진 두드러진 비판[9] 중 하나는 윤리적 문제와 관련된 것이다. 갓 태어난 원숭이를 엄마로부터, 혹은 사회적으로 분리시켜 두거나 괴물 엄마와 같이 아기 원숭이에게 신체적인 해를 입힐 수 있는 장치를 사용한 것 등은 도덕적 · 윤리적인 측면에서 비판의 대상이 되었다.

이 책을 포함해서 할로의 논문이나 그의 연구실에서 나온 출판물을 보면 실험장면이 생생하게 묘사되어 있고 자극적인 용어들이 사용된 것을 볼 수 있다. 예를 들어, '죽다', '고통을 받았다', '강간', '괴물 엄마' 등과 같은 표현과 용어 사용은 다른 연구자들에게 비난의 여지를 충분히 줄 수 있었다. 할로의 연구들은 특히 동물보호단체로부터 강한 비판을 받았다. 실제로 할로의 실험으로 인해서 동물 보호 운동이 활성화되었다고 해도 과언이 아

9 할로의 전기물인 『사랑의 발견』(Blum, 2005)에서 할로의 연구에 가해진 주요 비판을 살펴볼 수 있다. 이러한 비판은 이 책에도 해당된다.

닐 것이다.

마지막으로 이 책에서는 소개되어 있지 않지만 주요 비판의 대상이 되었던 할로의 실험을 간략히 소개하겠다. 할로는 1년간 격리된 암컷 원숭이를 대상으로 강간 실험을 실시하기도 했다 (Blum, 2005). 그는 격리되었던 암컷 원숭이들을 가죽 끈으로 묶어 교미할 수 있는 자세를 취하게 하여 강제 임신을 시켰는데, 그 결과 그들은 자신의 새끼를 외면하고 무시하면서 심지어는 자기 새끼의 손가락과 발가락을 물어뜯어 버리는 등 심각한 수준의 공격행동을 보였다. 이 연구는 어떠한 형태의 사랑도 경험해보지 못한 어미 원숭이에게 자신의 새끼에 대한 사랑이 결여되어 있음을, 그리고 이렇게 사랑을 경험하지 못한 동물이 얼마나 위험할 수 있는지를 보여주었다. 비록 이 실험은 사랑의 경험이 얼마나 중요한지를 극명하게 보여주었다고 할 수 있지만, 특히 여성운동가들을 자극했고 페미니즘 운동에 의해 강한 비판을 받았다.

참고문헌

Ainsworth, M. D. S., M. C. Blehar, E. Waters and S. Wall, 1978, *Patterns of Attachment: A Psychological Study of the Strange Situation*, Hillsdale, NJ: Erlbaum.

Blum. D., 2002, *Love at Goon Park: Harry Harlow and the Science of Affection*, 『사랑의 발견: 사랑의 비밀을 밝혀 낸 최초의 과학자 해리 할로』, 2005, 임지원 역, 사이언스북스.

Main, M. and J. Solomon, 1990, "Procedures for Identifying Infants as Disorganized/ Disoriented during the Ainsworth Strange Situation", in M. T. Greeberg, D. Cicchetti and E. M. Cummings (eds.), *Attachment in Preschool Years*, Chicago, IL: University of Chicago Press.

Marrone, M., 1988, *Attachment and Interaction*, 『애착 이론과 심리치료』, 2005, 이민희 역, 시그마프레스.

Harlow, H. F., 1958, "The Nature of Love", *The American Psychologist*, 13 (12), pp. 573-685.

____________ and R. R. Zimmermann, 1959, "Affectional Responses in the Infant Monkey", *Science*, 130, pp. 421-432.

____________, R. O. Dodsworth and M. K. Harlow, 1965, "Total Social Isolation in Monkeys", *Proceedings of the National Academy of Sciences of the United States of America*, 54 (1), pp. 90-97.

____________ and M. K. Harlow, 1965, "The Affectional Systems", in A. M. Schrier, H. F. Harlow and F. Stollnitz (eds.), *Behavior of Nonhuman Primates*, Vol. II, New York: Academic Press.

____________ and ____________, 1966, "Learning to Love", *American Scientist,* 54 (3), pp. 244-272.

____________ and S. J. Suomi, 1971, "Social Recovery by Isolation-Reared Monkeys", *Proceedings of the National Academy of Sciences, 68* (7), pp. 1534-1538.

____________, 1974, *Learning to Love.* New York: Jason Aronson.

Shaffer, D., 2005, *Social and Personality Development,* 5th Ed., Belmont, CA: Thomson Wadsworth.

Slater, L., 2004, *Opening Skinner's Box: Great Psychological Experiments of the Twentieth Century,* 『스키너의 심리상자 열기: 세상을 뒤바꾼 위대한 심리실험 10장

면』, 2005, 조승열 역, 에코의 서재.

곽금주, 2010, 『흔들리는 20대: 청년기 생애설계 심리학』, 서울대학교출판문화원.

아서 오쿤, 『평등과 효율: 그 상충적 관계』

Arthur M. Okun,

Equality and Efficiency: The Big Tradeoff (1975)

복지의 균형점을 찾아서

구인회
서울대학교 사회복지학과 교수

사회정책을 분석할 때 던져야 할 가장 중요한 질문은 그 정책이 얼마나 평등성을 높이는가, 그 정책이 효율에는 어떤 영향을 미치는가이다. 그리고 평등과 효율에 미치는 영향을 종합적으로 볼 때는 그 정책을 실시하는 것이 사회에 얼마나 도움을 주는가를 물어야 한다. 가령, 어떤 의료정책을 구상할 때 그 정책이 계층 간의 격차를 완화하는 측면에서는 어떤 영향을 미칠 것인지, 또 의료정책을 위한 재원을 마련하고 집행하는 과정에서 경제적 효율을 향상하거나 저해하는 영향이 없지는 않은지 짚어보아야 한다. 개인에 따라서, 그리고 사회적 관심이나 학문 분야에 따라서 때로는 일차적 관심이 평등에 있는 경우가 있고, 때로는 효율을 우선하는 경우가 있다. 하지만 원칙적으로 평등 향상과 효율 개선의 두 가지 목적 혹은 가치에 모두 관심을 갖는 것이 균형 잡힌 태도라 하겠다. 그런데 사회정책이 평등과 효율 각각에 미치는 영향은 상호 간에 충돌하는 경우가 많다. 예를 들어 특정한 조세정책의 경우 경제적 효율을 높이는 긍정적인 효과가 있지만, 금전적 혜택을 부유층에 집중시켜 불평등을 늘리는 부정적인 효과를 수반할 수 있다. 따라서 사회정책을 수립할 때는 이러한 평등과 효율의 관계를 종합적으로 파악하고 평가하는 능력이 요구된다.

아서 오쿤(Arthur Okun, 1928-1980)의 저서 『평등과 효율: 그 상충적 관계Equality and Efficiency: The Big Tradeoff』(1975)는 평등과 효율의 관계를 본격적으로 규명하여 사회정책, 복지정책 분석에서 유용하게 적용할 수 있는 기본적 틀을 제시한 명저이다. 아서 오쿤은 사회복지학자나 사회학자가 아니고 경제학자이다. 사실 경제정책이나 사회정책, 복지정책 등 어떤 정책을 분석하든지 분석의 기본적인 시각은 공통된 것일 수 있기 때문에 경제학자가 사회정책을 분석하는 기본적 시각을 제시했다는 것이 하등 이상할 이유는 없다. 또 사회정책을 다루는 사회복지학 등의 학문 분야가 응용 사회과학 분야이기 때문에 경제학 등 다양한 사회과학 분야에서 발전된 이론과 시각이 분석의 토대를 이루는 것이 당연하다. 이 글에서는 『평등과 효율: 그 상충적 관계』의 주요 내용을 소개하고, 사회복지정책을 분석하는 이론적, 개념적 접근의 측면에서 평가하기로 한다.

1. 경제학자로서 정책 결정에 접근하다

『평등과 효율: 그 상충적 관계』의 저자인 경제학자 아서 오쿤은 현실의 정부 정책 결정에 참여한 경험을 통해 공공정책에 대한 사회과학적 분석의 기초를 제공하는 중요한 역할을 할 수 있었다. 1949년 컬럼비아 대학에서 박사 학위를 받은 그는 예일 대학 교수와 브루킹스 연구소Brookings Institution 상임연구원으로서 거시 경제 이론과 정책 분야를 연구한다. 아서 오쿤은 1964년부터 주요 경제학자가 참여하여 미국의 주요 경제정책 결정에 영향을 미치는 경제자문위원회Council of Economic Advisers 위원직을 맡았고, 1968년에서 1969년까지 같은 위원회 위원장을 역임했다. 보통 미국 경제자문위원회의 위원장은 당대의 대표적인 경제학자가 맡는데, 아서 오쿤은 일찍이 학문적 성과를 인정받아 40대 초반의 나이에 이미 그러한 자리를 차지했다. 그러나 그는 불행하게도 1980년, 50대 초반의 젊은 나이에 세상을 떠나 학자로서 더 많은 성과를 거둘 기회를 갖지 못했다.

아서 오쿤은 경제학의 핵심적 쟁점 중 하나인 실업과 인플레이션의 관계를 주로 연구했다. 그의 저서로는 이 글에서 다루고 있는 『평등과 효율: 그 상충적 관계』(1975) 외에 『번영의 정치 경제The Political Economy of Prosperity』(1970)와 『가격과 수량, 거시 경제학적 분석Prices and Quantities: A Macroeconomic Analysis』(1981)이 있다. 실업이 1% 떨어지면 국민총생산은 3%씩 증가한다는 실업과 경제성장의 관계에 대한 그의 주장은 "오쿤의 법칙Okun's law"으로 알려져 있다. 실업률과 물가상승률을 더하여 만든 경제지표인 "불행지수misery index"도 유명하다.

경제학 내부에서 보면 아서 오쿤의 중요한 학문적 업적은 실업과 인플레이션의 관계 분석이겠지만, 사회복지정책 연구자의 입장에서 보면 평등과 효율의 상충관계에 대한 분석에서 아서 오쿤의 영향력을 찾을 수 있다. 오쿤은 조세 등을 통해 부유층으로부터 빈곤층으로 부를 재분배하는 것이 정부가 수행해야 할 정책이지만 이러한 소득이전 과정에서 효율의 손실이 발생한다고 보았다. 여기서 다루는 그의 저서,『평등과 효율: 그 상충적 관계』에서 재분배 과정에서 발생하는 손실을 "새는 양동이leaky bucket"에 비유한 것은 유명하다.

오쿤이 정책 결정의 일선에서 활동한 1960년대 케네디 대통령과 존슨 대통령 시기는 미국 사회복지 역사에서 매우 중요하다. 미국에서 복지제도가 발전한 시기로는 1930년대 루즈벨트 대통령이 대공황을 겪으면서 미국 복지의 기초를 놓은 때를 들 수 있고, 그 다음으로는 "빈곤과의 전쟁War on Poverty" 정책이 실시된 1960년대를 들 수 있다. 빈곤과의 전쟁 정책의 뿌리는 케네디 대통령 때부터 찾을 수 있다. 하지만 케네디 대통령이 단명했기 때문에 정책의 실질적인 추진은 그 후임자인 존슨 대통령 정부에 의해 이루어졌다. 오쿤은 케네디 대통령 정부에서부터 경제자문위원회 위원을 했고 이어서 존슨 대통령 정부에서 경제자문위원회 위원장을 맡았는데, 이 시기에 정책 결정에 참여한 경험이 그의 사고에 많은 영향을 미친 것으로 보인다.

2. 평등과 효율, 그 관계를 어떻게 볼 것인가?

평등과 효율은 사회복지정책을 이해하는 가장 기본적인 개념이다. 사회복지학을 폭넓게 정의한다면 모든 사회구성원이 인간으로서의 존엄성과 상호존중을 누리면서 사회생활에 정상적으로 참여할 수 있도록 정책이나 제도, 프로그램과 실천을 발전시키고 더 나아가서는 사회를 변화시키는 것을 연구하는 응용사회과학의 분야라고 할 수 있다. 사회복지학에서는 인간이 사회구성원으로서 존엄성을 유지하게 하고 그러한 방향으로 사회를 발전시키는 데는 분배 평등 문제가 결정적인 영향을 미친다고 본다. 또 사회구성원의 삶의 질에는 평등과 분배와 함께 효율과 성장이 영향이 미친다는 점을 이해하고 평등과 효율, 분배와 성장을 동시에 실현하는 것으로까지 관심을 확장하였다. 따라서 사회복지학에서는 평등과 효율, 분배와 성장의 관계를 이해하고 그러한 이해를 정책에 적절하게 반영하는 것이 매우 중요한 문제이다. 아서 오쿤의 평등과 효율의 관계에 대한 분석은 평등과 효율을 통합적으로 파악하는 틀을 제공한다는 점에서 사회복지학의 기초를 튼튼히 하는 중요한 성과라 하겠다.

『평등과 효율: 그 상충적 관계』는 오쿤이 1974년 하버드 대학 케네디 스쿨에서 주최한 고드킨 강연Godkin Lectures 시리즈에서 발표한 것을 1975년에 다시 손을 보아 출간한 책이다. 이 책에서 오쿤은 평등과 효율의 관계에 대해 중도적인 시각을 보여준다. 평등과 효율, 각각의 독자적 가치를 인정한다는 점에서 그렇고, 또 평등과 효율의 조화와 균형을 모색한다는 점에서 그렇다. 이 책에서 아서 오쿤은 다양한 사상적 흐름을 섭렵한 토대 위에서 평등과 효율의 관계를 분석하여 실증적인 정책분석의 이론적 가이드를 제시한다. 이런 측면에서 보면 『평등과 효율: 그 상충적 관계』는 사상서와 정책연구서의 중간 정도 위치를 차지한다고 볼 수 있다.

이 책에서 아서 오쿤이 해명하고자 하는 핵심적 문제는 두 가지이다. 첫째, 평등과 효율이라는 두 마리 토끼를 잡기 위한 공공정책의 과제를 어떻게 해결할 것인지에 관한 것이다. 평등을 추구하는 정책이 생산활동에 대한 인센티브를 약화시켜 효율을 떨어뜨린다는 주장을 많이 하는데, 이러한 주장을 어떻게 이해하고 어떻게 대책을 세울 것인지 논의한다. 효율을 희생시키면서 평등을 추구할 것인지, 아니면 평등을 추구하면서 효율을 희생시킬 것인지, 아니면 중간적인 타협이 가능할지에 대한 논의가 이 책의 하나의 중요한 구성 부분이다. 앞에서 언급한 "새는 양동이leaky bucket" 비유는 이 문제와 관련된다. 평등을 위해 부자로부터 세금을 걷어 저소득층으로 재분배하는 과정에서 양동이를 이용하게 되는데, 이 과정에서 마치 양동이의 물이 새듯 부가 줄어드는 손실이 발생한다는 것이다. "새는 양동이"는 소득이전 과정에서 발생하는 효율의 감소를 비유한 것으로, 파이를 나누는 과정에서 전체 파이의 크기가 줄어든다는 이야기이다.

둘째, 이 책에는 사회(국가)와 시장의 관계, 더 나아가서는 민주주의와 자본주의와의 관계를 어떻게 바라볼 것인지에 관한 논의가 포함되어 있다. 이러한 논의는 정책 분석과 관련된 논의를 넘어서는 것으로, 보다 근본적인 차원의 철학적이고 사회학적인 성격을 가진다. 오쿤은 민주주의에서 관심을 갖는 자유나 권리의 보편성, 달리 표현하면 자유의 평등에 대해 논의한다. 또 자본주의 시장경제에서 발생하는 경제적 수준의 격차, 경제적 자원의 불평등한 분배 문제가 민주주의 사회에서 어떻게 해결되는지에 대해 설명한다.

사회복지학에서는 사실 첫째 문제에 우선적인 관심을 갖는다. 하지만 평등과 효율을 정책에서 조합하는 문제는 필연적으로 국가와 시장의 관계, 민주주의와 자본주의의 관계 문제로 연결될 수밖에 없고, 그에 대한 이해에 기초할 때 만족할만한 해결책을 얻을 수 있다.

『평등과 효율: 그 상충적 관계』에서 다루는 이 두 가지 문제에 대해 아서 오쿤이 어떤 관점을 가지고 접근하는지 알기 위해서는 그가 설정한 실천적 목적을 살펴볼 필요가 있다. 오쿤은 자신의 목적을 성공적인 평등화의 기준을 제시하는 데 있다고 하였다. 여기서 그가 말하는 불평등이란 시장에서 나타나는 모든 보상의 차이를 의미하는 것이 아니고, 기본적인 욕구 충족을 어렵게 하는 경제적 박탈economic deprivation에 관한 것이다. 오쿤은 자신의 목적을 영국의 사회민주주의자 토니Tawney의 말을 인용하여 간결하게 제시한다. "개인 사이의 보상의 차이가 남아 있을 것이지만, 사회계급의 문명 향유에서 격차는 사라지게 된다." 오쿤은 완전한 평등을 주장한 것이 아니라, 사회구성원으로서의 정상적인 생활을 훼손할 정도의 빈곤이나 박탈을 해소하는 것이 중요하다고 본 것이다.

오쿤은 이런 목적을 실현하는 것에 상당히 낙관적이었다. 오쿤은 하위 20%의 소득계층을 돕는 것이 시급하다고 생각했으며, 이러한 도움이 있다면 가까운 시기에 이들 저소득층을 풍요로운 주류사회로 통합할 수 있다고 보았다. 소득이전과 기회 평등의 확장이 이러한 저소득층 사회통합의 주요 수단이다. 그는 소득이전이라는 양동이로 고소득층에서 저소득층으로 재분배하는 과정에서 약간의 누수현상이 발생하지만, 이 양동이는 많은 사람이 빈곤을 벗어나 자기의 발로 설 수 있는 사회를 실현하는 데 큰 역할을 할 것이라고 보았다.

미국과 같이 부유한 국가가 빈곤을 근절할 수 있는 때가 되었다는 생각은 오쿤 등 1960년대에 사회정책 분야에서 활동했던 많은 학자가 가졌던 생각이기도 하다. 당시 미국은 제2차 세계대전 이후 경제적 번영을 누리고 있었고 많은 사람이 미국 사회에서 빈곤을 완전히 근절할 수 있겠다는 희망을 가지게 되었다. 바로 그러한 희망 속에서 "빈곤과의 전쟁" 정책이 실시된다. 그러나 역사는 오쿤과 같은 이들의 직관과는 다르게 전개되어 1970년대 전반까지 미국에서 빈곤의 감소추세가 지속되었지만, 오쿤이 세상을 떠난 1980년 이후에는 역사가 반대방향으로 흘러 불평등과 빈곤이 심화되는 시기로 접어든다.

평등 실현에 대한 오쿤의 생각의 기저에는 시장의 역할과 한계에 대한 이해가 놓여 있다. 그의 생각은 다음의 한 문장으로 요약할 수 있다. "사회는 시장을 필요로 한다. 하지만 시장은 일정한 테두리 내에 머물러 있어야 한다The market needs a place, and the market needs to be kept in its place." 이러한 오쿤의 견해는 칼 폴라니Karl Polanyi로부터 영향을 받은 것이다. 폴라니는 시장은 항상 전체 사회의 일부로서 그 안에 묻혀 있으며embedded, 그래서 시장은 사회와 분리해서 생각될 수 없다고 보았다. 그리고 그런 만큼 시장은 사회 전체 속에서 적절한 위치로 한정되어야 한다고 보는 점에서 오쿤은 폴라니의 생각을 따르고 있다.

오쿤은 먼저 시장의 효용을 인정하여 시장이 관료의 권력을 제한하고 국가의 침해로부터 자유를 보호하는 역할을 한다고 보았다. 시장이 어떤 생산적인 활동에 도움이 되는 인센티브를 제공하는 기능과 역할을 할 수 있으며, 시장이 초래하는 효율성의 증대가 부자뿐 아니라 가난한 사람의 생활수준을 높이는 데도 중요하다고 생각했다. 이런 점에서 오쿤의 견해는 반시장주의나 사회주의적인 시각과는 거리가 멀다고 하겠다.

오쿤은 시장을 강조했지만 시장지상주의적인 견해와는 상당히 다른 중도적인 입장이다. 오쿤은 금전이 시민의 권리와 권력까지 지배하지 못하도록 시장은 규제되어야 한다고 보았다. 또 저소득층에 대한 지원을 통해 시장의 불평등을 제한해야 한다고 생각했다. 오쿤은 시민의 권리가 보호되고 경제적 박탈이 사라질 때, 경쟁적 시장은 사회에서 더 큰 역할을 할 수 있을 것으로 보았다.

하지만 오쿤은 평등과 효율 사이에는 불가피하게 충돌이 발생한다고 보았다. 민주적 자본주의 사회는 시민 권리 영역과 금전 영역의 경계를 적절하게 설정하기 위해 노력했지만, 자본주의와 민주주의는 서로 화합시키기 쉽지 않은 조합이어서 갈등과 충돌이 발생한다는 것이다. 그는 이러한 평등과 효율의 상충, 민주주의와 자본주의의 갈등 때문에 상호 보완이 요구된다고 본다. 그래서 평등에 합리성을 부여하고 효율에 인간적인 면을 더하는 방식으로 둘의 상충적인 관계를 타협시켜야 한다고 주장한다.

3. 민주주의와 시장, 재분배

민주주의에 대한 오쿤의 생각은 다양한 정치적 권리나 가치가 시장의 거래대상이 되어서는 안 되고 시장의 침탈로부터 보호되어야 한다는 것으로 요약할 수 있다. 그는 민주적 자본주의가 두 가지 측면을 가지고 있다고 보았다. 정치와 사회제도에서의 평등주의, 즉 정치적 권리의 보편적이고 평등한 제공이 한 측면이고, 경제제도에서의 불평등이 민주적 자본주의의 다른 측면이다. 모든 시민은 정치적 권력에서 평등하고 법 앞에서 평등하지만, 시장생산 활동 영역에서는 보상과 처벌의 차이로 인해 경제적 격차와 불평등이 나타나게 된다. 그래서 민주적 자본주의 사회는 어떻게 보면 본질적으로 권리의 평등성을 강조하는 민주주의와 경제적 격차를 초래하는 시장의 갈등 속에서 작동되고 있다.

투표권이나 언론 자유 등의 정치적 권리는 사거나 팔 수 없고 비교우위나 전문화의 개념이 적용될 수도 없는 대상이다. 예컨대 똑똑한 사람이라 투표권을 2표 줄 수 없고, 무능하다고 해서 언론의 자유를 빼앗을 수도 없는 것이다. 그리고 권리행사에서는 인센티브나 보상 혹은 처벌의 개념이 적용될 수도 없다. 또 정치권에 대해서는 시장거래가 용납되지 않는다. 예를 들어 자신이 팔고 싶다고 해서 자신의 신체를 팔 수 없고, 일부일처의 권리를 팔아서 어떤 사람이 일부이처가 되게 할 수도 없으며, 병역의무를 사고 팔 수도 없다. 이런 생각은 지금 우리에게는 당연한 것처럼 받아들여지지만 과거 역사에서는 반드시 그렇지는 않았다. 허버트 스펜서

Herbert Spencer는 권리를 보편적으로 보장하는 것에 강력하게 반대했다. 여전히 민주주의가 혼란을 초래하고 경제성장을 어렵게 한다는 주장도 존재한다. 하지만 사회 전체적으로 보면 현재 권리의 평등은 정치적인 영역은 물론, 사회적인 영역으로도 확장되었다. 조세를 재원으로 하여 공공교육에 대한 시민의 권리를 보장하는 것은 그 한 예이다.

요컨대, 오쿤은 권리 영역에서 경제적 효율은 완전히 무시된다고 보았다. 권리는 비효율적이어도 되며, 이런 비효율적인 권리를 보장해야 한다고 주장했다. 그는 이러한 권리 보장의 근거를 제시하는 세 견해를 검토한다.

첫째로, 자유지상주의에서 국가의 침탈을 방어하기 위해 개인의 권리를 보편적으로 보장해야 한다는 주장을 한다. 언론의 자유, 종교의 자유 등이 적절한 예인데, 권리의 보편성과 평등성을 통해 관료의 자의적 개입 여지를 봉쇄할 수 있다고 보았다. 그러나 이 시각에서 설명할 수 있는 권리는 매우 제한적인 것으로 평가된다. 외부효과externality 논리를 동원하면 환경규제나 국방서비스 등의 영역으로 정부 개입을 확장할 수 있으나 여전히 제한성을 벗어나지 못한다.

둘째로, 오쿤은 권리의 평등을 보다 폭넓게 설명할 수 있는 견해로 칼 폴라니의 다원주의pluralism를 든다. 폴라니에 따르면 사회적 관계에서 작동하는 인간의 동기는 매우 다양하며 물질적 이득은 경제활동의 다양한 동기 중 하나에 불과하다. 과거 원시사회에서 어떤 사람이 일에서 좋은 결과를 냈다고 해서 그 사람이 2배를 먹도록 하는 방식으로 보상하지는 않았다. 물질적 인센티브가 작동하는 경제는 사회의 다양한 차원 중 하나일 뿐임을 강조한다. 시장은 사회에 내적으로 결합되어 있고, 사회의 모든 관계가 시장에 종속되는 것은 아니라는 것이다. 이러한 시각에서는 시장의 전횡을 막고 다원적인 가치의 존재를 보장하기 위해 개인의 양도할 수 없는 권리를 보장해야 된다고 본다.

셋째로, 권리의 근거를 휴머니즘으로부터 도출한다. 존 롤즈John Rawls는 모든 인간은 존엄한 존재이고 상호 존중의 대상이라는 전제에서 출발한다. 사람은 무지의 베일 속에서 사익에 의한 왜곡 없이 사회정의를 추구하는 계약을 맺게 되는데, 인간 존중의 전제 때문에 가장 불우한 처지에 있는 사람에게 이득이 되는 방향으로 사회가 운영되도록 하는 최소극대화maximin의 원리가 나온다. 오쿤은 폴라니의 다원주의적 견해와 롤즈의 휴머니즘, 두 가지 입장을 수용하여 논리를 전개한다.

다음으로 오쿤은 이렇게 보장해야 할 권리의 영역과 시장 영역의 경계를 어디에 둘 것인가의 문제를 검토한다. 오쿤에 따르면, 권리의 범위를 분명하게 규정하기는 어렵다. 가령 우리 사회에서도 최근 의료나 주거, 교육 등을 공공성의 영역으로 보면서 시장의 개입에 반대하는 견해가 많이 등장했다. 이렇게 권리의 영역을 설정하는 것은 가치적이고 주관적인 면이 있으며 권리의 영역 설정에 따라 시장의 영역이 제한받게 된다.

그런데 권리의 영역을 설정하는 데 비용 문제가 상당히 큰 영향을 미친다. 정치적 권리의 경우에는 비용이 크게 들지 않고 효율에서도 큰 문제를 초래하지 않아 비용 문제가 중요하지 않다. 하지만 사회적 권리는 그 실현에 많은 비용이 들기 때문에 사회권의 영역을 결정할 때에는 비용의 문제가 중요하다. 사회가 발전할수록 공공교육처럼 비용이 많이 드는 것도 권리로 인정된다. 평등주의자는 권리의 범위를 넓히려는 경향을 보이고, 반대자는 시장의 범위를 넓히려 한다. 오쿤은 시민이 품위 있는 생활을 유지할 수 있는 최저 선을 보장하는 수준의 사회권을 염두에 둔다. 이 사회권의 영역에서는 금전적인 거래가 금지되고 상당히 보편적인 권리로서 보상이 이루어져야 한다는 것이다. 그는 최소한의 영양, 의료 등 필수적 소비에서 시장이 생사를 결정하는 기준이 되어서는 안 된다고 보았다. 그러나 최저 수준 이상에서는 시장의 역할을 인정하였고, 이 점에서 사회권은 일체의 금전적 거래가 부정되는 정치적 권리와 차이가 있는 것으로 이해했다.

오쿤은 민주주의 영역에서 권리의 보편성과 양도불가능성, 시장거래의 금지 등을 강조하는 한편, 시장에 대해서도 옹호하는 입장을 전개한다. 그는 먼저, 사회 다수가 평균소득 아래인 민주주의 사회에서 불평등한 자본주의가 유지될 수 있는 이유가 무엇인지 질문한다. 오쿤이 보기에 자본주의 불평등이 유지되는 이유는 다수의 사람이 어느 정도 경제적 불평등을 묵인하고 수용하기 때문이다. 오쿤은 이렇게 시장경제의 불평등을 정당화하는 논리 세 가지를 검토한다.

첫째는 시장경제가 자유의 토대가 되기 때문에 불평등이 용납될 수밖에 없다는 입장이다. 둘째는 시장경제의 불평등이 불만스럽기는 하지만 결과적으로 공정한 보상 차이를 반영하기 때문에 수용이 된다고 본다. 그리고 셋째는 불평등이 생산 활동의 인센티브로 기능하여 효율성에 기여하므로 불만스러워도 불평등이 수용된다는 견해가 있다. 오쿤은 자유의 토대로서 시장경제가 불가피하기 때문에 불평등이 수용된다는 논리나 자본주의에서 정당한 보상 차이 때문에 불평등이 발생한다는 논리는 인정하지 않는다. 그는 사적 소유가 윤리적으로 정당하다고 보지 않으며, 자본주의 사회의 불평등이 기여에 따른 보상의 차이 때문에 불가피하게 생긴다고 보지도 않는다. 그러나 오쿤은 자본주의의 불평등은 생산활동에 인센티브로 작용하여 효율을 촉진하기 때문에 수용할 수 있다는 입장에 대해서는 지지한다.

시장경제에서 사유재산권이 개인의 자유의 토대가 된다는 생각은, 모든 재산은 본질상 개인의 노력에 의한 사적인 것이라 보고 사유재산권을 투표권과 같이 기본적인 자유로서 윤리적으로 정당화하는 노직Robert Nozick의 논리와 관련된다. 그러나 오쿤은 개인의 재산을 개인이 노력한 결과로만 볼 수는 없다고 지적한다. 재산을 형성하는 데에는 사회의 많은 부분이 같이 개입해 있기 때문에 재산에서 개인 노력에 해당하는 부분을 분명하게 구분하기는 어렵다. 그래서 오쿤은 사유재산에 대한 권리가 윤리적으로 정당화되기 어렵다고 본다.

또 오쿤은 사적 소유권이 자유의 토대라는 주장에 대해서도 현대사회에서는 소유권이 있지만 실제로는 행사되지 않는 경우가 많다고 지적한다. 예컨대 주식회사 같은 경우는 개인의 소유권이 존재하지만 실제 경영에서는 전혀 행사되지 않는 경우가 있다. 이런 점에서 사적인 소유가 개인의 자유의 토대라는 생각은 이미 구시대의 것이 되어버렸다는 것이다.

이와 유사하게 사적 소유를 근간으로 하는 시장경제가 개인의 정치적 권리에 대한 국가의 침해를 막는 기능을 한다는 주장도 있다. 이 주장은 사회주의에 대해 논할 때에는 타당한 면이 있다. 사회주의에서 실제로 시민의 정치적 권리나 자유언론이 위험에 처한 역사적 사례가 있다. 하지만 시장경제가 유지되는 혼합경제 시스템 내에서는 국가의 침해를 막기 위해 반드시 사적 소유가 지배적이거나 정부가 최소한의 규모로 제한될 필요는 없다고 본다. 예컨대, 국가의 규모가 큰 북유럽 국가에서 민주주의가 침해된 경우가 없는 반면, 시장 경제가 지배적이었던 파시스트 체제에서는 국가의 침해가 심하게 일어난 역사적 경험이 있다. 이렇듯 정부의 규모나 사적 소유의 지배 정도와 개인의 자유 사이에는 뚜렷한 관련이 없다.

다음으로 오쿤은 시장경제에서 불평등은 기여에 대한 보상의 격차 때문에 불가피하다는 주장을 검토한다. 기여에 대한 보상 차이에 대해서는 경제학의 한계생산성 이론과 관련된다. 경쟁적인 시장에서 임금의 차이는 한계생산성의 차이, 즉 생산성 차이를 반영하는 것으로서, 노동자는 생산에 기여한 만큼 임금을 받는다는 것이다. 그러나 오쿤은 한계생산성에 따른 분배가 윤리적으로 정당화될 수 있는 분배는 아니라는 점을 지적한다.

생산에 대한 기여의 원천으로 네 가지를 생각할 수 있다. 첫째, 개인의 생산적인 기여에는 개인이 습득한 자산, 즉 물질적인 자산과 인적자본이 중요한 역할을 한다. 그런데 개인의 인적, 물질적 자산은 그 개인의 노력만으로 형성된 것은 아니다. 예컨대, 개인의 높은 인적자본은 우연히 그 사람이 부유한 집안에 태어나서 좋은 학교를 다녔기 때문인 경우가 많아 인적자본 축적의 성과를 개인의 노력 탓으로만 돌릴 수 없다.

둘째, 개인의 기여에서 타고난 능력이나 재능이 큰 영향을 미친다. 그런데 타고난 재능이야말로 개인의 노력에 의해서 이루어진 것이 아니고 그야말로 우연적인 요인에 의해 개인에게 주어진 것이다. 그래서 타고난 능력이 뛰어난 사람이 생산에 많은 기여를 했기 때문에 그에게 보상을 많이 해야 한다는 주장은 윤리적으로 별로 근거가 없다는 것이다. 오쿤은 예를 들어 이를 설명한다. 가령 한 가족에 형제가 있는데 한 아이는 신체적으로 건강하고 지적으로도 훌륭한 재능을 타고났고, 다른 형제는 선천적으로 지적인 장애를 가지고 태어났다고 하자. 이 경우에 재능을 타고난 아이보다는 장애를 갖고 태어난 아동을 우대하는 가족이 많고, 윤리적으로 볼 때에도 이것이 더 정당하다고 볼 수 있다는 것이다.

셋째, 생사적인 기여에는 개인의 노력이 영향을 미친다. 예컨대, 어떤 사람이 야간이나 주말에 추가 근로를 하는 노력을 보인다면, 이 사람에게 임금을 많이 주는 보상을 하는 것이 맞다고 생각할 수 있다. 그러나 오쿤은 이것이 공정한 보상인가에 대해서도 의문을 제기한다. 사람마다 선호가 다를 수 있는데 여가를 줄이고 일한 사람에 대해서 물질적인 보상을 많이 해야 하는지, 또 보상을 하더라도 그 보상이 물질적이어야 하는지 따져보아야 한다는 것이다.

마지막으로 개인의 기여에는 개인의 의사와 무관하게 결정되고 변화하는 공급과 수요 요인이 영향을 미친다. 예컨대 한 개인이 고급 자동차를 생산해서 많은 수입을 얻었다고 할 때 이것이 반드시 개인의 기여 덕분인 것은 아닐 수 있다. 이런 상황이 가능하려면 고급자동차가 달릴 수 있는 도로망을 유지하고 도로규칙을 잘 집행하는 등 여러 여건을 갖추는 사회적 노력이 필요한 것이다.

이렇게 개인 기여의 네 가지 원천을 검토해 본 결과, 오쿤은 개인의 생산적인 기여에 따라 보상해야 한다는 논리는 윤리적인 근거가 뚜렷하지 않다는 결론을 내린다. 그는 생산성에 따른 분배가 윤리적인 설득력이 없다고 보고, 소득의 분배도 민주적 권리의 분배처럼 평등하게 이루어지는 것이 윤리적으로 올바르다고 본다. 보상의 차원에서도 평등한 분배가 오히려 맞고 사회구성원으로서 동등한 가치를 인정하는 분배가 윤리적으로 더 정당하다.

하지만 오쿤은 기여에 따른 보상이 윤리적인 호소력은 없지만 실제적인 이유 때문에 수용될 수 있다는 논리를 전개한다. 기여에 따른 보상은 경제적인 유인으로 작동하여 효율 향상과 사회생산 증가에 기여할 수 있다. 예컨대, 1980년대 말 사회주의권이 무너질 때 우리나라에서 이영희 선생 등은 자본주의가 옳기 때문이 아니라 인간의 본성 때문에 자본주의를 수용할 수밖에 없다는 이야기를 했는데, 오쿤의 인센티브 주장도 이와 비슷한 논리로 볼 수 있겠다. 요컨대 오쿤은 소득의 평등을 보장하는 것은 민주적 권리의 평등만큼 편익이 크지는 않지만 생산활동의 비효율 등 큰 비용을 초래할 수 있다고 보았다. 이런 이유로 일정한 분배 불평등은 수용이 필요하다는 것이다.

오쿤은 사익 추구를 경제조직의 원리로 받아들여 생산 활동의 금전적 인센티브를 제공하는 것을 나쁘게 볼 필요는 없다고 본다. 물질적 보상을 추구하는 경쟁도 나쁜 것만은 아니다. 사실 자본주의 시장경제는 사익추구 경쟁을 활용하여 효율 향상에서 엄청난 진전을 이루었다. 현실의 시장경제가 완전경쟁이라는 이상을 실현한 경우는 없지만, 그럼에도 시장경제는 생산의 효율적 조직자로서 다른 체제보다 우월하다. 또 시장경제에서 사익 추구를 허용하는 것은 국가에 대한 맹목적 복종을 방지하는 안전장치가 될 수 있고, 역사적으로 보아도 사익 추구를 억압하는 것은 개인 권리의 제약으로 이어질 수 있다.

그럼에도 불구하고 시장은 사적 소유와 임금의 시장결정 방식 때문에 불평등을 초래한다. 그러나 시장의 불평등은 다양한 접근법으로 감소시킬 수 있고, 정부개입을 통해서 효율성을 유지하면서 과도한 불평등을 줄이는 노력이 필요하다. 경제적인 불평등은 기회의 불평등과 결과의 불평등으로 나누어볼 수 있고 각각에 대한 대책이 필요하다.

오쿤에 따르면, 기회의 불평등은 사회 전체적인 불평등 증가에 상당히 기여했다. 취업 기회에서 성과 인종에 따른 차별이 심하다. 또 신용에서의 차별도 심각하다. 예컨대 기회 균등을 위해서는 대학에 가고 싶을 때 대학을 갈 수 있도록 신용대출 기회를 모두에게 보장해야 한다. 하지만 가난한 사람은 대출 기회를 얻지 못하거나 높은 이자 부담으로 학비를 조달할 수 없는 경우가 많고, 이러한 기회 불평등이 결국 불평등한 분배를 야기한다. 기회 불평등의 해소는 효율과 경제적 평등을 모두 증가시킬 수 있는 전략이다. 기회의 불평등을 해소하면 소득의 불평등을 줄일 수 있고, 아울러 기회의 평등으로 잠재력 있는 사람의 생산적인 기여도를 높여 효율도 증대시킬 수 있다. 다음으로 결과의 평등을 이루는 전략이 있다. 이에 대해서는 누진세제나 저소득층에게 소득을 이전하는 복지제도 등을 예로 들 수 있다.

오쿤은 효율과 평등의 관계를 보는 다양한 시각을 검토한다. 그는 평등에 절대적인 우선권을 준 입장으로 롤즈Rawls의 견해를 든다. 밀튼 프리드먼은 항상 효율에 우선권을 준 예이다. 그러나 오쿤에게는 평등에 우선적인 지위를 부여하고 효율을 무시하는 논리도 만족스럽지 않았고 또 효율에 우선적인 지위를 부여하고 평등을 무시하는 논리도 만족스럽지 않았다. 오쿤은 평등과 효율을 함께 추구해야 할 목표로 본 것이다.

그러나 오쿤이 보기에는 안타깝게도 평등과 효율 사이에는 어느 한쪽의 추구가 다른 쪽의 희생을 요구하는 충돌이 나타나곤 한다. 경제학자로서 오쿤은 이러한 상충관계에 대한 답안을 평등 제고로 인한 편익이 효율 감소로 인한 비용과 일치하는 지점까지 평등을 제고하여 효용을 극대화하는 해결책에서 찾는다. 그 이상으로 평등을 추구하면 비용이 과도해지기 때문에 전체 사회의 효용이 떨어진다. 그의 이런 생각은 이론적으로는 분배 악화를 사회 전체의 효용 증대로 합리화하는 공리주의의 문제점을 가지고 있다. 그러나 현실에서 보면 평등 제고의 편익이나 효율 감소의 비용을 추정하는 것이 모두 불확실하고 주관이 개입되는 쟁점이기 때문에 실제로는 이론보다는 정치적인 과정을 통해 타협이 이루어진다.

오쿤은 소득이전의 과정을 정확히 이해할 필요성을 강조하고 이를 설명하기 위해 "새는 양동이 실험leaky bucket experiment"이라는 개념을 도입한다. 가령 상위 5%에게서 4천 달러 세금을 거두어서 하위 20%의 사람에게 1천 달러씩 나누어주는 상황을 생각해 보

자. 새는 양동이 효과는 이런 소득이전을 통한 재분배가 새는 양동이로 이루어지게 되어 효율성이 감소되는 것을 가리킨다. 문제는 평등 제고를 위해 어느 정도의 효율성 감소를 감수할 것인가에 있다. 가령 10% 정도가 양동이 틈으로 새 나가서 부자에게서 4천 달러를 걷지만 빈곤층에게 전달되는 액수는 9백 달러가 된다면, 이 정도의 효율성 감소는 감수할만한 것인가? 만약 90% 정도가 새나가서 부자로부터 4천 달러 세금을 거두지만 가난한 사람에게는 가령 1백 달러만 전달된다면 이러한 제도를 수용할 것인가?

오쿤이 여기서 말하는 효율 감소는 세금을 내는 납세자 측에서나 소득이전을 받는 복지 수혜자 측에서 경제활동 인센티브가 감소하여 발생하는 것이다. 세금을 많이 떼면 부자들이 투자를 덜 할 수 있고, 소득이전을 많이 받게 되면 가난한 사람은 일을 덜 할 수 있다. 이렇게 인센티브 감소가 나타나고 또 이전과정에서 행정비용이 발생하기 때문에 효율 감소가 일어나는 것이다.

이렇게 누수를 동반하는 소득이전에 대한 입장은 다양하다. 소득이전을 반대하는 입장에서 하이에크나 프리드먼 같은 이들은 평등은 일시적인 효과만 주고 효율 감소는 누적적인 효과를 주기 때문에 빈곤층에게도 손해가 된다고 본다. 노직과 같이 시장에서 결정된 소득을 정부가 거두어 가는 것은 윤리적으로 용납될 수 없는 도둑질이라고 원천적으로 반대하는 입장도 있다. 소득이전 찬성 측에도 여러 입장이 있다. 오쿤은 롤즈를 취약계the least advantaged에게 한 푼이라도 도움이 된다면 재분배하는 것이 맞다는 입장으로 소개한다. 또 가난한 사람에게 도움이 되지 않더라도 부자로부터 돈 거두는 것 자체에 만족하는 사회주의적 입장도 있다.

오쿤은 이러한 다양한 입장을 소개한 후, 소득이전에 찬성하지만 일정 수준을 넘어 효율성을 감소시키는 것은 받아들이기 어렵다는 중도적인 선택을 한다. 빈곤층에 소득을 이전한다면 그것이 초래하는 재분배의 편익은 매우 크고, 그 재원을 소수의 부자로부터 거두면 그 비용은 적다. 그러나 중산층에 가까운 사람까지 지원하여 완전평등을 이루는 때에는 재분배 편익은 적고 재원 마련의 비용은 매우 커진다. 따라서 비용과 편익을 고려하여 적절한 수준의 선택을 할 필요가 있다는 것이다.

4. 평등과 효율, 과연 상충적인가?

평등과 효율의 상충관계에 대한 오쿤의 논의는 공공재정이나 사회정책 분야의 많은 학자가 수용하는 지배적인 견해로 자리를 잡는다. 그러나 과연 오쿤의 시각을 현재 시점에서도 평등과 효율의 관계에 대한 만족스러운 해명으로 받아들일 수 있을까? 여기에서는 이와 관련된 몇 가지 쟁점을 생각해 보기로 한다.

첫째, 원점으로 돌아가 효율의 개념에 대해 깊이 생각해 볼 필요가 있다. 효율적인 상태란 경제학에서 말하는 파레토 최적 Pareto optimal 상태를 의미하며, 어떤 사람의 자원을 줄이지 않고서는 다른 사람의 자원을 증가시키는 분배 변화가 불가능한 상태를 말한다. 그런데 롤즈에 따르면 이러한 효율적인 상태는 다양한 분배

상태에서 나타날 수 있는 것으로, 진정한 문제는 바로 분배 정의에 부합하는 효율적 상태를 선택하는 것에 있다. 가령 노예제 사회의 경우에는 노예소유주의 자원을 훼손하지 않으면서 노예를 해방하는 개혁을 추진할 수 없다. 그리고 이런 점에서 노예제는 파레토 최적상태로서 효율성을 가지는 것이다. 또한 자유노동 체계에서 자유인의 자원을 감소시키지 않고서는 변화를 추진할 수 없다면 이 또한 효율적인 상태이다. 이렇게 두 가지 체제 모두 효율적이지만 분배 정의의 차원에서 큰 차이가 있다. 따라서 효율적인 상태는 특정한 분배 평등 상태에 따라 다양하게 정의될 수 있는 것이지 분배 평등과 독립적으로 정의되는 것이 아니다(Rawls, 2003). 이러한 시각에서 보면 각각의 평등 상태에서 효율적인 상태와 비효율적인 상태가 존재할 수 있고, 진정한 과제는 어떠한 평등상태를 지향할 것인지를 결정하고 그중에서 가장 효율적인 상태를 추구하는 것이 된다.

둘째, 이러한 관점에서 보면 평등에 대한 심도 깊은 논의가 중요한데, 평등에 대한 오쿤의 논의는 상당히 부족한 면이 있다. 소득이나 부의 불평등은 기회의 불평등과 결과의 불평등으로 구분해볼 수 있는데, 오쿤은 이를 경기 규칙의 공정성과 경기 결과에 대한 보상 방식으로 비유하면서 각각이 독자적인 의의를 가짐을 제시한다. 경기 규칙이 공정하더라도 승자와 패자에 대한 대우가 불합리한 건 문제가 된다. 오쿤은 가령, 투사들의 격투 경기가 공정하게 진행되더라도 경기의 패자를 사자밥으로 만드는 보상이 이루어진다면 비난을 면할 수 없다는 예를 든다. 기회의 평등이 있더라도 불합리한 보상 격차와 같은 결과의 불평등은 수용될 수 없다는 것이다. 오쿤은 불평등의 많은 부분은 기회의 불평등이 원인이며, 이러한 기회 불평등 해소는 효율과 경제적 평등을 모두 증가시킬 수 있는 방안이라고 본다. 또 기회의 평등이 실현될수록 소득 평등도 개선될 것이라고 본다.

그러나 결과의 평등에 대한 오쿤의 논의는 정교하지 못한 면이 있다. 결과의 평등은 보상의 동등을 의미하는 것으로 정의되는 경향이 있고 이러한 정의에 따르면 평등의 이상을 추구하는 것은 반드시 효율을 훼손하게 되는 원천적인 상충관계를 벗어날 수 없다. 오쿤의 이런 사고를 따르면, 평등과 효율의 상충성은 일정한 타협을 통해 해소되어야 한다는 결론에 이르게 된다. 하지만 이런 논리는 사회 전체의 효용 증대를 위해서는 때때로 일정한 평등 악화를 감수해야 한다는 공리주의적 사고에 기초한 것이다. 따라서 오쿤의 생각도 사회 상층부의 효용을 증대시키기 위해 빈곤층의 삶을 악화시키는 것을 합리화하는 공리주의가 모든 인간을 동등하게 존엄한 존재로 보는 정의관에 부합할 수 없다는 롤즈의 비판으로부터 자유로울 수 없다.

이러한 오쿤의 경제적 평등 개념에 대한 대안은 롤즈에게서 찾을 수 있다. 롤즈는 정의의 원리로서 기본적 권리와 자유의 평등 원리를 제시함과 함께 사회경제적 불평등은 취약계층에게 유리한 경우에만 허용된다는 차등의 원리difference principle를 제시했다. 롤즈에게 있어 경제적 평등은 오쿤과 달리 완전한 결과의 평등을 의미하는 것이 아니다. 롤즈의 차등 원리에 따르면 소득과 부의 평등한 분배가 반드시 정의로운 것은 아니다. 그의 차등 원리에 따르면, 불평등한 분배도 취약계층에 이득을 주는 경우라면 정당화될 수 있다(Rawls, 2003). 롤즈가 이용한 예를 다시 든다면, 가령 기업가와 미숙련 노동자 2계층이 있고 그중 기업가에게 더 많은 보상을 주는 것은 그 보상을 줄일 경우 노동자의 지위를 더 떨어뜨릴 경우에 정당화되는 것이다. 어떤 경우가 이에 해당할까? 기업가에게 주어지는 더 많은 보상이 인센티브로 작용하여 기업가가 효율적인 생산을 하고 혁신을 추구하도록 하여 노동자가 받는 보상을 높이는 경우를 생각할 수 있다. 이런 점에서 롤즈가 정의로 받아들이는 경제적 분배 상태는 오쿤이 강조하는 생산활동에의 인센티브를 포함하는 개념으로 볼 수 있고, 따라서 효율의 원리와 상충 관계인 것이 아니다. 효율은 분배 정의의 기초 위에서 추구해야 할 추가적인 목표로, 효율 제고와 분배 개선은 원천적인 상충 관계에 있는 것이 아니라는 것이다.

셋째, 오쿤이 평등과 효율의 관계에서 평등을 확대하면 효율이 줄어들고, 효율을 늘리면 평등이 감소하는 식의 상충적인 면을 과도하게 강조한 것은 아닌지 따져볼 필요가 있다. 앞에서 논의했듯 평등과 효율은 일차적으로 각각 독립적인 목표로 설정되는 것이고 별도로 추구해야 할 과제이다. 또 평등과 효율의 관련성을 볼 경우에는 상호보완적 측면과 상호 충돌하는 면을 균형 있게 인식할 필요가 있다. 그런데 오쿤의 논의에서는 평등과 효율의 상호 보완적인 측면이 경시되어, 평등을 늘리는 것이 동시에 효율 향상에도 크게 기여하는 면이 있음이 간과되고 있다. 빈곤 가족에 대한 소득 지원은 빈곤층과 아동의 생활을 안정시키고 교육과 건강을 향상시키는 인적자본 투자의 성격을 가진다. 또 평등한 소득분배는 계층 간 갈등을 줄이고 근로와 생산활동에 대한 사회구성원의 노력을 증진시킬 수 있다. 복지지출은 또한 세계화 등으로 인한 경제 변동의 피해자를 돕는 기능을 하고, 더 나아가서는 환경변화에 대응한 경제구조의 조정을 쉽게 한다. 사회안전망이 강화되어 해고 근로자에게도 생활안정을 보장할 수 있다면 기업의 구조조정도 한층 원만하게 진행될 수 있는 것이다. 이러한 이유로 평등한 분배 상태는 효율을 떨어뜨리고, 불평등한 분배 상태는 효율이 높다는 식으로 상충 관계를 부각시키는 것은 평등과 효율의 관계를 균형 있게 인식하는 것이 아니다.

넷째, 유사한 맥락에서 평등과 효율의 상충관계에 대한 오쿤의 논의는 지나치게 단기적인 시각에 머물렀다고 평가할 수 있다. 최근에 세계은행World Bank같이 시장경제의 가치를 우위에 놓는 기관에서도 평등과 효율의 상충관계를 보다 장기적인 시각에서 평가할 필요가 있다는 논의를 제기하고 있다.

평등을 위한 소득재분배의 과정에서는 투자나 근로의 인센티브를 떨어뜨리는 누수가 발생할 수 있다. 특히 소득이전 정책이 잘못 설계될 경우에는 그 비용이 크게 증가할 수 있고 제도 설계에서 이러한 점을 충분히 고려할 필요가 있다. 그러나 소득재분배 정책의 효과를 단기적으로 파악할 경우에는 이전 과정에서 발생하는 비용의 문제만을 고려하고 장기적인 편익을 사고에서 놓칠 수 있다. 불평등의 개선은 장기적으로 경제를 더욱 효율적으로 기능하게 하고 사회갈등을 줄이며 신뢰 기반을 넓히는 등, 투자와 성장에 긍정적인 영향을 미친다. 부와 소득의 불평등은 권력의 불평등으로 이어지고 부와 권력의 불평등을 영속화하는 사회제도를 고착시킨다. 사회가 번영하려면 대다수 구성원이 투자와 근로에 적극적이고 혁신적으로 참여하도록 하는 인센티브를 제공해야 하지만, 권력의 불평등을 고착화하는 사회제도에서는 이러한 것이 불가능하다. 따라서 보다 장기적인 시각에서 평등과 효율의 관계를 볼 경우 그 상충적 측면보다는 평등이 효율을 향상시키는 상호보완적 측면을 잘 포착할 수 있다(World Bank, 2005).

5. 현대 복지국가에서의 평등과 효율

평등을 향한 현대사회의 도전은 복지국가의 등장으로 나타났다. 복지국가는 1930년대 대공황기를 거치면서 모습을 드러내기 시작하였고 제2차 세계대전 이후 본격적으로 발전을 이루었다. 영국은 전쟁의 암흑기에 베버리지Beveridge 리포트를 준비하며 전후 영국 복지국가에 대한 웅대한 구상을 마련한다. 1960년대를 지나면서는 스웨덴 등 북유럽 국가들이 평등주의 복지전략의 성공을 통해 복지선진국으로 등장하였다. 흔히들 복지후진국이라고 하는 미국에서도 1930년대 공황기에 뉴딜 프로그램으로 사회보장제도가 도입되었고, 1960년대까지 대빈곤전쟁 등 복지 프로그램의 확장이 이루어졌다. 이렇게 1945년 이후부터 1970년대까지 복지국가는 말 그대로 황금기를 구가한다.

그러나 1970년대를 거치면서 보수주의 세력의 복지국가 비판이 확대되었다. 복지국가의 이론가로 알려진 케인즈나 베버리지 대신 하이에크나 프리드먼처럼 복지국가에 반대하는 보수주의 학자가 영향력을 확대하였다. 또 영국의 대처 수상, 미국의 레이건 대통령 등 복지 축소를 내세운 정치가가 권력을 잡아 보수주의 정치세력이 맹위를 떨치게 된 이후, 지금까지 복지국가는 재편의 과정을 겪고 있다. 오쿤이 평등과 효율의 관계를 검토하며 평등 추구가 효율을 떨어뜨릴 수 있다는 상충성을 제기한 것처럼 현대 복지국가의 역사적 경험은 과도한 평등주의의 추구로 효율과 성장이 떨어진 예를 제공하고 있는 것인가?

흔히들 복지선진국으로는 스웨덴, 덴마크, 핀란드 등의 북유럽 복지국가, 독일, 프랑스로 대표되는 유럽대륙 복지국가를 든다. 반대로 미국, 영국 등의 자유주의 복지국가는 복지후진국으로 분류된다. 실제로 유럽 복지국가와 영미 계열 자유주의 국가의 공공복지지출 수준은 큰 차이를 보인다. 덴마크나 스웨덴 등의 북유럽국가나 유럽대륙의 복지국가는 GDP의 30% 가까운 공공복지 지출 수준을 보인다. 그러나 미국이나 다른 영미계열의 국가는 대다수가 GDP의 20%에 미달하는 지출 수준을 보인다. 이렇게 나라마다 다른 복지국가의 지출 수준은 그 나라의 평등 수준에 중요한 영향을 미친다. 복지국가의 지출 수준과 그 나라의 소득분배의 평등도는 매우 높은 상관관계가 있음이 잘 알려져 있다.

복지국가의 정부지출은 평등 개선에 긍정적인 역할을 하였지만, 동시에 경제성장을 어렵게 하고 효율을 떨어뜨리지는 않았는가? 복지지출이 경제성장에 미치는 영향을 분석한 연구에 따르면, 사회지출이 경제성장에 부정적인 영향을 미친다는 뚜렷한 증거는 발견되지 않았다(Pontusson, 2005). 이러한 결과는 수십 년간 복지국가로 발전한 나라가 높은 소득수준을 유지하고 있는 현실에서도 쉽게 짐작할 수 있다.

그러나 복지지출이 고용에는 부정적 영향을 미치지 않았을까? 유럽의 복지국가들이 1980년대와 1990년대 높은 실업률을 경험했고 고용사정이 좋지 않았다는 점을 생각하면 이러한 의문을 갖는 것이 자연스럽다. 실제로 1990년대 복지지출과 고용의 관계를 분석한 결과, 둘 사이에 부정적 관계가 있음이 나타났다. 지출 수준이 높은 스웨덴, 덴마크 등은 고용증가가 거의 없거나 고용이 감소하는 양상을 보였다. 반면에 복지지출이 낮은 미국, 호주 등의 국가는 높은 수준의 고용증가를 보였다. 복지국가에서 고용이 감소한 원인으로는 복지재원을 충당하는 사회보험료 등 임금에 부과되는 세금의 증가가 중요한 요인으로 꼽힌다. 이로 인해 고용주의 임금 비용이 증대했고, 늘어난 비용을 보상할만한 수익을 내지 못하는 저임금의 일자리는 줄어든 것이다. 이렇게 복지지출은 고용을 줄였지만 일자리의 안정성과 인적자본투자 증가로 취업자 생산성을 높이는 긍정적인 성장 효과가 있었다는 것도 상기할 필요가 있다(Pontusson, 2005).

이와 같이 현실에서 나타난 평등과 효율의 관계는 그리 단순한 것이 아니다. 오랜 기간 현대 복지국가의 평등화 노력은 높은 경제성장과 공존할 수 있었다. 하지만 현대 복지국가가 결함이 전혀 없는 최선의 발명품은 아니다. 고용 정체 등 부분적으로 효율에 부정적인 영향을 미쳤다. 그러나 효율에 대한 복지국가의 부정적 영향도 평등과 효율의 원천적인 상충관계의 불가피한 결과라고 단정하기는 어렵다. 복지프로그램의 설계를 어떻게 하는가에 따라 높은 평등 수준과 효율 향상을 동시에 성취할 수 있는 가능성이 열려 있는 것이다.

6. 한국 복지국가에의 함의

오쿤은『평등과 효율: 그 상충적 관계』를 통해 평등과 효율의 관계를 본격적으로 규명하여 사회정책 분석의 기본적 틀을 제시한다. 오쿤은 평등과 효율을 추구해야 할 동등한 목표로 설정하였다. 그러나 오쿤은 평등과 효율 사이에는 어느 한쪽의 추구가 다른 쪽의 희생을 요구하는 상충성이 있음을 발견하였다. 오쿤은 "새는 양동이"의 비유를 통해 재분배를 위한 소득이전 과정에서 효율의 손실이 발생한다는 점을 보여주었다. 그리고 오쿤은 이러한 상충성에 대해 소득이전과 평등화에 찬성하지만 일정 수준을 넘어 효율성을 감소시키는 것은 받아들이기 어렵다는 중도적인 해결책을 제시한다. 평등의 비용과 편익을 고려하여 적절한 수준의 선택을 할 필요가 있다는 것이다. 평등과 효율의 상충관계에 대한 오쿤의 논의는 사회정책 분야의 많은 학자가 수용하는 지배적인 견해로 자리 잡았다.

그러나 과연 오쿤의 시각이 평등과 효율의 관계에 대한 만족스러운 답변을 제공하고 있는가에 대해서는 의문의 여지가 있다. 무엇보다도 평등과 효율의 상충관계를 타협을 통해 해결해야 한다는 오쿤의 논리는 사회 전체의 효용 증대를 위해서는 일정한 불평등 악화를 감수할 수 있다는 공리주의적 사고에 기초한 한계를 지니고 있다. 사회 상층부의 효용을 증대시키기 위해 빈곤층의 삶을 악화시키는 것을 합리화하는 공리주의가 모든 인간을 동등하게 존엄한 존재로 보는 정의관에 부합할 수는 없는 것이다. 또 오쿤의 논의에서는 평등과 효율의 상호 보완적인 관계, 즉 평등을 늘리는 것이 동시에 효율 향상에도 크게 기여하는 면이 있음이 간과되고 있다. 높은 수준의 평등과 효율이 공존할 수 있음은 오랜 기간 이어진 복지국가의 역사에서도 증명되었다.

1987년 정치적 민주화와 시민사회의 등장, 1997년 외환위기를 지나며 우리나라에서도 복지제도가 크게 확장되고 개혁되었다. 국민연금은 1999년 도시자영업자를 마지막으로 전 인구층을 가입대상에 포함하는 제도가 되었다. 2000년대 초반에는 고용보험, 산재보험 등도 거의 전 사업체 근로자를 대상으로 하는 방향으로 법적인 가입범위를 확대하였다. 건강보험제도가 이미 1989년에 전체인구를 가입대상으로 포괄하였다는 점을 생각하면, 규정상으로는 우리나라가 보편주의적 사회보험 시대에 들어선 것이다. 또 2000년에는 국민기초생활보장제도라는 새로운 공공부조 프로그램도 새로 도입되어 빈곤층은 근로능력 유무에 관계없이 생계를 지원받게 되었다. 이러한 변화는 어려운 처지의 시민은 정부급여를 받을 권리가 있다는 사회권 이념을 반영한 것이다. 이외에도 보육, 장기요양 등 사회서비스의 급속한 확충이 이루어졌다.

지난 10여 년간의 복지 확충은 우리나라 사회지출의 추이를 통해서도 확인된다. 복지지출은 1990년에는 GDP의 3.1%를 차지하고 있었다. 그러나 외환위기 직후인 1999년에 사회지출의 수준이 6.7% 이상으로 치솟았다가 감소된 후 2007년에는 8.1%까지 증가하였다. 그러나 복지 확충의 의미가 양적인 것에 국한된 것은 아니다. 개발 독재하에 진행된 산업화 시기에도 적지 않은 복지제도가 도입되었지만, 당시 복지는 경제성장을 위한 보조적 수단에 불과했다. 당시 복지혜택은 대기업 노동자와 공무원 등 비교적 안정된 사회집단에게 주어져, 억압적 노사관계와 권위주의적 통치체제를 유지하기 위한 수단으로 이용되었다. 반면에 외환위기 이후 전개된 복지개혁의 지배적인 관심은 평등과 재분배, 사회적 연대를 높이는 것에 있었다. 이 시기 복지정책은 취약계층으로 그 혜택을 확대하는 데 주안점을 두었으며 사회권의 이념에 기초하였다. 이러한 복지 확충은 경제성장 지상주의가 지배하던 개발독재시대의 복지와 대비되는 것으로, 산업화와 민주주의에 성공한 한국이 이제 복지국가로 진입하여 평등화를 위한 노력을 시작하였음을 보여준다.

그러나 우리나라 복지국가의 평등화 노력은 아직 미흡하여 복지급여의 혜택을 전혀 받지 못하는 취약계층이 광범위하다. 양극화와 빈곤층 증가가 계속 사회적 쟁점이 되어 언론에 심심치 않게 등장하고 있다. 고령화 시대를 맞이하여 고용, 건강, 양육, 주거, 노령 등에서 사회적 위험이 증가하며 중산층의 불안정성도 크게 늘고 있다.

이러한 현 상태를 돌아보건대, 우리나라에서 복지 확충과 평등화 노력이 더욱 강화되어야 한다. 또 효율과 성장을 위한 관심과 열의도 지속되어야 한다. 한층 확대된 평등 노력과 함께 평등 추구를 효율적으로 실행하는 지혜도 필요한 것이다. 서구 복지국가의 경험은 복지국가의 건설을 통한 평등 추구와 효율의 제고가 동시에 성취될 수 있으며 그를 위한 적극적 노력이 중요함을 보여준다. 이제 발전기를 맞이한 한국 복지국가는 분배 정의가 효율적으로 실현되도록 노력하는 것이 절실한 때이다. 바로 이러한 사회적 실천이야말로 평등과 효율의 관계에 대한 오쿤의 논의를 바르게 계승하고 발전시키는 길이 아닐까?

참고문헌

Okun, Arthur, M., 1970, *The Political Economy of Prosperity*, New York: Norton, W. W. & Company, Inc.

________________, 1975, *Equality and Efficiency: The Big Tradeoff*, Washington D.C.: The Brookings Institution.

________________, 1981, *Prices and Quantities: A Macroeconomic Analysis*, Washington D.C.: The Brookings Institution.

Pontusson, J., 2005, *Inequality and Prosperity: Social Europe vs. Liberal America*, Ithaka: Cornell University Press.

Rawls, J., 1971, *A Theory of Justice: Revised Edition*, Cambridge, MA: The Belknap Press of Harvard University Press.

World Bank, 2005, *World Development Report 2006: Equity and Development*, Washington D.C.: The World Bank.

피에르 부르디외, 『구별짓기』

Pierre Bourdieu,
La Distinction (1979)

문화적 취향과 사회 계급의 분화

황익주
서울대학교 인류학과 교수

현대 한국인은 어떤 음악을 좋아하는가? 어떤 사람은 힙합을, 어떤 사람은 댄스뮤직을, 또 다른 사람은 록, 발라드 혹은 트로트를 좋아한다. 그런가 하면, 이상의 대중음악 장르 대신 국악이나 재즈 혹은 클래식 음악을 좋아하는 사람도 있다. 비단 음악뿐 아니라 미술에 대한 선호도에 있어서도 사람들은 제각각이다. 가령 인물이나 풍경을 실물처럼 묘사한 그림을 좋아하는 사람이 있는가 하면, 실물과는 사뭇 다른 방식으로 인물이나 풍경을 형상화한 그림을 좋아하는 사람이 있고, 아예 실물의 이미지와는 무관한 추상화를 좋아하는 사람도 있다. 또 멜로 영화, 액션 영화, 판타지 영화, 전쟁 영화, 공포 영화, 코미디 영화, 뮤지컬 영화 등등 다양한 장르의 영화에 대한 선호도 역시 사람에 따라 무척 다양하게 나타나며, 축구, 야구, 농구, 수영, 육상, 골프, 사이클, 피겨 스케이팅, 복싱 등 수많은 스포츠 종목 가운데 어느 것을 가장 좋아하는가에 대한 입장도 제각각이다.

이들 다양한 삶의 영역에서 사람들이 나타내는 문화적 취향의 양상은 일반인의 상식으로는 개인적 취사선택의 문제, 즉 사회 내에 존재하는 개인의 수만큼이나 무수히 다양해질 수밖에 없는 문제라고 생각하기 십상이다. 하지만 과연 그럴까? 이 글에서 소개코자 하는 피에르 부르디외(Pierre Bourdieu, 1930-2002)의 명저 *La Distinction*(영어 제목은 *Distinction*, 우리말 번역서 제목은 『구별짓기』)는 바로 사회 분화social differentiation, 즉 한 사회 내에 존재하는 사회집단들의 분화(황익주, 2008)에 상응하는 일정한 분화의 양상이 구성원의 문화적 취향에서도 나타남을 논증하고, 그렇게 되는 이유를 설명하는 책이다. 특히 이 책에서 저자는 근대 자본주의 사회를 특징짓는 사회 계층화의 체계인 사회 계급social class에 따른 분화가 사회 구성원이 지닌 문화적 취향의 양상에 있어서도 두드러지게 나타남을 역설한다.

이 책은 1960-70년대 프랑스인들의 문화예술 소비 양태에 대한 방대한 경험적 조사 자료를 체계적으로 수집하고 분석하는 작업과, 사회 구조와 인간 행동 사이의 관계라는 사회과학의 근본적 쟁점에 관련한 부르디외의 새로운 이론 체계를 적절히 결합해낸 단행본 연구서monograph이다. 높은 완성도와 훗날 프랑스뿐 아니라 전 세계 학계에 끼친 심대한 영향이 인정되어, 부르디외의 『구별짓기』[1]는 세계사회학협회International Sociological Association에

1 불어나 영어 모두에서 'distinction'이라는 단어는 의도적인 '구별짓기'라는 의미 차원뿐 아니라 의도치 않은 '구별되기', 그런 의미의 확장으로서 '자연스런 식별을 가능케 하는 탁월한 자질'이라는 의미 차원 등을 포함하며, 실제 책의 내용도 이들 여러 의미 차원 모두를 아우르는 'distinction'을 다루고 있다. 그런 점에서 한국어 번역판의 제목이 문제점을

의해 '20세기 사회학의 10대 중요 저서' 중 하나로 선정된 바 있다. 하지만 이 책의 영향력은 비단 사회학계에 국한되지 않고, 인류학, 언론정보학, 교육학, 정치학, 지리학, 법학, 문화 연구cultural studies 등 사회과학의 다양한 분과 학문으로 확산되었다. 그런 점에서 『구별짓기』는 20세기 사회과학 전체를 통틀어 최고의 명저 중 하나라고 평가해도 무방할 것이다.

이 책은 1979년에 출간된 불어판 원전이 670쪽, 1984년에 출간되어 전 세계적으로 이 책을 알리는 계기가 된 영어판은 630쪽, 그리고 1995-1996년에 상 · 하권으로 나뉘어 출간된 한국어판은 도합 1,008쪽에 달하는 방대한 분량을 자랑한다. 게다가 부르디외가 최초로 받은 교육이 철학이었던 탓인지는 몰라도, 철학 연구서의 문장을 방불케 하는 난삽한 문장과 펼쳐지는 이론적 논의의 심오성 등이 더해진 까닭에 그 저명도에도 불구하고 일반인은 고사하고 학자조차 쉽사리 읽어낼 수 있는 책이 결코 아니다. 이에 아래에서는 필자의 부족한 식견의 범위 내에서나마 최대한 독자가 『구별짓기』를 쉽게 이해할 수 있도록 해설해보고자 한다. 이를 위해 필자가 주로 참조한 책은 과거 영국 유학 시절에 박사 학위 논문 작성을 위해 정독한 바 있는 영어판임을 밝혀둔다. 우선, 이 책의 내용을 파악하는 데 도움이 될만한 배경 설명으로 부르디외의 학문적 생애상의 주요 지점을 소개하고, 이어서 이 책에

안고 있기는 하지만, 이는 번역자 자신도 인지하고 있는 한국어와 불어 및 영어 사이에 존재하는 언어 구조상의 근원적 차이 때문에 발생하는 문제이다. 따라서 이 글에서도 한국어 번역판 책을 지칭할 때는 부득이 "구별짓기"라는 제목을 그대로 사용할 것임을 밝혀둔다.

등장하는 주요 개념의 이론사적 배경 맥락에 대한 해설을 제시할 것이다. 그런 후에 이 책의 주요 내용을 부와 장 별로 개관해보고, 방법론적 측면에서의 책의 특성에 대한 해설을 덧붙일 것이다. 마지막으로는, 이 책에서 제시된 부르디외의 이론 및 방법론의 한계점을 극복코자 하는 문제의식하에 이루어진 대표적 후속 연구에 대한 소개를 중심으로『구별짓기』가 세계 사회과학계에 끼친 영향을 가늠해보고자 한다.

1. 부르디외의 학문적 생애[2]

부르디외는 1930년 프랑스 남서부 베아른Béarn 지방의 한 작은 마을에서 우체국 공무원의 아들로 출생한다. 고등학교까지 고향 지역에서 다닌 부르디외는 1950년대 초 파리로 가서 프랑스 최고의 인문학 분야 고등 교육기관인 고등사범학교École Normal Supérieure에서 자크 데리다 등과 함께 철학을 전공하였다. 이어 프랑스 국가공인 철학교사 자격증agrégation de philosophie을 취득한 부르디외는 한 지방 도시의 고등학교에서 철학교사로 1년간 근무하였다.

2 이 절의 내용은 부르디외에 대한 해설서인 젠킨스(Jenkins, 1992) 및 리드-다나헤이(Reed-Danahay, 2005)와 영어판 인터넷 위키피디아의 부르디외 항목(http://en.wikipedia.org/wiki/Pierre_Bourdieu) 등을 종합하여 재구성한 것이다.

1956년 군대에 징집된 부르디외는 당시 프랑스 식민지 상태로부터의 독립전쟁이 벌어지고 있던 알제리에서 2년간 행정병으로 복무를 하게 되었는데, 이 경험은 부르디외에게 알제리 사회를 가까이에서 관찰할 수 있는 기회가 되었다. 이를 바탕으로 그는 첫 저서인 『알제리 사회론Sociologie de l'Algérie』(1958)을 저술하고, 군 복무를 마치고 난 후에는 1958년부터 2년간 알지에 대학에서 강의하면서 수시로 알제리의 농민 사회 및 소수민족인 카빌Kabyle족[3] 사회에 대한 인류학적 현지조사를 실시한 바 있다.

1960년 프랑스 정부의 알제리 전쟁 정책에 반대한다는 이유로 알제리에서 추방되어 프랑스로 귀환하게 된 부르디외는, 소르본 대학으로도 불리는 파리 대학교 인문학부에서 1년간 사회학자 레이몽 아롱Raymond Aron의 조교로 근무하는 한편, 역시 파리에 소재한 국립인류학박물관에서 열리던 인류학 강좌 시리즈와 콜레쥬 드 프랑스Collège de France에서 인류학자 레비 스트로스Lévi-Strauss가 주관하여 열리던 세미나에도 지속적으로 참여하였다. 또한 1963년에는 자신이 알제리에서 수행하였던 인류학적 현지조사 연구의 결과를 정리한 책 『알제리에서의 노동과 노동자들Travail et Travailleurs en Algérie』도 발간한 바 있다.

부르디외는 1962년부터 2년간 릴Lille 대학 사회학과의 교수로 재직하다가 1964년에 파리 대학교 고등연구대학원École Pra-

3 '카빌'이란 북서부 아프리카의 여러 나라에 흩어져 살고 있으며 유럽인에게는 '베르베르(Berber)' 족으로 알려진 민족의 구성원 중 알제리 지역에 살고 있는 일파를 가리키는 이름이다.

tique des Hautes Études의 사회학 교수로 부임하면서 사회학자로서 자신의 성가를 본격적으로 드높이기 시작한다. 그는 1960년대 중엽부터 일련의 공동 연구를 해오던 파세롱Passeron, 볼탕스키Boltanski 등 일군의 학자와 더불어 '유럽사회학연구소'를 1968년에 설립하고 이곳을 근거지로 삼아 연구에 더욱 박차를 가한다. 그리하여 부르디외는 파세롱과 공저로 1970년에 출간한 첫 번째 대표 저서 『재생산La Reproduction』을 비롯하여 프랑스 사회에서 교육을 매개로 이루어지는 사회 세력의 재생산 문제를 다룬 일련의 주요 저작을 발간한다. 1979년에 출간된 『구별짓기』에서 사용한 경험적 조사 자료 역시 이러한 공동연구 작업에서 얻은 것이었다. 이러한 왕성한 연구 활동 덕분에 부르디외는 1981년 각 분과 학문별로 당대 최고의 연구자로 꼽히는 사람들에게만 주어지는 명예로운 직책인 콜레쥬 드 프랑스의 사회학 주임교수직을 얻게 되었다. 이는 학생 지도의 의무가 없이 일반인에게 개방된 과목 하나를 가르치는 외에는 연구에만 전념할 수 있는 교수직이어서, 이후 부르디외는 더욱 왕성한 연구 활동을 펼칠 수 있게 된다.

부르디외의 저작은 수시로 영어로 번역되어 영미권 인문사회과학계에도 널리 소개되었다. 그 덕분에 아직 50대의 연령이었던 1980년대 말에 부르디외는 이미 미국 학계에서 가장 널리 인용되는 유럽 학자 중 하나로 명성을 날리게 되었다. 부르디외는 탁월한 학문적 업적을 인정받아 1993년에는 프랑스 국립과학원이 수여하는 금메달을, 1996년에는 미국 버클리 대학이 수여하는 고프만 상을, 2001년에는 영국 왕립인류학회로부터 헉슬리 메달을 각각 수상한 바 있으며, 2000년에는 세계적 석학으로서 초청을 받아 한국을 방문하기도 했다. 그러나 콜레쥬 드 프랑스에서 은퇴한 지 얼마 지나지 않은 2002년 1월, 부르디외는 안타깝게도 지병인 암으로 인해 파리 시내의 한 병원에서 만 71세라는 비교적 이른 나이에 생을 마감하고 말았다.

부르디외는 살아 있는 동안 40여 권의 저서와 300편이 넘는 논문 등 방대한 양의 저작을 남겼다. 부르디외의 저서 중 영어로 번역되거나 애초에 영어로 쓴 저서만 해도 26권에 달하는데, 그중에서도 특히 중요하다고 평가되는 저서의 영문 제목과 영어판 및 불어판 원전의 출간연도를 나열해보면 다음과 같다.

- 『재생산Reproduction in Education, Society and Culture』(1977/1970)
- 『실천 이론 개요Outline of a Theory of Practice』(1977/1972)
- 『구별짓기Distinction』(1984/1979)
- 『실천의 논리The Logic of Practice』(1990/1980)
- 『상징적 권력Language and Symbolic Power』(1991/1982)
- 『호모 아카데미쿠스Homo Academicus』(1988/1984)
- 『국가 귀족: 권력의 장에서 엘리트 학교들의 위상The State Nobility: Elite Schools in the Field of Power』(1996/1989)
- 『미술 애호The Love of Art: European Art Museums and Their Public』(1991)
- 『예술의 규칙: 문학 장의 기원과 구조Rules of Art: Genesis and Structure of the Literary Field』(1996/1992)
- 『세계의 비참The Weight of the World』(1998/1993)
- 『실천적 이성Practical Reason: On the Theory of Social Action』(1998/1994)
- 『텔레비전에 대하여On Television』(1998/1996)

- 『파스칼적 명상Pascalian Meditations』(2000/1997)
- 『남성 지배Masculine Domination』(2001/1998)
- 『시장의 폭력에 대한 저항 행위들Acts of Resistance: Against the Tyranny of the Market』(2001/1998)

위에 나열한 주요 저서의 목록에서도 확연히 드러나는 바와 같이, 부르디외는 교육, 학계 및 학교, 언어, 미술, 문학, 매스미디어, 젠더 관계, 세계화 등등 한 사람의 전문연구자가 모두 다룬 것이라고는 믿기 힘들 정도로 광범위한 주제 영역에 걸쳐 저술 활동을 전개했다. 그에 더하여, 신자유주의적 세계화의 부정적 영향에 항거하기 위한 시위들에 몸소 참여했던 데서 알 수 있듯, 부르디외는 자신의 학문적 소신을 현실에서 실천코자 행동하는 지식인으로서의 모습도 보여준 바 있다. 한마디로 부르디외는 분명 20세기 세계 사회과학계가 배출한 참된 '거장' 중 하나이다.

2. 부르디외 이론 체계상의 주요 개념: 장, 아비투스, 문화자본

『구별짓기』를 필두로 한 주요 저작 전반에 걸쳐 반복적으로 등장하는 부르디외 이론 체계상의 몇 가지 주요 개념이 있다. 이들 개념 자체는 부르디외가 새로이 창안한 것은 아니지만, 그것을 혁신적인 방식으로 구사함으로써 부르디외는 자신만의 독특한 이론 체계를 구축한다. 이 절에서는 그의 주저인 『구별짓기』에 대한 독자의 이해를 돕고자 부르디외가 도입한 개념상의 혁신은 각기 어떠한 이론사적 배경 맥락을 지닌 것인가에 대해 간략히 설명하고자 한다.

장

부르디외는 하나의 사회는 경제, 정치, 법, 교육, 학문, 예술, 문학, 스포츠, 언론 등등 그 안에서 인간행위자들의 '실천practice'이 전개되는 다수의 '장'(불어로는 champ, 영어로는 field)들로 이루어져 있다고 본다. 이처럼 사회적 실재의 본질이 실천에 있다고 보는 관점은 그의 이론 체계의 근간을 이루는 부분이고, 그런 만큼 부르디외를 영미권 학계에서 주목하는 사상가로 만드는 첫 계기가 된 그의 저작 『실천 이론 개요Outline of a Theory of Practice』를 비롯하여 『실천의 논리The Logic of Practice』, 『실천적 이성Practical Reason』 등 3권에 달하는 책을 자신의 실천 이론을 설명하기 위해 저술했다.[4] 그럼에도 불구하고, 부르디외의 파리 고등사범학교 몇 년 선배 격으로 프랑스 구조주의적 마르크스주의의 주창자였던 알뛰세르Louis Althusser

4 뿐만 아니라, 현대 미국의 인류학계를 대표하는 이론가 중 한 사람인 오트너(Sherry Ortner)는 1980년대 중엽에 미국 인류학계가 이론적 발전을 위해 주목할 필요가 있는 사상가로 부르디외를 소개하면서 그의 이론틀을 '실천 이론(practice theory)'이라고 지칭한 바 있다(Ortner, 1984).

의 이론에서도 '실천의 우위성primacy of practice'이 강조되었다는 점(Althusser & Balibar, 1970, p. 58)으로 미루어 보건대, 사회적 실재의 본질을 실천이라고 보는 것은 부르디외의 독특한 관점이라기보다는 당대의 프랑스 사상계에 널리 퍼져 있던 관점이라고 생각된다. 뿐만 아니라, 장의 개념 자체도 부르디외가 새로 고안한 개념은 아니었던 만큼(이상길, 2002), 부르디외의 개념적 혁신은 다양한 실천의 장의 결합체로서 사회를 파악하는 방식에 놓여 있다고 평가할 수 있겠다.

그렇다면 사회적 실천이 전개되는 다양한 영역을 장의 개념으로 파악한다는 것은 무엇을 의미하는가? 부르디외에 따르면, 각각의 사회적 장에는 그에 고유한 경쟁 내지 투쟁의 목표물stake과 지배의 틀scheme of domination, 정당성legitimacy을 인정받는 관념 등이 존재하며, 그 안에서 개인이든 집단이든 상이한 행위 주체agents 간에 일정한 규칙에 따라 경합 내지 게임이 벌어진다. 대개의 경우, 행위 주체들은 지배의 틀과 경합의 규칙 자체에 대해서는 이의 제기를 하지 않은 채 경합에 참여한다. 그러나 만약 기존의 지배의 틀이 어떤 행위 주체에 의해 정당성을 인정받지 못하는 경우에는, 경합의 규칙 자체가 행위 주체 간의 경합에서 목표물이 되어 경합에서 승리한 새로운 사회 세력이 경합의 규칙 자체를 추후 자신들에게 유리한 방향으로 변경시킬 수도 있다. 이러한 관점은 부르디외의 이론 체계를 사회적 실재에 대한 매우 역동적인 설명의 틀로 만들어주는 요소이다.

한국 고등학교 교육의 예를 통해 구체적으로 사회적 실천의 장에 대한 부르디외의 개념화가 어떤 것인지 살펴보기로 하

자. 이 장에서는 궁극적으로 대학 입시에서의 '명문 대학 인기학과'에의 합격이라는 목표물을 둘러싸고 수십만 명의 고등학생 내지는 그 학부모 간에 경합이 벌어진다. 이러한 경합의 실질적인 내용은 전국적 차원의 평가인 수능 시험과 개별 학교 차원의 평가인 내신 성적에서 남들보다 높은 점수를 얻기 위한 경합이다. 경합의 대다수 참가자는 수능과 내신 두 가지를 근간으로 하여 대학 입시의 경쟁이 이루어지는 것이 최선은 아닐지라도 차선의 방법으로서 정당성을 지닌다는 관념을 공유하고 있다. 나아가, 고등학생과 그 학부모를 포함하여 현대 한국 사회의 대다수 구성원은 명문 대학 인기학과 졸업자를 사회적 엘리트로 간주하여 그들에게 상대적으로 나은 사회적 보상을 제공하는 한국 사회의 전반적 지배 질서 자체에 대해서도 정당성을 인정하고 있는 셈이다. 그러나 주지하다시피, 한국의 고등학교 교육이라는 장 속에서는 기존의 경합 규칙에 대한 비판도 다양한 사회집단에 의해 제기된다. 이들 비판은 한편으로 '명문 대학 인기학과'에의 입학을 목표물로 삼아 벌어지는 경합의 구도 자체가 가난하고 힘없는 가정 출신자에게 불리하다는 급진적 비판으로부터, 다른 한편으로 현행 제도하에서 내신 성적이라는 요소가 차지하는 비중이 과도하게 높아 유능한 학생이 특목고나 자사고 출신이라는 이유로 부당하게 불이익을 당하고 있다는 비판에 이르기까지 다양하게 나다닌다. 따라서 한국의 고등학교 교육이라는 사회적 장에서는 일정한 규칙에 따른 개인 간의 경합이 전개되면서도, 그런 경합의 틀 자체가 사회 세력 사이의 역학 관계에 따라 변경될 수 있는 불확실성이 내재하고 있다. 그 결과, 가령 진보 성향의 정권으로

부터 보수 성향의 정권으로 교체되는 경우, 교육 문제에 대한 불만이 정권 교체의 주된 요인이 아닐지라도 평준화를 기조로 하는 고등학교 교육의 제도적 기본틀이 개혁되는 상황이 발생할 수도 있음을 부르디외의 장 이론은 잘 설명해준다.

이처럼 장으로서 사회를 개념화하는 것은 알튀세의 구조주의적 마르크스주의에서 상정했던 층위layer 혹은 수준level의 접합체로서 '사회구성체social formation' 개념, 인류학 및 사회학의 구조기능주의에서 상정했던 제도들의 기능적 결합체로서 '사회 체계social system' 개념, 혹은 일상 언어에서 흔히 상정되는 바와 같이 정치 · 경제 · 사회 · 문화 등 여러 부문을 막연히 총칭하는 것으로서의 '사회' 개념 등과는 대비되는 부르디외 특유의 사회에 대한 개념화 방식이다. 본디 물리학에서 비가시적 실체인 힘force이 미치는 공간 범위를 가리키는 것이던 장의 개념을 통해 부르디외는 사회적 삶의 각 영역마다 고유한 논리가 작동하고 있음을 주목함과 동시에, 사회 전체적 차원에서 다양한 사회 세력 간에 펼쳐지는 경합과 투쟁의 영향이 각각의 영역에서의 경합과 투쟁의 양태에도 삼투하게 되는 역동적 관계를 포착하려 했던 것이다. 그런데 이와 같이 장의 개념으로 사회 세력 간의 경합 내지 권력 투쟁power struggle의 역동성을 강조하다 보니, 부르디외의 이론에서는 전체 사회를 구조주의나 구조기능주의에서 보는 것처럼 체계적 정합성을 지닌 것으로 보지 않는다.

아비투스

아비투스는, 최초로는 아리스토텔레스가 '헥시스hexis'라는 용어로 사용했던 것을 중세 서구의 철학자 토마스 아퀴나스가 그리스어를 라틴어로 번역하면서 '아비투스habitus'라는 용어로 대체한 것이 개념사적 기원이다. 하지만 이 개념은 근대 서구의 사회사상가들로부터 별다른 주목을 끌지 못한 채 묻혀 있다시피 했다. 이러한 상황을 반전시켜 한 사회의 문화가 구성원의 지각 내지 행동의 패턴으로 체화embodiment됨을 매개로 재생산되는 메커니즘을 설명할 수 있는 개념적 자원으로서 아비투스의 개념을 발전시키기 위한 단초적 논의를 전개한 인물이 있다. 바로 부르디외의 스승 중 하나였던 인류학자 레비 스트로스에게 가장 큰 영향을 끼친 학자이자 현대 프랑스 인류학의 아버지 격인 마르셀 모스Marcel Mauss였다(Reed-Danahay, 2005, p. 104). 부르디외는 모스의 단초적 논의를 좀 더 발전시켜 아비투스의 개념을 체계화하는 것에 더하여, 동일한 사회 내에서도 상이한 사회집단에 따라, 특히 근대 자본주의 사회에서는 상이한 사회 계급에 따라 상이한 내용의 아비투스가 형성될 수 있다는 새로운 아이디어를 제시한다.

부르디외가 말하는 아비투스란 후천적으로 학습되고, 상당한 영속성을 지니며, 특정 방식의 지각, 사유, 행동으로 발현되는 체화된 성향dispositions의 체계를 의미한다. 이러한 아비투스 개념은 인류학적 문화 개념과 매우 유사하지만, '체화'라는 측면을 강조하는 점에서 차이가 있다. 아비투스는 개별 행위자들이 성장 과정에서 직면하는 객관적 삶의 조건에 대한 대응의 결과물로서 형성되는 것으로, 개별 행위자의 차원에서는 특정한 상황에 직면했을 때 부지불식간에 특정한 일련의 반응을 하게 만드는 힘으로 작용한다. 가령, 김치찌개가 끓으면서 나는 냄새에 접했을 때 미국인은 고약한 냄새라며 인상을 찌푸리지만, 한국인 성인은 맛있는 냄새가 난다며 입맛을 다시는 반응을 보일 것이다. 이는 인류학에서 문화의 개념을 설명하면서 상이한 민족 집단의 구성원 사이에 후천적으로 학습된 문화의 차이가 어떻게 체화된embodied 반응상의 차이로 발현될 수 있는가를 보여주는 현상으로 흔히 제시되는 사례에 해당한다. 그런데 모스의 아비투스 이론이 이러한 상이한 민족 사이에서 발견되는 체화된 반응상의 차이를 주목하는 데 그치는 것에 비해, 부르디외는 거기서 한 걸음 더 나아간다. 그리하여 동일한 사회의 구성원이면서도 가령 어떤 사람에게는 록 음악의 사운드가 매우 듣기 좋게 들리는 반면, 다른 사람에게는 시끄러운 소음으로 들리는 현상까지도 아울러 설명할 수 있도록 아비투스 개념의 외연을 확장하는 작업을『구별짓기』에서 시도하고 있는 것이다.

부르디외가 이와 같이 확장된 아비투스 개념을 구사함으로써 달성하고자 하는 이론적 목표는 객관적 사회 구조가 행위주체들의 주관적 경험으로 치환되는 메커니즘을 파악하는 데 있다. 즉, 지배-피지배의 질서를 포함하는 사회구조의 재생산이 다양한 삶의 장에서 사회 구성원이 무의식적으로 행하는 일상적 행동의 결과로 이루어질 수 있다는 점을 보이고자 했던 것이다. 특히 계급 사회로서의 프랑스 사회에서 상이한 계급 및 계급 분파들class fraction의 구성원이 성장 과정에서 체득하게 되는 상이한 아비투스들이 다양한 장에서 전개되는 계급 및 계급 분파들 간의 경합과 투쟁, 그리고 계급적 지배 질서의 재생산에 있어 어떠한 매개 작용을 하는가를 조명하는 것이『구별짓기』를 필두로 한 여러 저작에서 보여준 부르디외의 중심적 문제의식이었다. 이처럼 아비투스의 작동에 주목함으로써 부르디외는 인문사회과학에서의 해묵은 인식론적 쟁점이었던 '사회 대 개인', '구조 대 행위', 혹은 '객관주의 대 주관주의' 간 이원론적 대립관계의 문제를 해결해주는 사회적 실재에 대한 새로운 인식틀을 확보할 수 있으리라고 기대하였다.

문화자본

마르크스는 물론 베버까지도 자본의 개념을 경제적 차원에 국한시켜 사용했던 데 반하여, 부르디외는 다양한 사회적 장에서 벌어지는 개인 및 집단 간의 경합에서 개별 행위 주체가 자원으로 활용할 수 있으며, 축적 및 세대 간 전승이 가능하여 사회불평등과 연계될 수 있는 모든 것을 자본으로 개념화하면서 자본의 유형을 몇 가지로 구분하는 새로운 이론적 시도를 하였다. 그렇게 접근함으로써 각각의 사회적 장에 내재된 특정한 경합 규칙에 맞추어 다양한 행위 주체가 벌이는 복잡한 경합과 투쟁의 양상을 보다 정교하게 사회과학적으로 포착할 수 있다고 보았던 것이다.

부르디외가 처음으로 자본의 유형에 대한 개념적 구분을 제시한 1986년의 논문(Bourdieu, 1986)에서는 경제자본, 사회자본, 문화자본 등 세 가지 유형의 자본이 구분된다. 우선 '경제자본'이란 현금이나 자산 등과 같은 경제적 자원에 대한 지배력을 가리킨다고 정의하는데, 경제자본에 대한 부르디외의 개념 정의에 특별히 새로운 요소는 없다. 한편, '사회자본'이란 일군의 개인과 제도화된 상호 면식 내지 교류의 관계를 비교적 영속적으로 가지는 데서 연원하는 현실적·잠재적 자원들의 총합을 가리킨다고 정의하는데, 이는 일상 언어로 바꿔 표현하면 '인맥'에 해당할 것이다. 하지만 부르디외가 생전에 수행했던 경험적 연구에서는 이 사회자본의 개념이 사회 현상의 분석에 실제로 응용된 바가 없다.

자본의 상이한 유형에 대한 부르디외의 개념 구분 가운데서 『구별짓기』를 필두로 한 그의 경험적 연구에서 빈번히 분석 개념으로 사용되었을 뿐 아니라, 후대의 연구자에게 가장 큰 영향을 끼친 것은 '문화자본cultural capital' 개념이다. 문화자본은 한 개인에게 보다 높은 사회적 지위를 가져다주는 지식, 소양, 기술, 교육 등을 지칭한다고 정의한다. 부르디외는 문화자본의 하위 유형으로 다시 세 가지를 구분한다. 첫째는 소양이나 매너 등과 같은 체화된embodied 문화자본이며, 둘째는 예술품이나 과학기구 등과 같은 객체화된objectified 문화자본, 셋째는 학위증이나 자격증 등과 같은 제도화된institutionalized 문화자본이다.

이처럼 문화자본의 개념을 도입함으로써 부르디외는 『구별짓기』에서 경제자본의 많고 적음에 따라 계급을 구분하고 각 계급별로 문화적 취향이 어떻게 달라지는가를 보이는 식의 비교적 단순한 분석틀을 훨씬 넘어서는 정교한 분석을 제시할 수 있게 된다. 그리하여 경제자본의 많고 적음(+, -)과 문화자본의 많고 적음(+, -)이라는 두 가지 축에 따라 당대 프랑스 사회의 계급 및 계급 분파를 경제자본도 많고 문화자본도 많은 부류, 경제자본은 많으나 문화자본은 적은 부류, 경제자본은 적으나 문화자본은 많은 부류, 그리고 경제자본도 적고 문화자본도 적은 부류 등으로 구분한다. 그러한 구분에 기초하여 부르디외는 이들 상이한 부류에 해당하는 계급 내지 계급 분파들 사이에서 어떤 것이 문화예술에 관련한 모범적인legitimate 소비 취향인가를 각자의 생활 여건에 맞추어 정의내리고 또 일상적으로 실천하기 위한 경합과 투쟁의 복잡하고도 역동적인 양상을 매우 설득력 있게 설명할 수 있었던 것이다.

『구별짓기』를 포함한 여러 저작에서는 상징자본, 교육자본, 언어자본, 정치자본 등 또 다른 자본의 유형이 언급되는데, 이들과 경제자본, 사회자본, 문화자본 등 세 가지 주요 자본 유형과의 관계는 어떤 식으로 이해되어야 하는지에 대해 부르디외는 명시적 설명을 제시하지 않았다. 특히, '사회적으로 통용되는 분류의 틀에 따른 위신, 명예 혹은 인정 등에 기초하여 얻어지는 자원'이라고 정의되는 상징자본은 다른 자본 유형과 달리 특정한 사회적 장과의 연관성을 상정하기가 곤란하리만큼 높은 일반성을 지닌 것인데, 이러한 상징자본이 세 가지 주요 자본 유형, 그중에서도 문화자본과 과연 어떠한 논리적 관계에 있는 것인가에 대한 설명이 없는 점은 부르디외의 이론 체계상 중요한 공백이라고 하겠다.

3. 문화와 계급 간의 관계를 밝히다

앞서 언급한 바와 같이 부르디외의 『구별짓기』는 분량도 방대할 뿐 아니라 문체나 내용도 매우 난해한 책이다. 부르디외는 당대 프랑스인의 문화적 취향이라는 주제에 대해 한편으로는 문화예술 비평가들의 접근법과 구별되고, 다른 한편으로는 당대 사회학의 주류 패러다임이었던 실증주의적 사회학의 접근법과도 구별되는 자신의 고유한 사회학적 접근법을 제시하려는 목표를 지니고 이 책의 저술에 임하였다. 그런데 선행 접근법과 자신의 접근법 사이에 차이점이 무수히 많다보니, 아마도 부르디외로서는 소소한 차이의 지점들에 대해 일일이 언급해야 할 필요성을 느끼지 않았던 듯싶다. 그 결과 『구별짓기』는 일반 독자를 겨냥하여 쉽고 친절하게 저술되지는 않은 책, 저자의 글쓰기 스타일에 익숙하지 않은 독자로서는 읽어내기가 매우 버거운 책이 되었다. 심지어 이 책의 부 · 장 · 절의 제목 가운데 중의적이거나 애매한 것이 상당수 있음에도 불구하고 그런 식으로 제목을 붙인 취지가 무엇인가에 대한 저자의 설명이 따로 없는데, 이 점 또한 이 책의 독해를 더욱 어렵게 만드는 요소이다. 이 책을 읽으면서 필자가 경험했던 그런 어려움을 실토하면서, 이하에서는 우선 『구별짓기』의 주요 목차를 제시한 뒤, 각 부와 장 별로 이 책의 핵심적 논점을 요약하여 소개하고, 이어서 부르디외가 구사했던 연구방법론에 대한 간략한 해설을 덧붙임으로써 독자의 이해를 돕고자 한다.

주요 목차

핵심적 논점

앞에 제시한 책의 주요 목차에서 보는 바와 같이, 『구별짓기』는 매우 짤막한 서론, 그에 이어지는 3개 부에 8개 장으로 이루어진 본론, 그리고 계급과 분류 체계와의 관계를 다룬 결론, 그에 추가하여 문화적 취향에 대한 사회과학적 접근의 의의를 논하는 보론과 연구의 방법 및 자료에 대한 보충 설명을 제시한 부록 등으로 구성된다. 부록의 내용은 다음 절에서 이 연구의 방법론적 특징을 설명할 때 아울러 언급하기로 하고, 이 절에서는 서론에서 보론에 이르는 책 각 부분의 핵심적 논점을 간략히 소개하고자 한다.

총 630쪽의 영문판 중 7쪽이 채 안 되는 매우 적은 분량으로 이루어진 서론에서 부르디외는 이 책의 기본적 문제의식을 제시한다. 그는 인간의 문화적 실천의 양상을 온전히 이해할 수 있기 위해서는 '문화'를 고상하고 세련된 것에 국한시킨 통념적 의미로 생각해서는 안 되며, 음식의 맛에 대한 취향 등과 같은 일상적인 감각까지도 포괄하는 인류학적 의미로 생각해야 함을 지적한다. 이런 관점에서 보자면, 문화적 욕구는 가정에서의 양육과 교육의 산물이며, 박물관 탐방, 음악회 가기, 독서 등의 문화적 실천과 문학, 미술, 음악의 상이한 장르에 대한 선호도는 교육 수준, 사회적 출신 배경 등과 밀접히 연관되어 있다. 그리하여 상이한 종류의 예술 형태나 장르 사이에 존재하는 위계 서열과 예술의 소비자 내부에 존재하는 사회적 위계 서열 간에 상응correspondence 관계가 생겨난다. 또 서구 사회에서는 17세기부터 현재에 이르기까지 문화예술 및 그에 합당한 향유 방식에 관해 견해를 달리하는 계급 집단 사이에서 자기네 집단이 지닌 관념과 관계 방식을 사회 전체의 모범적인legitimate 것으로 만듦으로써 자기 집단을 '문화의 귀족층cultural nobility'으로 정의하고자 하는 경합 내지 투쟁이 지속되어 왔다. 이러한 역사적 과정의 부산물로서 생겨난 것이 문화예술에 대한 '대중적popular' 취향 내지 미학aesthetic과 칸트가 말하는 '순수pure' 취향 내지 미학 사이의 구별이다. 그러므로 기실은 자연스러운 것인 문화에 대한 대중의 취향과 향유의 방식을 저급하고 조잡하다고 폄하하는 반면, 상층 계급의 문화적 취향과 향유 방식은 초연하고 세련된 것으로 높이 평가하는 이러한 구별짓기는, 의도적이든 아니든 간에, 사회 세력 간의 차이와 분화를 정당화하는legitimating 기능을 한다는 점을 주목할 필요가 있다는 것이 부르디외의 문제의식이다.

책의 부제이기도 한 "취향 판단에 대한 사회적 비판"이라고 제목이 붙여진 제1부는 "문화의 귀족The Aristocracy of Culture"이라는 제목의 90쪽에 가까운, 책 전체에서 가장 분량이 많은 한 개의 장만으로 이루어져 있다. 부르디외는 우선 자신의 연구팀에 의해 수집된 자료 가운데 좋아하는 가수나 곡 등에 관련한 사람들의 음악적 취향의 분포와 주로 교육 수준 및 직업에 의거하여 구분한 사회 세력의 분포 사이에 존재하는 상관관계를 확연히 보여주는 표와 그림을 제시한다. 이를 바탕으로 그는 '문화 귀족의 타이틀'에 관한 논의를 전개한다. 여기서의 '타이틀'이란 영어판 책 번역자가 붙인 각주에 명시되어 있는 바와 같이, 교육적 자격, 칭호, 타이틀에 수반되는 권리 등을 두루 의미한다. 이러한 표현을 통해 부르디외는, 마치 봉건 시대의 귀족이라는 사회적 지위가 구성원들이 행하거나doing 성취하는 바에 의해 규정되는 것이 아니라 출생에서 연원하는 그들의 존재bcing 자체에 의해 규정되었던 것처럼, 근대 자본주의 사회의 지배 계급인 부르주아지가 문화의 영역에서 타 계급 집단의 구성원보다 탁월한 전유 능력을 과시하며 마치 타고난 문화의 귀족인 듯 비치게 되는 현상을 문제 삼고자 하였던 것이다. 문제 제기에 이어 부르디외는 역시 자신의 연구팀이 수집한 자료들을 바탕으로 삼아, 칸트 철학에서 미적 판단의 정수로 제시되는 순수 미학과 그 대립항인 대중적 미학의 관계에 대한 일반적 논의를 펼친다.

한편, "문화적 혈통cultural pedigree"이라는 제목이 붙여진 제1장 제2절에서는, '모범적인' 문화적 취향과 향유의 방식을 실천하고 있는 사람들 내부에서도 다시 위계 서열이 존재하는 현상에 주목한다. 즉, 오래된 부르주아 계급 출신자가 자신의 가정에서 어릴 적부터 체화한 성향 덕택에 교육 기관에서의 학습과 훈련에 의해 문화적 전유 능력을 습득한 쁘띠부르주아 계급이나 신흥 부유층 가정 출신자에 비해 '자연스러운' 문화적 취향과 매너를 지닌 사람으로 보다 높은 평판을 누리게 되는 현상이다. 이는 각종 문화적 장에서 펼쳐지는 계급 및 계급 분파들 간의 경합이 끊임없는 구별짓기의 논리에 따라 매우 역동적으로 벌어짐을 시사한다.

『구별짓기』의 제2부에 포함된 3개 장을 통해 부르디외는 '실천', '장', '아비투스', '문화자본' 등의 개념을 본격적으로 활용하면서 상이한 계급 내지 계급 분파들 간의 경합과 투쟁에 따라 '사회 공간social space'—즉 상이한 계급 및 계급 분파들이 전반적 사회 구조 속에서 점유하고 있는 상대적 위치의 구도—의 분화가 이루어지는 원리를 그가 '라이프스타일의 공간space of lifestyle'이라고 일컫는 것의 분화를 중심으로 설명한다. 그런데 이러한 내용으로 이루어진 제2부의 제목을 왜 "실천의 경제"라고 붙였는지에 대해서는 제1부 제목의 경우와 마찬가지로 부르디외 자신이 아무런 설명을 하지 않는다. 어쩌면 그것은 그의 초기 사상에 대한 한 전문연구자가 추정한 바와 같이(이상길, 2002, p. 193), 부르디외가 『구별짓기』를 저술하는 시점까지도 수많은 사회적 장 가운데 경제적 장이 지니는 궁극적 지배력을 이론적으로 상정하고 있었음을 말해주는 사실이 아닐까 하는 것이 필자의 생각이다.

"사회 공간과 그 변형"이라는 제목의 제2장에서 부르디외는 우선 자신이 구사하는 주요 개념 사이의 관계를 다음과 같은 정식으로 요약하여 제시한다:

{ (아비투스) (자본) } + 장 = 실천

즉, 상이한 아비투스와 자본을 지닌 행위 주체들이 특정한 장 속에서 펼치는 경합이 바로 실천이라는 뜻이다. 부르디외는 한 사회 내에서 발견되는 변별적 라이프스타일distinct and distinctive lifestyles들의 구조 원리를 이해하기 위해서는 상이한 사회적 장들에서 전개되는 제반 실천의 통합 원리이자 생성 원리를 파악할 필요가 있는데, 그것이 바로 계급적 아비투스class habitus, 즉 계급의 객관적 조건class condition 및 그것이 내포하는 행동상의 조건형성conditionings이라고 천명한다. 이어 부르디외는 아비투스가 만들어지는 데 관여하는 계급적 조건의 세 가지 구성 요소를 제시한다. 첫째는 자본의 총량인데, 여기에는 경제자본뿐 아니라 문화자본과 사회자본도 포함된다. 둘째는 자본의 구성으로서, 행위 주체가 보유한 상이한 자본 유형 사이의 상대적 비중을 가리킨다. 셋째는 행위 주체가 속하는 계급 혹은 계급 분파들의 '사회적 궤적social trajectory'인데, 이는 행위 주체가 보유한 자본의 총량과 구성이 시간의 흐름 속에서 변화하기도 한다는 것을 함의한다.

이러한 논의를 바탕으로 부르디외는 상이한 계급 분파들이 계급 위치 재생산의 문제와 관련하여 펼치는 전환의 전략reconversion strategy을 설명한다. 현재의 자기 위치를 보존 혹은 향상시키기 위해 행위 주체인 개인 혹은 가족은 보유한 자본의 총량 및 구성을 변경하는데, 그 대표적인 사례는 바로 사업가층 부르주아지가 자식에게 최고급 교육을 제공함으로써 경제자본을 교육자본으로 전환하는 것이다. 전반적인 사회 변동의 추세에 맞추어 상이한 계급 분파들의 구성원이 펼치는 이러한 전환의 전략을 얼마나 효과적으로 구사하는가에 따라서, 때로는 개인의 차원을 넘어 특정한 계급 분파 전체의 사회 공간 내 위상의 상승upclassing 혹은 하락downclassing으로 귀결되기도 한다.

제3장 "아비투스와 라이프스타일의 공간"의 도입부에서 부르디외는 사회 세력에 따른 라이프스타일의 분화가 발생하는 데 매개 작용을 하는 것은 그가 "구조화된 구조structured structure이자 구조화시키는 구조structuring structure"라고 표현하는 아비투스라고 선언한다. 일견 말장난처럼 들릴 수도 있는 이 표현의 의미는, 아비투스가 사회 전반의 구조적 질서에 의해 생겨난 것이자 동시에 그러한 구조적 질서를 생성시키는 동력으로 작용하는 요소라는 것이다. 한편으로는 상이한 계급 및 계급 분파들이 처해 있는 객관적으로 분류 가능한classifiable 상이한 생활조건conditions of existence이 계급 및 계급 분파에 따라 상이한 아비투스를 생성시키는데, 그런 의미에서 아비투스는 '구조화된 구조'이다. 다른 한편으로는, 그렇게 형성된 상이한 아비투스가 행위 주체로 하여금 문화적 산

물을 지각perception하고 감상appreciate할 수 있게 해주는 체계로 작동하여 각자 자신에게 적합하다고 느끼는 라이프스타일을 실천하게 만든 결과, 사회 전체적으로 계급 및 계급 분파에 따른 라이프스타일 공간의 분화가 발생하게 되는데, 그런 의미에서 아비투스는 '구조화시키는 구조'이다. 객관적 생활조건, 아비투스, 라이프스타일 사이의 연관 관계에 대한 도입부 설명에 이어 부르디외는 각종 문화적 실천의 장 사이에 존재하는 상동 관계homology에 대한 설명을 제시한다. 이들 장 속에서 나타나는 주요 대립 구도는, 경제자본 및 문화자본의 보유량 모두에 있어서 가장 풍요로운 계급 분파에서 나타나며 '탁월한distinguished' 것으로 사회적으로 인식되는 취향과 실천의 양태, 그리고 경제자본 및 문화자본 모두에 있어 가장 빈곤한 계급 분파에서 나타나며 '천박한vulgar' 것으로 사회적으로 간주되는 취향과 실천의 양태 사이 대립이다. 또 이들 양극의 중간에는 경제자본 혹은 문화자본 중 어느 한쪽이 부족한 분파들에게서 나타나는 것으로서 야망과 현실적 가능성 간의 괴리가 확연히 드러나기 때문에 흔히 가식적pretentious이라고 인식되는 취향과 실천의 양태가 존재한다. 부르디외는 음식 및 식사법, 의복, 미용 등에서 나타나는 이러한 상동 관계의 양상을 구체적으로 분석한다.

이어서 "스타일적 가능성의 세계"라는 제목의 제3장 마지막 절에서 부르디외는 스포츠 영역의 예를 통해 상이한 계급 및 계급 분파들의 구성원이 각자의 라이프스타일에서 구현할 가능성이 있는 것과 없는 것 간의 관계에 대해 설명한다. 노동 계급의 구성원이 선호하는 스포츠 종목은 대량의 에너지와 노력, 심지어 고통을 필요로 하고, 그러다 보니 때로 운동자의 몸 자체에 위험을 줄 수도 있는 성격의 것이다. 그 예로 부르디외가 제시하는 개인 스포츠 종목은 복싱이나 레슬링 등의 신체 접촉 스포츠와 오토바이 경주, 낙하산 타기, 곡예 등이다. 한편 팀 스포츠의 경우, 축구와 럭비 등의 종목은 초창기에는 지배 계급의 구성원도 즐겼지만, 이들 종목이 대중에게도 큰 인기를 얻게 됨에 따라 점차 지배 계급 구성원은 경원시하며 이탈하게 된다. 그런 가운데 스포츠 종목 자체의 성격도 보다 많은 신체적 힘과 인내력, 몸싸움 및 간헐적인 폭력 사태를 수반하게 되고, 경기의 승패에 대한 집착이 심해지는 방향으로 변화가 생겼다고 한다. 이러한 대중적 스포츠와 달리 지배 계급의 취향에 호소력을 지니는 스포츠는 골프, 테니스, 요트, 승마, 스키, 펜싱 등이다. 이들 종목은 사설 클럽을 통해 회원만 이용할 수 있는 장소에서 행해지고, 행하는 시간과 함께 할 파트너를 자기가 원하는 대로 선택할 수 있으며, 운동 자체에 소요되는 신체적 에너지 소모량은 적고, 아울러 신체적 및 언어적 폭력이라든가 상대편과의 직접적 신체 접촉 등이 배제되어 경기가 전반적으로 매우 절제된 사교 행사 같은 분위기를 자아낸다고 한다. 더 나아가 부르디외는 하나의 스포츠 종목은 특정한 계급이 신체에 대해 가장 심층적이고 무의식적인 수준에서 가지는 관계, 즉 신체도식body schema과 상충하지 않을 때 해당 계급의 라이프스타일을 구성하는 요소로 채택될 가능성이 높아진다는 일반법칙을 가설로 제시한다.

제4장 "장의 역학"의 도입부에서 부르디외는 문화적 산물의 전유는 사회 구성원에게 보편적으로 분배되어 있지 않은 성

향disposition과 능력competence을 전제로 하는 까닭에, 이들 산물은 배타적으로 전유되어 문화자본으로 기능하게 되고, 그 결과 구별짓기상의 이윤을 산출하여 지배 계급에게 가져다준다고 주장한다. 이러한 문화적 산물 혹은 문화예술 작품의 전유로부터 생겨나는 상징적 이윤의 크기는 관련된 문화적 성향과 능력이 희소할수록 커진다. 바꾸어 말하자면, 문화적 보유물이나 실천이 지니는 변별력은 그것들을 전유할 수 있는 성향과 능력을 지닌 사람의 절대 수가 증가함에 따라 감소하는 경향이 있기 때문에, 그것들에 수반되는 구별의 상징적 이윤 역시 쇠퇴하는 경향이 나타나게 된다는 것이다. 이어 부르디외는 문화적 산물의 생산과 문화적 취향의 생산 사이에 긴밀한 상응 관계correspondence가 존재하는 양상을 연극 및 언론의 장의 예를 통해 조명한다. 이렇게 특정한 문화적 산물과 그것을 선호하는 사람들 사이에 연계가 형성되는 현상을 베버의 '선택적 친화력elective affinity' 개념을 빌어 설명하면서, 부르디외는 이러한 연계의 존재를 보여주는 가장 단적인 증거는 바로 계급 및 계급 분파 내혼endogamy, 즉 동일한 계급 내지 계급 분파의 가정 출신인 까닭에 취향이 서로 잘 통하는 남녀가 만나 결혼에 이르게 되는 현상이라는 매우 흥미로운 통찰을 제시한다. 제4장의 마지막 절에서는 문화적 취향의 정통성legitimacy 문제, 즉 어떤 것이 모범적인legitimate 문화적 취향인가의 문제를 다양한 사회적 장에서 전개되는 계급 및 계급 분파 간의 경합을 '상징 투쟁symbolic struggle'으로 개념화하여 설명한다. 부르디외에 따르면, 문화적 산물이 생산, 재생산, 유통되면서 구별짓기상의 상징적 이윤을 산출하는 각 장에서의 역학 관계의 근저에는 이들 산물의 희소성과 그 가치에 대한 믿음을 발생시키는 원천으로서 상이한 계급 및 계급 분파들 간의 투쟁이 존재한다.

"계급적 취향과 라이프스타일"이라는 제목이 붙은 제3부에서는 상이한 계급에 따른 취향 및 라이프스타일에서 나타나는 차이의 양상을 다룬다. 제3부에는 총 4개의 장이 포함되어 있는데, 그중 앞의 3개 장은 각기 지배 계급인 부르주아지, 중간 계급인 쁘띠부르주아지, 그리고 피지배 계급인 노동 계급에서 나타나는 취향과 라이프스타일을 다루고 있다. 각 장에 붙여진 "구별의 감각", "문화적 선의", "필수적인 것의 선택" 등의 제목은, 비록 그렇게 제목을 붙인 이유에 대해서는 제2부의 경우와 마찬가지로 별도의 설명이 없음에도 불구하고, 부르주아지, 쁘띠부르주아지, 노동 계급 등 3대 주요 계급 집단에서 발견되는 문화적 취향 및 라이프스타일의 핵심적 특성을 묘사하기 위한 것임이 명백하다. 한편 제3부의 마지막 장인 제8장 "문화와 정치"에서는 계급별 아비투스와 정치적 성향 사이의 관계를 다루고 있다.

제5장의 제목인 "구별의 감각Sense of Distinction"이라는 표현을 통해 부르디외는 지배 계급인 부르주아지 내의 상이한 계급 분파들이 각기 타 계급 분파에 대비한 자신들의 구별 내지는 탁월성의 지점들을 내세우며 각축을 벌이는 양상에 주목한다. 이 장에서는 먼저 부르주아 계급 내 여러 계급 분파의 라이프스타일에서 나타나는 문화적 실천의 다양한 양상 속에서 '지배적 취향'이라고 일컬을 수 있는 것을 포착해내기 위해 부르디외가 구사한 설문조사 자료에 대한 '상응관계분석correspondence analysis'의 결과를 제시한다. 이어 각 분파의 구성원이 '구별의 감각'에 의거하여 문

화적 산물을 전유하는 구체적 양상을 음악, 미술, 영화, 독서, 실내 장식 등 다양한 영역의 사례를 통해 조망한다. 이어지는 "지배적 취향의 변이형들"이라는 절에서는, 대학교수, 전문직 종사자, 부르주아 경영자 등 3개의 계급 분파가 서로 경합하면서 보유한 자본 유형 가운데 각자 자신의 비교우위에 해당하는 요소를 극대화하는 방식으로 문화적 실천을 전개하는 양상을 조망한다. 이를 토대로 부르디외는, 예술 생산자의 세계에서는 예술적 정통성artistic legitimacy을 구현하는 것으로 인정되는 전위예술적avant garde 취향이 부르주아 경영자에게는 달갑지 않게 여겨질뿐더러 부르주아 계급 전반의 취향 구도 속에서도 지배적 위상을 점유하지 못하는 현상은, 바로 이러한 계급 분파 간의 경합으로 인해 생겨난 결과로 볼 수 있다는 흥미로운 논점을 제시한다. 다음으로 "시간의 표식Mark of Time"이라는 절에서는 시간의 흐름, 특히 세대 간 차이라는 문제가 지배 계급 내 상이한 분파들의 문화적 취향과 실천에 미치는 영향을 신흥 부르주아지에 해당하는 사람의 경우를 중심으로 조망한다. 이로부터 부르디외는, 구식 지식층old style intellectuals이 여전히 모범적인 문화적 실천—혹은 최소한 그에 대한 개념 정의—을 독점한 듯한 현상이 나타나는 이유는, 한편으로 교육 체계를 포함하여 문화의 생산과 전파에 연관된 제도들이 지닌 관성, 다른 한편으로 문학 및 예술이 초연한disinterested 문화의 가장 완성적 형태로서 타 계급과의 구별 지표 중 가장 높은 정통성을 지닌 것으로 아직도 인정받고 있는 현실 때문이라는 흥미로운 통찰을 제시하고 있다.

제6장의 제목인 "문화적 선의Cultural Goodwill"라는 표현을 통

해 부르디외는, 쁘띠부르주아지 내의 상이한 계급 분파가 보이는 문화적 실천 양상의 저변에 깔려 있는 것은, 지배적인 문화적 취향과 실천이 무엇인가에 대한 지식을 지니고 있을뿐더러 이를 모범으로서 수용하려는 선의까지도 가지고 있음에도 불구하고, 보유한 경제자본 혹은 문화자본의 부족으로 인해 그러한 취향을 자신의 라이프스타일에서 온전히 실천해낼 수는 없는 쁘띠부르주아지의 곤경임을 시사하고 있다. 이 계급 집단 명칭의 축어적 의미가 '작은 부르주아지'라는 사실이 암시하듯이, 쁘띠부르주아 계급의 구성원들은 프롤레타리아 혹은 노동 계급의 헤픔을 배격하면서 소규모로나마 부르주아지다운 생활을 영위코자 온갖 노력을 기울인다고 부르디외는 평가한다. 이어 그는 생활 조건에서 우러나는 자신들의 자연스런 취향과 자신들이 열망하는 취향 사이에서 갈팡질팡하면서 쁘띠부르주아지의 수많은 계급 분파—부르주아지의 분파보다 훨씬 많은 종류가 예시되고 있다—의 구성원들이 각종 삶의 영역에서 드러내는 복잡다기한 문화적 실천의 양상을 역시 설문조사의 자료에 대한 상응관계분석의 결과 및 인터뷰 자료를 바탕으로 설명한다. 그에 더하여, 사회 구조의 전반적 변화 추세 속에서 새로이 부상하는 쁘띠부르주아지의 분파와 쇠퇴하는 분파의 병존이 문화적 실천에 관련된 계급적 역학 관계에 미치는 영향에 대해 고찰한다.

제7장의 제목인 "필수적인 것의 선택The Choice of the Necessary"이라는 표현을 통해 부르디외는 노동 계급의 문화적 취향과 실천은 그들이 처한 생활 조건으로 인해 필수적인, 혹은 불가피한 것들이 취향으로서 선택된 결과임을 시사하고 있다. 부르주아와 쁘

쁘띠부르주아 계급에 관한 앞의 2개 장과 마찬가지로 제7장에서도 노동 계급 내의 상이한 분파에서 나타나는 문화적 취향과 라이프스타일의 양상에 관련한 구체적 사례들이 다양하게 제시되고 있다. 그러나 앞의 장들과 달리 이 장에서는 상응관계분석의 결과가 제시되지 않을 뿐 아니라, 서로 경합하는 관계에 있는 계급 분파에 관한 논의도 제시되지 않는다. 아마도 그에 따른 자연스런 귀결이겠지만, 장의 전체 분량도 각기 57쪽과 54쪽에 달하는 앞 2개 장의 절반에도 못 미치는 25쪽에 불과하다. 부르디외는 노동 계급 내에 존재하는 편차보다는 노동 계급이 부르주아지나 쁘띠부르주아지와 대비하여 지니는 문화적 취향 및 실천상의 차이점에 논의의 초점을 맞추고 있는 셈이다. '필수적인 것의 선택'이라고 표현되는 노동 계급의 미학적 원칙이란, 형식 그 자체를 중시한다든가 혹은 예술을 위한 예술이라든가 하는 따위의 관점을 허망하고 무용한 것으로 보는 실용적이고 기능적인 원칙이다. 그것은 일상적 생존을 위한 선택과 생활의 기술art of living을 우선시하는 원칙인 만큼, 순수한 미적 의도라는 발상 자체를 배격한다. 따라서 노동 계급이 일반적으로 문화예술적 산물이라고 간주되는 것에 대해 나타내는 취향은 지극히 관습주의적이고 순응주의적이다. 하지만 다른 한편으로 생활의 기술에 관련된 것이라든가 다른 사람과 어울려 즐겁게 노는 일 등에서 보이는 노동 계급의 문화적 실천이 양상 속에는, 쁘띠부르주아 계급에서 흔히 발견되는 절제적 태도와는 달리 '현실적 쾌락주의realistic hedonism'의 태도가 깔려 있다고 부르디외는 평가한다.

제8장의 제목은 "문화와 정치"인데, 언뜻 생각하기에는

사회 세력에 따른 문화적 취향의 분화를 다루는 연구서의 본론 마지막 장에서 정치의 문제를 다루는 것이 논의의 정상적 궤도를 이탈하는 것처럼 느껴질 것이다. 하지만 부르디외가 강조하려는 바는, 계급적 아비투스에 따른 취향의 분화가 미치는 영향이 문화예술이라는 좁은 의미의 문화적 영역에 국한되어 나타나는 것이 아니라 사회적 삶의 전 영역에 삼투하고 있다는 점이다. 그리하여 부르디외는, 어느 정당에 투표할 생각인가를 묻는 정치 관련 여론조사에 응답을 한다든가 혹은 정당에 가입하는 등의 행위를 별다른 부담감 없이 할 수 있는가, 혹은 그런 행위를 매우 번거롭고 거북스러운 것으로 느끼는가 하는 차이 자체가 계급적 아비투스의 차이로부터 연원할 수 있음을 지적한다. 각기 매우 적은 분량으로 된 다수의 소절로 구성되어 있는 제8장 가운데 가장 주목할만한 것은 지지하는 정당을 달리하는 각종 일간 및 주간 신문에 대한 구독 패턴이 계급 및 계급 분파에 따라 분화되는 양상을 경제자본 및 문화자본의 많고 적음의 문제와 상관시켜 상응관계분석을 통해 설명하는 부분이다.

『구별짓기』의 결론 장 제목은 우리말 번역으로는 "계급과 분류"라고 되어 다소 엉뚱한 느낌을 주지만, 불어나 영어의 제목 Classes and Classification을 보면 사회 세력의 분화라는 문제는 사회적 장 전반에 걸쳐 작동하고 있는 분류 체계의 문제이기도 하다는 부르디외의 취지가 분명하게 이해된다. 부르디외는 상이한 행위 주체들이 각기 자신이 지닌 사회적 세계에 관한 실천적 지식을 실행에 옮길 때 가동하는 인지적 구조들은 바로 계급에 따른 분화를 포함하는 사회 구조들이 내면화되고 체화된 것임을 새삼 강조한다. 따라서 사회적 세계의 의미에 대한 계급 및 계급 분파들 간의 투쟁에서 목표물을 이루는 것은 바로 그들에 대한 재현representation 및 구성원의 사회적 동원mobilization의 토대를 이루는 분류의 도식과 체계 자체이다. 그리하여 어떠한 계급 및 계급 분파들이 어떠한 명칭으로써 그 사회적 존재를 공공연히 인정받고 있는가 하는 문제는, 각 계급 및 계급 분파가 타 집단과의 관계 속에서 자신의 이해관계를 관철시키고자 구성원을 사회적으로 동원하는 데에도 중요한 차이를 빚어내는 요소로 작용한다. 그런 의미에서 부르디외는 계급투쟁class struggle은 분류투쟁classification struggle을 내포하게 된다고 결론짓는다.[5]

방법론적 특징

『구별짓기』는 연구방법론의 측면에서 보더라도 매우 괄목할만한 책이다. 부르디외가 설립한 유럽사회학연구소의 공동연구팀이 다년간 수집한 방대하고도 다양한 종류의 자료를 여러 혁신적인 기법에 따라 분석하여 논증에 활용하고 있기 때문이다. 그런 만큼 부르디외는 책의 '부록' 부분에 무려 60쪽에 가까운 많은 지면

5 "순수 비판에 대한 통속적 비판을 위하여"라고 제목이 붙여진 이 책의 보론 장은 기본적으로 서론에서 제시했던 문제의식을 다시금 제시하는 내용이어서 이 글에서는 따로 요약하지 않겠다. 부르디외가 말하는 "통속적 비판(vulgar critique)"이란 책의 부제목에 등장하는 '사회적 비판'과 같은 의미, 달리 표현하자면 '사회(과)학적 비판'이라는 의미로 이해하면 될 것이다.

을 할애하여 연구 방법과 자료에 대한 설명과 예시를 하고 있다.

이 책에서 부르디외가 사용하고 있는 자료 중 가장 중요한 비중을 차지하는 것은, 그의 공동연구팀이 1963년 및 1967-1968년 사이 등 2번에 걸쳐 파리, 릴, 익명의 지방 소도시 등 3개 도시 지역에서 총 1,217명의 사람을 대상으로 가정 방문을 통해 실시한 설문조사에서 수집된 자료이다. 부록에 제시된 설문지의 내용을 살펴보면, 우선 응답자의 개인적 배경 정보를 얻기 위한 문항으로서 응답자의 연령, 성별, 결혼 여부, 자녀 수, 거주지와 거주연한, 학력, 직업, 부모의 학력과 직업, 소득 수준, 소유하고 있는 내구성 소비재의 종류 등이 있다. 이어 응답자의 문화적 취향과 실천을 알아보기 위한 본격적 문항들이 26가지 영역으로 나뉘어 있는데, 다음과 같은 내용이 포함되어 있다: 가구의 구입처, 가구의 스타일, 가능하다면 갖추고 싶은 가구의 스타일, 집안의 실내장식 유형, 상이한 유형의 여가 활동에 대한 참여 양상, 좋아하는 가수, 좋아하는 의복의 스타일, 입는 옷의 구입처, 손님 접대용으로 제공하기를 선호하는 음식의 유형, 인간적 자질 가운데 가장 높이 평가하는 것과 가장 낮게 평가하는 것, 독서 시 선호하는 책의 장르, 선호하는 영화의 장르, 예시된 영화 중에서 관람한 것과 그중 영화 감독이나 주연 배우의 이름까지도 아는 것, 영화 감상 시 배우, 감독, 줄거리 중 어디에 가장 흥미를 느끼는가, 주로 듣는 라디오 프로그램의 종류, 주로 시청하는 텔레비전 프로그램의 종류, 클래식 음악에 대한 견해, 예시된 클래식 음악 작품 가운데 들어본 적이 있는 것, 작곡가까지 아는 것과 가장 선호하는 것, 미술 작품에 대한 견해, 예시된 화가 중 가장 선호하는 화가 고르기, 예시된 박물관이나 미술관 중 방문해 본 적이 있는 것은 어느 것이며 언제 누구와 방문했는가, 현대 미술에 대한 입장, 예시된 사물을 사진으로 찍을 때 각기 어떤 느낌의 사진이 나오리라고 예상하는가?

이상과 같은 다수의 설문지 문항에 대한 응답을 청취할 뿐 아니라, 주제의 특성을 감안하여 부르디외는 조사자로 하여금 설문조사를 수행하면서 동시에 대상자와의 만남이 이루어진 집의 크기나 상태, 스타일, 그리고 응답자의 복식, 헤어스타일, 말씨 등에 대한 관찰도 수행하여 그 내용을 기록하고, 가능한 경우에는 사진 촬영도 하도록 지시했다. 설문지 문항의 내용 및 관찰조사에 포함된 항의 내용에서 알 수 있는 바와 같이, 부르디외의 연구팀이 실시한 설문조사는 보통의 설문조사에서 접하는 것과 같은 간략한 내용이 아니라 심층 인터뷰와 관찰을 겸하는 성격에 가까운 조사였고, 따라서 이를 통해 수집된 자료들은 당대 프랑스인의 문화적 취향과 실천에 관한 매우 상세한 정보를 담고 있는 매우 양질의 자료였다. 나아가, 이상의 설문조사 및 관찰 자료를 보완하는 자료도 부르디외의 연구팀은 다각적으로 수집하였다. 우선, 정부 및 기타 공공 기관에서 발간하는 통계 자료는, 그 종류만 해도 수십 종에 달하는 것을 다년간에 걸친 사회적 추세를 읽어낼 수 있도록 실로 방대한 분량을 수집하였다. 또 질적 자료에 해당하는 것으로 신문이나 대중적 잡지의 관련 기사나 사진도 수집하였는데, 이는 당시로서는 매우 앞서 나가는 발상이었다.

자료의 양과 질의 측면뿐 아니라 수집된 자료를 분석하는 기법의 측면에서도 부르디외의 『구별짓기』는 탁월함을 드러낸다. 이 책에는 통계 분석의 전문가가 아닌 필자 같은 사람의 눈에는 신기해 보이기까지 하는 각종 다이어그램이 등장하는데, 그중 일부는 이 연구에서 부르디외가 도입한 분석 기법상 혁신의 산물이다. 그러한 혁신 중에서도 가장 주목받는 것은, 음악, 미술, 영화, 독서, 음식, 의복, 실내 장식, 스포츠 등등 이질적인 여러 문화적 영역에 걸쳐 나타나는 설문조사 응답자의 문화적 취향과 실천의 양상을 통계적으로 분석하여 계급 및 계급 분파에 따른 사회 공간의 분화와 연계시키기 위해 구사한 '상응관계분석' 기법이다. 이는 후대의 학자들이 '다중적 상응관계분석Multiple Correspondence Analysis, MCA'이라고 지칭하는 분석기법인데(Bennett et al., 2009), 『구별짓기』는 이 기법을 구사하여 이루어진 사회과학적 연구 중 가장 유명한 선례로 꼽히는 연구서이다.

『구별짓기』에서는 이처럼 풍부하고도 다양한 종류의 수집 자료를 혁신적 분석 기법에 따라 흥미로운 방식으로 가공하여 매우 입체적으로 구사하면서 책의 논지를 펼친다. 그런 까닭에 이 책은, 수많은 통계적 자료가 사용됨에도 통계표와 각종 통계 분석 관련 계수가 지루하리만큼 연속적으로 제시되는 실증주의적 사회과학 연구서나 논문의 서술 스타일과는 사뭇 다른, 독자의 흥미를 유발할 수 있는 스타일로 서술되어 있다.

4. 사회과학계에 새로운 바람을 불어넣다

방대한 단행본 연구서인 『구별짓기』에서 펼쳐진 논의의 탁월한 설득력은 프랑스 사회학계를 넘어 세계 사회과학계 전반에 걸쳐 실천, 장, 아비투스, 문화자본 등의 개념을 주된 구성요소로 하는 부르디외의 이론 체계에 대한 커다란 호응을 불러일으켰다. 이하에서는 부르디외의 『구별짓기』가 사회과학계에 끼친 영향을 평가하면서, 아울러 이 책에 대한 비판도 간략히 살펴보고자 한다.

부르디외의 『구별짓기』가 사회과학계에 끼친 가장 광범위한 영향은 인간의 몸에 대한 사회과학적 관심을 고양시키는 계기가 되었다는 점이라 하겠다. 사회의 구조적 질서가 몸에 새겨져 나타나는 성향이자 동시에 그러한 성향을 따르는 행위 주체의 실천을 통해 구조적 질서를 재생산시키는 힘으로도 작용하는 것으로서의 아비투스 개념을 활용함으로써, 비단 인류학자들이 전통적으로 연구해오던 전근대적 사회—부르디외 자신이 젊은 시절 현지조사 연구를 수행한 바 있는 알제리의 카빌족 사회도 포함하여—뿐만 아니라, 근대적 사회인 프랑스에서 펼쳐지는 계급 및 계급 분파들 간의 역학 관계도 매우 잘 설명해낼 수 있음을 입증한 것이 바로 『구별짓기』였던 셈이기 때문이다. 근대 국가에서 벌어지는 몸에 대한 각종 규율과 감시의 체계에 대한 학문적 관심을 일깨운 미셸 푸코Michel Foucault의 이론 체계와 더불어, 부르디외의 이론 체계는 1980년대 이후 등한시되던 인간의 몸에 대한 사회과학적 관심을 고양시키는 데 결정적 공헌을 했다고 평가해도 무방할 것이다. 오늘날 사회학, 인류학, 정치학 등의 분과 학문에서 '몸의 사회학', '몸의 인류학', '몸의 정치학' 등이 각기 하나의 독립적 세부 전공 영역을 이룰 만큼 성장하였다는 사실은 이러한 관심의 고양을 단적으로 보여준다.

이에 더하여, 『구별짓기』에서 제시된 부르디외의 관점이나 분석틀이 좀 더 구체적으로 이후의 사회과학적 연구에 끼친 영향은 크게 두 가지 방향에서 찾아볼 수 있을 것이다. 첫째는, 부르디외가 다루었던 1960-1970년대의 프랑스 사회와는 역사적 · 문화적 배경 맥락을 달리하는 사회를 대상으로 삼아 문화적 취향 및 실천의 사회 세력에 따른 분화의 양상을 고찰하는 방향의 연구들이다. 둘째는, 주로 교육의 장에서 나타나는 계급적 불평등 구조의 재생산에서 계급적으로 분화된 아비투스가 얼마만큼 설명력을 지니는가를 검증해보는 방향의 연구들이다. 이들 두 가지 방향의 연구는 종종 부르디외가 구사했던 관점이나 분석틀의 타당성은 기본적으로 인정하면서도 사례의 특수성에 비추어 부르디외에 대한 부분적 비판을 덧붙이는 식의 논의 구조를 지니고 있다.

첫 번째 방향에서의 부르디외의 영향을 보여주는 대표적 연구의 하나는, 미국과 프랑스의 중상류층에서 나타나는 문화적 경계선을 비교한 라몬트의 연구(Lamont, 1992)이다. 이 연구에서는, 미국의 경우에도 문화자본에 따른 계급적 경계 구분이 나타나기는 하지만 그것이 지니는 비중이 경제자본에 따른 경계 구분이 차지하는 비중에 비해 현저히 떨어지는 점에서 프랑스와는 차이가 있음을 지적하였다. 또 다른 예로 1980년대 미국인의 문화적 취향에서 나타나는 위계 서열의 문제를 다룬 피터슨의 연구(Peterson, 1992)가 있다. 이에 따르면, 고등교육을 받은 미국 중산층의 경우 '고급문화high culture'로 분류되는 것에 대한 엘리트적 취향보다는, 고급문화와 대중문화를 아우르는 매우 다양한 문화 산물에 대한 취향을 두루 갖춘 '문화적 잡식가cultural omnivore'로서의 모습을 내보임으로써 자신의 탁월성을 주장하려는 경향을 보이는 점에서 부르디외가 다룬 프랑스의 사례와는 차이가 있다고 한다.

한편, 이러한 방향에서 『구별짓기』가 끼친 커다란 영향을 가장 극명히 보여주는 것이자 동시에 부르디외의 분석틀이 가진 한계점에 대한 가장 포괄적인 비판을 담은 연구로는, 토니 베넷을 필두로 한 5명의 영국 사회학자가 2000년대의 영국 사회에서 나타나는 문화적 취향과 실천의 양태를 분석한 연구(Bennett et al., 2009)가 있다. 이는 한마디로 말해서, 부르디외가 『구별짓기』에서 1960-1970년대의 프랑스 사회를 대상으로 시도했던 분석 작업을 2000년대의 영국 사회를 대상으로 설문조사의 결과에 대한 다중적 상응관계분석MCA을 주축으로 한 방법론까지도 포함하여 거의 그대로 반복한 연구이다. 이 연구에서 결론적으로 주장하는 바는, 영국 사회에서도 계급에 따른 문화적 취향과 실천 양상의 분화는 뚜렷이 나타나지만, 그러한 분화에서 지배적 내지 모범적 취향과 실천으로 인식되는 것은 부르디외가 강조하는 칸트적 '순수 미학'에 기초하여 '고급문화'를 지향하는 취향과 실천이 아니라 '문화적 잡식가'에 가까운 취향과 실천이라는 것이다. 또 영국 노동 계급의 구성원은 고급문화를 별로 향유하지 않는 자신의 모습에 대해 모범적인 문화로부터 배제되어 있는 결핍된 모습으로 인식하지 않는다고 한다. 나아가, 저자들은 현대 영국 사회에서는 문화적 취향 및 실천의 분화에서 젠더, 민족ethnicity, 연령 등이 계급에 필적하는 중요성을 지닌 요소로 작동하고 있음을 지적하면서, 『구별짓기』에서 부르디외가 당시의 프랑스 사회에서도 중요한 변수였을 것으로 추정되는 젠더 및 연령의 영향력을 심각하게 과소평가했다고 비판하고 있다.

두 번째 방향에서 부르디외가 사회과학계에 끼친 영향을 잘 보여주는 연구의 대표적 사례로는, 독일과 프랑스 두 나라의 비즈니스 엘리트 충원 과정에서 계급별 아비투스가 구체적으로 작동하는 메커니즘을 비교한 독일 사회학자 하르트만의 연구가 있다(Hartmann, 2004). 이에 따르면, 프랑스의 경우 흔히 '그랑제꼴Grandes Ècoles'이라고 불리는 소수 명문 대학의 졸업장이 비즈니스 엘리트가 되기 위해 필수적 자격 요건이라 해도 무방할 만큼 중요한 요소로 기능하는 반면, 평준화된 대학 제도를 지닌 독일의 경우 독일어로 'gehobenes Bürgertum(고상한 시민 계층)'이라고 일컬어지는 독일 상류층의 계급적 아비투스 보유 여부—이는 상류층 고유의 말씨, 품행, 매너, 복장, 폭넓은 교양 지식 등으로 발현된다—가 충원의 요건으로 직접적으로 작동한다. 즉, 부르디외가 말하는 문화자본의 세부 유형 중에서 제도화된 학력자본이 프랑스의 경우에는 결정적으로 중요한 반면, 독일의 경우는 그렇지 않다는 것이다.

한편, 한국 사회에서의 교육을 통해 이루어지는 계급적 불평등의 세대 간 재생산 문제에 부르디외의 아비투스 개념을 적용한 대표적 사례로는 사회학자 장미혜의 연구(2002)가 있다. 이 연구에서는 한국 사회에서 엘리트 충원의 가장 중요한 경로로 기능하는 소위 '명문 대학'으로의 진학에 있어서 수험생 부모의 계급적 지위 및 보유 문화자본이 미치는 영향력을 고찰하였다. 이 연구에 따르면, 한국 사회에서도 문화자본을 매개로 한 계급적 지위의 영향이 나타나기는 하지만, 명문 대학으로의 진학에 결정적인 요인으로 작동하는 부모의 문화자본의 내용은 문화예술적 취향이 아니라 공식적 교육 과정을 통해 습득된 인지적 능력이라는 것이다. 이에 장미혜는, 프랑스를 포함한 서구 사회와는 달리 자본주의적 계급 형성의 역사가 짧아 지배 계급만의 배타적 고급 문화가 채 정착되지 않은 한국 사회의 맥락적 차이를 고려하여 '문화자본'의 개념을 부모의 문화예술적 취향뿐 아니라 교육을 통해 습득된 인지적 능력까지도 포함하도록 확장할 경우, 부르디외의 아비투스 이론은 한국 사회에서의 교육을 통한 계급적 불평등 구조의 재생산에 대한 매우 유용한 설명틀이 된다는 결론을 내린 바 있다.

이상에 소개한 부르디외의 주저 『구별짓기』에서 영향을 받아 이루어진 사회과학적 연구의 몇몇 대표적 사례를 통해 알 수 있는 바와 같이, 이 책은 분명 칸트적 순수 미학에 토대한 문화적 취향과 실천이 사회의 지배적 취향과 실천으로 군림하게 되는 당대 프랑스 사회의 양상을 근대 자본주의 계급 사회의 보편적 양상이라고 성급히 일반화했다는 비판을 비껴가기는 곤란한 한계점을 안고 있다. 그럼에도 불구하고 『구별짓기』는 후대의 사회과학자들에게 이론적 및 개념적 측면에서뿐 아니라 경험적 연구를 위한 방법론적 디자인의 측면에서까지도 대단히 많은 영감을 제공하는 책이라고 하겠다. 필자 자신도 부르디외가 삶의 궤적에 있어서의 개인적 차이에 따른 계급적 아비투스의 내부 분화를 경시하였다는 문제점, 그리고 각 사회의 상이한 역사적 맥락에 따라 가령 종파 같은 요인도 계급만큼이나 중요한 정도로 동일 사회의 구성원 내에서 아비투스의 분화를 발생시키는 요인이 될 수 있음을 간과했다는 문제점 등에 주목하여, 아일랜드 공화국을 소재로 한 필자의 박사 논문에서의 분석에 그런 문제의식을 반영한 바 있다.

최근에는 한국의 사회과학계에서도 21세기의 한국 사회를 설명하는 데 보다 높은 설득력을 지닐 수 있는 이론적 자원 중의 하나로서 『구별짓기』로 대표되는 부르디외의 이론 체계에 대한 관심이 부쩍 높아지는 추세가 관찰된다. 우선, 언론정보학, 사회학, 국제정치학 등을 전공하는 일군의 학자가 부르디외 이론의 한국 사회에 대한 적용가능성을 타진해보기 위해 공동으로 집필한 책(홍성민 편, 2002)이 2000년대 초에 출간된 바 있다. 보다 최근에는 한국 사회의 계급 문제에 대해 수십 년간 연구를 지속해온 사회학자로서 종래에는 마르크스주의적 계급 분석을 옹호하는 입장을 취했던 구해근 교수가 한국 사회과학계 내의 대표적인 진보 성향 학술지에 발표한 논문(구해근, 2007)에서 21세기 한국 사회의 계급 문제를 잘 연구하기 위해서는 부르디외의 이론을 적극적으로 수용할 필요가 있음을 역설한 바 있다.

결론적으로, 필자의 전공인 인류학까지 포함하여 한국 사회과학의 여러 분과 학문에서 적극적으로 『구별짓기』에서 부르디외가 취했던 문제의식이라든가 주요 개념 및 방법론 등을 한국 사회의 맥락에 맞도록 비판적으로 수용할 필요가 있다. 그럼으로써 현대 한국 사회에서 전개되고 있는 사회 세력에 따른 문화적 취향과 실천의 재생산 양상이라든가 아비투스를 매개로 이루어지는 계급적 불평등 구조의 재생산 현상을 잘 조명할 수 있을 것이기 때문이다. 그리고 부르디외 자신은 개념 제시에 그쳤던 사회자본의 개념을 활용하여 한국 사회의 계급 및 계급 분파들 간의 역학 관계에서 사회자본과 문화자본 및 경제자본의 결합이 이루어지는 구체적 양상도 잘 조명할 수 있을 것이다.

참고문헌

Althusser, Louis and Etienne Balibar, 1970, *Reading Capital*, Ben Brewster (trans.), London: New Left Books.

Bennett, Tony, et al., 2009, *Culture, Class, Distinction*, London and New York: Routledge.

Bourdieu, Pierre, 1977, *Outline of a Theory of Practice*, Richard Nice (trans.), Cambridge: Cambridge University Press.

_______________ and Jean-Claude Passeron, 1977, *Reproduction in Education, Society and Culture*, Richard Nice (trans.), London: Sage.

_______________, 1984, *Distinction: A Social Critique of the Judgement of Taste*, Richard Nice (trans.), London: Routledge & Kegan Paul Ltd.[최종철 (불어판 번역), 2005, 『구별짓기: 문화와 취향의 사회학』, 새물결].

_______________, 1986, "The Forms of Capital", in *Handbook of Theory and Research in the Sociology of Education*, John Richardson (ed.), New York: Greenwood Press, pp. 241-258.

_______________, 1990, *The Logic of Practice*, Richard Nice (trans.), Cambridge: Polity Press.

Hartmann, Michael, 2000, "Class-Specific Habitus and the Reproduction of the Business Elite in Germany and France", *Sociological Review,* 48(2), pp. 241-261.

Jenkins, Richard, 1992, *Pierre Bourdieu*, London: Routledge.

Lamont, Michèle, 1992, *Money, Morals and Manners: The Culture of the French and American Upper-Middle Class*, Chicago: University of Chicago Press.

Ortner, Sherry, 1984, "Theory in Anthropology Since the Sixties", *Comparative Studies in Society and History,* 26(1), pp. 126-166.

Peterson, Richard, 1992, "Understanding Audience Segmentation: From Elite and Mass to Omnivore and Univore", *Poetics,* 21, pp. 243-258.

Reed-Danahay, Deborah, 2005, *Locating Bourdieu*, Bloomington and Indianapolis: Indiana University Press.

http://en.wikipedia.org/wiki/Pierre_Bourdieu

구해근, 2007, 「세계화 시대의 한국 계급 연구를 위한 이론적 모색」, 『경제와 사회』, 76, pp. 255-289.

이상길, 2002, 「장 이론: 구조, 문제틀, 그리고 난점들」, 『문화와 계급』, 홍성민(편), 제6

장.
장미혜, 2002,「사회 세력의 문화적 재생산: 대학 간 위계서열에 따른 부모의 계급구성의 차이」,『한국사회학』, 36(4), pp. 223-251.
홍성민(편), 2002,『문화와 계급: 부르디외와 한국 사회』, 동문선.
황익주, 2008,「사회분화와 사회 계급」,『세상읽기와 세상만들기: 사회과학의 이해』, 제4장, 김광억(편), 서울대학교출판문화원.

발터 벤야민, 『아케이드 프로젝트』

Walter Benjamin,
The Arcades Project (1982)

미완의 고찰

김홍중
서울대학교 사회학과 교수

『아케이드 프로젝트Arcades Project 또는 Passagenwerk』(1982)는 발터 벤야민이 파리에 머물던 1927년에 처음으로 구상된다. 애초에 그것은 파리의 파사주passage[1]를 테마로 한 소규모 문학 에세이로 기획되었

1 파사주는 1786년에 처음 생겨나 1822년 직후에 파리의 전역으로 확산된 화려한 상점가로, 특제품(specialité)이라는 이름이 붙은 사치품이 진열되어 있고 온갖 유흥거리를 제공하는 도시공간이다. 건물과 건물 사이에 놓인 거리를 아치형의 지붕으로 연결하여 생성된 공간인 파사주는 파리가 근대도시로 전환되는 과정에서 나타났으며, 도시에서 한적한 산책을 가능하게 하는 안전 공간에 대한 요구의 일환으로 1821년에 투기꾼들의 제안에 의해 만들어지기 시작했다. 그 내부에서 사람들은 악천후나 근대 교통의 혼잡으로부터 벗어나 안락한 쇼핑, 산책을 즐길 수 있었다[(A 1, 6; A 1a, 1). 『아케이드 프로젝트』를 인용할 경우, 묶음(Konvolut)과 기호로 표시한다]. 벤야민의 연구에 의하면 당시에 한 파사주(passage de Parnorama)에는 다음과 같은 상점들이 있었다—레스토랑, 도서 대여점, 악보점, 초콜릿 가게, 술집, 메리야스 가게, 잡화점, 바느질 가게, 구두 가게, 양복점, 구둣방, 양말 가게, 풍자화 서점, 바리에테 극장 등(A 2, 1). 파사주에는 도박장, 클럽과 같은 유희시설이 있었고, 콘서트 행사가 열리기도 했으며, 매춘이 성행하기도 했다(A 2a, 8; A 3, 9; A 4, 4; 고지현, 2007a 참조). 파사주의 건축은 유리와 철로 천정을 두르는 방식으로 이루어졌다. 즉, 그것은 내부와 외부가 서로 열려 있다는 점에서 19세기 부르주아 계급의 전형적인 공간원리인 내부성 혹은 내면성(Innerlichkeit)과는 상이한 원리로 이루어져 있다. 따라서 파사주는 개인의 공간이 아니라 집단 특히 근대적 군중(Menge)이 출현한 공간이기도 하다. 19세

다. 그러나 벤야민의 사유가 마르크스주의로 가파르게 기울어가는 동시에 서유럽의 정치공간에 파국적 상황이 도래하는 30년대 초반, 프로젝트는 거대한 규모로 확장되어 벤야민 일생의 가장 중요한 지적 도전으로 변모한다. 1940년 망명길을 떠날 때 벤야민은 13년 동안 집적한 약 1,000여 페이지에 이르는(독일어와 불어로 구성된) 인용문, 논평, 아이디어 등의 거대한 자료더미를 바타이유에게 맡긴다. 벤야민의 자살로 주인을 잃어버린 이 방대한 원고뭉치는 우여곡절 끝에 제자이자 친구인 아도르노에게 인도되어, 벤야민 사후 약 40여 년이 흐른 1982년에 이르러서야 독일의 주어캄프 출판사에서 전집의 제5권으로 출판된다.

『아케이드 프로젝트』는 이런 점에서 전형적인 유작이자 미

기 후반에 이르면 파사주는 "보도 폭의 확장, 전등, 매춘부의 출입 금지, 야외 활동을 즐기는 문화"의 등장 속에서 백화점에 자리를 내주고, 퇴락한 사물들이 진열된 독특한 공간으로 변모한다(C 2a, 12). 초현실주의자들이 파사주에서 발견한 것은 이처럼 유행이 지난 사물, 전성기가 끝난 풍경이 제공하는 기묘한 분위기, 즉 몽환적 분위기라 할 수 있다. 이런 점에서 사실 파사주는 '아케이드'와는 좀 다르다. 아케이드는 일반적으로 "열주(列柱)에 의해 지탱되는 아치군(群)과 그것이 조성하는 개방된 통로공간"을 가리키는 것으로서 고대 로마에서 처음 발생했고, 중세에는 교회나 사원의 회랑에 도입된다. 파리의 파사주는 형식적으로는 아케이드와 같지만, 양자의 차이는 비교적 명백하다. 이를 지적하는 고지현은 다음과 같이 쓴다. "그 단적인 사례가 고대 로마에서 발생한 아케이드와는 달리 19세기의 아케이드에서는 철골로 지탱된 천정을 유리로 덮었기 때문에 하늘을 바라볼 수 있었다. 철골과 유리를 건축 소재로 사용하기 시작한 것은 근대에 이르러서이다. 달리 말해 파사주의 단어 속에 포함되어 있는 아케이드는 고대와 근대를 구분하는 시대적 차이를 사회적 실체의 내용 안에 담고 있다고 보아야 한다. 보다 더 유의해야 할 점은 아케이드는 파사주의 일부일 뿐이라는 사실이다. 건축술의 양식이라는 측면에서도 파사주는 상점가만을 의미하는 것이 아니라 건물 안의 배치 구조, 그에 따른 공간의 기능성, 활용용도, 장식 및 조명에서 나타나는 근대의 발명품으로 이루어진 부속물 등을 포괄하는 광의의 개념이다(고지현, 2007b, pp. 47-48)." 그러나 일반적으로 벤야민의 저작이 '아케이드 프로젝트'로 인지되고 있으므로, 이를 고려하여 이 글에서는 아케이드라는 용어를 사용하여 책을 지칭하도록 하겠다.

완성작이다. 그것은 엄밀하게 말하자면 '책'이라기보다는 '책-이전'이라 불려야 한다. 『아케이드 프로젝트』는 (몇 번의 시도가 있었음에도 불구하고 하나의 완결된 책으로서는) 시작되지 않았으며 바로 그 이유로 종결되지도 않았다. 서론도 결론도 없다. 무시무종이다. 어디를 펼쳐도 거기가 바로 시작이며, 책장을 닫는 바로 그 곳이 끝이다. 『아케이드 프로젝트』에는 특권적 내러티브가 존재하지 않는다. 대신 무한한 재구성의 가능성이 구조적으로 잠재되어 있다. 36개의 테마하에 느슨하게 분류된 수많은 문장은 파편적이고 분산적이며 삽화적인 방식으로 집적되어 있다. 그것은 일종의 패치워크이자 재공품work in progress이다. 바로 이와 같은 이유로 일반적인 책에 문장들이 '고착'되어 있다면, 『아케이드 프로젝트』의 문장들은 퍼즐 조각처럼 유동적인 상태로, 깊은 성찰과 예리한 감성의 날카로운 편린들로 반짝거리며, 부유하는 듯 보이는 것이다. 벤야민의 이 책은 독일 관념론의 숨막히게 정교하고 거대한, 시스템적 사유와 글쓰기의 먼 대척에 자리 잡고 있다. 그의 책은 오히려 프랑스의 모럴리스트적 글쓰기 전통(파스칼, 몽테뉴, 라브뤼에르, 발레리 등)을 연상시키며, 더 나아가 독일 낭만주의 이후에 형성되어 20세기 초반을 풍미했던 단상적 글쓰기(니체, 아도르노, 칼 크라우스, 에른스트 블로흐, 비트겐슈타인 등)의 정점을 이룬다고 할 수 있다(Zima, 1989 참조).

1974년부터 그의 전집이 발행되면서, 벤야민은 역사철학, 문학, 문화연구, (매체)미학, 정치철학의 영역을 가로지르며 폭발적인 인기와 관심을 구가하기 시작한다. 난해하고 비의秘儀적인 사상가임에도 불구하고, 소위 '벤야민 르네상스'의 열풍을 일으키면서 그의 저작을 대상으로 한 수많은 논문과 연구서가 그의 저작을 대상으로 다량 산출되었고, 이 열기는 앞으로도 오랫동안 지속될 것으로 보인다. 『아케이드 프로젝트』는 벤야민이 남긴 다수의 저서, 연구 논문, 에세이, 단상의 모태인 동시에 귀결점이다. 이 저서를 준비하는 생애의 마지막 10여 년 동안 벤야민은 진보의 환상과 약속이 묵시론적 파국으로 귀결된 20세기 초반의 서구 근대성에 대한 가장 집요하고 처절하고 독창적인 접근을 시도하고 있었다. 그 독창성은 벤야민 사유의 독특한 양극성에서 비롯된다. 유태 신비주의 사상과 생생한 마르크스주의적 감수성이 기묘하게 결합되어 있으며, 엄밀한 철학적 사유가 문학, 예술 텍스트, 신문과 광고에 대한 섬세한 분석과 조우한다. 독일적인 깊이와 프랑스적 관능이 서로를 보완하고 , 이미지에 대한 열망과 지식에의 경도가 아슬아슬한 긴장 속에서 공존하고 있다. 과거에 대한 탐구는 미래의 가능성과 분리되지 않는다. 이 모든 극의 중심에 『아케이드 프로젝트』가 존재한다. 그것은 하나의 만화경처럼 19세기 파리가 대표하는 서구 모더니티의 기원사의 다채로운 양상들을 가시적으로 보여주고 있다. 우리는 이 텍스트를 다음과 같은 순서로 탐구해보고자 한다. 우선 필자는 벤야민의 생애를, 그 지적 진화를 중심으로, 마치 파노라마를 감상하듯 일별할 것이다. 그 다음으로 『아케이드 프로젝트』의 구조와 형성 과정을 살필 것이다. 마지막으로 우리는 『아케이드 프로젝트』의 가장 중요한 테마 혹은 쟁점으로서 첫째, 기원의 개념, 둘째, 몽타주와 표현, 셋째, 꿈과 각성의 3항목을 설정하고 이를 자세히 살핌으로써, 『아케이드 프로젝트』를 통해서 벤야민이 탐구하고자 했던 19세기의 기원사의 의미와 방법을 분석하고자 한다.

1. 우울한 지식인

벤야민은 1892년 베를린에서 부유한 유태인 상인의 장남으로 태어났다.[2] 후일(1932-1933) 그가 쓴『1900년 경 베를린의 유년시절』에서 회상되는 장면들로 미루어보면, 세기말 독일 대(大)부르주아 가정 특유의 풍요는 그의 어린 감수성과 육체에 깊은 문화적 흔적을 각인시켰던 것으로 보인다. 아버지가 골동품 거래상이었기 때문에 벤야민은 어려서부터 자연스럽게 오래된 사물이 그것을 애정을 가지고 관조하는 사람에게 드러내는 시간의 숨겨진 결에 대한 감각적 훈련을 하게 된다. 부서지고 깨진, 그러나 그 흠결마저 자신을 구성하는 역사의 정당한 일부인 오래된 사물들에 대한 감각은 벤야민의 지적 작업 전체를 이끌어가는 징후적 상상력의 모태가 된다. 1905년에서 1907년 사이에 그는 튀링겐에 있는 하우빈다 학교로 전학을 간다. 여기에서 구스타프 비네켄의 교육사상을 접하게 된다. 그의 영향력은 벤야민의 청년기를 지배한다. 그 핵심에는 '청년기의 독자성'에 대한 가치부여와 기성세대의 순응적 문화에 저항하는 청년문화의 필요성에 대한 강조가 존재하고 있다. 벤야민은 비네켄의 사상에 몰두하였고, 잡지『시작Anfang』에 글을 싣는다.

1912년에 김나지움을 졸업하고 베를린을 떠나 그는 프라

2 벤야민의 전기로는 브로데센(Brodersen, 1990), 비테(Witte, 1994), 풀트(Fuld, 1979), 그리고 숄렘(Scholem, 1975)을 참조할 것.

이부르크 대학 철학과에 등록한다. 당시의 프라이부르크 대학은 빌헬름 시대의 독일에서 가장 화려한 지적 위광을 발휘하던 신칸트학파, 특히 서남학파의 본거지였다(다른 두 곳은 스트라스부르크 대학과 하이델베르크 대학).[3] 그러나 벤야민은 당대를 풍미하던 문화과학의 대가들에게 큰 감명을 받지 못한다. 특히 리케르트(1863-1936)에게 큰 실망을 한다. 리케르트에 관해서 "그가 참으로 날카롭지만 깊이가 없다"고 평가했다는 에피소드가 전해진다(Scholem, 1975, p. 51). 1913년에 벤야민은 베를린 대학으로 자리를 옮긴다. 당시 베를린 대학에는 게오르그 짐멜(1858-1918)이 있었다. 수많은 지식인을 불러 모은 그의 사강의私講義에는 루카치(1885-1971)와 에른스트 블로흐(1885-1977)가 이미 참가하고 있었지만 당시 스물 한 살이었던 벤야민은 그 세미나에 참가하기에 너무 어렸다. 이미 짐멜의 저작을 읽었고 또 큰 감화를 받고 있었지만, 1914년에 짐멜이 스트라스부르크 대학에 자리를 얻어 떠나는 바람에 그와 의미 있는 인연을 갖지 못한다. 베를린에서 벤야민은 시인인 하인레와 우정을 맺는데, 1914년 제1차 세계대전 발발 후, 그와 그의 애인 프리데리케 셀릭손이 동반 자살하는 사건을 겪고 큰 충격을 받는다. 이후 벤야민은 청년운동으로부터 거리를 두게 된다.

그는 1915년에 베를린을 떠나 뮌헨에서 학업을 지속하였

---

3 빈델반트는 1877년에서 1882년 사이에 프라이부르크 대학에서, 1882년에서 1903년에 스트라스부르크 대학에서 그리고 1903년부터 1915년 타계하기 전까지 하이델베르크 대학에서 강의했다. 리케르트는 1894년에서 1916년에 프라이부르크 대학에서 그리고 1916년에서 1936년에 하이델베르크 대학에서 강의했다. 한편 1916년에는 후설이 프라이부르크 대학에 정교수로 취임한다. 벤야민보다 3년 나이가 많은 하이데거(1889년 생)도 벤야민과 같은 철학과에 입학한다. 하이데거는 1915년 리케르트의 지도하에 학위를 받는다.

고, 1917년에는 도라 폴락과 결혼한 뒤, 스위스의 베른으로 거처를 옮긴다.[4] 1919년에 벤야민은 「독일 낭만주의의 예술비평 연구Der Begriff der Kunstkritik in der deutschen Romantik」라는 논문으로 '최우등' 성적으로 박사 학위를 취득하게 된다. 이어 베를린을 경유하여 프랑크푸르트에 체류하면서 교수자격 논문Habilitation을 준비하다가 1924년에 이탈리아의 카프리 섬에서 교수자격 논문인 「독일비애극의 기원Ursprung des deutschen Trauerspiels」을 집필한다. 그리스 고전 비극과 구별되는 독자적 형식으로 제시되는 독일 비애극에 대한 이 난해한 저술은 후일 『아케이드 프로젝트』의 구성과 형식 그리고 방법의 차원에서 한 원형을 제공하게 될 정도로 중요한 통찰들을 내포하고 있다(Sagnol, 1983, pp. 641-657). 그러나 프랑크푸르트 대학은 이 논문이 요령부득의 장광설에 불과하다고 판단하고, 일반 예술학 학과장이자 아도르노와 호르크하이머의 지도교수였던 한스 코르넬리우스는 1925년 7월에 논문에 대해 부정적인 평가서를 발급한다. 벤야민은 그의 교수자격 논문 신청을 스스로 철회한다.[5]

1925년의 이 실패는 벤야민의 인생을 외적으로 전환시키는 분기점을 구성하지만, 사실 그는 이미 1924년에 형이상학적이

4 이 시기에 벤야민은 언어와 상징에 대한 깊은 성찰이 담긴 몇 편의 중요한 논문을 쓴다. 「언어 일반과 인간의 언어에 대하여」(1916), 「비애극(Trauerspiel)과 비극(Tragödie)에서 언어의 의미」(1916), 「다가오는 철학의 프로그램」(1917) 등이다. 또 이 시기(1915)에 벤야민은 평생 사신과 돈독한 우정을 유지했던 숄렘(1897-1982)을 만난다.

5 1920년대 초반 벤야민은 문학비평과 정치철학의 영역에서 후일 큰 주목을 받는 중요한 작업을 수행하고 있었다. 가령, 1921년의 「성격과 운명」, 같은 해의 「폭력의 비판」이 그것이다. 25년에는 「괴테의 『친화력』」을 쓰는데, 이는 후고 폰 호프만슈탈의 열광적인 지지를 얻었으나 당시 독일 문단을 지배하던 게오르게 학파에 대한 비판적 태도로 인해 벤야민의 제도권 진출을 불가능하게 만든 한 계기로 작용한다.

고 비의적이고 신비주의적인 문학비평가이자 미학자로서의 면모를 벗어나 마르크스주의적 세계관으로 진입하게 된다. 그것은 라트비아 출신의 러시아 혁명가 아샤 라시스와의 만남을 통해서였다. 라시스에게 매혹된 벤야민은 1926년 12월과 1927년 1월 사이에 모스크바를 방문하기도 하였다. 1929년에 브레히트를 알게 되는 것 역시 그녀를 통해서였다. 명민하고 비범한 공산주의자 예술가(브레히트)와의 친교는 벤야민의 지적 경향을 현실세계에 대한 유물론적 분석으로 한 걸음 더 옮겨 놓는다. 벤야민은 1926년에 한 번, 그리고 1927년에 다시 파리에 머물 기회를 갖는다. 이 시기에 그는 프랑스 초현실주의 운동의 정치적 성격과 미학적 성격에 깊이 매료되었고 1929년까지의 약 2년 동안 파리의 파사주에 대한 연구를 최초로 기획한다. 1929년에는 「초현실주의」, 「프루스트의 이미지」를 쓰고, 1931년에 「칼 크라우스」, 「사진의 소사(小史)」, 「프란츠 카프카」와 같은 중요한 비평 에세이를 저술한다. 나치의 정권장악 이후 펼쳐진 문화정책 속에서 자유로운 작업, 저술, 출판의 가능성이 철저하게 봉쇄되자 1933년 3월에 급기야 벤야민은 베를린을 떠나 파리로 이주한다. 1935년에 그는 『아케이드 프로젝트』의 개요 「파리—19세기의 수도Paris, die Hauptstadt des XIX. Jahrhunderts」(1935)를 작성한다. 다음 해에는 매체미학의 고전적 텍스트로 인정받는 『기술복제 시대의 예술작품』의 제2판을 써서 사회연구소의 『사회연구지』에 송고한다. 그러나 원고를 둘러싼 아도르노, 호르크하이머와의 이견으로 원고는 결국 출판되지 못한다. 『아케이드 프로젝트』에서 중요한 부분을 구성하는 보들레르에 대한 탐구를 활용하여 벤야민은 1938년에 「보들레르에게 있어 제2제정기의 파리」, 1939년에 「보들레르의 몇 가지 모티프에 관하여」 그리고 1938년에서 1939년에 걸쳐서 보들레르에 대한 자신의 단상들을 묶어 엮은 「중앙공원」을 쓴다.

이 생산적인 시기는 벤야민 자신에게는 매우 절망적인 고투의 시간이었다. 파리의 생활은 기본적으로 불안한 것이었다. 미셸 레리스, 피에르 미삭, 피에르 클로소프스키나 조르주 바타이유 등 프랑스 지식인들과 교제하는 동시에 아렌트 등 망명 독일 지식인들을 만났지만, 그는 기본적으로 파리에서 매우 제한된 범위의 인간관계를 유지하고 있었다. 생활은 매우 단순하여, 국립도서관에서 장시간 연구하고 자신의 좁은 스튜디오로 돌아와 침대에서 글을 썼다. 1935년에 2월 6일에 알프레드 콘에게 보낸 편지에서 벤야민은 "프랑스의 토양에 뿌리내리는 것의 어려움"을 호소하고 있다(Benjamin, 1979, p. 149). 흡연과 커피 그리고 집중된 지적 작업의 과로로 인해, 그의 건강은 점차 나빠지고 있었다. 직업적으로, 경제적으로, 가정적으로, 즉 삶의 모든 부분에서 최악의 상황에 있었던 벤야민에게 『아케이드 프로젝트』는 삶의 끈을 놓지 않게 하는 하나의 '희망의 원리'였다. 실제로 벤야민은 지인들에게 보낸 여러 편지에서 『아케이드 프로젝트』가 자신의 필생의 작업임을 강조하고 있다.[6] 1940년 그는 소위 "역사철학테제"로 알려진 「역사의 개

6 벤야민은 40세 생일이 조금 지난 후인 1932년 7월 말에 오랫동안 숙고해왔던 계획인 자살을 실행하기 위해 프랑스로 돌아왔으나, 결국 자살을 실행하지는 않았다. 한편 아도르노에게 1935년 5월 31일에 보낸 편지에서 그는 "이 작업 속에서 나는 삶을 위한 투쟁에서 용기를 잃지 않을 유일하다고 할 수는 없지만 진실된 이유를 발견합니다"라고 고백한다(Benjamin, 1979, p. 165). 이미 1930년 1월 20일에 숄렘에게 보낸 편지에서 이 작업에 대해 "그것은 내 모든 투쟁과 이념의 극장입니다"라고 적었다(Benjamin, 1979, p. 28).

념에 대하여」라는 기념비적 텍스트를 제출한다. 그해 9월 그는 마르세유를 떠나 포르투갈로 도피할 계획으로 도보로 피레네 산맥을 넘고자 기획한다. 자신의 건강상태를 생각했을 때 이는 불가능한 계획이었다. 더구나 그곳은 예상과 달리 검문이 매우 심했다. 계획이 좌절되자 벤야민은 스페인 국경의 마을 포르부Port Bou에서 9월 26일 준비해간 모르핀을 복용하고 스스로 목숨을 끊었다.

2.『아케이드 프로젝트』의 발굴, 형성, 그리고 형식

벤야민이 사망하고, 아도르노, 숄렘, 아렌트 등이 벤야민을 산발적으로 소개하고 언급하였음에도 불구하고, 그의 저작들에 대해 깊은 망각의 시간이 흘러갔다. 벤야민이 아카데미와 대중에게 본격적으로 알려지고, 새로운 평가를 받게 된 것은 그가 죽은 지 약 30년이 지난 후인 1970년대 이후로, 그것은 분명히 68세대의 등장과 연관이 있다(최성만, 2001, pp. 226-229). 이 시기 마르크스주의에 대한 새로운 성찰의 배경 속에서 벤야민의 역사철학 특히「역사의 개념에 대하여」가 각광을 받기 시작했으며, 또한 매체미학자로서의 벤야민이『기술복제 시대의 예술작품』을 통해 부각되었다. 이 과정에서 1974년부터 주어캄프에서 벤야민 전집이 출판되기 시작했다. 앞서 말했듯이『아케이드 프로젝트』의 원고는 오랜 침묵을 견디고 아도르노와 그의 제자인 티데만의 편집을 거쳐 1982년에 비로소 출판된다.

사실 이 원고는 벤야민이 1940년에 포르투갈로 국경을 넘어 도피를 기획한 극한 상황에서 당시 국립도서관의 사서로 있던 바타이유에게 맡겼었다. 1945년에 종전이 되자 바타이유의 소개로 벤야민을 만났던(1937년) 피에르 미삭은 원고의 행방을 수소문한다. 바타이유의 도움을 얻어 간신히 원고를 되찾은 미삭은 1947년에 뉴욕의 사회연구소에 있던 아도르노에게 원고를 보낸다. 1950년, 망명생활을 청산하고 귀환할 때 아도르노는 벤야민 유고의 나머지 부분과 함께 『아케이드 프로젝트』의 원고들도 프랑크푸르트로 가져왔다. 그와 티데만Rolf Tiedemann의 편집으로 1982년에 주어캄프에서 벤야민 전집 중 제5권(두 책으로 구성)으로 출판된 것이 바로 우리가 현재 접할 수 있는 『아케이드 프로젝트』이다.[7]

사후명성의 가장 아이러니한 실례를 이루는 이 책은 그렇다면 어떤 과정을 거쳐 형성된 것인가? 1935년 5월 31일에 아도르노에게 보낸 편지를 보면 『아케이드 프로젝트』의 형성사는 크게 상이한 두 단계로 구분될 수 있다. 첫째는 1927년에서 1929년 가을까지의 단계로서, 이때 벤야민은 "파리의 파사주들. 하나의 변증법적 환상극"이라는 제목으로 약 50페이지 분량의 에세이를 작성할 계획을 세운다. 사실 이 계획은 프랑스의 초현실주의자 아라공Louis Aragon이 1926년에 쓴 『파리의 농부』를 읽으면서 착상한 것으로

7 그 전체 구성은 다음과 같다. 우선 1935년과 1939년 판 개요인 「파리, 19세기의 수도」가, 그리고 「노트와 자료들(Aufzeichnungen und Materialien)」로 구분되는 36개의 묶음(Konvolut)이 실려 있다. 그 이후에 최초의 초고인 「파리의 파사주 1」과 1928년과 1929년에 쓴 「파리의 파사주 2」가 실려 있다. 이에 덧붙여 「토성의 테두리 또는 철골 건축에 관해」(1928-1929)가 실려 있다.

전해진다. 아라공의 책은 오페라 파사주를 산책하는 화자가 그 내부 공간에서 일종의 '근대적 신화'들을 발견하는 섬세한 도시 '인상학'적 혹은 도시 '골상학'적 체험을 진술하고 있다. 당시 파리에 머물던 벤야민은 이 책을 읽으면서 너무 흥분하여 뛰는 심장을 진정시키고자 책을 다시 덮어야 했다고 회상하고 있다(Benjamin, 1979, p. 63). 아마도 벤야민은 아라공의 텍스트에서 자신의 관심사와 부응하는 다양한 요소의 매우 성공적인 예술적 형상화를 발견했던 것으로 보인다. 그 요소들은 예컨대, 건축의 무의식적 기능에 대한 관심, 모더니티의 문제, 꿈과 현실의 변증법, 현대적 신화의 문제, 경이로운 것merveilleux의 체험, 산책자의 개념, 권태의 개념 등을 포함한다. 다만 벤야민은 이러한 테마들을 '개인'을 넘어서는 집합적 체험의 수준에서 다루려는 생각을 품고 있었다. 그 중심에 파리의 파사주가 놓여 있었던 것이다. 프로젝트는 여러 상황으로 차일피일 지연된다. 1935년에 이르러서야 비로소 우리는 파사주 프로젝트의 첫 가시적 성과라 할 수 있는 연구계획서를 만나게 된다. 그것은 '사회연구소'에 제출된 개요exposé로서 "파리, 19세기의 수도"라는 제목이 붙어 있다. 내용을 살펴보면, 연구의 주된 대상이 '파사주'라는 미시적 공간으로부터 '19세기 파리'로 확장되었으며, 20년대 후반기의 관심과는 달리 19세기 중반 파리의 모더니티 전체가 레이더에 포착되고 있음을 쉽게 알 수 있다. 개요의 목차는 다음과 같다.

I. 푸리에 혹은 아케이드

II. 다게르 혹은 파노라마

III. 그랑빌 혹은 만국박람회

IV. 루이 필리프 혹은 실내

V. 보들레르 혹은 파리의 거리

VI. 오스만 혹은 바리케이드

이 개요는 사실 향후에 집필하고자 했던『아케이드 프로젝트』의 기본 구조를 가리킨다기보다는 그때까지 수합된 자료들의 불완전한 정리로 보아야 한다(Buck-Morss, 1989, p. 78). 실제로 1935년의「개요」에는 1929년부터 1931년 사이에 벤야민이 마르크스를 집중적으로 읽으면서 발전시킨 역사인식 방법론의 문제와 '환등상Phantasmagorie' 개념이 본격적으로 다루어지고 있지 않다. 그러나 비단 몇몇 테마의 부재라는 차원을 넘어서, 위의 개요는『아케이드 프로젝트』의 방대하고 포괄적인 스펙트럼에 비교하면 매우 소략하고 부분적이다. 1930년대 벤야민이 발표한 수많은 에세이와 연구는 대개『아케이드 프로젝트』를 모태로 하고 있고, 이 사실은『아케이드 프로젝트』의 폭과 깊이를 방증한다. 실제로 이 책은 벤야민이 베를린 국립도서관과 파리 국립도서관에서 수집한 19세기와 20세기의 사료들을 36개의 묶음Konvolut으로 배열해 놓은 자료 뭉치이다. 그 테마는 다음과 같다.

A. 아케이드, 신유행품점, 신유행품점 점원

B. 패션Mode

C. 태고의 파리, 카타콤베, 폐허, 파리의 몰락

D. 권태, 영겁회귀

E. 오스만식 도시개조, 바리케이드전戰

F. 철골건축

G. 박람회, 광고, 그랑빌Grandville

H. 수집가

I. 실내, 흔적

J. 보들레르

K. 꿈의 도시와 꿈의 집, 미래의 꿈들, 인간학적 허무주의, 융Jung

L. 꿈의 집, 박물관, 분수가 있는 홀

M. 산책자

N. 인식론에 관해, 진보 이론

O. 매춘, 도박

P. 파리의 거리들

Q. 파노라마

R. 거울

S. 회화, 유겐트슈틸, 새로움

T. 조명방식들

U. 생시몽, 철도

V. 음모, 동업, 직인 조합

W. 푸리에

X. 마르크스

Y. 사진

Z. 인형, 자동기계

a. 사회운동

b. 도미에

d. 문학사, 위고

g. 증권거래소, 경제사

i. 복제기술, 석판화

k. 코뮌

l. 센 강, 최고最古의 파리

m. 무위Müßiggang

p. 인간학적 유물론, 종파의 역사

r. 에콜 폴리테크닉

이상에서 우리가 확인할 수 있는 것은,『아케이드 프로젝트』가 19세기 중엽, 좀 더 정확하게 말하자면 제2제정기(1852-1870)의 파리에 대한 포괄적인 문화·정치·사상사적 기획이라는 사실이다. 거기에는 공간의 테마(아케이드, 오스만화, 부르주아 실내 건축, 박물관, 거리, 철도)에 대한 탐구, 사상가들에 대한 연구(융, 마르크스, 푸리에, 생시몽, 니체, 블랑키)가 존재하고, 예술가 혹은 예술양식에 대한 탐구(보들레르, 아르누보, 도미에, 문학사, 빅토르 위고, 사진, 복제기술, 석판화) 또한 존재하며, 문화연구의 테마(패션, 매춘, 도박, 거울), 정치사회적 운동에 관한 관심(사회운동, 바리케이트, 음모론, 파리 코뮌), 경제와 기술의 발전에 대한 점검(에콜 폴리테크닉, 증권거래소, 경제사, 파리의 조명양식, 철골건축) 그리고 철학적 테마(권태, 영겁회귀, 무위, 산책자) 등이 모두 망라되어 있다. 비록 파사주라는 공간소素가 이 저술을 관통하는 '무대'로 기능함에 틀림없음에도 불구하고, 이들은 19세기 파리를 거의 모든 측면(정치, 경제, 문화, 문학, 공간)에서 조망하는, 무체계적이고 산만하며 초점이 잡혀 있지 않은 역사서술로 보인다. 더구나 더욱 의아한 것은 이 기획이 명백하게 마르크스주의적 사적 유물론의 방법에 기초하고 있음에도 불구하고, 사적 유물론의 기초 전제인 하부구조와 상부구조의 존재론적 구분이 이 책에는 등장하지 않는다는 점이다. 그리하여 경제와 문화는 원인(하부구조)과 결과(상부구조)라는 두 상이한 심급 사이의 인과론적 관계 대신 동일 평면에서 다루어진다. 벤야민은 왜 이런 방식의 연구를 시도했던 것일까? 또 이런 방법을 체계적으로 적용함으로써 그가 궁극적으로 밝히고자 했던 19세기 파리의 기원사는 무엇인가?『아케이드 프로젝트』를 탐구하는 것은 이와 같은 질문에 대한 해답을 모색하는 것이다. 앞서 말했듯, 필자는 기원의 개념, 몽타주와 표현 그리고 꿈과 각성이라는 세 가지의 기본적 테마를 탐구함으로써 위의 질문에 대한 해답을 제시하고자 한다.

3. 파사주에서 모더니티의 기원을 찾다

기원Ursprung의 개념

벤야민이 규정하는『아케이드 프로젝트』의 대상은 '19세기의 기원사Urgeschichte'이다.[8] 기원사의 개념은 벤야민이 괴테에게서 빌려온

---

8 가령 그는 이렇게 쓴다. "19세기의 기원사(Urgeschichte)—만약 이 말을 기원사에 상응하는 갖가지 형식들을 19세기의 재고품에서 재인식해야 한다는 의미로 이해한다면 이러한 제목은 아무런 흥미도 끌지 못할 것이다. 19세기가 이 기원사의 기원적 형식으로(als originäre Form der Urgeschichte) 묘사되었을 때에만, 즉 기원사 전체가 이 지나간 세기에

'기원' 개념에 그 뿌리를 두는데, 이는 이미 『독일 비애극의 기원』에서 방법적인 주요 개념으로 설정된 바 있다. 그에 의하면 기원은 발생Entstehung과 구분된다. 발생이란 연대기적으로 균질화된 시간(공허하고 텅 빈 시간) 위에서 무언가가 최초로 등장한 시점을 가리킨다. 발생에 대해서 말한다는 것은 어떤 대상이 처음 나타났음을 의미하는 것이며, 이는 동시에 문제가 되는 역사적 시간이 측정가능한 방식으로 양화量化되었다는 사실을 암시한다. 이런 방식으로 과거를 이해하는 것, 이것이 바로 19세기 역사철학의 대표적 시간 이해이다. 역사학의 시간은 '발생-진화-종말'로 구성된 점진적 과정이다. 벤야민이 '기원'의 개념으로 전복시키는 것은 이와 같은 19세기 역사철학이 가정한 시간의 이해 그 자체이다.

벤야민은 『독일비애극의 기원』의 「인식비판적 서론」에서 이렇게 말한다. "기원은 전적으로 역사적 범주이기는 해도 발생과는 아무런 공통점이 없다. 기원이란 생겨난 것의 생성Werden이 아니라 오히려 생성과 소멸에서 지금 생겨나고 있는 것을 의미한다. 기원은 생성의 흐름 속에 소용돌이Strudel로서 있으며, 그 리듬 속으로 발생 과정에 있는 자료를 끌어당긴다. 사실적인 것의 적나라하고 명백한 존립 속에서 기원적인 것을 인지할 수 없으며, 그 리듬은 오로지 이중적인 통찰에 열려 있다. 즉 기원적인 것의 리듬은 한편으로 복원Restauration과 복구Wiederherstellung로서, 다른 한편으로는 미완의 것, 완결되지 않은 것으로 인식되어야 한다(Gesammelte Schriften, GS,

---

고유한 이미지들 속에서 십합의 형태로 그려졌을 때에만 비로소 19세기의 기원사라는 개념은 의미를 가질 수 있다(N 3a, 2; O°, 79)."

I-1, 226)." 기원은 이미 발생한 어떤 사실적faktisch 사건, 그리하여 다시 교정할 수 없는 '완결된 것'이 아니다. 기원은 생겨난 것의 생성이 아니라 역사 속에서 '지금 생겨나고 있는 것'이다. 환언하면 기원은 과거에 있는 것이 아니라 현재 속에 나타나고 있다. 과거의 어떤 것이 현재 속에서 다시 복구되고 복원되어 완성되지 않은 형태로(왜냐하면 다시 미래 속에서 나타나야 하기 때문에) 드러나는 현상을 벤야민은 기원이라 부른다. 그런 이유로 기원은 전사와 후사Vor- und Nachgeschichte를 모두 끌어안고 있다. 기원에 대한 탐구는 과거가 현재의 영향 속에서 새로운 방식으로 드러나는 전개Auswicklung의 양상을 예민하게 포착하여 그것을 유물론적으로, 즉 감성적으로 제시darstellen할 것을 요청한다.[9] 벤야민에게 이런 인식론의 모델이 되는 것은 한편으로는 프루스트, 프로이트, 베르그송 등에 의해 주창된 기억의 이론이며, 다른 한편으로는 사진기의 인화 과정Entwicklung의 모델이다.

첫째, 기억의 모델은 소위 의지적 기억mémoire volontaire과 비의지적 기억mémoire involontaire의 구분을 가져다준다. 참된 기억은 의지적 기억의 구조를 파괴하면서 파국적 순간(죽음의 순간 떠오르는 파노라마, 프루스트적 회상의 순간)에 드러나는 비의지적 기억이다. 비의지적 기억 속에서 우리가 기억하는 과거(사실화된 과거)는 떠오른 과거의 영상 앞에서

---

9 기원이 드러나는 현상은 벤야민에 의하면 오직 영상적(bildlich)인 방식으로 이루어진다. 벤야민이 변증법적 이미지(dialektische Bild)라 부른 것이 바로 그것이다. 변증법적 이미지는 파국과 위기의 순간, 과거를 규정하던 상징적 질서가 붕괴되면서 충격과 비약의 체험 속에서 나타나는 과거의 진정한 이미지를 가리킨다. 하나의 영상 속에서 지나간 것(das Gewesene)은 지금(Jetzt)과 섬광처럼 만나 성좌(Konstellation)를 만든다. 과거가 재구성되어 현재와의 특수한 관계(성좌)로 재편되는 이 순간은 동질적인 시간의 흐름이 파괴되어 새로운 시간성이 창출되는 카이로스적 순간이다. 벤야민은 이런 순간에 드러나는 기원의 현상 즉 이미지를 '정지 상태의 변증법(Dialektik im Stillstand)'이라 부른다(N 2a, 3).

거짓된 것 혹은 부차적인 것으로 파괴된다. 이를 역사적 과정에 적용하면, 역사가는 과거의 무수한 사건에 질서를 부여하는 특정 이념에 의해 매개된(기억된) 과거가 부서지면서 나타나는 진정한 과거의 이미지들(변증법적 이미지)을 포착해야 하는 것이다. 이 포착은 오직 위기와 파국의 순간에만 이루어진다.

둘째, 이와 같은 과거의 나타남은 사진기술의 현상과정에서 관찰된다. 사진은 그것이 찍힌 순간과 현상되어 나타나는 순간 사이의 시차를 갖는다. 벤야민은 1930년에 출간된 앙드레 몽글롱 André Monglond의 『프랑스의 전기낭만주의』 제1권 『전기낭만주의의 영웅들』을 인용하고 있다. "과거는 문학 텍스트 속에 빛에 의해 감광건판plaque sensible 위에 새겨지는 상에 비유될 수 있는 이미지들을 남긴다. 미래만이 그러한 음화cliché를 완벽하게 드러내는 효력을 가진 현상액을 갖고 있다. 마리보나 루소의 많은 글에는 최초의 독자로서는 완전히 해독할 수 없는 신비로운 의미가 들어있다(N 15a, 1)." 따라서 2개의 상이한 시간성이 사진의 현상 과정에서 관찰된다. 첫째는 찍힌 이미지의 시간, 둘째는 나타난 이미지의 시간이다. 이 2시간을 벤야민이 말하는 기원의 역사의 시간에 비유하면, 전자는 사건이 발생하는 시간이며 후자는 그것이 가시적이 되는 시간, 즉 역사의 구상성Anschaulichkeit이 실현되는 시간이다(N 2, 6).

회상(기억)의 모델과 사진현상의 모델은 모두가 역사해석학의 새로운 상상력을 촉발한다. 즉 과거는 고정된 실체가 아니라 현재 혹은 미래의 변화에 조건지워진 채로만 우리에게 현상한다는 것, 여기에는 두 가지 통찰이 내포되어 있다. 첫째, 과거의 나타남은 영상적인 것이라는 사실이다. 우리는 과거를 개념이나 정신으로 아는 것이 아니라 오직 시각적으로 혹은 감각적으로 안다. 둘째, 과거는 과거 속에 웅크리지 있지 않고 현재 속에서 특수한 방식으로 드러난다는 사실이다. 마치 체험했으나 망각되어 있던 어떤 행위가 특수한 조건 속에서 다시 기억되듯이, 혹은 사진의 필름에 이미 찍혔지만 후일 인화액의 투하에 의해서만 어떤 이미지가 드러나듯이, 과거는 오직 현재와의 특수한 관련 속에서만 그 진면목을 드러낸다.[10] 과거가 현재와 이처럼 은밀하게 연결되어 있다는 것은, '과거-현재-미래'로의 역사적 시간(동질적이고 공허한)과 질적으로 상이한 어떤 시간성이 '기원의 역사'에는 존재한다는 것이다. 그 시간성이 바로 메시아적 시간이다. 벤야민이 말하는 메시아적 시간은 신비스런 신적 존재가 규정하는 시간이라기보다는 양화된 시간이 균열되면서 드러나는 시간의 질적 체험의 가능성을 가리킨다. 과거와 현재는 분리되어 있지 않고 소통한다. 서로를 비춘다. 이 상호 조명 속에서 드러나는 것이 '기원'이다.

이런 맥락에서 보면, 벤야민이 19세기의 기원사를 쓴다는 것은, 19세기 그 자체의 탐구가 아니라 1930년대가 19세기와 맺고 있는 독특한 관계망(벤야민의 용어로 성좌)의 탐구를 의미한다(Gagnebin, 1994, pp. 17-51; Mosès, 1992, p. 95 이하). 그리하여 그것은 '실제로 있었던 일들을

---

10 바로 이 점에서 벤야민의 이미지론과 현상학적 본질직관이 갈린다. 전자가 역사적이라면 후자는 형이상학적이다. 벤야민은 이렇게 쓴다. "이미지(Bild)를 현상학의 '본질성(Wesenheit)'과 구별해주는 것이 바로 이미지들이 갖고 있는 역사적 지표이다[하이데거는 현상학을 위해 역사(Geschichte)를 추상적으로, '역사성'을 통해 구원하려고 시도했지만 허사로 끝났다]. 그러한 이미지들은 소위 관습이나 양식 등 '정신과학적' 범주들과는 분명하게 구분되어야 한다. 즉 이미지들이 역사적 지표를 갖고 있다는 말은 단순히 이미지가 특정 시대에 고유하다는 것뿐만 아니라 무엇보다 특정 시대에만 해독 가능하게 된다는 것을 의미한다(N 3, 1)."

있는 그대로 서술하는 것(랑케)'과 무관하며, 또한 현실적 사건들을 추동하는 역사적 이성에 대한 정립(헤겔), 지나간 타자의 시간을 감정이입을 통해서 추체험하는 것(딜타이)이 아니다. 그것은 1930년대의 세계사적 파국 상황(제1차 세계대전의 충격파, 파시즘의 등장, 문명의 위기, 사회주의 혁명 가능성의 약화)과 벤야민 자신의 실존적 파국 상황의 중첩 속에서 드러나는 19세기의 새로운 얼굴(19세기의 희망, 19세기의 판타지, 19세기의 공포 그리고 벤야민 자신의 유년기의 희망, 판타지, 공포)을 직시하는 것이다. 역사에서 승리한 자들의 기억이 붕괴하면서 드러나는 기억되지 못했던 패배자들의 목소리를 청취하고자 한 것이다. 그 목소리가 들리는 공간은 이념의 공간이 아니라 구체적 사물들의 공간이다. 파리의 파사주로부터 증권거래소, 보들레르와 블랑키, 거울과 매춘이 모두 다루어지는 이유가 그것이다. 이 대상들의 잡다함은, 19세기가 기원의 역사를 추구하는 벤야민에게 파편들로 나타나고 있으며, 벤야민은 이 파편들을 수집하는 '사료들의 넝마주이'이다. 기원의 역사가는 역사의 폐허에서 잔해를 수집하고, 그 수집된 잔해들을 새롭게 구성한다. 이런 점에서 기원의 역사가는 20세기 초반의 모더니트스 예술가를 닮아 있다. 가상적 총체성을 구축하는 대신 모더니스트는 현실의 특정 순간에 내포된 총체성의 가능성을 드러내고자 한다. 모더니스트들이 몽타주의 원리를 선호한 것은 바로 이 때문이다. 진실은 전체 혹은 시스템에 있는 것이 아니라, 기원을 내포한 디테일 속에 있다. 그 디테일의 구성, 그것이 바로 몽타주이다.

몽타주와 표현Ausdruck

기원의 역사는 오직 파편들만으로 구성된, 유기적 총체성에서 유리된 불연속체로서의 역사, 서사가 존재하지 않는 역사, 망각된 역사, 가시성으로부터 차단된 역사이다. 그것은 서사될 수 없는 것이다. 왜냐하면 없기 때문이다. 벤야민이 말하는 기원은 시간의 처음에 존재하는 실체가 아니라, 과거와 현재와의 특수한 관계 속에서만 번개처럼 나타났다 사라지는 현상이다. 만일 일반적인 역사서술의 형식을 따라서 그것을 서사한다면, 고도의 특이성으로 특징지워지는 과거의 파편들과 징후들이 갖는 물질성(감각적 독자성)은 서사의 형식(이념, 내러티브, 목적론)에 의해서 중립화될 것이다. 여기에 벤야민의 아포리아가 존재한다. 그는 이렇게 쓴다. "근본적 논리적 난관Aporie: '억압받는 자들의 역사는 불연속체이다'—"역사의 과제는 억압받는 자들의 전통을 전유하는 일이다(GS, I-3, 1236)." 억압받는 자들의 역사, 즉 지워진 역사, 망각된 역사를 서사하는 방법은 일반적인 의미에서 승자의 역사를 기록하는 것과는 다른 방식으로 이루어져야 한다. 그것은 서사하되, 서사를 통해 형성되는 특정 체계의 권력화, 물화, 실체화를 넘어서야 한다. 어떻게 파편들을 가지고 비체계적인 서사를 시도할 것인가? 벤야민의 해답은 바로 몽타주이다. "역사유물론에서 인식되어야 할 중심적인 문제, 마르크스주의적 역사 이해는 무조건 역사의 구상성Anschaulichkeit을 희생시켜야만 비로소 획득될 수 있는 것일까? 아니면 어떤 방식으로 구상성을 높이는 것과 마르크스주의적 방법을 관철시키는 것을 결합시킬 수 있을까? 이러한 길로 나가기 위한 첫 번째 단계는 몽타주

Montage 원리를 역사 속에 도입하는 것일 수 있다. 즉 극히 작은, 극히 정밀하고 잘라서 조립할 수 있는 건축 부품들로 큰 건물을 세우는 것이다. 실로 자그마한 개별적 계기들에 대한 분석을 통해 전체 사건의 결정체를 찾아내는 것이다(N 2, 6)."

몽타주는 20세기 초반 서구 예술의 간판 기법으로, 분할 가능한 방식으로 쪼개진 요소들의 조합과 구성을 통해 가변적 총체성을 건축하는 방법이다. 주지하듯이 에이젠슈타인, 푸도프킨의 영화에서의 몽타주, 하트필드와 로트첸코의 포토몽타주, 문학에서 『율리시즈』(조이스)와 『베를린 알렉산더 광장』(되블린), 브레히트의 서사극 등이 모두 몽타주 기법을 의식적으로 활용하는 것이다. 몽타주는 세부의 물질성이 전체 게슈탈트Gestalt에 의해서 억압되지 않고, 그 전체를 적극적으로 구성하는 구성주의의 원리에 기초한다. 파사주도 몽타주의 원리에 의해 구성되었고, 20세기 건축의 상징인 에펠탑도 1만 2천 개의 철골 조각을 250만 개의 못으로 조립한 몽타주이다. 벤야민은 구성주의 건축가 기디온S. Gidieon의 테제인 "19세기에는 구성/건축Konstruktion이 하위의식Unterbewußtsein의 역할을 했다"를 『아케이드 프로젝트』의 집필 원칙으로 설정한다(K 1a, 7). 그리고 그 모범적 사례로서 에펠탑의 건축법을 언급한다(N 2, 4). 그는 에펠탑이 철골 조각을 잇고 붙임으로써 파리 전체를 조망하는 높이로 설립되는 것과 마찬가지로, 수집한 자료들을 하나씩 병렬 배열함으로써 19세에 대한 파노라마를 제시할 수 있는 시점을 확보하고자 한다. 말하자면, 벤야민은 『아케이드 프로젝트』가 하나의 거대한 몽타주-책이 되기를 욕망했다. 그 구성 요소들이 바로 인용문과 논평문이다. "이 프로젝트의 방법: 문학적 몽타주literarische Montage. 말로 할 건 하나도 없다. 그저 보여줄 뿐. 가치 있는 것만 발췌하거나 재기발랄한 표현을 자기 것으로 만드는 등의 일은 일절 하지 않는다. 누더기와 쓰레기들을 목록별로 정리하는 것이 아니라 유일하게 가능한 방법으로 그것들이 정당한 권리를 찾도록 해줄 생각이다. 즉, 그것들을 사용하는 것이다(N 1a, 7)." 몽타주는 서사적 연속성epische Kontinuität 대신에 구성적 논리정연함konstruktive Schlüssigkeit을 위해 선택된 방법이며, 그런 한에서 디테일의 물질성을 억압하지 않은 채 모더니티의 기원에 대한 하나의 풍경을 제공할 수 있는 셈이다(GS, I-3, 1252).

『아케이드 프로젝트』의 이런 구성원칙을 고려할 때 우리는 다음과 같은 의문을 품게 된다. 즉 이 책을 완성시킬 수 있는 조건과 시간을 갖고 있었다 할지라도 벤야민은 과연 일반적인 서사를 시도했을까? 오히려 발견된 그대로의 원고 상태가 사실『아케이드 프로젝트』가 추구했던 기원사와 그에 대한 제시의 가장 적절한 방법적 실험이 아니었을까?[11] 이런 추측은 사실 벤야민의 사적 유물론에 대한 재해석을 통해 더 개연성 있는 것으로 육박한다. 벤야민의 방법은 마르크스의 사회구성체에 대한 도식과는 크게 배치된다. 주지하듯이 마르크스에게 하부구조와 상부구조는 상이한 두 심급으로서, 일반적으로 하부구조, 즉 경제적 생산력과 생산관계가 그 이데올로기적 상부구조를 인과적으로 결정Bestimmung하는 것으로 인지된다. 이렇게 된다면 19세기라는 시간에 대한 역사적 탐

11 『아케이드 프로젝트』의 형식을 벤야민의 성격(personality)에서 찾고 있는 글로서 다음을 볼 것(Tordai, 1983).

구는 그 시대의 경제적 하부구조와 상부구조를 존재론적으로 분리하고 양자 사이 특수한 인과 관계의 고리들을 찾아내는 작업이다. 그런데 『아케이드 프로젝트』에는 상부구조와 하부구조 사이의 전형적 구분이 보이지 않으며, 가령 보들레르의 시와 당대의 경제사가 같은 평면에서 다루어지고 있다. 이는 벤야민이 상부구조와 하부구조의 관계를 결정이 아닌 표현Ausdruck의 새로운 패러다임으로 사유하고 있기 때문이다. "이데올로기적 상부구조라는 독트린에 대해서. 무엇보다도 마르크스는 여기에서 상부구조와 하부구조 사이의 인과관계를 설정하고자 한 듯 보인다. …… 그러나 사실 문제는 이것이다. 만일 하부구조가 체험과 사유의 재료를 통해서 일정정도 상부구조를 결정한다면, 그리고 결정이 단순한 반영을 의미하는 것이 아니라고 한다면, 그것은 무엇일까? 나는 이를 표현으로 파악한다. 상부구조는 하부구조의 표현이다. 사회적 존재를 결정하는 경제적 조건들은, 상부구조 속에서 자신의 표현을 발견한다. 이것은 잠자고 있는 사람의 경우 가득 찬 위장이 꿈의 내용을 인과적으로 '조건지울bedingen'지 몰라도 그것을 반영하는 것이 아니라 표현하는 것과 완전히 동일하다. 집단은 처음부터 자기들의 삶의 조건을 표현한다. 이들은 꿈속에서 그것을 표현하며 잠에서 깨어남으로써 그것을 해석한다(K 2, 5)." 또 벤야민은 다시 위의 생각을 정돈한다. "마르크스는 경제와 문화 간의 인과적인 연관성을 드러냈다. 여기서 문제가 되는 것은 표현의 관계이다. 문화의 경제적 발생이 아니라 그 문화에서의 경제 표현을 서술해야 한다. 다시 말해 경제과정을 눈에 보이는 원-현상으로, 즉 파사주에서 벌어지는 모든 삶(따라서 19세기에 벌어지는 모든 삶)의 현상을 그곳으로부터 발생하는 원-현상으로 파악하려고 시도하는 것이다(N 1a, 6)."

여기서 벤야민은 마르크스의 사적 유물론을 섬세하게 비틀어 인과적 기계성을 제거하고, 유물론적 가능성을 구제하고 있다. 말하자면 경제(하부구조)와 문화(상부구조)의 관계는 인과적 결정관계가 아니라 표현적 연관이라는 것이다. 인과적 결정은 <경제→문화>의 명확한 외적 관계를 구성한다. 이때 원인은 결과에 (존재론적으로) 외부적이며 (논리적으로) 선행하는 것으로 설정된다. 그러나 표현연관은 '경제가 문화의 내부에 표현되어 있음'을 가정한다. 이때 경제는 문화의 외부에 독자적으로 존재하면서 문화를 규정하는 심급이 아니라, 그 내부에 다양한 방식으로 표현되어 있는 일종의 기원으로 작용한다. 또한 경제와 문화 사이의 어떤 논리적 선후관계도 존재하지 않는다. 이런 이론적 점검을 통해서 벤야민은 마르크스주의의 기계적 논리를 피해가고 상부구조(문화)의 자율적 성격을 이론적으로 확보하는 동시에, 이와 같은 문화적 표현물 속에 내장되어 있는 '경제적인 것' 즉 근대 자본주의의 문제를 해석적으로 풀어내고자 하는 것이다.[12] 이런 점에서 파사주는 상부구조 전체의 다양한 현상을 집약하는 일종의 모나드로서, 파사주의 내부를 들여다보는 순간 19세기 자본주의의 실상이 거기에 집약되어 있음을 알 수 있다는 의미에서 벤야민이 말하는 경제의 전형적인 표현물이라 할 수 있다. 표현과 몽타주의 개념을 통해서 벤야민은 모더니티에 대한 다각적 탐구의 이론적이고 방법론적 가능성을 실

12 벤야민의 『아케이드 프로젝트』가 영국의 문화연구에 미친 영향에 관해서는 맥로비(McRobbie, 2005)를 볼 것.

험하고 있다. 하부구조에 의해 결정되지 않는 문화의 영역을 표현물의 공간으로 파악한다면, 마치 정신분석학이 징후에서 정신적 역동의 표현물을 발견하여 이를 해독하듯이, 19세기의 문화 전체(파사주와 연관된 다양한 현상들)가 자본주의적 경제 체제의 메커니즘과 연관된 해석의 대상으로 변모한다. 이런 점에서 말하자면 벤야민의 『아케이드 프로젝트』는 19세기 문화 전반에 대한 '정신분석학적' 해석의 시도로 파악할 수 있다(홍준기, 2008).

꿈Traum과 각성Erwach

바로 이런 맥락에서 『아케이드 프로젝트』의 미로를 관통하는 가장 중요한 테마 중 하나로 꿈과 각성의 변증법이 등장한다. 벤야민이 꿈에 대해서 말할 때, 그 바탕에는 '체험'의 문제에 대한 성찰이 존재한다. 1917년에 쓴 「다가오는 철학의 프로그램」에서 벤야민은 이미 칸트 인식론의 '체험' 개념이 대단히 협소하다는 사실을 지적하면서, 그것을 '언어'에 대한 관심을 통해 확장시켜야 한다고 주장한다(GS, II-1, 160 이하). 벤야민의 체험 개념은 주체가 객체와의 인지적 관계를 맺는 '인식'에 국한되지 않으며, 감성적이고 몽환적이고 때로는 비합리적인 차원, 즉 인식 주관과 객관이 '미메시스적으로' 삼투되어 있는 상태에서의 체험까지를 내포한다. 그는 후일 헤시시hashish 체험을 통해 이런 체험의 형식을 스스로 실험한 바 있으며, 근대적 지각양태가 테크놀로지에 의해 변환되는 과정을 인지하면서 이를 종합적 체험Erfahrung과 사건적 체험Erlebnis으로 구분하여 개념화한다(김홍중, 2009, pp. 294-301). 꿈은 이런 의미에서 벤야민이 지속적으로 관심을 가져 온 테마 중 하나인데, 특히 『아케이드 프로젝트』에서는 역사 공간이 꿈의 공간과 등치되면서 꿈의 범주가 모더니티의 기원에 대한 해명의 기본 개념으로 설정되어 있다.[13]

벤야민은 19세기 초반의 유럽, 특히 루이 필립 치하(1830-1848)에서 과거의 전통적 가치와 규범으로부터 자유로운 근대적·내면적·심리적 개인이 비로소 등장했다는 사실에 주목한다. 그런데 놀랍게도 바로 이 시기에 근대적 의미의 모호한 집합체인 대중의 맹아가 생성된다. 이 대중은 명석하고 내향적이며 성찰적인 개인과는 달리 '꿈꾸는 집단das träumende Kollektiv'으로 표상된다. 벤야민은 이 대목에서 기디온S. Giedion의 통찰에 기댄다. 19세기 부르주아 개

13 이미 「꿈키치(Traumkitsch)」(1926)에서 이미 벤야민은 "꿈꾸는 일이 역사를 형성하는 데 관여해왔다"고 말하면서 꿈과 역사의 상관을 지적하고 있다(GS, II-2, 620). 또한 19세기에 접근하는 방식을 일종의 꿈에의 접근이라는 관점에서 파악하면서 다음과 같이 적고 있다. "꿈—그것은 19세기의 기원사에 대해 증언해줄 발굴이 이루어질 대지이다(C 2a, 11)." 이런 관점은 자본주의에 확대된다. "자본주의는 꿈을 수반한 새로운 잠이 유럽을 덮친 하나의 자연현상으로, 이러한 잠 속에서 신화적 힘들이 재활성화되었다(K 1a, 8)." 꿈과 19세기의 연관은 꿈꾸는 집합 주체와 꿈의 물질적 표현물들에 대한 다음의 언급에서 더욱 구체화되고 있다. "19세기는 개인의식(Individualbewußtsein)은 점점 더 반성 속으로 침잠하면서 그러한 성향을 유지한 데 반해 집단의식(Kollektivbewußtsein)은 점점 더 깊은 잠에 빠진 시대[Zeitraum, 시대의 꿈(ein Zeit-traum)]이다. 그러나 잠자고 있는 사람—이 점에서는 광인도 마찬가지다—이 자기 몸을 통해 대우주로 여행을 떠나고, 예를 들어 맥박이나 내장의 움직임, 심장의 고동소리, 근육의 감각 등 내부의 소리나 느낌들(이러한 것들은 건강한, 깨어 있는 사람들에게서는 건강의 부단한 물결 속에서 하나로 합류될 것이다)이 잠자고 있는 사람의 부단히 예민해지는 내부 감각 속에 환상과 꿈의 이미지들을 만들어내서 내부 감각이 이들을 해석하고 설명하게 된다. 꿈을 꾸는 집단에게서도 상황은 이와 비슷해, 이들은 파사주를 통해 자기 내면으로(in sein Inneres) 침잠해 들어간다. 패션과 광고, 건축물이나 정치 속에서 19세기를 그러한 꿈의 형상들(Traumgesicht)의 귀결로 해석하려면 이들 집단을 파사주 속에서 추적해야 한다(K 1, 4)." 벅-모스는 자신의 『꿈의 세계와 파국』에서 벤야민의 꿈 개념을 '대중유토피아' 개념으로 확장시키고 있다(Buck-Morss, 2000).

인은 자신 고유의 흔적이 새겨진 내실이라는 공간을 환상적으로 추구했지만, 동시에 그런 개체성이 한꺼번에 허물어지는 집단주의적 공간들(잿빛 건물, 시장, 백화점, 박람회장 그리고 파사주)을 창출한다(K 1a, 5). 이런 공간들은 근대 도시(파리)를 일종의 꿈의 도시Traumstadt로 만들며, 그 내부에 집단의 꿈의 집들Traumhäuser des Kollektivs, 가령 파사주, 온실, 파노라마, 공장, 밀랍 인형 박물관, 카지노, 역, 온천 휴양지 등을 건축한다(L 1, 3; L 4a, 1). 이 공간들을 만들어낸 원동력은 19세기 부르주아 계급의 꿈이다. 벤야민이 '집단의 꿈의식Traumbewußtsein des Kollektivs' 이라 부르는 그 집합적 꿈은 "각종 건축 계획, 거리 계획, 공원 녹지 계획, 거리 이름의 체계" 등의 잠재적 세계를 구성하고 있으며(L 2a, 6), 이와 같은 건축에서 뿐 아니라 광고나 유행 현상 속에서도 표현된다(K 2a, 4).

그런데 이런 공간구성의 원동력으로서의 꿈은 사실 역사구성의 원동력으로서의 꿈과 상응한다. 그것은 19세기를 주도한 사회계급의 낙관적 진보주의에 뿌리를 내리고 있다. 진보의 역사철학은 더 나은 미래를 상정하며, 그 미래를 향한 점진적 발전을 꿈꾼다. 모든 시간은 그 미래의 가능성과 이미지에 종속되며, 진보의 과정은 기계적인 것으로 인지된다. 19세기의 진보에 대한 믿음은 과학, 기술, 산업, 문명의 승리자의 세계관이었다. 지난 세기, 그 꿈의 기록들을 벤야민은 1930년대의 눈으로 다시 보고 있다. 진보된 과학이 대량 살상무기로 돌아온 1차 세계대전의 충격, 선구적 문명의 중심에서 나타난 야만으로서의 파시즘, 그리고 부르주아적 진보의 세계관을 비판하면서 등장한 사회주의 혁명의 '진보' 개념의 안이함과 천박성. 이 모든 것들의 뿌리를 이루는 19세기 진보의 꿈을 『아케이드 프로젝트』는 집요하게 수집하여 보여준다. 그런데 이처럼 19세기의 기원사를 관통하는 가장 중요한 개념인 '꿈'은 벤야민에게 두 가지의 상이한 의미를 동시에 내포하고 있다. 첫째 꿈은 하나의 환상적 차원에 속하는 이데올로기적 효과, 즉 환등상으로 기능한다. 그와 동시에 꿈의 내부에는 집합체의 유토피아적 소망상Wunschbild이 내포되어 있다. 양자는 한 시대의 꿈을 구성하는 분리할 수 없는 2개의 극이다.

원래 '환등상' 개념은 마르크스의 『자본론』에 등장하는 '상품의 물신적 성격'의 다음 구절에 기원을 둔다. "인간의 눈에는 사물들 사이의 관계라는 환상적인 형태die phantasmagorische Form로 나타나지만 그것은 사실상 인간들 사이의 특정한 사회적 관계에 지나지 않는다(Marx, 1867, p. 92)." 그러나 벤야민의 환등상 개념은 상품간의 관계와 사회적 관계 사이의 구조적 착시에 기인한 (개인의 인지적 수준에서 발견되는) 이데올로기적 오인誤認이라는 의미를 벗어나 더 확장된 함의를 가진다. 그것은 상품의 성격일 뿐 아니라 자본주의 사회 전체를 지배하는 일종의 환상이다. "상품에 물신적 성격으로 부여되는 특성은 상품 생산 사회 그 자체에 속하는데, 그 사회는 존재하는 바 그대로의 사회가 아니라, 그 자신에게 표상되는 바의 사회, 그 자신이 상품을 생산한다는 사실을 스스로 도외시할 때마다 스스로가 그러하다고 이해한다고 믿는 바대로의 사회를 가리킨다. 이런 식으로 이 사회가 자신에 대해 만들어내서 자신의 문화로서 계속적으로 지칭하는 이미지가 환등상의 개념에 조응한다(X 13a)."

바로 이런 점에서 최초의 철골 건축물인 파사주는 환등상이며, 오락산업으로 발전하게 될 만국박람회 역시 환등상이다. 상품 시장의 환등상에 몸을 맡기고 부유하는 산책자의 체험은 환등상의 체험이며, 부르주아 실내 공간 역시 안락과 안전의 환등상을 이룬다. 19세기의 문명 개념 역시 환등상에 침윤되어 있었는데, 그것은 오스만의 파리 개조에서 정점을 이룬다. 이런 환등상의 호사함, 휘황찬란함 그리고 안전의 착각은 그러나 제2제정이 붕괴하고 파리 코뮌이 전개되는 가운데 부서진다. 벤야민은 아나키스트 혁명가인 블랑키(Auguste Blanqui, 1805-1881)가 토로Taureau 요새 형무소에서 1872년에 쓴『별들을 통한 영원』에 대해 언급하면서 부르주아적 환등상이 파괴되면서 드러난 무시무시한 영겁회귀의 비전(더 이상 어떤 진보도 없을 것이며, 인류의 해방이 불가능하며, 또한 인류는 영원히 동일한 것을 살게 될 것이라는 비전)이 거기에 펼쳐지고 있음을 본다.[14] 환등상은 꿈꾸는 집단이 구성한 현실의 환상적 속성을 보여준다.

그러나 동시에 이런 환등상의 내부에는 그 시대의 꿈꾸는 집단이 소망한 유토피아의 이미지들이 섞여 있다. 벤야민은 프랑스의 역사가 미슐레Jules Michelet의 "모든 시대는 다음 시대를 꿈꾼다"는 명제를 19세기 이해의 중요한 단서로 파악하고 있다(GS, I-3,

14 벤야민은 1938년에 이 책을 발견하였고, 1938년 1월 6일에 이에 대하여 호르크하이머에게 편지를 쓴다. 이 편지에서 벤야민은 블랑키와 니체 그리고 보들레르의 유사성을 지적하고 있으며(Benjamin, 1979, pp. 231-232),『아케이드 프로젝트』의 '권태, 영겁회귀'에서 블랑키를 집중적으로 다룬다(D 6, 1-D 7). 한편 블랑키, 보들레르, 니체의 유사성은 '영겁회귀' 사상이다. 좌와 우를 막론하고 진보의 환등상이 지배하던 19세기에 영겁회귀의 사상은 진보의 역사관에 대한 가장 강력한 해독제를 제공한다. 그러나 벤야민은 영겁회귀의 사상이 진보의 환등상에 대한 또 다른 하나의 환등상, 즉 신화임을 지적한다(D 10, 2). 넓은 의미의 진보주의는 '모든 것은 새롭다'라고 말하는 존재로서, 이 새로움을 끝없이 창출하고자 하는 열망에 사로잡힌 자들이다. 그러나 영겁회귀주의자들은 '모든 것은 반복이다'고 말하는 자들이다. 벤야민은 이 양자의 태도에 모두 거리를 둔다. 전자에 대해서도 후자에 대해서도 벤야민은 모두 '환등상'이라는 비판적 용어를 사용하여 비판한다.

1236). 다음 시대에 대한 꿈은 한편으로는 환등상의 형식으로 등장하지만, 그 속에는 인류의 기원적 욕망인 계급 없는 사회에 대한 유토피아적 비전이 녹아 있다. "처음에는 집단의식 속에 아직 낡은 형태의 생산 수단에 의해 지배받고 있는 듯한 새로운 형태의 생산 수단(마르크스)에 새로운 것과 낡은 것이 철저하게 상호 침투하고 있는 형상들이 상응하고 있다. 이러한 이미지들이 소망 이미지들로, 이들 속에서 집단은 사회적 생산물의 미숙함과 사회적 생산 질서의 결함을 지양하는 동시에 미화하려고 한다. 이와 더불어 이러한 원망들 속에는 시대에 뒤처진 것—여기에는 이제 소용없게 된 것도 포함된다—과 단절하려는 단호한 의지가 나타나 있다. 이러한 경향은 새로운 것에서 자극받아 이미지를 만들어내는 판타지가 사실은 지나간 근원적인 것과 이어져 있다는 것을 분명히 해주고 있다. 어느 시대든 다음 시대를 여러 이미지를 통해 떠올려볼 수 있도록 해주는 꿈 속에서 다음 시대는 기원사의 요소, 즉 계급 없는 사회의 요소들과 단단히 결합되어 나타난다. 집단의 무의식 속에 보존되어 있는 그러한 사회에 대한 경험은 새로운 것과 철저하게 교차하는 가운데 유토피아를 낳는데, 이 유토피아는 오래도록 길이 남을 건축물에서 한 순간의 유행에 이르기까지 삶의 무수한 배치 구성 속에 흔적을 남겨 왔다(GS, V-1, 46-47)."[15]

15 「"역사의 개념에 대하여" 관련노트들」에 위와 유사한 통찰이 다음과 같이 등장한다. "새로운 생산수단의 형식은 처음에는 아직 옛 생산수단의 형식에 지배를 받는데(마르크스), 그 형식에는 상부구조에서 꿈의 의식, 그 속에서 새로운 것은 환상적 형상으로 미리 형성되는 그러한 꿈의 의식이 상응한다." "모든 시대는 다음 시대를 꿈꾼다(미슐레)." 꿈의 의식 속에서 이 환상적 선형식 없이는 아무런 새로운 것도 탄생하지 않는다. 그것의 표현은 오로지 예술에서만 나타나는 것이 아니다. 19세기에서 결정적인 점은 판타지가 도처에서 그 한계를 넘어 등장한다는 점이다(GS, I-3, 1236)."

벤야민이 『아케이드 프로젝트』에서 푸리에와 생시몽 등 공상적 사회주의자들을 큰 비중으로 다루는 것은 바로 그 때문이다(푸리에의 유토피아인 팔랑스테르는 파사주로 구성되어 있다). 이들이 보여준 유토피아에의 꿈은, 그것이 비록 환멸 속에서 깨어나야 하는 환등상과 분리시킬 수 없는 합금을 구성하고 있다 할지라도, 20세기가 파괴적으로 재구성하여 새로운 방식으로 전유해야 하는 역사의 질료를 이룬다. 19세기 문화의 공간에 미만한 이 소망이미지들은 20세기의 유물론적 역사가(벤야민)의 눈에는 구제비평rettende Kritik의 대상, 즉 새로운 성좌 속으로 끌어당겨져(구제되어) 새로운 시대에 적합한 새로운 방식으로 활용되어야 하는 파편에 다름 아니다(Habermas, 1983 참조). 한편으로는 환등상인 동시에 다른 한편으로는 소망이미지인 19세기의 꿈으로부터 깨어나는 것, 즉 각성의 테마가 그리하여 벤야민의 『아케이드 프로젝트』의 핵심에 존재한다. 각성이란 꿈으로부터 깨어나 그것을 환멸 속에서 해석하여 그 환상성으로부터 해방되는 동시에, 소망의 이미지인 꿈이 품고 있는 에너지를 새로운 변화를 위해 활용하는 과정을 포함한다. 벤야민에게 각성의 모델을 제공한 것은 프루스트의 회상Eingedenken이다. 그것은 블로흐의 표현을 빌려 말하자면 "체험된 순간의 어둠das Dunkel des gelebten Augenblicks"이 의식화되는 순간이다(K 1, 2). 벤야민은 이를 역사의 영역으로 옮겨간다. 역사의 근본 동력이 지배 집단의 꿈이라면, 그 꿈으로부터 깨어나는 것이 그 시대와 종결하는 것일 터, 깨어나게 되면 승자들의 기록인 역사(문화사)는 순간 야만의 기록으로 변모하게 될 것이다. 그리고 그때 비로소 억압된 자들의 목소리가 들려올 것이다. 벤야민은 이를 역사관에서의 코페르니쿠스적 전환이라 부른다. "역사관에서의 코페르니쿠스적 전환은 이것이다. 즉 지금까지는 지나간 것Gewesene을 고정점으로 보고, 현재는 일일이 손으로 하나하나 확인하면서 인식을 이러한 고정점 쪽으로 끌어오려고 노력하는 것으로 생각되었다. 그런데 이제 이러한 관계를 역전시켜 지나간 것은 변증법적 전환, 각성된 의식이 돌연 출현하는 장이 되어야 한다. 앞으로는 정치가 역사에 대해 우위를 차지하도록 해야 한다(K 1, 2).”

정치가 우위가 되는 각성의 테마는 그리하여 단순한 회상이나 기억이 아니라 과거의 ‘환등상’이 파괴되어 더 이상 그런 환상의 이념들에 지배되지 않는 동시에, 그 환등상과 하나의 합금으로 뒤섞여 있는 소망이미지를 구출하여 지금-순간의 정치적 과제를 해결하는 동력으로 활용하려는 의도를 갖는다. 벤야민에게 『아케이드 프로젝트』는 19세기적 진보주의로부터 깨어나되, 그것의 유토피아적 비전을 보전하는 ‘변증법적’ 과정의 실천에 다름 아니다. 벤야민에게 혁명은 진보가 아니라 진보의 꿈에서 깨어나는 것, 즉 집합적 각성이다. “마르크스는 혁명은 세계사의 기관차라고 말했다. 그러나 어쩌면 사정은 그와는 아주 다를지 모른다. 아마 혁명은 이 기차를 타고 여행하는 사람들이 잡아당기는 비상브레이크일 것이다(GS, I-3, 1232; 최성만, 2006, pp. 240-246 참조).” 시대의 꿈으로부터의 깨어남, 깨어나는 충격의 과정에서 상기하는 과거의 완성되지 않은 이미지들, 그 이미지들이 품고 있는 오랜 소망, 그런 소망의 항상적 주체였던 억압받은 자들의 집합적 신경 감응Innervation이 이루어질 수 있는 시간은 언제나 ‘지금’이다. 이 ‘지금’이 19세기 꿈의 역사 속에서 상실된 시간이며, 19세기 부르주아 계급과의 투쟁 속에서 형성된 사회주의 운동의 역사 속에서 망각된 시간인 것이다. 벤야민의『아케이드 프로젝트』는 과거와 현재의 변증법적 조우 속에서, 그리고 꿈과 각성의 집요하고 장구한 변전 속에서 이 정치적으로 장전된 '지금'의 가능성을 복원하려는 시도였다고 볼 수 있다. 그에게 메시아란 이 '지금'을 통해서 들어오는 '계급 없는 사회'의 재구성된 꿈이라 할 수 있다.

4. 텍스트의 부활

텍스트는 그것을 창조한 사람의 삶을 매개로 우리에게 대상으로 등장한다. 가령 러시아의 문예비평가 바흐친을 읽을 때, 우리는 빈곤과 싸우면서 자신의 원고를 불살라 간신히 온기를 만들어가면서 또 원고를 썼다던, 그에 관해 전해지는 희비극적 삽화를 상기하면서 읽게 된다. 마르크스의 저서 앞에서 우리는 대영도서관의 한 구석에서 분노한 듯이 맹렬하게 작업하는, 검은 얼굴의 유태인 혁명가의 이미지로부터 자유로울 수 없다. 니체의 경우는 어떠한가? 1889년에 토리노에서 실성하여 지적 능력을 완전히 상실한 채 정신병원에서 10년 동안 죽은 삶을 보내고 1900년 새로운 세기가 도래하자 사망한, 그의 극단적 광기를 이해하지 못한 채 우리가 어떻게 근대성에 대한 그의 처절한 비판을 이해할 수 있을까? 막스 베버의『프로테스탄티즘 윤리와 자본주의 정신』에 나타난 금욕주의적 노동윤리의 근대인은 분 단위로 시간을 쪼개어 지적 작업에 평생을 몰두한 베버 자신의 이미지와 너무나 닮아 있지 않은가? 텍스트의 진실을 보장하는 것은 텍스트에 적힌 글자의 자율적이고 내적인 의미와 논리가 아니라, 사실 그것을 창조한 사람의 일생 그리고 그의 행위들이 만들어내는 실천의 질서이다. 텍스트의 운명을 지배하는 것은 '무엇을 창조했느냐'가 아니라 '어떻게 살았는가'이다. 삶이 사상을 구부리고, 틈새를 벌리고, 가시성을 부여한다. 생애가 사상과 이론을 조형하며, 저자의 실존이 텍스트의 역사성을 포섭한다. 아직 삶을 다 마치지 못한 자의 텍스트는 그런 점에서 근본적으로 미지의 가능성에 아직 열려 있다. 그것이 바로 저자가 세상을 떠났을 때, 즉 저자의 죽음이 텍스트와 삶의 부단한 대화 상황을 봉인했을 때 비로소 텍스트에 대한 논평을 허락하는 저 오래된 인문학적 관행의 진정한 의미일 것이다. 어쩌면 『아케이드 프로젝트』야말로 사유와 삶이 맺고 있는 근본적으로 변증법적인 관계를 보여주는 대표적 전범이라 할 수도 있을 것이다. 이 텍스트는 비범하고 예외적인 지적 능력이 개인적이고 역사적인 불행과 혼돈과 절망 앞에 부서지면서, 그것을 다시 뚫고, 그것으로부터 색다른 원동력을 얻어 독특한 방식으로 돌파해나간 고투의 흔적이다. 텍스트의 곳곳에서 우리는 벤야민의 육성과 몸짓과 한숨과 웃음을 만난다. 학문과 아카데미의 좁은 틀을 넘어선 곳에서, 실존과 역사, 철학과 분과학문, 문학과 예술, 사유와 이미지가 만나고 있다. 그것은 비단 벤야민의 경우만은 아닐 것이다. 20세기 초반 유럽의 수많은 사상가, 이론가, 사회과학자는 자본과 국가와의 지속적이고 절망적인 투쟁적 상황 속에서 지식을 생산했다. 21세기 신자유주의적 세계 속에서 학문을 하는 우리에게 벤야민의 『아케이드 프로젝트』는 그 자체로서 하나의 준엄한 성찰과 반성의 경종을 울린다. 수많은 연구비가 연구 프로젝트에 주어지며, 아카데미를 몇 가지 지표로 서열화하여 소위 세계적인 대학의 반열에 들어가려는 욕망으로 연구하고 탐구하는 것이 당연시된 시대, 신자유주의의 협소한 시장 논리가 학문의 중심까지 파고들어, 그에 적응하고 부화뇌동하며 그런 시대정신에 이데올로기를 제공하는 지식인상이 보편화된 이 시대에, 세계의 구원과 혁명, 자본주의의 한계와 그 종언에 대한 냉정한 전망, 새로운 사회질서와 그런 질서를 구축하기 위해 다시 참조해야 하는 과거의 역사에 대한 신뢰를 유일한 자원으로 13년을 연구해 결국 미완으로 남은 이 저술은 우리에게 삶과 학문의 근본 자리를 되짚게 한다.

참고문헌

Benjamin, W., 1972-1989, *Gesammelte Schriften*, Frankfurt a. M.: Suhrkamp Verlag.

____________, 1979, *Correspondance, 1929-1940*. Paris: Aubier.

____________, 1996. *Selected Writings*, Vol. 1-4, M. W. Jennings (ed.), Cambridge MA: Havard University Press.

Brodersen, M., 1996, *Walter Benjamin: A Biography*, M. R. Green and I. Ligers (trans.), London & New York: Verso.

Gagnebin, J. M., 1994, *Histoire et narration chez Walter Benjamin*, Paris: L'harmattan.

Habermas, J., 2005(1983), "Walter Benjamin. Consciousness-Raising or Rescuing Critique", *Walter Benjamin, Critical Evaluations in Cultural Theory I*, P. Osborne (ed.), London & New York: Routledge.

McRobbie, A., 2005(1992), "The Passagen-Werk and the Place of Walter Benjamin in Cultural Studies", *Walter Benjamin: Critical Evaluations in Cultural Theory III*, P. Osborne (ed.), London & New York: Routledge.

Mosès, S., 1992, *L'ange de l'histoire*, Paris: Seuil.

Sagnol, M., 1983, "Les <Passages parisiens> comme Trauerspiel", *Walter Benjamin et Paris*, Paris: Cerf.

Tordai, Z., 1983, "La forme des <Passages> considérée du point de vue de la personnalité de Benjamin", *Walter Benjamin et Paris*, Paris: Cerf.

고지현, 2007a, 「건축모델 '파사주'—지각의 공간」, 『뷔히너와 현대문학』, 29.

고지현, 2007b, 『꿈과 깨어나기』, 유로.

김홍중, 2009, 『마음의 사회학』, 문학동네.

마르크스 칼, 1989(1867), 『자본론 I』(上), 김수행 역, 비봉.

벅-모스 수전, 2004(1989), 『발터 벤야민과 아케이드 프로젝트』, 김정아 역, 문학동네.

____________, 2008(2000), 『꿈의 세계와 파국』, 윤일성 · 김주영 역, 경성대학교출판부.

비테 베른트, 1995, 『발터 벤야민』, 안소현 · 이영희 역, 역사비평사.

숄렘 게르숌, 2005(1975), 『한 우정의 역사』, 최성만 역, 한길사.

지마 페터, 1996(1989), 『이데올로기와 이론』, 허창운 · 김태환 역, 문학과지성사.

최성만, 2001, 「탈마법화시키는 마법—벤야민의 미메시스적 읽기」, 『문화/과학』, 25.

____________, 2006, 「벤야민 횡단하기 IV—벤야민의 개념들」, 『문화/과학』, 47.

풀트 베르너, 1985(1979), 『발터 벤야민. 그의 생애와 시대』, 이기식 · 김영옥 역, 문학과지성사.
홍준기, 2008, 「변증법적 이미지, 알레고리적 이미지, 멜랑콜리 그리고 도시」, 『라캉과 현대 정신분석』, 10-2.

데이비드 하비, 『자본의 한계』

David Harvey,
The Limits to Capital (1982)

왜 시·공간 통합적 사고가 필요한가?

김용창
서울대학교 지리학과 교수

인간은 투쟁을 통해 자신의 역사를 만들어간다는 역사유물론은 이른바 '불온사상'의 범주에 들어가기는 하지만 많이 들어본 말이자 사고이다. 데이비드 하비(David Harvey, 1935-)는 이러한 사고가 지리적 사고를 무시하는 시간 중심의 제한적 사고 체계이며, 마르크스주의도 그러한 한계를 벗어나지 못한다고 비판하는 사람이다. 사실 정통 마르크스주의 전통에서 볼 때 공간적 사고는 지역주의처럼 계급투쟁을 신비화시키는 허위의식을 만들어낸다고 오랫동안 비판을 받던 사고 체계이다. 하비는 이러한 정통적 사고를 과감하게 벗어던진다. 그는 마르크스의 사유 체계에 기초하면서도 진정한 변증법적 유물론 사고와 사유 체계를 구축하려면 공간을 통합하는 전략이 필수적이라는 담대한 구상을 하고 있다.

즉 인간이 투쟁을 매개로 자신의 지리(공간)를 만들어간다는 공간유물론, 역사지리의 유물론historical-geographical matcrialism적 사고가 필요하며, 그래야만 진정한 마르크스주의적 실천이 이루어질 수 있다고 본다. 이러한 지성적 작업을 추진하면서 하비는 마르크스주의 지리학자로서의 위상을 넘어 사회사상가로서 명성을 떨치고 있다. 세계적인 연구정보 회사인 톰슨 로이터Thomson Reuters의 인문사회계열 저서 인용지수 조사에서 하비는 푸코, 부르디외, 데리다, 기든스, 하버마스 등과 더불어 인용지수 18위에 올라 세계 20대 사상가로 꼽힌 바 있다.

이러한 그의 위상을 반영하여 『역사유물론Historical Materialism』이라는 학술 잡지는 하비의 『신제국주의론』을 대상으로 심포지엄 특집호(2006, 14권 4호)를 발간하기도 했다. 그리고 하비는 개인 홈페이지를 통해 자본론 1권을 대상으로 온라인 동영상 강의를 제공하고 있는데, 2008년 6월 이래 187개 국가 10,884개 도시에서 70만 건의 페이지뷰를 기록하기도 하였다.[1]

여기서 소개하는 『자본의 한계The Limits to Capital』(1982)는 그의 공간유물론 작업에 정교한 이론적 토대를 제공한 저술로서 지리학을 넘어 마르크스주의 지평을 크게 확장시켰다는 평가를 받고 있다.

1 하비가 오랫동안 진행해온 자본론 강독 및 논문, 강연 자료는 <하비와 함께하는 자본론 강독(Reading Marx's Capital with David Harvey)>이라는 인터넷 홈페이지(http://davidharvey.org/)에서 확인할 수 있다.

1. 마르크스주의 지리학자로서의 삶

하비는 1935년 영국 남동부 지역의 길링햄Gillingham에서 노동자 집안의 둘째로 태어났다. 1954년 영국 캠브리지 대학교 존스칼리지 지리학과에 입학하였으며, 같은 대학에서 1962년 「켄트 지방의 농업 및 농촌 지역 변동Aspects of Agricultural and Rural Change in Kent, 1800-1900」이라는 논문으로 박사 학위를 취득하였다. 1961년 영국 브리스톨 대학교 지리학과에서 강의를 시작하면서 본격적인 학자의 길로 들어선다.

1969년 미국 존스홉킨스 대학교 지리환경학과 부교수(1969-1973), 정교수(1973-1989)로 재직하면서 본격적으로 마르크스주의 공간정치경제학을 연구하였고, 오늘날 큰 영향을 미치는 『사회 정의와 도시』, 『자본의 한계』, 『자본주의 도시화』 등과 같은 주요 저서를 집필하였다. 1987년부터 1993년까지는 영국 옥스퍼드 대학교의 초대 지리학과 교수이면서 지정학 및 정치인으로서 막강한 영향력을 끼쳤던 매킨더를 기리는 할포드 매킨더Halford Mackinder 석좌교수로 재직하였다. 이 기간에 포스트모더니즘에 대한 사고를 정리하면서 하비를 유명하게 만드는 데 기폭제가 된 『포스트모더니티의 조건』을 저술한다. 이후 1993년에 다시 존스홉킨스 대학교로 돌아와 2001년까지 지리환경학과 교수로 재직하며, 2001년 이후부터는 뉴욕 시립대학교 인류학과에서 특훈교수Distinguished Professor로 재직하고 있다. 이 기간에는 마르크스에 공간적 사고를 통합하는 것을 넘어서 세계화, 즉 자본의 지구적 공간 통합, 제국주의, 환경 문제, 사회 정의 등 일종의 마르크스 미완성 작업에 해당하는 주제를 대상으로 독창적인 역사지리적 유물론 사유를 정립하고 있다.

하비 자신이 말하는 주요 연구 관심사는 지리학과 사회 이론, 마르크스주의와 사회 이론, 선진 자본주의 국가의 도시정치경제학과 도시화, 건축과 도시 계획, 문화지리학과 문화 변동, 환경 철학, 환경과 사회 변동, 사회 정의, 차이의 지리학, 유토피아론 등 다방면에 걸쳐 있다. 하비는 많은 저서를 출간한 것은 물론 전 세계적으로 두터운 독자층을 형성하고 있고, 일본, 스페인, 중국, 러시아, 터키, 루마니아, 아랍 등 많은 나라에서 그의 대부분의 저서를 번역하고 있다(표 1 참조).

한국에서도 그의 주요 저서 대부분이 번역 · 소개되었고, 많은 독자를 가지고 있다. 또한 여러 차례 한국을 공식 · 비공식적으로 방문하면서 한국과도 깊은 인연이 있다. 한국에서 열린 2000년 제2차 세계비판지리학대회와 제29회 세계지리학대회에 참석하여 성황리에 기조 강연을 하였으며, 2005년 11월에는 행정중심복합도시(현 세종시) 도시 개념 국제공모전의 공동심사위원장으로 참여하였다. 이 공모전 심사에서 그는 도시 계획을 사회적 · 이론적 관점에서 살피고, 공간의 문제를 중요하게 고려할 수 있도록 심사위원단을 이끌면서 최종 결과를 보고하는 역할을 수행하였다.

표 1 하비 저서의 해외 번역 현황

저서	출간연도	번역 국가
『지리학에서 설명Explanation in Geography』	1969	포르투갈, 스페인, 러시아, 중국, 일본
『사회 정의와 도시Social Justice and the City』	1973	일본, 스페인, 이탈리아, 한국
『자본의 한계The Limits to Capital』	1982	일본, 포르투갈, 스페인, 한국
『도시의 정치경제학The Urban Experience』	1989	이탈리아, 일본, 한국
『포스트모더니티의 조건The Condition of Postmodernity』	1989	이탈리아, 포르투갈, 한국, 일본, 터키, 중국, 스페인, 아랍
『사회 정의와 자연 및 차이의 지리Justice, Nature and the Geography of Difference』	1996	스페인
『희망의 공간Spaces of Hope』	2000	한국, 스페인, 이탈리아, 포르투갈, 중국
『자본의 공간Spaces of Capital: Towards a Critical Geography』	2001	스페인, 포르투갈, 중국
『신제국주의The New Imperialism』	2003	스페인, 이탈리아, 독일, 일본, 한국, 터키, 노르웨이, 포르투갈, 루마니아, 아랍
『파리, 모더니티의 수도Paris, Capital of Modernity』	2003	한국, 일본, 중국
『신자유주의A Brief History of Neoliberalism』	2005	한국, 스페인, 이탈리아, 포르투갈, 일본, 러시아
『신자유주의 세계화의 공간들Spaces of Neoliberalization(후에 "Spaces of Global Capitalism"이라는 제목으로 재출간)』	2006	한국

하비의 학문적 성장은 1960년대 말 2개의 학문적 · 사회적 혁명을 배경으로 한다(Gregory, 2006).[2] 하나는 지리학에서 1960년대 계량 혁명이라고 불리는 시기의 연구이다. 이전의 지리학이 전통적인 기술적記述的 지역지리학 전통에서 벗어나지 못하고 있는 상황을 극복하기 위해 실증주의적인 공간 이론을 추구하려는 일련의 지리학계 움직임에서 하비는 관찰자의 입장이 아닌 중심 위치를 차지한다. 하비의 작업은 지리적 탐구가 단순한 지리적 사

2 하비의 주요 저서에 대해 내용 소개와 평가를 하면서 그의 학문적 발전 과정을 잘 정리한 글로는 Gregory (2006)를 들 수 있다.

실의 수집 · 편집이나 지도 작업, 장소의 특수성을 기술하는 것에서 벗어나도록 만드는 것이었다. 과학철학 및 실증주의에 근거한 과학적 방법론을 도입함으로써 연역-법칙적 설명모델Deductive-Nomological Model of Explanation을 추구하는 지리학을 정립하는 것이 그의 과제였다. 이 시기 연구 성과를 집대성한 것이 『지리학에서 설명Explanation in Geography』(1969)이며, 현재까지도 최고의 실증주의적 지리학 방법론 저서로 남아 있다. 오늘날 마르크스주의 사상가로서 그의 위상을 생각하면 놀라운 일이지만, 학문적 엄밀성을 추구하려는 그의 태도를 생각하면 학문적 일관성을 보여주는 것이다.

다른 하나는 1960년대 말 일어난 서구 사회의 격변이다. 미국의 반전 운동과 시민권 운동, 프랑스, 독일 및 유럽에서 1968년 벌어진 일련의 사건이 그것이다. 서구 사회의 격변은 모든 사회과학에 새로운 전환점을 가져다주었지만 당시까지 하비는 이들 사건과 거리를 둔 채 방법론적 쟁점에 지나치게 쏠려 있었다고 고백한 바 있다. 『지리학에서 설명』의 출간 이후 미국으로 이주하면서 과학철학과 방법론 정립을 위한 연구 기간 동안 미뤄둔 지리학적 탐구의 윤리적 · 정치적 차원을 탐구하기 시작한다. 그는 1969년 존스홉킨스 대학으로 옮기면서 당시 마르크스 이론을 공부하고 있던 학생들을 만난다. 이들과 볼티모어 도시 문제를 연구하고 『사회 정의와 도시Social Justice and the City』(1973)를 출간하면서 본격적으로 마르크스주의 이론으로 전환한다.[3] 이 책은 『지리학에

3 1960년대 이전의 공간 연구에서 비판적 접근은 세한적이나마 환경결정론과 지역의 특이성에 대한 상세한 기술과 묘사를 중시하는 개성기술적(idiographic) 접근에 대한 비

서 설명』보다 훨씬 더 전복적인 저술로서 지리학에서 혁명적 이론을 주창하면서 지리학 내외부에 많은 논란을 불러일으키고, 마르크스주의 지리학의 정립에 본격적인 영향을 끼쳤다(Gregory, 2006).

그러나 『사회 정의와 도시』는 단지 교두보였다고 할 수 있다. 이 책은 마르크스주의 이론 체계를 충분하게 소화하지 못한 상태에서 저술한 것이었기 때문에 이후 그는 마르크스에 대해 더 많은 연구를 해야 할 필요성을 느낀다. 주로 마르크스의 원저작을 독해하면서 본격적으로 마르크스주의 이론 체계에 공간을 통합시키는 연구를 진행한다. 10여 년에 걸친 연구 결과로 나온 저작이 바로 『자본의 한계The Limits to Capital』이다.

엄격한 마르크스주의 공간 이론을 구성한 이 책을 바탕으로 공간을 넘어 자본주의 사회문화 현상에 대한 독창적인 마르크스주의 이론을 전개한다. 마르크스주의 또는 사상계에서 하비를 본격적으로 주목하게 만들고, 그의 영향력이 커지는 데 가장 큰 기여를 한 책이 바로 『포스트모더니티의 조건The Condition of Postmodernity』이다. 이 책을 통해 1980년대 도시 현상의 존재론적 변화에 주목하는 하비는 유연적 축적이라는 새로운 체제가 성공적으로 정착할 수 있는 것은 도시 과정의 변화를 통해서라고 주장한다. 현재와 같은 도시 과정의 이행은 유연적 축적을 향한 정치-경제적 이동과 포스트모더니즘을 향한 문화와 심미적 경향을 통

판이 주를 이루었다. 사회적 진화론(다위니즘)과 그 지리적 내용인 환경결정론에 대해 러시아 무정부주의 지리학자인 크로포토킨(Kropotokin)과 마르크스주의자이자 지리적 유물론자인 비트포겔(Wittfogel)이 제국주의적 팽창의 이데올로기로 간주하면서 비판한다.

합하는 방법으로 고찰하는 것이 합리적이라는 것이다. 그는 이러한 도시과정 전환의 3측면을 빈곤화와 비공식 부문화, 상징자본의 생산, 양극화의 통합 상징으로서 거대한 볼거리spectacle의 동원으로 규정한다. 그리고 유연적 축적 아래서 일어날 수 있는 도시긴장으로 계급 양극화의 위험, 개인화와 개인적 차원의 적대의식, 상징자본화와 계급 간 적대의식 및 빈곤층의 소외 심화, 도시간 경쟁 심화와 과잉 축적 위험성 등을 들고 있다.

이후 그는 사회 정의, 유토피아, 제국주의 등 마르크스가 미완성 영역으로 남겨두었거나 정통 마르크스주의가 기피하고 있던 대상과 자본주의 체제 전반에 대한 마르크스주의적 해석과 비판을 더욱 왕성하게 전개한다. 이에 해당하는 저술이 『사회 정의와 자연 및 차이의 지리Justice, Nature and the Geography of Difference』(1996), 『희망의 공간Spaces of Hope』(2000), 『신제국주의The New Imperialism』(2003), 『신자유주의A Brief History of Neoliberalism』(2005), 『신자유주의 세계화의 공간들Spaces of Neoliberalization』(2006) 등이며, 주로 2000년대 이후에 나온 저작이다.

2. 역사유물론적 공간해석의 의의

『사회 정의와 도시』 시기까지만 해도 하비의 연구는 마르크스주의적 개념을 적용하는 데서 엄밀성을 결여하고 있었는데, 1982년

『자본의 한계』를 출판함으로써 마르크스주의 공간 이론가로서 하비의 위치가 확고해진다.[4] 이 책은 마르크스의 저작에 대한 하비의 독해를 기반으로 고유의 마르크스주의 공간 이론을 전개하기 때문에 내용상 크게 2부분으로 이루어진다. 즉 1장부터 7장까지는 마르크스의 주장을 요약 및 해석하고, 8장 이후는 마르크스의 주장을 확대하여 현대 자본주의 공간 생산을 분석하는 데 할애하고 있다.

1972년 무렵부터 급진지리학의 초점은 철학적 · 이론적 기반을 구축하려는 시도로 옮겨간다.[5] 이들은 변증법적 유물론을 지리학의 철학적 기초로 받아들이고, 자본주의의 근본적인 사회적 과정을 변혁시키는 데 그 목표를 두었다. 이러한 전환에 선도적인 역할을 수행한 것이 하비였다. 당시 새로운 공간 연구의 대표적인 흐름은 까스텔Castells, 로즈킨Lojkine으로 대표되는 프랑스학파, 하비로 대표되는 비판적 인문지리학, 영국의 신베버주의적 접근으로 나눌 수 있고, 방법론적으로는 마르크스주의적 접근과 베버주의적 접근이다. 이들 두 가지 접근 사이에는 근본적 차이가 있으나 이들 모두 자율적 도시 영역 개념을 이데올로기적이라고 거부하고, 도시 발전과 사회 전체 발전을 효과적으로 연관시킬 수 있는 이론 건설로 나아가야 한다는 것에는 공감했다(김용창, 2003).

4 2006년 신판은 완전개정판이라고 표지에 적혀 있으나 실은 서문을 제외하고는 1982년 초판본을 변경하지 않은 채 다시 인쇄한 것이다.

5 1974년 좌파 교수진과 학생으로 구성된 사회주의지리학자연합(USG: Union of Socialist Geographers)을 결성하는 등 1970년대로 접어들면서 급진지리학은 1960년대식의 급진주의와는 확연하게 색깔이 구분되었다.

표 2 『자본의 한계』의 구성

구 분	내 용	구 분	내 용
생산 과정과 공황의 1차 계기	1장. 상품, 가치, 계급 관계	과잉 축적 위기의 전환으로서 신용 체계와 공황의 2차 계기	8장. 고정 자본
	2장. 생산과 분배		9장. 화폐, 신용, 금융
	3장. 생산과 소비, 수요와 공급, 잉여 가치의 실현		10장. 금융 자본과 그 모순들
	4장. 기술 변화, 노동 과정, 자본의 가치 구성	공간의 생산과 공황의 3차 계기	11장. 지대 이론
	5장. 자본주의적 생산 조직의 변화		12장. 공간 편성의 생산: 자본과 노동의 지리적 이동성
	6장. 축적의 역동성		13장. 자본주의 공간 경제의 위기: 제국주의의 변증법
	7장. 과잉 축적, 감가, 공황론의 제1차 국면	자본주의 역사지리와 과학적 방법, 실천	저자 후기

이러한 비판적 공간 연구 흐름과 관련하여 하비는 프랑스 철학자 르페브르Lefebvre의 물리적 자본 축적 환경built environment의 생산이라는 사고에서 영향을 받았다.[6] 르페브르는 프랑스에서 벌어지는 신도시 건설을 과거와 다른 자본주의 능력으로 생각하고, 자본 축적에서 공간의 역할(공간 생산)을 주목한다. 마르크스의 경우 그가 살았던 시대적 한계 때문에 산업 자본의 순환에 주목할 수밖에 없었다고 보고, 르페브르는 자본 축적에서 도시 일반이 갖는 의미를 재조명한다. 즉 자본 축적 위기 시 자본의 1차 순환에서 2차 순환으로의 전환이 일어나는데, 이러한 전환 과정을 통해 물리적

6 르페브르는 마르크스주의자 가운데 자본주의 발전 과정에서 공간이 갖는 의미를 처음으로 주목한 사람이다. 그는 마르크스 자본론이 나오고도 100년이 지나도록 자본주의가 성장하는 것에는 공간을 점유하고, 공간을 생산하는 방법이 있었기 때문이라고 주장한다.

자본 축적 환경을 생산한다는 주장이다.[7]

> 산업에서 형성 · 실현한 총 잉여가치율이 감소함에 따라 투기와 물리적 자본 축적 환경에서 형성 · 실현한 잉여가치율이 증가한다. 2차 순환이 1차 순환을 대체한다. 2차 순환이 부수적인 것에서 필연적인 것으로 바뀐다.[8]

이러한 사고의 영향을 받지만 하비는 마르크스의 주요 저작에 대한 심층적 독해를 통해 공간 이론을 구성한다. 『자본의 한계』는 마르크스의 주요 개념과 미완성 개념을 포함하는 방향으로 연구 대상을 더욱 확장시킨 것이다. 하비는 『신좌파평론New Left Review』과의 대담에서 이 책이 자신이 가장 심혈을 기울여 썼고, 가장 좋아하는 책이지만 역설적으로 가장 덜 읽힌 책이라고 말하고 있다.[9] 출간 당시에는 지리학자라는 학문 체계상 위치로 인해 큰 주목을 끌지 못하고, 『포스트모더니티의 조건』에 비해 1980년대 마르크스주의자에게 큰 관심을 받지는 못하였지만 마르크스주의 경제학과 공간 이론의 확장과 혁신을 가져온 저술로 훗날 높은 평가를 받는다.

---

7 D. Gregory, *Geographical Imaginations* (Oxford: Blackwell, 1994), p. 377. 르페브르가 공간에 관심을 갖게 된 계기와 공간론에 대해 보다 자세한 것은 다음의 인터뷰 내용을 참조할 수 있다. G. Burgel, et al.(interviewers), "An Interview with Henri Lefebvre", *Environment & Planing D*, Vol. 5(1), pp. 27-38.

8 H. Lefebvre, *La Révolution Urbaine* (Paris: Gallimard, 1970), p. 212(D. Gregory, ibid., 1994, p. 377에서 재인용).

9 D. Harvey, 2000, "Reinventing Geography", *New Left Review*(NS), Vol. 4, p. 83.

저명한 정치사회학자인 제솝Jessop은 『자본의 한계』가 이미 고전의 반열에 오른 권위 있는 책이며, 광대한 이론적 성취를 달성한 책이라고 평가하고 있다(Jessop, 2004, p. 480). 오늘날 『자본의 한계』는 마르크스주의 지리학의 이론 발전에서 '하나의 사건'에 해당하는 저작, 마르크스주의의 미완의 영역과 공간정치경제학 구성의 핵심 영역에 대한 '획기적인 진입path-breaking foray'을 대표하는 저작으로 평가를 받는다. 역사지리적 유물론에 대한 이론적 토대를 정교하게 하려는 하비의 노력을 집대성한 저작이면서, 문화, 정의, 제국주의, 유토피아, 세계화, 환경, 신체 등의 주제를 다루는 이후 저작에 강고한 개념적 기초를 제공한다. 이러한 기여를 고려하여 『앤티포드: 급진주의 지리학Antipode』이라는 잡지에서는 2004년 『자본의 한계』를 집중 조명하는 심포지엄 특집호를 발간한다(Castree, Essletzbichler and Brenner, 2004).

제솝의 말처럼 이 책은 기본적으로 마르크스의 구도를 토대로 시간과 지리적 측면을 자본축적 과정에 통합시키려 했다. 마르크스의 원래 의도는 그의 작업을 발전시켜 임노동의 경제적 관계, 토지 소유, 금융의 복잡성, 세계 시장에서 국민 경제의 상호작용 등을 다루려는 것이었다. 『자본의 한계』는 마르크스를 따라서 마르크스의 원래 계획을 수행하려는 시도로 볼 수 있다(Mattick, 2008).

때문에 하비의 『자본의 한계』는 이중적 의미를 가진다. 하나는 자본주의 발전은 필연적으로 파국적 사회 결과를 낳는다는 것이고(자본의 한계), 다른 하나는 마르크스의 자본주의 분석이 고정 자본, 자본주의 조직 형태, 신용과 화폐, 지대, 공간 생산, 제국주의 등의 분야에서 불완전한 이론 체계를 남겼기 때문에 이러한 분야에 마르크스 사고를 기반으로 이론적 확장을 꾀해야 한다는 것이다(『자본론』의 한계).

3. 마르크스주의 지평 확장과 공간 이론의 구성

『자본의 한계』의 초석으로서 도시정치경제학

마르크스주의 공간정치경제학의 얼개를 처음으로 제시하고, 『자본의 한계』에 토대를 제공한 것이 1978년 집필한 「자본주의 도시화 과정에 대한 분석틀The Urban Process under Capitalism: A Framework for Analysis」이라는 논문이다. 따라서 이 책의 기본 구조를 이해하기 위해서는 이 논문을 살펴볼 필요가 있다.

하비는 이 논문에서 자본 축적과 계급투쟁을 축으로 자본주의 도시 과정을 해석한다. 먼저 축적 법칙으로서 자본 순환 과정을 분석하며, 도시화와 관련하여 물리적 자본 축적 환경의 생산과 그 주기성을, 그리고 계급투쟁과 도시 과정을 분석한다. 우리가 흔히 정치경제학 교과서를 통해 알고 있는 자본 순환을 1차 순환으로 명명하고, 이 과정에서 과잉 축적 경향이 나타난다고 본다.

다음으로 고정 자본과 소비 기금을 분석하는데, 여기서

생산을 위한 물리적 환경으로서 고정 자본과 소비를 위한 물리적 틀을 구성하는 상품으로서 소비 기금을 분리하여 물리적 자본 축적 환경이라고 부른다. 이것의 생산과 파괴 과정을 자본의 2차 순환으로 분석한다. 그런데 여기서 축적 환경의 긴 실현 기간과 집단적 사용 때문에 과소 투자 경향이 발생하며, 이를 극복하기 위한 조건으로 국가정책과 자본 시장에서 신용을 통한 금융 지원을 든다. 그러나 생산 과정의 위기를 극복하기 위한 장치로서 이러한 물리적 자본 축적 환경도 가치 파괴 과정을 주기적으로 동반하는 공황 상태를 벗어나지 못한다고 본다. 계급투쟁은 작업장에서 대립 관계가 확대되어 나타나는 전치된 계급투쟁(예컨대 주택 문제), 즉 물리적 자본 축적 환경을 둘러싼 투쟁으로 분석한다.

마르크스 사유양식과 방법론의 추구

하비는 『자본의 한계』를 집필하면서 마르크스의 『자본론』, 『잉여가치학설사』, 『정치경제학 비판 요강』 및 기타 정치경제학에 대한 보조적인 저작들이 설계한 틀 내에서 자본주의적 도시화와 지리적 전환을 알고자 했다고 술회한 바 있다. 즉 마르크스의 정치경제학을 지리학의 영역으로 확장하고 주해exegesis함으로써 공간 생산, 도시화, 지리적 불균등 발전에 대한 좀 더 체계적인 이론을 구축하여 마르크스가 미완의 영역으로 남겨놓은 부분을 통합하려고 시도한 것이다. 때문에 그는 마르크스의 방법론 체계를 그대로 따르려고 노력한다(Harvey, 2004).

마르크스를 따라서 하비는 학문(과학)의 과제로서 현상세계 이면을 철저하게 파헤치는 엄밀성을 강조한다. "도덕적 분개로 얻을 수 있는 것은 과학적 설득력의 손실뿐"이라는 것이다(p. 65).[10] 대신에 현상의 세계란 기만적이기 때문에 현상의 이면을 침투하여 그 밑에서 작동하는 힘을 규명하는 것이 과학의 과제이고, 현상적으로 드러나는 물신성fetishism을 극복하고 사회적 관계를 볼 수 있는 것이 매우 중요하다는 것을 강조한다(p.196; 419). 하비는『자본론』과 직접적인 대면 형태를 취하면서 3개의 상호연관을 맺는 핵심 주제, 즉『자본론』에서 사용한 이론구성방법, 마르크스 가치론과 자본주의 분석에서 위치, 마르크스가 개발한 공황론에 대한 비판적 검토와 확장을 추구한다(Mattick, 2008).

이러한 엄밀성을 추구하기 위해『자본의 한계』에서 기본적으로 채택한 연구 방법이 변증법이다. 그는 마르크스가 채택한 개방적인 변증법적 추론이 상호관련성과 추상화라는 난관을 헤치고, 자본주의의 구체성과 모순을 규명하는 데 가장 탁월한 방법이라고 본다. 앞서 말한 것처럼 전통적으로 마르크스주의는 인간은 자신의 역사지리를 만든다는 공간유물론을 부정해왔지만 하비는 변증법적 자본주의 공간분석을 통해 역사지리적 공간유물론을 전개한다. 즉 자본주의 역사지리(공간유물론)를 규명하기 위해서 마르크스의 사유 양식과 서술 방식을 원용하며, 구체적으로 나음과 같은 분석 방법을 사용한다.

10 이하 괄호 안의 페이지는 *The limits to Capital* (1982)의 국내 번역본인, 최병두 역,『자본의 한계: 공간의 정치경제학』(한울, 1999) 페이지를 말한다.

먼저 '관계성'을 포착하는 방법을 사용한다. 이는 한 측면은 다른 모든 측면과의 관계 속에서 고찰해야 하며, 세계에 대한 인식은 창문을 달리하면서 보아야 한다고 강조하는 것이다. 그리고 이러한 관계를 모순적 관계, 변증법적 관계로 바라본다. 세계를 총체적으로 인식하기 위해서는 개념 자체의 발전을 이룰 수 있도록 변증법적 관계로 설정하여야 하기 때문이다. 사용 가치와 교환 가치, 개별성과 총체성, 경향성과 반경향성, 불균등과 균등화, 분리와 통합, 위기의 해결(공간적 돌파)과 속박(공간적 고정) 등의 관점이 그에 해당한다.

다음으로 개념의 발전과 역사의 발전에 대해 '역사논리적 방법'을 적용한다. 주지하다시피 마르크스는 분석 범주들을 특정 사회의 생산물로 인식함으로써 역사적이고 유물론적인 연구방법론을 정립한다(p. 26). 하비 역시 이론적 구성에서 사용하는 개념 장치는 관념주의적 추상이 아니라 자본주의 발전 속에서 찾아야 하며, 노동력, 가치, 추상적 노동, 잉여 가치, 본원적 축적, 화폐 형태, 시장 교환, 생산 영역의 통제, 신용 체계 등의 범주는 바로 자본주의 역사라는 구체성 속에서 찾아야 하는 범주라는 것이다.

마지막으로 하비는 '구체성'에 뿌리를 두는 추상화 방법을 강조한다. 그는 추상화가 어떤 성질이 다수 또는 모든 것에 공통적으로 나타나는 가장 풍부하고도 구체적인 발전 형태에서만 성립한다는 마르크스의 주장을 받아들인다(p. 95). 추상화라는 것은 <현실의 발전 = 개념(이론)의 발전>임을 의미하며, 발전의 완전 형태와 보편성 획득을 내포하는 것을 말한다. 관념상의 유희는 추상화가 아니라는 것이다.

공간을 통합하는 공황론의 구성

하비는 변증법적 복잡성의 입장에서 단순 결정론적 사고를 극복하면서 고전적 마르크스주의가 오랫동안 피했던 영역으로 마르크스주의 경제학을 확장하는 데 기여했다는 평가를 받는다. 그 가운데 특히 주목을 끄는 부분이 공간을 포함하는 영역으로 마르크스주의 공황론을 확장시킨 것이다(Resnick and Wolff, 2004).

공황론과 관련하여 이 책을 관통하는 논리는 이렇다. 자본주의 생산 과정은 다양한 형태의 과잉 축적과 위기를 내재하는 과정이며, 이를 해소하고 균형 성장을 복구하기 위한 궁극적 방법은 공황이다. 자본론 전체 체계를 통합적으로 분석할 때 공황의 근본적 계기는 크게 세 가지 유형으로 구분할 수 있으며, 모순은 해결되지 않고 최악의 파국으로 전쟁을 낳을 뿐이다. 이러한 논리는 공황이 항상 새로운 투자의 출발점이자 다음의 축적과 순환을 위한 새로운 물적 기반 형성이라는 마르크스의 주장을 따라 도출한 것이다(p. 298).

그러나 전반부 7장에 걸쳐 마르크스의 주장을 요약 · 해석하면서 마르크스주의의 정통적인 공황론을 이윤율 하락에 기인하는 제1차 계기first-cut로만 바라본다(p. 10). 마르크스가 자본론 1권과 2권에서 모든 통찰력을 통합하는 데 실패함으로써 3권에서 자본주의의 내적 모순들에 대한 완전한 진술을 하지 못하는 결과를 낳았기 때문에 하비는 마르크스의 이윤율 저하법칙을 자본주의 공황 형성에서 제1차 국면이라고 간주하는 것이다. 마르크스의 공황 연구는 많은 미완의 연구 과제(고정 자본의 생산-순환-실현 양식과 회전 기간, 자본의 집중과 분산화 및 조직 변화, 신용 체계, 이자 낳는 자본과 화폐 자본의 역할, 국가 개입, 자본주의의 지리적 총체성, 다양한 계급 구조 등)을 남겨놓고 있다는 것이 하비의 주장이다(pp. 262-263).

이후의 내용에서는 하비의 표현을 빌면 "마르크스의 주장을 덜 친숙한 지형으로 확대하기 위한 논리적 장치를 사용하여" 공황론을 확장한다(p. 10). 바로 고정 자본, 신용 체계에 주목하는 것이다. 공황의 제2차 계기second-cut는 금융 공황과 인플레이션을 포함하는 금융적 · 화폐적 기원에서 찾는다. 생산 과정의 과잉축적 문제는 미래사용지향적인 새로운 순환 형태의 창출로 흡수할 수 있으며, 신용 체계가 구원자로 출현하지만 가치 척도로서 화폐적 기반과 대립 관계를 형성하면서 위기가 발생한다고 본다(제7장-제10장).

마지막으로 제3차 계기third-cut는 공간적 측면에서 위기가 발생한다고 본다. 이 지점이 특히 하비의 기여로 평가받고 있다. 자본주의 위기는 공간적 해결(돌파; spatial fix)을 통해 자신을 다시 정립시킬 수 있는 계기를 형성하며, 이것이 바로 지리적 팽창과 불균등 발전 형태라는 것이다. 그러나 공간적 전략을 통한 위기해결은 자본주의의 근본 모순을 세계적 무대로 투사하는 것이며, 새로운 형태의 제국주의와 제국들 사이의 전쟁문제를 유발한다고 본다. 마르크스 연구를 공황의 제3차 계기에 대한 분석으로 확장하면서 하비는 자본주의적 생산양식의 역사지리에 대한 이론적 분석틀을 정립한다(제12장-제13장).

마르크스 경제학의 정교화: 금융론과 지대론

최근 미국 주택 금융위기를 계기로 금융 부문이 주목을 끌고 있지만 마르크스주의 이론에서 가장 큰 공백 가운데 하나가 금융 이론이다. 마르크스 역시 금융 현상에 대한 체계적인 작업을 하지 못하고, 초고 형태로 기초적 사유를 남겨놓았을 뿐이었다. 그렇다보니 화폐와 금융 현상을 실물 경제 부문 중심의 전통 경제학에 도입했던 케인즈Keynes나 그의 사고를 이어받은 민스키Minsky의 금융불안정성 이론financial instability hypothesis이 진보적 금융 이론으로 각광을 받고 있다. 이러한 상황을 고려할 때 마르크스주의 진영에서 하비의 『자본의 한계』는 힐퍼딩의 『금융자본』과 더불어 마르크스주의 금융 이론 발전에 큰 기여를 했고, 자본주의적 신용과 고정 자본의 논리에 대해 쓴 최고의 저작이라고 평가받는다(Barnes, 2004; Walker, 2004).

사실 하비는 앞서 본 것처럼 이 책에서 최근 케인즈주의 금융론에서 주목하는 공황의 제2차 계기로 신용 체계를 들고 있다. 마르크스의 화폐금융론을 미완성 작업으로 간주하고, 축적의 일반 이론에 화폐와 신용 분석을 통합하는 것이 하비의 목적이다. 자본주의는 시간의 조절과 조정, 일치의 필요성 때문에 신용 체계가 중요하며, 아직 도래하지 않은 미래 노동을 담보로 직접적인 상품 거래를 수반하지 않는 유사 자본(의제 자본) 형태를 취하는 시스템을 만든다. 하비는 의제 자본의 확대가 자본 축적의 확대인 것처럼 착각하지만 채권의 축적이 실질 생산을 초과하는 순간(투기의 절정, 가치척도로서 화폐적 기반을 강요하는 순간) 신용 체계의 왜곡이 절정에 달하고, 결국에는 자기해체적인 모순을 공황 형태로 드러낸다고 주장한다(p. 360; 383).

마르크스주의 경제학에 대한 또 다른 기여는 지대 이론이다(제11장). 마르크스의 지대론은 매우 혼란스런 결과를 남겼고, 특히 토지의 사용 가치 가운데 위치로서 토지의 사용 가치를 주목하지 않았다. 하비는 위치로서의 토지에 주목하며 토지 이용을 강제하는 지대 법칙을 분석하면서 자본주의적 토지 소유에 기능적 역할을 부여한다. 자본주의적 토지 소유의 가장 두드러진 특징은 토지 소유의 의제자본화 경향이다. 토지를 순수한 금융 자산으로 취급하는 형태가 될 때 진정한 자본주의적 토지 소유 형태를 달성한다고 주장한다(김용창, 1998). 이러한 위치(입지, 공간)로서 토지 소유에 대한 주목은 고전적 마르크스주의 계급론, 즉 산업프롤레타리아와 자본가적 고용자에 대한 초점을 넘어 중요한 진전을 보여준다는 평가를 받는다. 자본 축적의 공간적 · 입지적 차원에 대한 그의 독창적인 작업을 통해 산업자본가와 구별되면서도 밀접한 상호 관계를 맺는 계급으로서 토지 소유자의 새로운 역할을 주목할 수 있게 해준다. 이를 통해 양극론적 계급 분석 전통을 넘어 다양한 계급 분석틀을 제시한다(Resnick and Wolff, 2004, p. 61).

마르크스주의 지역 불균등 발전론의 정립

통상적인 마르크스주의자와는 다른 하비의 과단성을 보여주는 것이 공간생산론이다. 그는 자본주의적 공간 생산의 경박성volatile

은 자본주의 위기의 해결책(또는 공간적 돌파를 통한 극복)인 동시에 파멸이라는 것을 보여준다. 바로 이것이 잉여 가치 증식을 숙명으로 안고 가는 자본의 한계라는 것이고, 그 결과가 지리적 불균등 발전이다.

일반적으로 공간을 중시하는 사고는 사회경제적 관계로부터 공간을 독립시키려 한다는 공간 물신론 사고로 오인 받는 경우가 많기 때문에 마르크스주의 지리적 불균등 발전론을 이론적으로 구성하는 것은 매우 어려운 과제이다. 그러나 하비의 생각은 공간 편성spatial configuration이 자본주의 존립에 필수적이며, 그 생산은 자본 축적과 사회적 재생산에 능동적 계기로 작용하고, 자본주의 발전은 공황을 내재하는 역사지리를 창출한다는 것이다. 잉여 가치 생산 과정은 구체적 노동 과정에서 이루어지지만 그 노동 과정 동안 필연적으로 입지 속박(투자 자본의 지리적 고정성)을 경험한다. 노동력과 화폐 자본의 이동성, 기술과 입지의 관계, 물리적 축적 환경의 공간 편성, 사회적 하부 시설의 영역성에 대한 분석이 자본 순환 경로의 다양하고도 상이한 시공간 조합을 잘 드러내는 창을 제공한다.

자본 축적 과정은 시간에 의한 공간의 극복 과정이지만 그 과정은 반드시 새로운 공간의 생산과 속박을 통해서만 가능하기 때문에 공황의 공간적 해결(자본의 잉여분을 흡수할 수 있는 대안으로서 공간적 해결)은 한계를 가질 수밖에 없고, 지리적 불균등 발전을 낳는다.[11] 즉

11 마르크스는 『정치경제학 비판 요강』에서 다음과 같이 말한다. "자본은 한 걸음에 거래, 교환에 대한 모든 공간적 장벽을 없애고 전 지구를 자신의 시장으로 정복하려고 노

자본과 노동의 상이한 이동성, 가치 하락과 잠식의 입지적 차별성, 판매와 구매의 시공간적 분리는 지리적 불균등 발전을 필수적으로 창출한다. 또 공황 극복을 위한 지리적 팽창은 자본주의적 제국주의(자본 축적과 영토 논리의 모순적 혼합)를 유도하며, 세계적 규모에서 공황 계기를 만들고, 궁극적으로는 제국주의 사이 대결(=전쟁)과 엄청난 자본의 파괴를 낳을 뿐이라고 주장한다.

그러나 지역불균등 발전론은 공황의 제3차 계기를 형성하는 부분에 해당하고, 지리학자로서 하비의 장점을 잘 살릴 수 있는 영역이지만 그 자신도 인정하듯이 『자본의 한계』 가운데 가장 만족도가 낮은 부분이다. 그러면서도 어떻게 보면 놀랄만한 일은 아니라고 말한다. 모든 이론적 틀에 공간과 지리적인 문제를 도입하는 것은 일반적으로 그 이론이 작동하는 데 지장을 주는 효과를 초래하며, 마르크스주의 정치경제학에도 마찬가지로 해당한다는 것이다. 여러 학자의 노력에도 불구하고 지리적 불균등 발전에 대한 정교한 이론적 이해는 여전히 과제로 남아 있다. 이 과제를 해결하기 위해서는 마르크스주의 이론 정립 및 분석의 끝이나 보완 정도의 영역이 아니라 출발 시점부터 아예 시공간성의 문제, 자연과의 관계를 해당 이론에 통합시키는 것이 중요하다고 본다(Harvey, 2004).

력하는 동시에 또 다른 측면에서는 이러한 공간을 시간으로 극복하려고 노력한다. 즉 서로 다른 장소를 옮겨 다니는 데 소모되는 시간을 최소로 만들려고 노력한다."

4. 하비에 대한 비판, 그리고 현실 적합성

하비의 작업에 대한 비판

마르크스주의가 상당 부분 공백으로 남겨두고 있던 부분에 대한 마르크스 사고의 확장을 도모하는 책이기 때문에 자연히 다양한 방향에서 비판을 받을 수밖에 없다. 먼저 하비의 주요한 공헌이라고 할 수 있는 공간유물론 전략에 대해 자본 축적 논리와 영토(공간)의 논리는 변증법적 대립 쌍을 이룰 수 없기 때문에 기능주의 또는 개량주의적 실천 전략으로 빠질 수밖에 없다는 비판을 받는다(김공회, 2006). 이러한 비판은 마르크스주의 진영에서 오랜 역사를 갖는 것으로서 자본주의 전환 투쟁은 수평적 투쟁(중심:주변, 공간적 연대 투쟁)과 수직적 투쟁(프롤레타리아:부르주아)의 결합을 통해 일어날 수 있다는 주장에 대한 비판이다. 이러한 견해는 공간과 사회가 서로 상호작용한다는 진부한 이야기를 공간변증법이라는 허울로 변장한 것에 불과하다는 비판이다.

그리고 책의 구성상 너무 많은 내용을 한정된 지면에서 다루려고 했기 때문에 이론적 도식과 경험적 근거가 충분하지 않은 단순한 '제시'가 난무하고 있고, 마르크스의 연구방법론은 분석 단계에 따라 상이한 추상 수준을 사용하는데, 이러한 추상 수준의 차이를 명료하게 구분하지 못함으로 인해 마르크스에 대해 불필요하게 많은 오해를 낳게 한다는 것이다(Mattick, 2008).

예컨대 마르크스의 가장 기본적인 개념인 가치 자체에

대한 이해에 혼선을 준다. 하비는 마르크스 가치론의 핵심이 시장 가격을 얼마나 잘 설명할 수 있는가에 있는 것이 아니라 자본주의적 착취가 어떻게 작동하며, 어떻게 발전하는지를 분석하는 것이라고 오해한다는 것이다. 노동 착취는 결국 시장 가격을 통해 이루어지기 때문에 가격 형성 메커니즘을 구분하지 못하는 것은 불완전한 자본주의 해부라는 것이다. 그리고 이론적 근원이 모호한 부문 간, 개별 자본 사이 균형을 이루지 못하는 불비례설적 과잉 생산 이론에 의존하여 공황의 제1차 국면을 설명하고, 과잉 자본의 공간적 해결책spatial fix의 논리로 전환하는 형태를 취한다. 하비는 자본 축적→과잉 축적→위기(공황)→외부 확장(제국주의)→외부 변경 소멸→전 지구적 위기(전쟁)라는 과정으로 설명하는데, 독점 자본과 관련하여 자본주의로 살아남는 한 무조건 자본주의의 일반 법칙을 적용할 수 있다는 하비 식의 생각은 순진하다는 비판이다(조원희, 1991).

또한 금융론 및 지리적 불균등 발전론으로 이어지는 데 징검다리 역할을 하고 있는 고정 자본에 대한 논의에서도 마르크스 가치론에 대한 하비의 혼란이 잘 나타난다는 비판도 받는다. 하비는 고정 자본의 잔존 가치 해석에서 단순한 일회성 투입물이 아니라 다시 투입할 수 있는 산출물로 간주, 즉 생산 과정 산물의 하나로 간주하는 결합 생산 개념으로 해석함으로써 이러한 논리를 주장한 신리카아도주의와 타협하는 길을 선택하였다는 것이다(Mattick, 2008).

공황론의 경우도 하비는 『자본론』 3권, 이윤율 하락 법칙을 공황 형성의 제1차 계기로만 인정하고 있지만, 이러한 사고 역시 추상 수준에 대한 혼란에서 발생하는 사고라는 것이다. 이윤율 하락 경향은 자본주의에 내재적인 경향, 불변 자본에 대한 가변 자본 관계의 상대적 하락, 즉 운동 중인 총 자본에 대한 하락 경향으로부터 온다. 이윤 가능성의 하락은 투자가능성에 비해 상대적으로 자본의 과잉을 창출하는 과정, 이윤 가능성이 충분하지 않기 때문에 어디에도 투자할 수 없는 상황에서 나타나는 것이다. 그런데 하비의 공황론은 이와는 반대로 해석한다. 하비는 자본을 사용하는 기회에 비해 자본의 과잉을 낳을 수밖에 없는 기술적 경향을 만드는 잉여 가치에 대한 자본가적 필연적 열망, 축적을 위한 축적 때문에 발생한다고 본다. 따라서 마르크스가 공황론에서 이윤율 하락에 중점을 두는 것이 잘못이라고 확신한 하비가 오히려 오류를 범하고 있다는 것이다(Mattick, 2008).

이외에도 하비의 마르크스 경제학 확장에 대한 비판은 다양하게 이루어지고 있다. 큰 틀에서만 본다면 "균형이 확립되면 과잉 축적 경향은 순환에서 과잉 자본을 제거하는 과정에 의해 반대의 균형을 달성한다"는 인식처럼 주류 부르주아 경제학의 핵심 개념인 균형equilibrium 개념에 의존하고 있다는 것이다. 그리고 신용 체계와 국가의 역할에 대한 논의에서도 하비는 잉여 흡수surplus absorption와 과잉 축적 위기의 탈출구로서 국가 지출에 대한 좌파 및 자유주의적 케인즈주의 사고를 공유한다는 것을 제시한다(Mattick, 2008)

전반적으로 그의 이론은 자본 축적 위기(과잉 축적)에 상응하면서 이를 돌파하는 과정의 공간 측면(물리적 자본 축적 환경)이라는 입장에 서 있다. 이 때문에 자본 논리에 치중하는 기능주의적 관점, 즉 모든 공간적인 현상은 자본의 요구에 기능적으로 작용한다는 관점에 빠져있다는 비판에 직면한다. 비슷한 관점에서 쉐퍼드(Shep-pard, 2004)는 하비가 지리적 팽창을 과잉 축적 위기의 지연수단으로서만 인식하기 때문에 결과적으로 자본주의적 공황에서 공간이 갖는 능동적 역할을 도외시한다고 비판한다. 경제 공황을 시간 측면만을 반영하는 3개의 순차적 순환이 아니라 매 순환 구조에서 작동하는 시간과 공간의 통합적 틀로 설명할 수 있어야 한다는 것이다.

풍부한 현실적 함의

마르크스주의 공간정치경제학자로서 하비의 연구 작업은 정통적 마르크스주의, 총체주의적 사고 체계, 자본주의에 대한 지리학적 의제 설정, 자본 축적 중심의 논리 전개가 특징이라는 평가를 받는다. 오늘날 사상가의 반열에 오른 학자이지만 하비가 지리학계에 끼친 영향은 무엇보다도 마르크스주의 지리학을 하나의 확고한 조류로 정립하였다는 것이다. 카스트리(Castree, 2007)에 따르면 1970년대에는 지리학을 마르크스주의와 결합하려는 시도는 지도교수의 편견에 대한 두려움을 극복하는 것이 과제였는데, 하비의 연구 업적을 통해 마르크스주의 지리학을 전개할 수 있는 용기를 얻었고, 1990년대를 거치면서 많은 지리학자가 정치경제학을 전공할 수 있게 된다. 그러나 『자본의 한계』가 갖는 의미는 지리학의 영역을 넘어선다.

『자본의 한계』를 저술하는 것은 그가 말한 것처럼 당시까지 하비가 경험하지 못했던 가장 험난한 지적 투쟁이었으며, 최고의 전성기 10년의 산물에 해당한다(Harvey, 2004). 하비는 논리실증주의나 현대 사회과학이 보이는 사고 체계 분절화의 악령을 몰아내기 위해 마르크스 정치경제학에 집중하면서 과학수사대적forensic 재독해로 그의 주장을 펼친다. 이를 통해 과거 정통 마르크스주의에서 등한시하던 자본주의적 불균등 공간 발전에 대한 통합적 이해를 가능케 한다. 어떻게 보면 인간 존재에 필수적이지만 소홀하게 다룬 생활 공간의 생성, 발전, 소멸 과정을 마르크스의 눈을 통해서 분석할 수 있다는 것이고, 공간을 역사유물론의 틀 속에서 구축할 수 있는 방법을 제시한 것이다.

또『자본의 한계』작업을 통해 마르크스가 고민했던 것이 현 시대에도 여전히 유용하다는 점을 강조한다. 훗날 하비는 마르크스의 자본론은 순수한 자본주의 경제 형태를 고려하더라도 노동자에게 유익한 결과를 창출할 수 있다는 경제학자들의 유토피아적 환상을 깨기 위한 것이며, 궁극적으로는 인간으로서 노동자를 파괴할 뿐 아니라 모든 부의 두 원천에 해당하는 노동자와 토양을 파괴한다는 것을 보여준다고 주장한다. 마르크스 변증법의 탁월함은 시장자유화가 모두가 좋아지는 조화로운 상태를 결코 창출하지 않는다는 것을 입증한다는 것이다(Harvey, 2004, pp. 546-547).

하비는『자본의 한계』의 연장선상에서 원시적 축적을 재해석한다. 즉 토지의 사유화와 소농의 강제적 축출, 다양한 소유권 형태의 배타적인 사적 소유권으로의 전환, 공유권에 대한 억제, 노동력의 상품화와 대안적(내생적) 생산 형태 및 소비에 대한 핍

박, 자연 자원을 포함하는 자산 전유의 식민지, 신식민지 및 제국주의적 과정, 교환 및 과세의 화폐화 등 마르크스가 언급한 특징들은 자본주의 역사지리 속에 현재도 강력하게 존속하고 있다. 그리고 이들 중 일부는 다단계 금융 사기ponzi scheme, 헤지펀드, 인수합병, 지적소유권 제도의 강화, 공공 자산의 사유화와 민간 기업화 등 과거보다 강력한 역할을 수행하도록 정교하게 만들어지고 있다는 것이다(Harvey, 2004). 그만큼 『자본의 한계』에 나타난 문제의식은 아무리 복잡한 현실이라도 마르크스적 시각을 통해 비판적으로 규명할 수 있다는 것을 보여준다.

『자본의 한계』는 청사진을 제공하는 방식을 택하지 않고, 개방적인 결론을 내린다. 자본주의는 내재적으로 모순을 해소할 수 있을까? 아니면 내재적 모순으로 인해 붕괴할 것인가? 하비는 이런 유형의 연구는 아무런 결론을 허용하지 않는다고 하면서 자본의 한계를 지양하기 위한 방법들을 찾아야 한다고 말하고 끝을 맺는다. 하비의 이러한 인식은 『포스트모더니티의 조건』과 더불어 마르크스주의의 전환기적 성격을 잘 반영한다고 보기도 한다. 즉 가치 개념, 이윤율 하락 경향, 공황의 형성적 · 파괴적 경향 등을 변증법적으로 다시 해석하면서 고전적 마르크스주의 경제학을 재정립하고, 결정론적 시각을 깨뜨리는 데 주요한 족적을 남겼다는 것이다(Resnick and Wolff, 2004).

이처럼 자신만의 독특한 자본론 해석에 기반하여 공황형성의 다차원적 계기를 포착함으로써 자본주의적 생산 체계가 가져오는 파멸적인 사회적 결과를 주목할 수 있게 한 것은 중요한 이론적 발전이다. 최근 우리는 미국 서브프라임 모기지 사태로부터 출발한 의제 자본의 투기적 열풍이 가져온 파국적 결과를 절절하게 경험하고 있다. 이러한 유형의 위기가 일시적 이탈이 아니라 자본주의 발전에 내재적이라는 것을 입증하는 것이다.

그리고 오늘날 더욱 심화되고 있는 세계화를 단지 시간과 역사의 관점이 아니라 시 · 공간 통합의 관점에서 훨씬 풍부하게 고찰할 수 있게 해준다. 하비가 제시한 공황의 제3차 계기로서 공간을 통합하려는 시도가 그것이다. 『자본론』이 상정하는 세계는 아마도 잉여 가치의 생산과 전유가 같은 장소에서 일어나는 세계였을 것이다. 그러나 오늘날 세계화는 훨씬 복잡한 시공간 구조를 만들고 있다. 하비가 말하는 것처럼 자연의 전환과 파괴, 사회적 사용가치의 생산은 필연적으로 특정한 장소에서 일어나며, 특수한 입지에 구현된 추상 노동은 모든 입지와 조건을 거쳐 만들어진 사회적 평균이다. 그리고 잉여의 생산과 전유는 특정한 장소에서 발생하지만 생산과 전유가 반드시 같은 장소일 필요는 없기 때문에 잉여의 생산 장소, 잉여 전유의 집중 공간 등 공간적 분화가 일어날 수밖에 없다. 그만큼 지구적 차원에서 자본의 시간과 공간을 더욱 조밀하게 얽어매고 있는 것이고, 그만큼 현대 자본주의에서 계급 과정의 공간적 차원이 아주 급격하게 전환되고 있다. 『자본의 한계』는 바로 이러한 복잡한 지구적 시공간을 통합함으로써 세계화를 비판적으로 이해할 수 있는 길을 열어준다. 나아가 공간을 동한 자본주의 위기의 돌파 시도는 지구적 차원에서 해결책을 찾을 때까지 확장을 요구하지만, 결국 전쟁이라는 물리적 파괴 행위가 위기를 해결하는 유일한 메커니즘이라는 하비의 주장을 되새기게 하는 현실을 우리는 오늘날 보고 있는 것이다.

참고문헌

Barnes, T. J., 2004, "The Background of Our Lives: David Harvey's The Limits to Capital", *Antipode*, Vol. 36(3), pp. 406-413.

Castree, N., J. Essletzbichler and N. Brenner, 2004, "Introduction; Symposium; David Harvey's The Limits to Capital: Two Decades On", *Antipode*, Vol. 36(3), pp. 400-405.

Castree, N., 2007, "David Harvey: Marxism, Capitalism and the Geographical Imagination", *New Political Economy*, Vol. 12(1), pp. 97-115.

Gregory, D., 2006, "Introduction: Troubling Geographies", in N. Castree and D. Gregory (eds.), *David Harvey: A Critical Reader*, Oxford: Blackwell, pp. 1-25.

Harvey, D., 1973, *Social Justice and the City*, 『사회 정의와 도시』, 2009, 최병두 역, 종로서적.

____________, 1978, "The Urban Process under Capitalism: A Framework for Analysis", *International Journal of Urban and Regional Research* 2(1), pp. 101-131.

____________, 1982(2006), *The Limits to Capital*, 『자본의 한계: 공간의 정치경제학』, 1999, 최병두 역, 한울.

____________, 1989, *The Condition of Postmodernity: An Enquiry into the Origins of Cultural Change*, 『포스트모더니티의 조건』, 1997, 구동회 · 박영민 역, 한울.

____________, 2000, *Spaces of Hope*, 『희망의 공간』, 2007, 최병두 · 이상률 · 박규택 역, 한울.

____________, 2003, *The New Imperialism*, 『신제국주의』, 2005, 최병두 역, 한울.

____________, 2004, "Retrospect on The Limits to Capital", *Antipode*, Vol. 36(3), pp. 544-549.

____________, 2005, *A Brief History of Neoliberalism*, 『신자유주의』, 2008, 최병두 역, 한울.

____________, 2010, *A Companion to Marx's Capital*, London: Verso.

Jessop, B., 2004, "On the Limits of The Limits to Capital", *Antipode*, Vol. 36(3), pp. 480-496.

Mattick, P., 2008, "Review of David Harvey's The Limits to Capital", *Historical Materialism*, Vol. 16, pp. 205-232.

Paterson, J. L., 1984, *David Harvey's Geography*, London: Taylor & Francis.

Resnick, S. and R. Wolff, 2004, "Dialectics and Class in Marxian Economics: David Harvey and Beyond", *New School Economic Review*, Vol. 1(1), pp. 59-72.

Sheppard, E., 2004, "The Spatiality of The Limits to Capital", *Antipode*, Vol. 36(3), pp. 470-479.

Walker, R., 2004, "The Spectre of Marxism: The Return of The Limits to Capital", *Antipode*, Vol. 36(3), pp. 434-443.

김공회, 2006,「데이비드 하비의 제국주의론 비판」,『마르크스주의 연구』, 제3권, 제1호, pp. 138-163.

김용창, 1998,「토지지대에 대한 정치경제학적 접근」,『감정평가논집』, 제8집, 한국감정평가업협회, pp. 115-140.

____________, 2003,「공간유물론: 자본주의 역사지리의 공간생산론을 위해」,『지구화시대 마르크스의 현재성 1』, 문화과학사, pp. 107-125.

조원희, 1991,「자본의 변증법과 공간의 정치경제학:『자본의 한계』」,『공간과 사회』, 제1호, pp. 240-252.

최병두, 1996,「데이비드 하비의 역사지리유물론: 공간의 정치경제학과 포스트모더니티",『경제와 사회』, 제31호, pp. 204-239.

밥 제솝, 『국가 이론: 자본주의 국가 제자리 놓기』

Bob Jessop,

State Theory: Putting the Capitalist State in Its Place (1990)

국가, 어떻게 이해할 것인가?

김세균
서울대학교 정치외교학부 정치학전공 교수

2009년 세계금융위기 이후 국가론이 다시 부활하고 있다. 신자유주의의 공세가 "국가는 없고 오직 시장만이 존재한다"는 허상을 만들었다면, 신자유주의의 위기는 그런 허상을 깨뜨리고 있는 데 그 이유가 있을 것이다. 국가 이론이 없다면 국가 연구는 단지 파편적인 경험적 지식들의 집적으로 끝날 수도 있다. 경험적 연구의 길잡이가 될 수 있는 국가 이론이 무엇인가를 질문한다면, 우리는 그 유력한 후보로 밥 제솝의 '전략관계적 국가 이론'을 만나게 된다.

1. 국가론의 쇄신을 시도하다

밥 제솝은 엑서터 대학교에서 사회학을 공부한 후 케임브리지 대학교로 옮겨 정치사회학 분야 박사 과정을 이수했다. 여기서 영국의 정치문화에 관한 연구를 마치고, 개혁과 혁명에 관한 사회학 이론에 관한 책을 저술한 후 케임브리지의 다우닝 대학에서 사회학 · 정치학 연구원이 되었다. 그에 의하면, 이 대학에서 5년 동안 연구원으로 활동하면서 처음으로 국가 이론에 대한 관심을 가지게 되었다고 한다. 이어 1975년 에섹스 대학교 정치학과로 옮겨, 정치사회학, 역사사회학, 국가 이론 및 정치경제학 분야 과목을 강의했다. 그리고 그 곳에서 15년간 재직한 후 랭커스터 대학교로 옮기면서 다시 사회학과 교수가 되어 지금까지 재직하고 있다. 사회학과 교수가 되었지만 이전과 마찬가지로 주로 정치학적 관심에서 국가 이론과 사회과학 전반에 관련된 이론적 문제에 대한 연구를 행함과 더불어 현재는 점점 더 자신의 이론적 논거들을 입증할 수 있는 경험적 연구에도 착수하고 있다.

밥 제솝은 랭커스터 대학교로 옮기기 전까지 자신의 가장 뛰어난 연구 업적은 주로 국가론에 관한 것이었다고 말한다. 이런 자신의 평가와도 일치하지만, 그는 국가에 관한 논쟁들이 1970년대와 80년대를 거치면서 이론적 교착상태에 빠져 든 이래—무엇보다 그의 '전략관계적 국가론'을 통해 새로운 이론적 돌파구를 마련한—현존 학자들 중 가장 '선진적인' 국가 이론가의 한 사람으로 평가받고 있다. 그런데 그는 자신에게 언제나 신선한 지적 자극을 주고 있고, 그가 보기에 "2차 대전 이후 가장 중요한 국가 이론가(Jessop, 1990, p. x)"인 그리스의 마르크스주의 이론가 니코스 폴란차스 Nicos Poulantzas에 관한 책을 가장 큰 자랑으로 여긴다. 제솝은 포디즘 체제에서 포스트 포디즘 체제로의 전환, 지식 기반 경제의 성립 및 지구적 자본주의의 성립과 같은, 현대 자본주의의 변화와 관련된 이슈, 그리고 대처, 메이저, 블레어 정부하에서 국가와 복지 레짐의 변화와 관련된 전후 영국의 정치경제, 지구화 과정과 관련된 국민 국가의 변모 등을 연구하고 있다. 특히 2000년 이후에는 정치경제에 미치는 문화적 영향을 다루는 문화정치경제학 주제에도 깊은 관심을 보이고 있다.

제솝이 쓴 여러 책 중 그의 전략관계적 국가론의 형성에 중요한 책은 마르크스 · 엥겔스의 국가 이론 및 기존 제반 마르크스주의 이론가들의 국가 이론에 대한 비판적 평가를 통해 전략관계적 국가론을 발전시킬 발판을 마련한 『자본주의 국가The Capitalist State』(1982)와, 밥 제솝 자신이 '후기' 폴란차스의 국가론은 이미 '전략관계적' 국가론으로 보아야 한다고 평가하고 있는 데에서도 드러나다시피(Jessop, 1991a, p. 102), 그의 전략관계적 국가론 형성에 막대한 영향을 미친 폴란차스의 국가론을 연구한 『니코스 폴란차스Nicos Poulantzas』(1985)이다.

2. 전략과 관계로 국가를 해부하다

『국가 이론: 자본주의 국가 제자리 놓기State Theory: Putting the Capitalist State in Its Place』(1990)는 전략관계적 접근법의 관점에서 국가 운동의 제 측면을 종합적으로 분석한 최초의 본격적인 저서로서 의의를 지닌다. 그런데 일반적으로 밥 제솝의 국가 이론 발전단계는 첫째, 마르크스주의 국가론의 '본질주의', '환원주의'에 반대하여 국가를 단순히 제도의 총체로 이해한 '제도주의 시기'(1972-1982), 둘째, 이에 기초하여 국가를 사회적 관계이자 전략으로 파악하기 시작한 '전략관계론 시기'(1983-1986), 셋째, 조절 이론의 도입에 따라 전략관계론에 구체적인 내용을 채워나가는 '조절 이론 시기'(1987-)로 나뉜다(Bertramsen, 1991, p. 95 이하). 제솝은 자신의 국가론을 80년대 초에는 '제도적'이며 '정세적, 관계적conjunctural, relational' 국가론으로(Jessop, 1982, p. 259; Jessop, 1990, p. 95 이하), 80년대 중반에는 '전략이론적strategic theoretical' 국가론이라고 불렀다. 그러다가 '전략이론적'보다는 '전략관계적'이라는 표현이 더 적절하다는 제자의 제언(Bertramsen, 1988)에 동의, 이후 이 같은 명칭을 채택한다(Jessop, 1990; Jessop, 1990b). 다른 한편, 제솝은 자신의 이론이 담화 이론 등 서구좌파의 '포스트 마르크스주의'와는 준별된다는 의미에서 '비판적 마르크스주의'라고 주장하다가(Jessop, 1990, p. 4) 이후 포스트주의적 요소들을 더욱 수용하면서 '포스트 마르크스주의적 이론'으로 규정하고 있다(Jessop, 1991c, pp. xiv-xv).

밥 제솝의 전략관계적 국가론은 현대 사회과학의 다양한 이론적 성과를 자기 나름으로 종합한 '건설적 절충주의'에 입각해 있다는 평가를 받는다(손호철, 1994, p. 146). 이와 관련하여 그의 이론이 기초하고 있는 중요한 이론적 자원으로는 바스카, 세이어 등이 주창한 '비판적 실재론critical realism', 구조·행위의 이분법을 극복하기 위한 기든스의 '구조화structuration' 이론과 '이중의 해석학'을 들 수 있다. 그리고 국가 이론과 직접적으로 관련해서는 위에서 말한 후기 폴란차스 외에 그가 관계적 접근의 선구로 본 독일의 '자본논리학파' 이론과 그람시의 이론, 그리고 '권력=전략'이라는 푸코의 이론화로부터 많은 영향을 받았다. 그 외 푸코, 데리다, 라클라우-무페로 이어지는 담화 이론을 일정한 유보를 주면서도 수용하고, 국가와 경제의 관계가 보여주는 동태적 과정 분석과 관련하여 '구조적 결합structural coupling', '공진화co-evolution' 등의 개념을 제시하고 있는 루먼Luhmann 류의 급진적인 '자기재생산적 체계 이론'을, 그 동학의 구체적 내용과 관련해서는 '조절 이론regulation theory'을 이론적 자원으로 끌어들인다(Jessop, 1990, p. ix; 손호철, 1994, p. 146 이하). 다른 한편, 그의 제자들로 구성된 일련의 제2세대 이론가들은 자신들이 담론적 실천과 사실상 동일시하는 정치적 실천의 우위론을 제출함으로써 그의 전략관계적 국가론을 사실상 포스트모던적 해체주의 이론으로 재구성하고 있다.

그런데 여기서 소개하는『국가 이론』은 한 주제에 대해 일관되게 서술한 모노그래프가 아니라, 국가 및 국가 이론에 관련된 12편의 논문을 모아서 정리한 것이다. 그중 3편은 이 책에 처음 수록된 것이고, 다른 3편은 이전에 출판된 것이다. 그리고 또 다른 3편은 사실상 이 책을 위해 새로 쓴 것이고, 나머지 3편은 부분 수정해 수록한 것이다. 이처럼 모노그래프가 아니기 때문에 중복된 부분이 있긴 하지만 그가 국가 이론 구성과 관련하여 중요하다고 생각하는 주제들을 일관된 문제의식을 지니고 거의 모두 다루고 있기 때문에 전반적으로는 모노그래프에 못잖은 체계적 저술로 평가될만한 책이다. 이 책의 목차는 아래와 같다.

서론

제1부 법-국가에 대한 마르크스주의 이론과 자본주의 경제 및 계급투쟁으로부터 법-국가의 상대적 자율성

1. 최근의 자본주의 국가 이론들

2. 법, 국가, 법적-정치적 이데올로기에 관한 최근의 이론

3. 마르크스주의, 경제결정론, 상대적 자율성

제2부 정치적 대표, 사회적 토대, 국가 형태: 조합주의, 의회주의, 국가이익

4. 조합주의의 물질적-사회적 토대

5. 자본주의 국가, 자본의 이익, 부르주아의 지배

6. 민주주의 국가와 국가이익

제3부 가치 형태, 자본주의 국가, 헤게모니 프로젝트: 국가 형태 및 기능으로부터 전략으로서의 국가로

7. 축적 전략, 국가 형태, 헤게모니 프로젝트

8. 권력과 전략에 관한 폴란차스와 푸코의 논의

9. 정치적 전략으로서의 국가

제4부 국가와 사회에 대한 재고: 사회화에 관한 전략관계적 이론을 향하여

10. 반마르크스주의적 복원과 포스트 마르크스주의적 해체

11. 정치경제인가 혹은 급진적 자율성인가?

12. 국가의 제자리 찾기

제1부는 그의 국가 이론 구성의 출발점을 이룬다고 볼 수 있는 자본주의 경제와 계급투쟁에 대한 법·국가의 상대적 자율성과 관련된 주제들을 다룬다. 이와 관련, 밥 제솝이 자본주의 경제와(경제적

수준의) 계급투쟁에 대한 마르크스의 분석을 기본적으로 수용하면서도 정치와 경제의 제도적 분리로 인해 경제 운동에 대한 국가 운동의 상대적 자율성 및 계급투쟁에 대한 정치적 실천의 상대적 자율성을 그의 국가 이론 구성의 출발점으로 삼고 있는 점을 지적할 필요가 있다.

제2부는 의회주의, 조합주의 등으로 나타나는 정치적 대표 체계가 사회적 토대 및 국가 형태와 어떤 관계를 맺고 있는가를, 그리고 정치적 대표 체계로 환원될 수 없는 국가 이익 그 자체가 지닌 국가 운동에 대한 의의가 무엇인가를 다루고 있다.

제3부는 자본주의 사회에서 국가가 자본 운동에 단순히 기능적으로 복무하는 것이 아니라, 자본 순환 과정에 구조적으로 제약을 받으면서도 국가의 내적 통일성 및 사회적 통합성 확보가 '헤게모니 프로젝트'와 '국가 프로젝트'의 접합과 관련되어 있다는 관점을 제시한다. 그리고 이런 관점의 연장선상에서 그는 국가를 무엇보다도 자신의 헤게모니 프로젝트를 관철시키기 위해 상쟁하거나 타협하는, 제 사회(정치) 세력들의 전략적 의의를 지닌 정치적 실천의 장으로 규정한다. 그는 국가 운동에 대한 이런 접근법을 국가 권력에 대한 '전략관계적 접근'이라고 부른다. 제9장 「정치적 전략으로서의 국가」에서는 그의 '전략관계적 접근'의 주요 측면을 요약・정리하고 있다.

제4부는 국가 운동을 사회적 토대와의 관계에서 '사회학에 관한 전략관계적 이론'으로 재정리하고 있다. 그리고 이런 전략관계적 접근을 '국가에게 합당한 제자리를 찾아주는 것'으로 파악하면서 이 접근법이 지닌 의의를 총 정리하고 있다.

기존의 마르크스주의 국가론은 대체로 자본주의 사회의 국가를 '자본주의 국가', 즉 자본주의 사회의 재생산에 기여하는 국가라는 관점에서 접근했다. 이런 접근이 지닌 특징은 국가 운동을 대체로 자본 이익에 환원될 수 있는 것으로, 그리고 국가 운동이 자본 운동에 기능주의적으로 봉사한다고 파악한다는 점이다. 이와는 달리 제솝의 전략관계적 접근은 국가가 자본 운동에 대해 절대적 자율성을 지니고 운동하는 것은 아니지만, '자본주의 사회의 국가 운동'이 자본의 이익에 수미일관되게 봉사하는 '자본주의 국가 운동'으로 환원될 수 없다는 관점을 제시한다. 다시 말해 그의 관점에 따르면 자본주의 사회의 국가는 자본주의 국가로 기능하기도 하지만 기능하지 않을 수도 있으며, 자본 운동에 기능주의적으로 복무할 수도 있지만 그렇지 않을 수도 있다[제솝은 '자본주의 사회의 국가' 개념과 '자본주의 국가(the capitalist state)' 개념을 혼용해서 사용하고 있는데, 이런 개념 사용은 혼란을 불러일으킨다. 그렇게 사용하기보다는 '자본주의 국가' 개념은 국가 운동이 자본 이익에 봉사할 수도 있고 그렇지 않을 수도 있음을 암시하는 '자본주의 사회의 국가' 개념과 구분해 '자본 이익에 적합하게 잘 복무하는 국가'라는 의미로 한정해서 사용하는 것이 나을 듯하다]. 따라서 그에 의하면, 자본주의 국가로 기능하는지는 미리 선험적으로 결정될 수 있는 문제가 아니라, 오직 결과적으로만 파악할 수 있는 설명의 대상이다. 그가 이 책의 부제를 "자본주의 국가 제자리 놓기Putting the Capitalist State in Its Place"로 붙인 이유가 여기에 있다. 그런데 필자는 이 글에서 책에 실린 글의 내용을 일일이 소개하고 평가하기보다는 국가 운동의 주요 측면에 접근하는 그의 기본적인 이론적 관점인 '전략관계적 접근'을 소개하고, 이를 토대로 그의 접근이 지닌 의의와 한계를 논하려 한다. 그리고 이런 접근을 통해 필자는 "그의 전략관계적 접근에게 자신이 차지해야 할 합당한 자리를 찾아주는 것"을 시도해 보려고 한다. 이처럼 전략관계적 접근 자체를 문제 삼을 경우, 이 책에서 논의된 내용만을 대상으로 하는 것으로는 그의 접근법을 옳게 이해하는 데 한계가 있다. 그래서 필자는 전략관계적 접근을 이해하는 데 필요하다고 생각되는 한에서 다른 책에서의 내용도 논의의 대상에 포함시키려 한다.

3. 밥 제솝이 말하는 전략관계적 국가론

밥 제솝은 자신의 전략관계적 국가론을 행위를 '전략(적 행위)'의 관점에서 접근하는 '구조와 전략의 복합적인 변증법'으로 명명한다(Jessop, 1990, p. 381). 이 이론의 주요 내용은 아래와 같다.

방법론

밥 제솝은 '추상에서 구체로의 상승' 및 '단순에서 복잡으로의 운동'이라는 마르크스의 방법론을 채택한다. 다시 말해 "구체적인 것은 그것이 다양한 규정의 종합, 즉 잡다한 것들의 결합이기 때문에 구체적이며(Marx, 1857, p. 38)", 과학적 분석의 목적은 '실재적 구체성the real concrete'을 '사유 속의 구체성the concrete-in-thought'으로 재구성하는 것이라는, 『정치경제학 비판』(1857) 「서문」에서 마르크스가 언급한 내용을 이론 구성의 방법론적 지침으로 삼고 있다. 이런 관점에서 보면 '실재적 구체성'을 '사유 속의 구체성'으로 전화시키는 것을 목적으로 삼는 실제적 이론이란 "다면적 규정들의 복잡한 종합"으로서 그것을 사유 속에 재구성하는 것이다.

현실적 · 구체적 연구 대상으로서의 국가 역시 단일의 인과원칙으로 환원 불가능한 "다양한 규정의 복합적 종합"이다. 때문에 특정한 국면이나 정세에서 나타나는 국가 운동을 적절하게 설명하는 실제적 이론은 오직 다양한 규정의 '접합articulation'에 기초해 구축될 수 있다(Jessop, 1990, 19f.). 밥 제솝에 의하면, '추상에서 구체로의 상승'을 통해 파악해야 할 '다면적인 규정의 복합적 종합'은 첫째, '구체화concretization', 즉 추상 수준을 낮추는 것(예를 들어 '자본'을 '서로 경쟁하는 개별 자본의 총체'로 구체화시키는 것 등)과, 둘째, '복합화complexification', 즉 다른 분석의 영역에서 밝혀진 규정들을 첨가하는 것(예를 들어 계급적 규정에 남녀 간의 성관계와 같은, 계급적 규정으로 환원 불가능한 다른 규정을 첨가하는 것 등)을 통해 이뤄질 수 있다(Jessop, 1985, p. 284).

그런데 높은 추상 수준에서 정립된 설명은 그보다 낮은 추상화 수준에서는 '미결정적인 것'이 되고, 설명 대상이 구체적이면 구체적일수록 그 구체적인 존재 조건이 실현될 수 있는 형태들이 더 '결정적인' 것이 된다. 때문에 높은 추상 수준에서 파악된 특정의 구조적 메커니즘이란 추상화 수준을 낮추면 낮출수록 더욱 잠재적이거나 경향적인 것이지 반드시 '현실화'되는 것이 아니며, 현실화된다 할지라도 더욱 더(다른 매개변수들을 고려해야 하므로) 중층결정되는 것, 다시 말해 더욱 더 '우연적으로 필연화된 것', 즉 '우연적 필연성contingent necessity'으로 파악해야 한다(Jessop 1990, 12f.). 때문에 "통일적이며 수미일관한 국가론을 확립하는 것은 불가능"하며(Jessop, 1982, p. 28), 계급성과 같이 "단일한 인과원칙에 기초하여 주어진 정세의 특정한 국가를 설명하려는 노력은 …… 환원주의와 본질주의에 빠지게 된다(Jessop, 1982, p. 29)."

이와는 달리, 비환원론적이고 비본질주의적인 국가론은 "단일한 분석 지평에서의 추상으로부터 구체로의 운동과, 다양한 분석 지평에서 도출되는 규정들의 결합" 양자를 필요로 하며(Jessop, 1982, p. 213), "특정 정세의 '우연적 필연성'과 그 결과들을 정세의 다양한 결정요인이라는 측면에서 설명하려고 노력해야 한다(Jessop, 1982, p. 218)."

자본주의 사회의 국가의 형태적 규정들

위에서 소개한 방법론적인 입론에 기초하여, 밥 제솝은 1970년대에 독일에서 행해진 '국가도출론'의 합리적 핵심이 자본주의적 생산 양식에서는 잉여의 수취가 경제외적 강제를 불필요하게 만들고 '가치 형태value-form'를 취한다는 사실로부터 국가가 '시민 사회의 곁과 밖'에 존재하는 형태, 즉 경제로부터 제도적으로 분리된 형태를 취한다고 본 짐에 있다고 보았다. 이 평가에 기초하여 국가를 가장 추상적인 수준에서는 그 자체로서 권력을 행사할 수 없는 제도들의 집합, 즉 "미리 주어진 형식적 혹은 실질적 통일성도 없는 특수한 제도적 총체"로서 보아야 한다(Jessop, 1990, p. 267)는 견해를 밝힌다.

'제도적 분리'라는 국가형태state-form는 이미 명백히 국가와 자본의 필요 간의 탈구dislocation를 가능케 하고(Jessop, 1990, p. 206), 그 일치는 '우연적 필연성'에 내맡겨진다는 사실을 포함한다. 따라서 국가 형태가 반드시 자본가의 이익을 선호한다고 가정할 하등의 이유는 없다. 국가는 그 자체로서는 권력을 행사할 수 없는 단순한 '제도의 총체'이고, 국가 권력은 "주어진 정세 속에서 그것이 자본 축적에 필요한 조건을 창출하고 유지하고 복원시키는 한 그만큼 자본주의적이고 그렇지 못하는 한 비자본주의적이다(Jessop, 1990, p. 354)." 그리고 가치 형태는 자본 축적의 역사적 특수성을 표시하는 것이기는 하지만 국가 형태와 마찬가지로 자본 축적의 구체적인 경로에 대해서는 '미결정적'이다.

나아가 경제와 분리된 '특수한 제도적 총체로서의 국가 형태'는 국가 분석의 가장 추상적 수준에서 작동하지만, 그것보다 한 단계 낮은 수준인 '형태로서의 국가state as form'는 '대의제 형태', '국가 개입 형태', '국가 내부 조직의 형태'라는 세 측면의 접합으로 구성된다. 그리고 대의제의 형태로는 모두 포괄하는 것은 아니지만 온정주의clientalism, 조합주의corporatism, 의회주의parliamentarism, 다원주의pluralism, 국가이성주의raison detat가 있다. 그런데 국가는 다원주의 국가론이 상정하는 것과 같은 단순한 '블랙박스'가 아니고, 정치적 지배 체제로서의 국가 기구 자체의 재생산에 관여하는 독립적인 조직 형태들을 가지고 있다. 그리고 국가가 어떤 대의제 형태와 개입 형태를 지니고 있는가는 국가에 대한 지지와 저항의 사회적 토대를 파악하고, 국가의 '정상적' 형태와 '예외적' 형태를 구분하는 데에 중요하다. '형태로서의 국가'는 국가가 정치 세력들에 대해 어떤 '편향성'과 '선택성'을 지니고 있는가를 파악하는 데에도 중요하다. 즉, 국가의 특수한 제도적 형태, 구조, 작동 양식은 특정한 유형의 정치적 전략이나 특정 정치 세력에 더 수용적이거나 덜 수용적으로 작용하며, "국가 장치에의 접근 기회의 차별성과 특수한 효과 실현 기회의 차별성(Jessop, 1982, p. 224)" 내지 "형태 결정적인form-determined 편향"을 내장하고 있는 것이다(Jessop, 1990, 147f.). 그러나 동시에 이 같은 "편향은 항상 경향적이고 적절한 전략에 의해 잠식당할 수도 강화될 수도 있"으며, 따라서 "국가 구조와 운영 절차에 대해 정해진 전략적으로 선택적인 한계 내에서 국가 권력의 결과물은 정치적 행동에 참여하는 세력 간의 변화하는 힘 관계에 의해서도 결정된다(Jessop, 1990, p. 353)." 그런데 제솝은 국가 형태에 의해 규정되는 국가의 편향성과 선택성을 애초에는 결정론적인 구조주의적 뉘앙스를 지닌, 클라우스 오페와 폴란차스가 말한 국가의 '구조적 선택성' 개념으로 표현하다가(Jessop, 1985, p. 301), 전략관계적 국가론을 본격적으로 제창하면서부터는 그 개념과 더불어 행위적 수준에서는 행위 주체들의 전략과 선택의 유동성 등을 강조하는 개념인 '전략적 선택성' 개념을 사용한다(Jessop, 1990, 9f.; p. 260).

국가 권력과 전략관계적 집근법

제도적 총체로서의 국가가 아니라 '권력으로서의 국가' 내지 '국가 권력'과 관련하여, 제솝은 전략관계적 국가론을 개진한다. 국가 권력은 어떤 선험적이고 본질적인 내용을 지닌 것이 아니라 규정된 국면에서의 사회적 세력 간 균형의 변화를 반영하는 "형태 결정된 사회적 관계(Jessop, 1990, p. 206)"이며, 그것도 그 속에 다양한 사회정치 세력들 간의 힘 관계가 각인되는 사회적 관계의 응집 내지 "정치적 투쟁 및 정치와 관련된 투쟁에서 이뤄지는 세력 균형의 형태 결정된 응축(Jessop, 1990, p. 256)"이다. 나아가 국가는 '전략적 선택성'에 의해 그 형태성에서 변용이 일어난다는 점에서 전략적이며, 사회적 관계의 응축이라는 점에서 투쟁하는 세력들에게 전략적 중요성을 지닌 특수한 권력이다. 제솝은 '전략'이라는 개념에 기초하여 한편으로는 국가의 형태성을 전략적 선택성이라는 측면에서 분석하고, 다른 한편으로는 힘 관계의 응집을 세력들의 전략적인 정치적 실천과 연결시킴으로써 기존의 마르크스주의적 국가론의 대표적인 두 조류인 '자본이론적' 접근의 추상적인 기능주의적 구조결정론과 '계급이론적' 접근의 정세적 상대주의와 행위결정론의 한계를 극복하려고 한다. 즉 그의 전략관계적 접근은 가치 형태와 국가 형태의 다양한 계기에 의해 부여되는 구조들과, 이 같은 구조적 맥락 속에서 취해지는 행위 주체들의 전략 간 "구조와 전략의 변증법(Jessop, 1985, p. 344; Jessop, 1990, p. 205)" 내지 "구조적 제약들과 정치적 결정들의 결합(Jessop, et al., 1988, p. 164)"의 변증법을 추적하려는 것이다.

그런데 전략은 항상 복수적이며 단일한 총체적 전략은 존재하지 않는다(Jessop, 1985, 355f.; 1990, p. 264). 즉 사회적 관계에 있어서 거시적 필연성은 존재하지 않으며 항상 대안적 전략들이 존재할 뿐이다. 그렇다면 국가가 그 자체로서는 하나의 특수화된 제도적 총체에 불과하고 게다가 거시적 필연성도, 특정의 사회적 관계를 재생산시키는 단일의 총체적인 전략도 존재하지 않는다면, 국가는 어떻게 그 내적 통일성을 확보하고, 자본주의 사회는 어떻게 사회적 통일성을 확보할 수 있는가라는 의문이 떠오른다. 즉 국가 체계와 자본주의적 사회 구성체의 재생산을 어떻게 비환원론적, 비기능주의적, 비구조주의적으로, 즉 전략관계론적으로 설명할 수 있는가가 의문시되는 것이다. 이 문제와 관련하여, 제솝은 그런 통일성을 부여하는 '국가 효과state effect' 내지 '국가 개입의 효과'와 그 원천으로서 (지배적인) '국가 프로젝트state project'의 문제를 제기한다.

먼저 제도적 총체로서 국가의 '형식적 통일'은 전형적으로 관료제의 성장-발전과 관련을 지니지만, 그 '실질적 통일'은 정치적으로 구성되는 것으로 오직(지배적인) 국가 프로젝트 내지 국가 전략에 통해서만 확보될 수 있을 뿐이다(Jessop, 1990, 7ff.). 여기서 국가의 '전략적 선택성'이라는 개념이 사회 세력의 힘 관계와 이들이 추구하는 다양한 전략에 대해 국가가 미치는 차별적 영향을 지시한다면, '국가 프로젝트'라는 개념은 전략 형성의 장이자 동시에 대상으로서의 국가의 성격을 부각시킨다(Jessop, 1990, p. 9).

축적 전략과 헤게모니 프로젝트 및 역사적 블록

국가의 실질적 통일성은 국가 프로젝트에 의해 확보될 수 있다. 그러나 국가의 통일성과 한 공동체의 사회적 · 정치적 통일성은 그것만으로는 불충분하고, 사회 세력들의 헤게모니 전략 내지 사회 프로젝트로 부를 수 있는 "국민적-민중적national-popular 프로젝트"와 결부될 때에만 확보될 수 있다. 사회세력의 헤게모니 프로젝트로 환원될 수 없는 독자적 프로젝트라 할 수 있는 국가 프로젝트는 이 헤게모니 프로젝트와 '접합'함으로써 헤게모니 프로젝트의 내용이 국가 장치 속에 각인되며, 사회의 헤게모니적 구조라 할 수 있는 '역사적 블록'과 헤게모니 프로젝트 틀 내에서 사회적 "요구를 수렴하고, 변형시키고, 우선순위를 정하며 타협의 불안정한 균형 상태를 유지하기 위해 필요한 물질적 양보의 흐름을 조정하는 특수한 대중 통합 양식"과 "물질적 타협, 상징적 보상, 억압의 혼합"을 만들어낼 수 있다(Jessop, 1990, p. 207).

그런데 자본주의 사회에서 경제로부터의 국가의 제도적 분리는 국가가 실제로는 축적을 보장하도록 기능하지 않을 수도 있음을, 그리고 축적을 보장하는 기능을 수행하는가의 여부는 특정한 국면의 특수한 자본 축적 전략과 관련된 국가 권력의 전반적인 영향력에 대한 분석을 통해 확인해야 함을 가리킨다(Jessop, 1990, p. 358). 국가와 경제의 관계는 제도적으로 분리되고 자기준거적인 두 체계가 어떻게 '접합'될 수 있는지에 관한 문제를 제기한다(Jessop, 1990, 10f.; 4358f.). 이 문제와 관련하여 제솝은 '국가의 상대적 자율성'이라는 개념 대신 "상이한 체계의 자율성, 공존성, 상호의존성으로부터 출발하고, …… 그것들이 결합되는 핵심적 메커니즘"을 시사하는 '구조적 결합structural coupling'과 '전략적 조정strategic coordination'이라는 개념을 사용할 것을 제안한다. 여기서 '구조적 결합'이라는 개념은 "자율적 구조로 간주되는 상이한 구조들의 형식적·실질적 접합"을(Jessop, 1990, p. 359), '전략적 조정'이라는 개념은 "특수한 사회 세력 또는 주체들의 관점에서 고려된 동시진화성의 전략적 차원(Jessop, 1990, p. 359)"을 가리킨다.

전략적 조정은 특정한 결과를 산출하기 위해 상이한 조직, 구조, 체계의 행위를 조절하려는 명백한 시도로서 의의를 지닌다. 그리고 전략적 조정에서 중요성을 지닌 것은 '축적 전략', '국가 프로젝트' 및 '헤게모니 프로젝트'이다. 이처럼 '구조적 결합'과 '전략적 조정' 개념은 제솝에게는 무엇보다 국가와 경제의 관계 등을 파악하기 위한 개념으로서 의의를 지닌다. 그런데 자본 역시 어떤 사물이 아니라 사회적 관계, 그것도 "형태 결정된 사회적 관계"이며 (Jessop, 1990, p. 197), 자본 축적은 "가치 형태에 의해 결정된 틀 내에서 상호 작용하는 계급 세력 간의 투쟁을 통해서 형성되는, 변화하는 세력 균형의 복합적인 결과물"이다(Jessop, 1990, p. 197). 그러므로 "가치 형태의 복합적 양상을 고려하지 않고 자본주의의 역사적 특수성을 이해할 수 없지만, 가치 형태 자체가 자본 축적의 경로를 완전하게 결정하는 것은 아니다(Jessop, 1990, p. 197)." 때문에 국가와 경제의 구조적 결합과 전략적 조정의 문제로 이해할 수 있는 국가와 경제의 관계를 분석하려면 보다 구체적인 수준에서 국가와 자본 순환의 관계를 문제 삼아야 하는데, 자본 순환 과정은 '자유 경쟁', '사적 독점', '국가 독점'이라는 자본 순환의 지배적 형태와 관련하여, 그리고 보다 구체적인 수준에서는 '조절 이론'에서 말하는 '축적 체제'와 그 축적 체제의 여러 '발전 모델'과 관련시켜 논할 수 있다. 그러나 유의할 점은 자본 순환의 실질적 통일성이 필연적이지 않으며, 자본이 따라야만 하는 미리 결정된 축적 패턴이 존재하지 않는다는 점이다(Jessop, 1990, p. 202). 가치 형태의 다양한 계기 사이의 복합적인 내부 관계는 형식적인 통일성을 갖고 있을 뿐이다. 즉, 그 관계는 일반화된 상품 생산의 표현 양식으로서만 통일되어 있는 것이다. 이와는 달리, 자본 순환의 실질적 통일성과 지속적 재생산은 가치 형태의 제약하에 그런 계기들을 성공적으로 조절하는 데 달려 있는데, 이와 관련하여 '축적 전략accumulation strategy'이 중요하다. 그런데 특정한 경제적 '성장 모델'로 드러나는 축적 전략이 성공적이려면, "자본 순환의 다양한 계기들 …… 이 한 자본분파 …… 의 헤게모니하에 통일되어야만 한다(Jessop, 1990, 198f.)." 경제적 헤게모니 분파가 될 수 있는 자본 분파는 자본주의 발전 단계에 따라 변화한다. 그리고 성공적인 축적 전략의 추구를 통한 경제적 헤게모니의 행사는 단순한 경제적 지배economic domination 및 산업 자본 순환에 의한 최종 심급에서의 경제적 결정economic determination과는 구분되는 것으로 특정의 축적 전략이 일반적인 승인을 얻음으로써 획득되는 경제적 지도력에서 나온다(Jessop, 1990, p. 199). 그러므로 자본주의 발전의 동학을 이해하기 위해서는 경제적 결정, 경제적 지배, 경제적 헤게모니 사이의 접합과 탈구의 복합적인 형태를 체계적으로 연구해야 할 것이다. 그리고 변화하는 '축적 전략'에 준거하여 자본 순환의 시기를 구분할 수 있다.

그런데 넓은 의미에서 헤게모니란 "어떤 특정 계급(혹은 계급 분파), 더 엄밀하게는 그 계급의 정치적, 지적, 도덕적 대변자들의 정치적, 지적, 도덕적 지도력하에 다양한 계급 관련 세력을 호명하고 조직하는 것"을 가리키는데(Jessop, 1990, 207f.), 이런 지도력 행사에서 관건은 특수 이익과 일반 이익의 갈등이라는 추상적 문제를 해결할 수 있는 특수한 '헤게모니 프로젝트'를 개발하는 것이다. 그런데 '헤게모니 프로젝트'와 '축적 전략'은 "부분적으로 중첩될 수 있으며, 서로 조건지울 수 있다 할지라도 양자가 동일한 것은 아니다(Jessop, 1990, p. 208)." 축적 전략이 경제적 성공과 관련된다면, 헤게모니 프로젝트는 경제와 관련을 지니기는 하지만 주로 다양한 비경제적 목표와 연결할 수 있다. 그리고 전자가 일차적으로 경제적 수준에서의 계급적 세력 균형을 지향하는 반면, 후자는 전형적으로 경제적 관계뿐만 아니라 시민 사회 및 국가의 영역에 기초한 보다 광범위한 문제들을 지향하며, 따라서 모든 관련 사회 세력 간의 균형을 고려해야 한다. 이 점에서 헤게모니 프로젝트는 단순히 계급 관계가 아닌 '국민적 · 민중적 관계들national-popular relations'과 관련된다(Jessop, 1990, p. 208). 나아가 이런 차이점들을 인정한다면, "특수한 국면에서 축적 전략과 헤게모니 프로젝트 사이의 일정한 균열 혹은 불일치가 발생할 여지가 있음"이 드러난다(Jessop, 1990, p. 208). 다른 한편, 변화하는 헤게모니 프로젝트를 준거로 하여 국가의 시기를 '자유주의 국가', '개입주의 국가', '권위주의 국가' 등으로 구분할 수 있고, 국가 형태가 지닌 구조적 결정과 관련되는 전략적 선택성, 헤게모니와 정치적 실천의 관계, 헤게모니와 지배적인 축적 전략과의 관계 등과 관련하여 국가를 '정상' 국가(민주적 국가)와 '예외' 국가(비민주적 국가)로 구분할 수 있다.

끝으로 특정한 축적 전략, 특정한 계급 관계와 사회적 관계의 총체 및 특정한 헤게모니 구조와 전략 등을 하나로 묶어 통일성을 부여하는 개념이 그람시Gramsci가 말한 '역사적 블록historical bloc'이라는 개념이다(Jessop, 1990, p. 214). 역사적 블록은 "다양한 제도적 질서의 진화적인 구조적 결합과(이들 간에) 일정한 조응성을 부여하기 위한 다양한 프로젝트"에 연원한 "비필연적이고, 사회적으로 구성되고 담화적으로 재생산되는 상대적 통일성"을 특징으로 하며(Jessop, 1990, p. 366), 자본주의 사회 구성체의 역사적 재생산의 비밀이다. 그러나 이 같은 통일성 역시 마찬가지로 "항상 잠정적이고, 불안정하고, 경향적"일 뿐이다. 이에 따라 자본주의 사회 구성체의 "재생산 역시 항상 불안정하고 부분적이다(Bertramsen, et al., 1988, p. 71)". 때문에 역사는 "자연적 필연성도 제멋대로의 우연성도 아니다. 그것은 그들 자신의 역사를 만드는—그러나 그들 자신이 스스로 선택하지도, 완전히 이해할 수도, 마스터하기를 바랄 수도 없는 환경 속에서 만들어 나가는—사회 세력들의 복잡하고, 모순적이고, 불안정하며, 미완성의, 잠정적인 산물이다(Jessop, et al., 1988, p. 13)." 이 과정을 이해하는 키워드는 '우연적 필연성contingent necessity'이며, 그 과정에 대해서는 오직 사후적 설명만이 가능할 뿐이다.

지금까지의 논의를 도표로 표시해보면 다음과 같다.

표 1 밥 제솝의 전략관계적 국가론: 구조와 전략의 복합적 변증법

		방법론: '추상에서 구체로의 상승' / '단순에서 복잡으로의 운동'			
국가	구조	국가 형태(1): 제도적 분리/권력으로서의 국가: 제 세력의 투쟁에서 이뤄지는 세력 균형의 형태 결정된 응축	국가 형태(2): 대의제 형태, 내부 조직, 개입 형태의 차이→국가의 편향성	국가 형태(3): 다양한 국가 레짐의 성립과 교체(우연적 필연성	
	전략		국가의 전략적 선택성	국가 프로젝트와 헤게모니 프로젝트의 접합과 탈구	'구조적 결합'과 '전략적 조정'을 통한 3수준의 조응과 부조응(우연적 필연성)→'역사적 블록'의 성립과 교체
사회	구조				
	전략			헤게모니 프로젝트의 성립과 교체(우연적 필연성)	
경제 (자본주의 생산 양식)	구조	가치 형태	자유 경쟁→사적 독점→국가 독점	축적 체제→발전 모델의 성립과 교체(우연적 필연성)	
	전략			축적 전략의 성립과 교체(우연적 필연성)	

주: 음영 부분-'전략관계적 국가론'의 본래적 연구 대상

4. 공백과 과제

지금까지 필자는 밥 제솝의 전략관계적 국가론의 방법론과 주요 내용을 가능한 간단하게 정리해보려 했다. 다양한 이론적 자원을 건설적으로 절충시킨 그의 전략관계적 국가론은 구체적 · 경험적 수준의 국가 연구에 아무런 길잡이 역할을 하지 못했던 이전의 높은 추상 수준의 국가 이론이 가진 한계를 벗어나, 구체적 · 경험적 수준의 국가 연구에 이론적 전망을 부여하는 중범위 수준의 국가 이론으로서 높게 평가받는다. 또 이런 점 때문에 그의 국가론은 그와 이론적 입장을 공유하지 않는 연구자들에게도 많은 영향을 주고 있다. 그러나 다른 한편, 그의 전략관계적 국가론은 해외에서 수많은 논쟁을 불러일으켰다. 특히 구조와 행위(내지 투쟁)의 관계와 관련하여 제솝의 국가론을 '구조와 행위의 분리론 내지 탈구론'으로 비판한 본펠드W. Bonefeld와 할러웨이J. Holloway 등으로 대표되는 영국 CSE이론가들과의 논쟁은 유명하다(김세균, 1994). 한국에서는 김호기 교수가 그의 이론을 선구적으로 소개한 적이 있고(김호기, 1993), 이후 손호철 교수가 그의 이론을 본격적으로 비판하는 글을 발표한 적이 있다(손호철, 1994). 여기서는 그의 이론을 둘러싸고 있었던 제반 논쟁들을 일일이 소개하기보다는 필자의 관점에서 그의 이론이 지닌 문제점이 무엇이며, 그 문제점을 극복하기 위해 어떤 이론적 교정이 필요한가를 논의해 보려고 한다.

방법론 문제

마르크스가 1857년의 「서문」에서 밝힌 정치경제학 비판의 방법은 일차적으로 자본주의적 생산 양식을 구성하는 범주 간의 '내적 연관성'과 단순 규정의 '복잡화'를 파악하는 방법으로서 의의를 지닌다. 그런데 '내적 연관성의 추적'과 '단순 규정의 복잡화의 파악'은 서로 '외적 연관성'을 맺는 규정들 간의 관계를 파악하는 방법인 '접합articulation'과는 구분된다. 접합의 방법은 예를 들어 첫째, 상호 침투, 상호 반영의 관계를 맺지만 어느 하나로 남김없이 환원시킬 수 없는, 예를 들어 계급 문제와, 계급 문제와 뒤얽혀 있지만 계급 문제로 환원 불가능한 비계급적 문제의 관계를 파악하는 방법으로, 나아가 둘째, '내적 연관성'이 만들어내는 '통일성 속의 차이'에 기초하여 상대적 자율성을 지니고 운동하는 범주 간의 관계를 파악하는 방법으로서 의의를 지닌다.

그리고 '추상적인 것에서 구체적인 것으로', '단순한 것에서 복잡한 것으로'의 방법을 통해 마르크스는 한편으로는 그런 범주들의 내적 연관이 만들어내는 '가장 심층적인' 구조와 그 구조의 동학을, 다른 한편으로는 그런 심층적 구조를 둘러싸고 운동하는 보다 '표층적인' 구조와 그 구조의 동학을 밝히고 있다[예를 들어 자본주의 생산 양식의 가장 내밀한 구조적 관계인 '생산 과정에서의 착취-피착취 관계'가 노동 시장에서의 '노동력 상품 구입자들(자본가)과 노동력 상품 판매자들(노동자) 간의 자유, 평등, 소유 관계'로의 전화 및 가장 표피적 수준에서의 '모든 개별 상품 소유자들의 자유, 평등, 소유, 박애 관계'로의 전화에 관한 마르크스의 『자본론』제1권에서의 논의를 참조하라]. 그런데 '가장 심층적인' 구조와 그 구조의 동학은 그런 구조를 지닌 체제에서 가장 본질적이고, 가장 깨뜨리기 어렵고, 변화하기 어려운 것인 반면, 표층적인 것일수록 많은 변수의 상호작용으로 인해 그만큼 더 비본질적이고 쉽게 깨지며 더 많이 변화에 노출된다. 때문에 "가장 추상적인 것이 (연구 대상의 근간과 본질적인 면을 드러낸다는 측면에서) 가장 구체적이고, 가장 구체적인 것이 (근간과 본질적인 것이 아니라 부분적인 것, 표층적인 것을 연구 대상으로 삼기 때문에 피상적이라는 뜻에서) 가장 추상적이며", "합리적 추상일수록 그만큼 더 구체적인 것이 된다"는 역설이 성립한다.

이와 관련, 추상성이 높은 수준에서 정립된 설명은 그보다 낮은 추상화 수준에서는 '미결정적인 것'이 되고, 설명 대상이 구체적이면 구체적일수록 그 구체적인 존재 조건이 실현될 수 있는 형태가 더 '결정적인' 것이 되며, 그렇기 때문에 높은 추상화 수준에서 파악된 특정의 구조적 메커니즘은 추상화 수준을 낮추면 낮출수록 더욱 잠재적이거나 경향적인 것이지 반드시 '현실화'되는 것이 아니며, 현실화된다고 할지라도 더욱 더 (다른 매개변수들을 고려해야 하므로) 중층 결정된 것, 다시 말해 더더욱 '우연적으로 필연화된 것'으로 파악해야 한다는 제솝의 주장이 문제시된다. 이런 주장은 추상이란 단지 하나나 적은 수의 변수를, 그리고 구체란 더 많은 변수를 고려하는 것 정도로 이해하는, 추상과 구체의 관계에 대한 완전히 전도된 설명이다. 오히려 보다 심층적인 구조와 관련되는 추상적인 규정일수록 더 결정적이고 더 필연적인 것이 되고, 보다 표층적인 구조와 관련되는 규정일수록 미결정적이고 우연에 더 많이 노출되는 것으로 보아야 할 것이다. 예를 들어 우리는 오늘 전근대 이후의 사회를 예나 지금이나 다름 아닌 '자본주의 사회'로 개념짓고 있는데, 그 이유는 그간의 수많은 변화에도 불구하고 자본주의 사회라고 부를 수밖에 없는 어떤 근본적인 측면들이 지금도 재생산되고 있기 때문이다. 변화 속에서도 변하지 않고 재생산되는 특정의 사회적 관계를 우리는 자본주의 사회의 가장 심층적인 구조(적 관계) 내지 자본주의 사회의 가장 본질적인 측면이라고 부를 수 있을 것이다.

다른 한편, '우연적 필연성' 개념은 우연성을 필연성 관철의 계기로 보는 '필연성의 유물론'과는 달리, 필연성을 우연성 관철의 계기로 보면서 우연적인 것들의 마주침과 이런 마주침의 누적을 통한 필연성(구조, 법칙 등)의 창출이라는 관점을 제시하는, 알튀세르Althusser가 주창한 '우발성의 유물론'의 기본 개념에 속한다. 그런데 우연적 필연성이라는 개념이 가장 잘 적용될 수 있는 사례는 제 요소들이 아무런 연관을 맺지 못하고 있다가 미소한 편차 운동 등을 통해 처음으로 마주치고 이 마주침이 누적되어 구조와 법칙 등이 생겨나는 상태이다. 그러나 이런 상태란 역사적 현실에서는 존재하지 않는다. 역사적 현실에서는 아무리 개개 요소가 많은 독립성을 지니게 될지라도 많든 적든 이미 성립되어 있는 구조와 법칙으로부터 완전히 자유롭게 운동할 수 없다. 그러므로 우발성의 유물론 입장에 선다고 할지라도 이미 성립된 구조적 강제력이 상대적으로 약한 표층적인 관계의 변화일수록 그 변화가 우연에 더 많이 노출되는 것으로, 그리고 보다 심층적인 것에 관련된 것일수록 심층적인 구조적 강제와 동학에 더욱 구속된다고 보아야 할 것이다. 이 점에서 모든 변화를 무작위로 '우연적 필연성'의 개념에 의해 설명하는 것은 사회 변동과 정치 변동에 대한 올바른 설명을 제공하지 못한다. 따라서 예를 들어 자본주의 사회의 근본적인 구조와 그 구조가 만들어내는 가장 심층적인 수준의 법칙은 표층적인 관계의 구조와 법칙들보다는 더 많은 필연성을 지닌 것으로 보아야 할 것이다.

국가 운동에 대해

밥 제솝은 국가를 가장 높은 추상 수준에서 아무런 권력을 갖지 못한 '제도적 총체' 자체로 매우 모호하게 파악하면서도 '권력으로서의 국가'와 관련해서는 "정치적 투쟁 및 정치와 관련된 투쟁에서 이뤄지는 세력 균형의 형태 결정된 응축(Jessop, 1990, p. 256)"으로 규정한다. 그러나 '제도적 총체 내지 장치로서의 국가'와 '권력으로서의 국가'는 처음부터 분리불가능한 통일체로서 파악하는 것이 옳다. 그런 분리는 이미 하나의 통일체로 이루어져 있는 것을 억지로 분리하는 것과 다름없다.

게다가 권력으로서의 국가를 "정치적 투쟁 및 정치와 관련된 투쟁에서 이뤄지는 세력 균형의 형태 결정된 응축"으로 규정하는 데에도 문제가 있다. 오히려 제도적 총체로서의 국가를 다른 제도적 장치들과 구분시키는 점은 국가가 정치적 지배 장치이자 국가 권력 행사의 장치라는 점, "세력 균형의(단순한) 형태 결정된 응축"이 아니라 "사회적 권력 관계의 정치적 응축"이라는 점이다. 국가 장치는 단순한 제도적 장치가 아니라 이미 처음부터 그런 정치적 응축이 물질화된 것이다.

그런데 제솝은 자본에 대해서는 가장 높은 추상 수준에서도 사회적 관계의 측면만을 부각, '가치 형태'(내지 '가치 법칙')에 결정되는 사회적 관계'로 규정한다. 그러나 국가를 장치로서의 국가와 권력으로서의 국가라는 두 측면에서 접근해야 하는 것과 마찬가지로 자본 역시 가장 높은 추상 수준에서는 '특수한', 즉 여기서는 '경제적 수준에서의 제도적 총체'이자 '경제적 수준의 사회적 관계'로 규정하는 것이 마땅하다. 그런데 경제적 수준의 사회적 관계 역시 권력 관계를 가지고 있다. 이와 관련해 권력 관계로서의 자본은 단지 '가치 형태'(내지 '가치 법칙')에 결정되는 '사회적 관계'로 규정하는 것은 부족하고, '노동에 대한 자본, 보다 구체적으로는 총 노동에 대한 총 자본의 근본적인 힘의 우위'를 통해 유지 · 재생산되는 사회적 관계로서, 그리고 가치 형태 내지 가치 법칙이란 그런 힘 관계를 바탕으로 하여 작동하는 자본주의 생산 양식의 가장 기본적인 형태 규정성이자 운동 법칙으로 파악하는 것이 옳을 것이다. 더 나아가 자본 축적을 단지 "가치 형태에 의해 결정된 틀 내에서 상호 작용하는 계급 세력 간의 투쟁을 통해서 형성되는, 변화하는 세력 균형의 복합적인 결과물"로 이해해서는 안 된다. 그런 규정의 전제가 되는 것은 '노동에 대한 자본의 근본적인 힘의 우위'이다. 왜냐하면 자본주의적 관계란 이런 힘의 우위에 기초하여 유지 · 재생산되는 사회적 관계이기 때문이다. 자본주의 생산 양식에 대한 가장 단순하고 가장 추상적인 규정, 즉 자본주의 생산 양식에 대한 가장 심층적인 규정은 자본주의 생산 양식이 '(노동력까지 상품으로 출현하는) 상품 화폐 관계 내지 시장 경제 체제에 의해 매개되는 (절대적·상대적) 잉여 가치 생산 체제'라는 점이다. 이런 규정은 자본주의 생산 양식의 가장 추상적 규정을 단지 '가치 형태'만으로, 즉 단지 상품화폐적 내지 시장적 관계만으로 파악하는 제솝의 견해와 구분된다. 그의 견해에는 형태 규정만 있고 내용 규정이 없다. 그런데 이 체제는 계급 갈등 속에서도 경제적 수준에서는 '노동자로부터의 생산 수단(조건)의 분리와 분리된 생산 수단(및 생산 조건)에 대한 자본으로의 독점'을 가능케 하고, '자본에 의한 생산된 잉여 가치의 전유'를 가져오는 노동에 대한 자본의 근본적인 힘의 우위 내지 그 우위의 표현인 자본의 경제적 권력에 의해 지탱되는 체제이자, 이 생산 양식의 유지·재생산을 위한 정치적 수준에서의 강권적 보장 없이는 유지될 수 없는 체제이다. 자본주의적 생산 양식은 이 생산 체제가 지닌 계급적 성격으로 인해 자본의 경제적 권력만으로는 결코 유지·재생산될 수 없다. 그런데 자본주의 생산 체제는 폭력과 강제력 사용의 배제, 소유권 인정, 모든 경제 주체의 형식적인 자유와 평등이라는 상품 화폐 관계에 의해 매개되는 경제 체제이다. 때문에 강권적 권력의 사용은 자본 자신에 의해 직접 행사될 수 없고 '시장 경제의 곁과 밖에 선 특수한 공적 권력체', 즉 제도적으로 분리된 국가를 통해 이뤄져야 한다. 그리고 이 공적 권력체는 무엇보다 상품 시장 관계를 특징짓는 '계약 관계'의 법적 표현인 '사법 체계'의 강권적 보장체로서 기능해야 한다. 동시에 이 체제는 상품 시장 관계의 이데올로기적 표현이라 할 수 있는 '소유적 개인주의 possessive individualism' 이데올로기와 '경쟁의 논리' 등에 의해 항상 보장받아야 하는 체제이기도 하다. 때문에 첫째, 경제적 규정에 속하는 (노동력까지 상품으로 출현하는) 상품 화폐 관계 내지 시장경제적 관계에 의해 매개되는 절대적·상대적 잉여 가치 생산 체제라는 경제적 규정, 둘째, 국가의 제도적 분리를 가져오는 국가의 형태특수화 및 국가 장치에 의한 강권 사용의 합법적 독점과 국가에 의한 사법 체계의 강권적 보장과 같은 정치적 규정, 셋째, '소유적 개인주의'와 '경쟁의 논리'라는 이데올로기적 규정들 간의 내적 연관의 관계는 자본주의적 사회 구성체의 가장 심층적 구조를 형성하며, 또 그렇기 때문에 이 심층적 구조 수준의 국가 형태와 기능은 자본주의 국가에 대한 가장 추상적 규정이라고 할 수 있는 '자본주의 국가의 역사적 유형' 내지 '국가 유형'에 관한 국가 규정이기도 하다. 이런 파악은 자본주의 사회의 국가를 권력으로서의 국가라는 측면에서 국가를 가장 추상적인 수준에서 단지 "정치적 투쟁 및 정치와 관련된 투쟁에서 이뤄지는 세력 균형의 형태 결정된 응축"으로 규정하는 제솝의 국가 규정과는 차이가 있다. 이와는 달리 제도적 총체로서의 국가의 성격을 규정하는 권력으로서의 국가는 가장 높은 추상 수준에서는 무엇보다도 전 사회적 관계에서 노동에 대한 자본의 근본적인 힘의 우위를 관철시키는 정치적 권력으로 이해해야 할 것이다. 그리고 국가 장치에 각인된 국가의 근본적인 계급적 성격은 '국가의 기본 성격'으로 규정될 수 있다.

제솝은 가장 높은 추상 수준 다음의 수준인 '형태로서의 국가'를 대의제 형태, 국가의 내적 구조, 개입 형태와 관련시켜야 한다고 주장한다. 그런데 투입input과 관련되는 국가 형태가 '대의제 형태'를 띠는 것은 '국가의 형태특수화'의 필연적인 결과이다. 그러므로 그 규정은 이미 국가 유형 수준의 국가 규정 속에 포함될 수 있다. 그리고 대의제 형태를 띤 국가의 내적 구조와 개입 형태 등을 규정함에 있어 결정적인 중요성을 지닌 것은 대의제 형태가 '의회주의'인가, '조합주의'인가라기보다는 국가가 '민주적 형태'인가 아니면 '비민주적 형태'인가이다. 여기서 '민주적 형태'와 '비민주적 형태'를 나누는 기준은 다음과 같다.

a. 경제 과정 수준에서는 노동력 상품의 판매와 구매 과정 등에서 노동자들의 '노동3권'을 인정하는지의 여부.
b. 시민 사회 과정 수준에서는 언론, 출판, 집회, 결사, 사상, 표현의 자유와 같은 국민기본권 내지 시민권을 인정하는 지의 여부.
c. 정치 과정 수준에서는 보통선거제의 도입 여부 및 모든 정치 세력의 정치적 활동의 자유 인정 여부 등.

그런데 국가가 '민주적 형태'를 취하는가, 아닌가는 크게 보면 노동에 대한 자본의 근본적인 힘의 우위라는 전제하에 형성되는 지배 블록과 피지배 대중 간의 특정한 전 사회적 힘 관계에 의해 결정된다. 그리고 제솝은 국가를 '정상 국가'와 '예외 국가'로 구분하면서 민주적 형태를 '정상 국가'로, 비민주적 형태를 '예외 국가'로 규정한다. 그러나 이런 규정은 민주적 정치 체제가 일정하게 공고화된 서구적 현실이 국가를 정상 국가와 예외 국가로 구분하는 기준이라는 견해로, 옳은 규정이라 보기 어렵다. 오히려 '예외' 국가는 변혁 세력이 집권함으로써 일종의 '이중 권력' 상태 속에 놓인 국가를, 이로 인해 자본주의 사회의 안정적 재생산을 위한 국가 기능에 근본적인 위기가 닥친 경우의 국가를 가리키는 개념으로 사용하는 것이 옳을 것이다. 그리고 여기서는 국가를 '민주적 형태'와 '비민주적 형태'로 구분하는 수준의 국가 형태를 '국가 형태'로 부르겠다. 여기서 드러나다시피 제솝의 국가론에서는 자본주의의 국가의 민주적 형태를 정상 국가로 간주함으로 인해 그의 이론이 대체로 민주 국가 체제하에서의 국가 운동을 이론화하는 한계를 보이고 있다. 아울러 우리는 이 수준에서 문제시되는 국가 형태에 무엇보다 절차적 · 형식적 민주주의를 둘러싼 사회정치 세력들의 힘 관계가 반영되어 있음을 주목해야 한다. 이 수준의 국가 형태에 관련된 국가 규정들은 거기에 상응하는 경제적, 이데올로기적 규정들과 궤를 같이하며 형성되는데, 우리는 이런 규정들의 총체를 '자본주의 사회 구성체의 가장 심층적 구조 다음의 심층적 구조'라 부를 수 있다.

제솝의 국가 이론은 기본적으로 자본주의 사회 발전의 특정 '국면'에서 나타나는 국가 운동을 설명하려는 지향성을 지니고 있다. 사실 그의 전략관계적 국가론은 이 수준의 국가 운동을 설명하는 데 적합한 국가 이론의 구축을 목표로 만든 이론이기도 하다. 그러나 이 수준의 국가 운동은 위에서 말한 '국가 유형 수준의 국가 운동'과 '국가 형태 수준의 국가 운동'을 전제함으로써만 적합하게 파악할 수 있는 '국가 레짐 수준의 국가 운동'이다. 때문에 그의 전략관계적 국가론은 위에서 말한 국가 유형 수준 및 국가 형태 수준과 관련된, 상대적으로 높은 추상 수준의 국가 운동을 전제로 하는 가운데 파악 가능한 국가 운동에 대한 '중범위 수준의 이론'으로서 의의를 지닌다. 그러나 그의 이론에서는 국가 레짐 수준의 국가 운동이 이뤄지는 구조적 조건으로 기능하는 국가 유형 수준 및 국가 형태 수준의 국가 운동에 대한 올바른 규정이 부재한다. 그렇기 때문에 그의 전략관계적 접근이 말하는 '구조와 전략의 변증법'이란 실은 사회의 보다 본질적인 구조들과는 무관한, 그보다는 더 표층적인 구조와 관련된 수준의 구조와 전략의 변증법만을 문제 삼고 있다는 근본적인 한계를 지니고 있다.

이런 문제점과 한계점은 그의 이론 구성 자체에서 그대로 드러난다. 즉 제솝은 축적 전략을 '자본'의 축적 전략으로 이해하고, 성공적인 축적 전략은 자본 순환의 다양한 계기들이 한 특정 자본분파의 헤게모니하에 통일될 때 확보된다고 말한다(Jessop, 2000, 198f.). 나아가 특정의 사회 발전 전략은 축적 전략과 일치하는 것은 아니지만 축적 전략과 '접합'할 수 있을 때에만 헤게모니 프로젝트가 될 수 있고, 국가 프로젝트는 헤게모니 프로젝트와 동일한 것은 아니지만 헤게모니 프로젝트와 '접합'할 수 있을 때에만 국가의 통일성 및 한 공동체의 사회적 · 정치적 통일성을 확보하는 (지배적인) 국가 프로젝트가 될 수 있다고 말한다. 이 말을 달리 표현한다면 국가는 자본 운동에 직접적으로 종속된 가운데 운동하지는 않지만, 헤게모니적 자본 분파의 요구에 조응하는 헤게모니적 사회 발전 프로젝트와의 조응을 통해 자본 운동의 요구에 조응 관계를 맺고 운동한다는 것을 뜻한다. 물론 이를 통한 자본주의 체제의 안정적인 헤게모니적 재생산은 위기를 맞이할 수 있다. 그러나 그의 이론 구성에서 헤게모니 프로젝트는 오직 자본의 축적 전략과 '접합'할 수 있는 것일 때에만 헤게모니 프로젝트가 될 수 있을 뿐이다. 제솝은 간혹 '대안적인 헤게모니 프로젝트'에 대해 말하기도 한다. 그러나 그의 국가론은 그런 프로젝트의 출현이 어떻게 가능하고 그것이 또 어떻게 국가 프로젝트가 될 수 있는지에 대해서는 전혀 이론화하지 못하는 가운데 단지 "특수한 국면에서는 그것들(축적 전략과 헤게모니 프로젝트: 필자 주) 사이에 일정한 균열 혹은 불일치가 발생할 여지가 있다(Jessop, 2000, p. 208)"고 말하고 있을 뿐이다. 게다가 그는 자본의 축적 전략에 대해 '특정 국면에서 일정한 균열과 불일치'를 보이는 헤게모니 프로젝트가 결코 '대안적인' 헤게모니 프로젝트가 될 수 없다고 지적한다. 이런 점들은 그의 국가 이론이 자본주의 사회의 국가가 크게 보아 결국 '자본주의 국가'로 기능한다는 전제하에 국가 레짐 수준의 국가 운동이 과연 자본의 축적 요구에 조응하는 운동을 하는가, 아니면 그런 운동을 하지 못함으로써 위기를 맞이하는가를, 그리고 이렇게 위기를 맞이한 국가가 다시 어떻게 자본의 축적 요구에 조응하는 운동을 하게 되는가를 구명하는 국가 이론의 성격을 지니고 있음을 가리킨다.

지금까지의 논의와 관련하여, 우리는 그의 전략관계적 국가론이 유의미한 국가론이 되려면 그의 국가 이론 구성의 전제가 되는 규정들이 그의 국가 이론에 부재함으로 인해 생기는 이론적 한계와 혼란을 극복해야 함을 알 수 있다. 특히 다음의 점을 지적할 수 있다.

a. 구조의 문제를 형태의 문제로 해소하고 있는 것은 잘못이다. 구조가 지닌 내용 규정까지 포함시켜야 한다.
b. '국가 프로젝트'에 대해 말하기 이전에 국가 유형 수준 및 국가 형태 수준에 상응하는 국가의 성격과 기능 및 형태 등에 대한 규명이 있어야 한다. 특히 국가 장치에 통일성을 부여하는 것은 국가 프로젝트에 앞서 국가 유형 수준의 국가의 기본 성격이라는 점, 그리고 이 국가 성격이 국가 프로젝트보다 더 근본적이고 결정적이라는 점이 중요하다.

c. '전략적 선택성'은 그런 전략적 선택을 제약하는 국가의 기본 성격이라는 '구조적 선택성'에 기초해서 파악되어야 한다. 국가의 편향성 역시 단지 형태에만 관계되는 것이 아니라, 더 중요하게는 국가의 성격과 관련되는 것으로 파악되어야 한다.

d. 심층적 구조의 수준에서는 정치와 경제의 관계를 '통일성의 차이'의 관점에서 접근해야 한다. 따라서 접합의 방법을 적용하기 전에 먼저 양자의 '내적 연관성'의 파악이 우선되어야 한다.

e. 밥 제솝은 자신의 국가 이론을 '구조와 전략의 변증법'이라고 명명한다. 이런 견해는 한편으로는 구조를 전략(내지 전략적 행위)으로 환원시키고, 다른 한편으로는 전략(내지 전략적 행위)을 구조로 환원시키는 문제점을 지닌다. 이와는 달리, 필자는 구조와 (전략적) 행위 간의 관계를 구조와 행위가 상호 영향을 미치지만, 서로가 서로에게 결코 환원되지 않는 독자성을 지닌 사회 과정의 두 수준으로 파악하는 것이 옳다고 생각한다.

지금까지 행한 제솝 이론에 대한 비판에 나타난 필자의 견해를 정리하면 [표 2]와 같다(이 도표에는 지면 관계상 제대로 서술하지 못한 부분도 필요한 한에서 포함시켰다).

표 2 자본주의 국가 운동에 대한 필자의 견해

		방법론: '추상에서 구체로의 상승' / '단순에서 복잡으로의 운동'			
국가 및 정치사회	구조	국가 유형: 국가 형태 특수화, 사법 체계의 강권적 보장 등(자본주의 국가 체제의 유지와 다른 국가 유형의 국가로의 대체)	국가 형태: 민주적 형태와 비민주적 형태(성립된 국가 형태의 위기와 다른 국가 형태로의 변경)	국가 레짐: 다양한 국가 레짐(성립된 특정 국가 레짐의 위기와 다른 특정 국가 레짐으로의 변경)	국가-(시민)사회-경제 간의 필연적인 '내적 연관성'에 기초한 3수준 간의 상대적 자율성
	행위	'체제 유지 대 체제 변혁'을 둘러싼 정치적 대립	'민주주의의 수준' 등을 둘러싼 정치적 대립	'국가 레짐'을 둘러싼 정치적 대립	
시민사회	구조	소유적 개인주의와 경쟁의 논리 관철	국민기본권 내지 시민권의 인정 여부 및 인정 수준	특정의 사회적 조절 양식	
	행위	'경쟁 대 연대'를 둘러싼 사회적 대립	'민주적 시민사회 대 비민주적 시민사회'를 둘러싼 사회적 대립	특정의 사회적 조절 양식 대 대안적인 사회적 조절 양식을 둘러싼 사회적 대립	
경제	구조	상품-화폐 관계에 의해 매개된 (절대적·상대적) 잉여 가치 생산 체제	'노동3권' 보장 여부에 의한 자본주의적 생산 체제의 변형	축적 체제에 의한 자본주의적 생산 체제의 변형	
	행위	자본주의적 착취를 둘러싼 대립	노동력 상품 판매자층 대 노동력 상품 구매자층의 대립	특정의 축적 체제를 둘러싼 대립	
		상대적으로 심층적 ↔ 상대적으로 표층적			

국가론의 재구성

a. 축적 전략에 조응하는 헤게모니 프로젝트는 그 계급적 성격과 관련시켜 보면 근본적으로 '부르주아적' 성격을 지니고 있다. 그리고 '축적 전략'과 이 축적 전략에 조응하는 '계급 갈등을 포함한 사회 갈등 규제 전략'을 주요 내용으로 하는 제 정치사회 세력의 사회 발전 전략을 우리는 '부르주아적 사회 발전 전략'(내지 '국가 발전 전략')이라고 부를 수 있는데, 헤게모니 프로젝트를

말하기 전에 이 사회 발전 전략이 '헤게모니적 부르주아 프로젝트'인가 아닌가를 문제 삼아야 한다. 그리고 집권이 그 사회 발전 전략을 반드시 헤게모니 프로젝트로 만드는 것은 아니지만, 집권 없이는 특정의 사회 발전 전략을 헤게모니 프로젝트로 상승시킬 수 없다. 그러므로 특정의 프로젝트는 헤게모니적 국가 프로젝트가 될 때에만 헤게모니적 사회 발전 전략이 될 수 있다. 다른 한편, '대안적' 사회 발전 전략은 자본의 축적 전략과 부르주아 세력들의 사회 발전 전략 및 기존의 국가 프로젝트에 대항하여 노동자 대중 및 일반 국민의 지지를 더 많이 받으면 받을수록 헤게모니적인 대안적 사회 발전 프로젝트로 발전할 수 있다.

b. 국가를 단순히 사회 세력의 힘 관계의 형태 결정된 응축으로 파악하는 것은 잘못이다. 자본주의 사회의 국가는 '이중 권력' 상태에 놓이지 않는 한 '자본의 근본적인 힘의 우위가 관철되는 한계 내에서 나타나는 제 세력의 정치적 힘 관계의 응축'으로 파악하는 것이 옳다.

c. 국가의 정책이 자본 축적에 순기능적인 역할을 수행하면 그 국면의 국가는 자본주의적이고, 그렇지 않으면 비자본주의적이라고 파악하는 것은 자본주의 사회의 국가가 지닌 근본적인 성격을 무시하고, 구조적 연관에서 볼 때 국가의 자본주의성을 매우 표층적인 수준인 '국가정책' 수준에서 파악하는 매우 피상적인 견해에 불과하다.

결론적으로 밥 제솝의 전략관계적 국가론은 (자본주의 국가의 근본 성격 및 기본적인 형태와 기능 등에 관련되는) 높은 추상 수준의 국가론과 구체적 · 경험적 국가 연구를 매개하는 중범위 수준의 국가론으로서는 의의를 지닐 수 있지만, 그런 중범위 수준의 국가론 구축의 필요성을 인정한 초기 입장을 버리고 높은 추상 수준의 국가론을 '대체'하는 이론으로 구축하려 했기에(Jessop, 1990, 262f.) 근본적인 문제점을 지닌다. 그러므로 필자가 서두에서 제기한 '제솝의 전략관계적 국가론에 합당한 자리를 찾아주는 일'은 그가 내용 없는 존재로 만들어버린 높은 추상 수준의 국가 이론을 다시 복원시키고, 그의 이론을 이렇게 복원된 높은 추상 수준의 국가 이론과 경험적 · 구체적 수준의 국가 연구 사이에 가교를 놓는 '중범위 수준의 국가 이론다운 중범위 수준의 국가 이론'으로 재구성해내는 일이라고 하겠다.

참고문헌

Bertramsen, Rene, 1988, "Towards a Strategic-Relational State Theory", in *Essex Papers in Political and Government*, No. 56.

Jessop, Bob, 1982, *The Capitalist State: Marxist Theories and Methods*, Oxford: Blackwell (『자본주의와 국가』, 1985, 이선용 · 이양구 역, 돌베개).

_____________, 1985, *Nicos Poulantzas: Marxist Theory and Political Strategy*, London: Macmillan.

_____________, 1990, *State Theory: Putting the Capitalist State in Its Place*, Cambridge: Polity(『전략관계적 국가 이론: 국가의 제자리 찾기』, 2000, 유범상 · 김문귀 역, 한울 아카데미).

_____________, Spring 1991a, "On the Originality, Legacy, and Actuality of Nicos Poulantzas", in *Studies in Political Economy*, 32.

_____________, 1991b, "Forward: On Articulate Articulation", in R. Betramsen, et al., *State, Economy and Society*, London: Unwin Hyman.

_____________, 1991c, "Polar Bear and Class Struggle", in W. Bonefeld and J. Holloway (eds.), *Post-Fordism and Social Form*, London: Macmillan.

_____________, 1991d, "Regulation Theory, Post-Fordism and the State", in W. Bonefeld and J. Holloway (eds.), *Post-Fordism and Social Form*, London: Macmillan.

_____________, 2002, *The Future of the Capitalist State*, Cambridge: Polity.

_____________, et al., 1988, *Thatcherism: The Tales of Two Nations*, Cambridge: Polity.

Marx, Karl, 1857, "Introduction to Outlines of the Critique of Political Economy", in *Collected Works,* 28, Moscow: Progress.

김세균, 1994, 「영국의 CSE 이론가들의 국가 이론」, 『현대 국가론의 성과와 과제』(한국정치학회 월례발표회 논문집 IV), 한국정치학회.

김호기, 1993 봄, 「조절 이론과 국가 이론: 제솝의 전략-관계적 접근」, 『동향과 전망』, 19호.

손호철, 1994, 「'전략-관계적' 국가론의 비판적 고찰—밥 제솝을 중심으로」, 『현대 국가론의 성과와 과제』(한국정치학회 월례발표회 논문집 IV), 한국정치학회.

찾아보기

저자소개

전재성 (서울대학교 정치외교학부 외교학전공 교수)

서울대학교 외교학과를 졸업하고, 미국 노스웨스턴 대학교에서 정치학 박사 학위를 받았다. 주요 논저로는 『인터넷 권력의 해부』(편저), 『한국의 스마트 파워 외교전략』(편저), 『소프트 파워와 21세기 권력: 네트워크 권력론의 모색』(편저), "Why is There No Non-Western International Relations Theory?: Reflections on and from Korea"(편저) 등이 있다.

이지순 (서울대학교 경제학부 교수)

서울대학교 경제학부를 졸업하고, 미국 시카고 대학교에서 박사 학위를 받았다. 주요 논저로는 *Green Growth: Korean Initiatives for Green Civilization*, 『녹색성장: 한국경제 사회 발전의 새로운 패러다임』(공저), 『거시경제학』, 『남북한 경제의 이질성: 경제통합에 대한 함의』, "Examining a Green Growth Model for Policy Implications" 등이 있다.

양승목 (서울대학교 언론정보학과 교수)

서울대학교 신문학과(현 언론정보학과)와 동 대학원을 졸업하고, 미국 스탠퍼드 대학교에서 언론학 박사 학위를 받았다. 주요 저서로는 『지속가능한 한국 발전 모델과 성장 동력』(공저), 『민주화 이후의 한국언론』(공저), 『한국 언론의 신뢰도』(공저), 『한국사회변동과 언론』(공저), 『현대언론사상사』(역서) 등이 있다.

김영식 (서울대학교 경제학부 교수)

서울대학교 영어영문학과를 졸업하고, 미국 아이오와 대학교에서 박사 학위를 받았다. 주요 논저로는 『거시경제론』(공저), 『경제학원론』(공저), 『우리나라 거시경제정책의 한계와 가능성』, "Money, Barter, and Costly Information Acquisition", *Liquidity, Quality, Production Cost, and Welfare in a Search Model of Money*(공저), *Wealth Distribution, Inflation Tax, and Societal Benefits of Illiquid Bonds*(공저) 등이 있다.

곽금주 (서울대학교 심리학과 교수)

서울대학교 가정관리학과(아동학)를 졸업하고, 서울대학교 대학원 심리학과에서 석사 학위를 받았다. 조지워싱턴 대학교에서 교육학 Ed.S를, 연세대학교 대학원에서 심리학 박사 학위를 취득했다. 주요 논저로는 『도대체, 사랑』, 『20대 심리학』, 『아동발달심리학』(공저), 『아동심리평가와 검사』, 『한국 웩슬러 아동지능검사 K-WISC-Ⅳ』 등이 있다.

구인회 (서울대학교 사회복지학과 교수)

서울대학교 철학과를 졸업하고, 미국 워싱턴 주립대학교에서 박사 학위를 받았다. 주요 저서로는 『한국의 소득불평등과 빈곤』, 『외환위기 10년 한국사회 얼마나 달라졌나』(공저), 『사회복지개론』(공저), 『사회복지 정책론』(공저) 등이 있다.

황익주 (서울대학교 인류학과 교수)

서울대학교 인류학과를 졸업하고, 영국 옥스퍼드 대학교에서 사회인류학 박사 학위를 받았다. 주요 논저로는 「프로스포츠 지역연고제와 도시민의 지역정체성: 성남시의 사례연구」, 「사회분화와 사회계급」, 『처음 만나는 문화인류학』(공저), 『종족과 민족』(공저), 『인류학 민족지 연구 어떻게 할 것인가』(공저) 등이 있다.

김홍중 (서울대학교 사회학과 교수)

서울대학교 사회학과를 졸업하고, 파리 사회과학고등연구원(EHESS)에서 언어과학 박사 학위를 받았다. 주요 논저로는 "Specter, Rhizome and Bridge. Kim Su-Yeong's View of Tradition", 「이론가는 왜 바보여야 하는가?」, 「육화된 신자유주의의 윤리적 해체」, 「근대 문학 종언론에 대한 비판적 고찰」, 『마음의 사회학』 등이 있다.

김용창 (서울대학교 지리학과 교수)

서울대학교 지리학과를 졸업하고, 동 대학원에서 지리학 박사 학위를 받았다. 주요 논저로는 「개발이익 환수제도 운영과정의 법적쟁점과 사법적 판단」, 「수평적 지방재정조정제도에 의한 지역균형발전전략 연구」, 「새로운 도시발전 패러다임 특징과 성장편익 공유형 도시발전 전략의 구성」, 「공간-자본시장의 통합과 도시개발금융의 다양화 방법」, 『한국의 토지주택정책』, 『공간정치경제학』(공저) 등이 있다. 주요 연구 분야는 토지·주택론, 도시지역정책론, 지리사상사, 공간개발금융론 등이다.

김세균 (서울대학교 정치외교학부 정치학전공 교수)

서울대학교 정치학과를 졸업하고, 독일 베를린 자유대학에서 정치학 박사 학위를 받았다. 주요 논저로는 『북한체제의 형성과 한반도 국제정치』(공저), 『한국 민주주의와 노동자-민중정치』, 『유럽의 제노포비아, 세계화 시대의 인종갈등』(공저), 『황우석사태와 한국사회』(공저), 「사회주의 정치체제에 대한 소고」 등이 있다.